云南省"十四五"普通高等教育本科规划教材
智慧树网慕课配套教材
国家级一流本科专业（会计学）建设点配套教材

中级财务会计

（第四版）

李　旭　刘李福／主　编

立信会计出版社
LIXIN ACCOUNTING PUBLISHING HOUSE

图书在版编目(CIP)数据

中级财务会计/李旭,刘李福主编. -- 4 版.

上海:立信会计出版社,2025.3.--(国家级一流本科

专业(会计学)建设点配套教材). -- ISBN 978-7-5429-

7883-7(2025.8 重印)

Ⅰ. F234.4

中国国家版本馆 CIP 数据核字第 2025NP5116 号

策划编辑　　　孙　勇
责任编辑　　　张巧玲
助理编辑　　　战小雨
美术编辑　　　吴博闻

中级财务会计(第四版)

ZHONGJI CAIWU KUAIJI

出版发行	立信会计出版社		
地　　址	上海市中山西路 2230 号	邮政编码	200235
电　　话	(021)64411389	传　真	(021)64411325
网　　址	www.lixinaph.com	电子邮箱	lixinaph2019@126.com
网上书店	http://lixin.jd.com		http://lxkjcbs.tmall.com
经　　销	各地新华书店		

印　　刷	常熟市人民印刷有限公司	
开　　本	787 毫米×1092 毫米	1/16
印　　张	20	
字　　数	500 千字	
版　　次	2025 年 3 月第 4 版	
印　　次	2025 年 8 月第 2 次	
书　　号	ISBN 978-7-5429-7883-7/F	
定　　价	52.00 元	

如有印订差错,请与本社联系调换

丛书编委会

编委会主任　　陈　红
编委会委员　　陈　红　余根亚　罗　莉　郭思智　陈永飞
　　　　　　　朱锦余　姚荣辉　李　旭　潘　华　李　谦
　　　　　　　那　微　崔　瑛　曾　军

总序
PREFACE

早在 140 多年前,马克思就在《资本论》第二卷中明确地谈到会计对社会经济发展的重要价值:"过程越是按社会的规模进行,越是失去纯粹个人的性质,作为对过程的控制和观念总结的簿记就越是必要。"在现代信息社会中,经济的发展尤其离不开会计。会计是从事经济和管理工作的人员必须掌握的一门基础性学科,其所提供的信息是企业管理者据以决策所必不可少的。特别在经济全球化加速发展的今天,会计作为经济信息系统和国际通用的商业语言,在全球经贸往来核算中,扮演着越来越重要的角色。

伴随着经济的发展,国家对高等教育发展进行了战略调整,提出要引导一批本科高校向应用技术型高校转型,要大力发展现代职业教育。这就要求我们培养出来的会计人才更多地体现出实践性、应用性的特点。这对我们的会计教学及教材建设提出了新的要求,也提供了会计教学改革新的契机。同时,为做好会计人才培养的规划,我们需要建设一套完整的会计系列教材并以此为依托引领未来一段时间的会计教育,特别是通过编写一套能够体现应用型人才培养特点的会计系列教材来推进应用型会计特色专业建设和人才培养模式的改革。近几年,我国新修订了一些会计准则和审计准则,补充了许多新的税收法规,并出台了新的内部控制规范指引,这都要求我们对原有的会计教材进行补充和调整。

"工欲善其事,必先利其器。"编写一套能够满足绝大多数学校的教学需要、适应于应用型会计本科教学特点的系列教材的任务已经摆在了我们的面前。为此,我们专门邀请了一些在云南省高校长期从事会计、财务和审计教学,而且教学效果较好,得到大家普遍认可的专家学者组成编委会,由其共同编写本套会计系列教材。在本套教材的编写过程中,我们力求体现出以下特点:

一是前沿性。本套教材力争体现最新会计准则、审计准则和新出台的相关法律、法规,吸收最新的教学和科研成果。

二是应用性。本套教材主要针对应用型本科的教学需要进行内容的安排,特别注重对实践能力的训练,增强学生的动手能力。本套教材在注重知识应用的同时,结合理论进行知识点的讲授,便于学生对于理论知识的理解。

三是系统性。无论是单本教材还是整套教材都突出知识的系统性和全面性,学生通过本套教材可以掌握会计、财务管理和审计的各种知识。本套教材同时注重各单本教材间的衔接,从而体现本套教材的特点。

本套教材由《会计原理与实务》《中级财务会计(第四版)》《成本会计》《管理会计》《财务管理》《会计信息系统》《会计综合模拟实训》《审计学》《会计伦理与会计道德》《税务会计》《资产评估》等组成。

感谢云南省高等学校会计专业教学指导委员会的各位专家和参与编写本套教材的各位老师,他们在本套教材从编写方案的提出,到教材大纲的论证,直至初稿的撰写和审阅过程中付出了辛勤的劳动。同时,感谢立信会计出版社对本套教材出版的大力支持。

由于本套教材是系列教材,编写任务较重,教材难免存在不足和疏漏之处,恳请读者和各位同仁不吝指正,以便再版时进一步补充和修订。

陈 红

2021 年 6 月

21世纪,世界经济的主体是集国际化、金融化和知识化为一体的现代市场经济,其将呈现出一种崭新的以知识经济代替传统的农业经济、工业经济的经济形态。与传统经济相适应的财务会计在目标、信息质量、核算重心等方面都将受到一定程度的影响。在知识经济环境下,财务会计的发展前景更加广阔。

"中级财务会计"课程是在学生学习"会计学原理"课程的基础上,并在掌握了会计的基本理论、基本方法后,对财务会计理论和方法的进一步深化。本教材依据财政部发布的《企业会计准则》编写,且立足于我国会计实务领域,以会计要素为主线,系统、完整地阐述了会计要素的确认、计量、记录和报告,为学生进一步学习"高级财务会计"奠定基础。

本教材是国家级一流本科专业(会计学)建设点配套教材。为紧跟会计准则和会计政策的最新变化形势,为响应教育部关于"课程思政"建设的要求,本次修订及时根据近几年发布的最新会计准则、增值税税率的变动、一般企业财务报表格式及2023年12月修订的《中华人民共和国公司法》等内容做了更新;把"思政元素"融入每一章中,充分在会计课堂体现思政育人,力求使教材的内容与目前企业的会计实务保持一致,把立德树人贯穿教育教学全过程。为满足财经类院校的教学要求,本教材注重理论与实际相结合,力求做到基础性、科学性和前瞻性并重,更好地体现以下特色。

(1)内容新颖。本教材以2007年1月1日起实施的《企业会计准则》及2014年、2017年、2018年和2019年发布的新会计准则为依据,关注会计、税收改革与会计国际化趋势,注重将最新理论成果与实务进行有机结合。

(2)体系完整。本教材遵循会计要素的确认—计量—记录—报告的逻辑框架,顺序阐述了财务会计六大要素(资产、负债、所有者权益、收入、费用、利润)的核算及财务会计报告的编制,知识体系完整,便于理解。

(3)强化应用。本教材除第一章外,在其他各章中均引入大量实例,立足于会计职业的能力本位,兼顾财务会计的理论讲解、技能训练和能力培养,强化应用性和操作性。教材中的举例均采用国内企业的实例,针对性强,便于帮助学生提高分析问题、解决问题的能力。

（4）通俗易懂。本教材表达简洁易懂，内容循序渐进，讲解深入浅出、由易到难，内容安排和举例切合实际。

（5）适用面广。本教材力求兼顾各类财经人才培养的需要，以应用型人才培养的本科的教学需要为立足点，重视基本原理和基本方法的阐述。同时，本教材的案例除了提供理论与实际应用相结合的实例，还注重与我国会计职称统一考试和注册会计师考试的内容相衔接，以满足各类人才的学习和职业培训的实践要求，学以致用。

（6）课程思政。本教材各章节均包含"思政元素"，并将思政元素融入会计知识点中，践行"三全育人"的理念，将思政育人贯穿会计课堂教育教学全过程。

（7）配套中国大学 MOOC（慕课）教学视频。本教材配有相应的在线课程，读者可扫码学习。

本教材共分12章，第一章"财务会计基本理论"，主要介绍财务会计的基本概念和基本理论，本章所涉及的会计基础理论对全书的学习具有重要的指导意义。第二章至第十一章主要介绍资产、负债、所有者权益、收入、费用和利润六大要素的确认、计量和记录的理论和方法。第十二章主要介绍财务报告的内容和编制方法。

本教材由云南财经大学李旭教授、刘李福副教授担任主编，并对全书进行总纂。本书的具体编写分工如下：第一章和第二章由云南财经大学李旭教授编写，第三章、第四章和第八章由云南财经大学何悦副教授编写，第五章、第六章和第九章由云南财经大学李青教授编写，第十章、第十一章和第十二章由云南财经大学刘李福副教授编写，第七章由云南财经大学李旭教授、云南财经大学副研究员朱洁编写。

本教材的"课程思政案例"模块由云南财经大学会计学院会计专业硕士研究生编写完成，各章编写人员分别为：第四章、第九章和第十一章由鲁啸宇同学编写，第七章、第八章和第十章由阮怡颖同学编写；第三章和第十二章由毛睿杰同学编写，第五章和第六章由孙卓然同学编写，第一章和第二章由王清玢同学编写。

因编者水平有限，本教材可能存在不妥或疏漏之处，敬请同仁及广大读者批评指正。

编　　者

2025 年 3 月

目 录
CONTENT

第一章 | 财务会计基础理论

 导入案例

万福生科于 2003 年成立,2011 年 9 月在创业板市场上市。上市后,公司营业收入及利润都稳步增长,并未见异常。但在 2013 年的一次巡检中,万福生科被发现存在 3 套不同的账簿,分别为税务账、银行账以及反映实际收支的业务账(供管理人员查阅)。随后,证监会开始对万福生科立案调查,发现该公司在 2012 年上半年隐瞒停产事实,并且还虚报收入、利润。随着监管部门调查的深入,万福生科以往的"恶行"终于被揭露出来。2008 年至 2011 年,公司累计虚增销售收入 7.4 亿元,虚增净利 1.6 亿元。该案被称为创业板 IPO 造假第一案。2012 年 9 月,证监会介入调查。2013 年 3 月 2 日,万福生科发布自查公告,承认 2008 年至 2011 年,累计虚增收入 7.4 亿元左右,虚增营业利润 1.8 亿元左右,虚增净利润 1.6 亿元左右。经证监会处理,万福生科董事长被移交司法机关,其保荐机构平安证券也面临巨额罚单。

财务造假事件屡见不鲜,在此之前,证券市场上有诸如胜景山河和绿大地被爆 IPO 财务造假,但万福生科在造假性质上更为严重,其不仅依靠虚假陈述以达到上市的目的,而且在上市后继续通过财务造假来维持企业的"良好"业绩,证监会也由此开出了证券市场上的最贵罚单。

问题

(1) 会计信息应具备哪些特征?

(2) 企业会计信息与其业绩存在什么关系?

(3) 如何借助会计信息判断企业真实的经营状况?

 教学目标

通过本章学习,学生应在了解财务会计的概念基础上,明确财务报告的目标,掌握会计基本假设;掌握会计要素、会计等式及会计要素之间的关系,明确会计要素是"中级财务会计"课程的主要内容。

第一节　财务会计概述

一、财务会计的概念

会计是一个提供经济信息的系统,它包括财务会计和管理会计两个子系统。其中,财务会计又称对外报告会计,它是通过财务报告形式向会计主体外部有关方面提供可靠、相关、可比的会计信息系统。

财务会计是指通过对企业已经完成的资金运动的全面系统的核算与监督,以为外部与企业有利益相关的投资者、债权人和政府有关部门提供企业的财务状况、经营成果和现金流量等会计信息为主要目标所进行的经济管理活动。

财务会计是现代企业会计的一个最重要的分支,它主要服务于不参与企业生产、经营管理活动,但又与企业有着密切经济利益关系的单位和个人,即财务报表的信息使用者。财务会计就是通过财务报告形式向企业外部相关信息使用者提供有用的信息。

二、财务报表的使用者及对会计信息的需求

财务报表的使用者主要包括企业的投资者、企业的债权人、企业管理当局、政府及其机构、潜在的投资者和社会公众等。

(1)企业的投资者。企业的投资者是会计信息的使用者,他们不直接参与企业的生产经营活动。但由于进行了投资,投资者与企业形成了密切的经济利益关系,需要了解企业的经营情况。投资者通过对财务报表的阅读和分析,可重点了解其投资的完整性和投资报酬、企业资本结构的变化、未来的获利能力和利润分配政策等。

(2)企业的债权人。企业的债权人也是会计信息的使用者,其关心企业的财务状况,特别关注企业偿债能力等方面信息。债权人通过对财务报表的阅读和分析,可重点了解企业的偿债能力,了解其债权的保障和利息的获取,以及债务人是否有足够的能力按期偿付债务。

(3)企业管理当局。企业管理当局是会计信息的内部使用者。企业要完成既定的经营目标,就必须对经营过程中遇到的各种重大问题进行决策,而正确决策的前提应该以相关的、可靠的信息为依据。

(4)政府及其机构。政府及其机构通过阅读和分析财务报表,可了解企业的经营活动、社会资源的分配情况,以作为决定税收等经济政策和国民收入等统计资料的基础。

(5)潜在的投资者和社会公众。潜在的投资者和社会公众通过阅读和分析财务报表,可了解企业的发展趋势、经营活动的范围,为选择投资和贷款方向提供依据。

三、财务会计信息处理程序

财务会计将特定单位发生的经济活动加工为会计信息,这是一个非常复杂的过程。财务会计信息处理程序一般包括会计确认、会计计量、会计记录和会计报告四个环节。

1. 会计确认

会计确认是指按一定的标准对发生的经济信息进行分析后所作出的判断。根据一定

的标准确定会计信息归属的会计对象,然后将其纳入会计核算体系。会计确认可分为初次确认和再次确认两个方面。

初次确认的目的是排除不属于会计核算范围的经济信息,将属于会计核算范围的信息纳入会计信息处理程序中。再次确认的目的是对已纳入会计信息处理程序中的信息进行整理、分析,最终对外提供会计信息。初次确认和再次确认可以保证会计信息的真实性和可靠性。

2. 会计计量

会计计量是指根据被计量对象的属性,选择一定的计量基础和计量单位,确定应记录项目金额的会计处理过程。会计计量包括计量单位和计量基础两个方面。

计量单位是指计量尺度的量度单位。会计以货币为主要的计量单位,但不排除使用实物量和劳动量作为计量单位。

计量基础是指所用量度的经济属性。会计常用的计量基础是历史成本,此外,在满足条件的基础上,会计还可用可变现净值、现值、重置成本、公允价值作为计量基础。

3. 会计记录

会计记录是对会计对象记录的手段。在会计核算过程中,并没有单独划分出会计确认和会计计量的环节,而是将其融合在会计核算的各种方法中。通过会计记录,体现会计的确认和计量,而且通过会计记录的环节,可以对会计信息进行分类、汇总、描述与量化,使会计信息成为一种有用的、共享的经济资源。

4. 会计报告

会计报告是以财务报告作为一种载体,对外提供会计信息。会计报告是在会计记录的基础上,经过再确认并进行加工和整理后形成的会计信息最终产品。财务报告分为财务报表和其他应当在财务报告中披露的相关信息和资料。

四、财务会计信息的作用

在社会主义市场经济条件下,财务会计信息已经成为政府部门、投资者、债权人以及其他各有关方面了解和掌握企业财务状况、经营成果等信息的主要来源,成为指导社会资源合理流动,保障社会主义市场经济秩序,加强经济管理、财务管理,提高经济效益的重要依据。财务会计信息在社会主义市场经济条件下的作用主要有以下方面。

1. 财务会计信息有助于有关方面了解企业的财务状况和经营成果

企业处于一定的社会环境中,与其他各个方面有着密切的联系,财务会计要为企业外部各有关方面提供其财务状况、经营成果和现金流量的信息。财务会计信息应满足企业外部投资者进行投资决策的需要;满足债权人进行信贷决策的需要;要有助于企业的供货单位和客户进行商业决策和评价经营风险。

2. 财务会计信息是政府部门进行宏观经济管理的重要信息来源

国家对社会经济的管理、监督和宏观调控是社会主义市场经济的重要环节。财务会计信息是进行经济决策的依据,也是国家宏观管理部门制定财政政策、开展宏观调控的依据。财务会计信息应满足政府有关部门进行管理、监督和宏观调控的需要。

3. 财务会计信息在企业内部经营管理中发挥着重要作用

为了满足内部经营管理对会计信息的需要,管理会计从传统的会计中分离出来。管

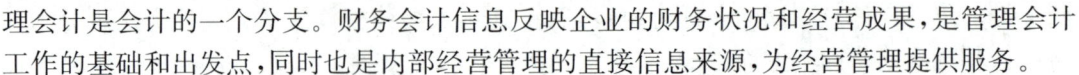

理会计是会计的一个分支。财务会计信息反映企业的财务状况和经营成果,是管理会计工作的基础和出发点,同时也是内部经营管理的直接信息来源,为经营管理提供服务。

4. 财务会计信息是考评企业管理当局管理资源的责任和绩效的依据

企业的经济资源均为投资者及债权人所提供,投资者和债权人委托企业经营者保管和经营,投资者和债权人与经营者之间存在着一种委托代理关系。投资者和债权人要随时了解和掌握企业经营者管理和运用其资源的情况,以便考评经营者的经营绩效,适时改变投资方向或更换经营者。这就要求企业财务报告提供这方面的信息,说明企业的经营者怎样管理和使用资源,向所有者报告其经营情况,以便明确其经营管理责任。

 **财务报告目标、会计基本假设与会计基础**

一、财务报告目标

(一)财务报告目标的受托责任观与决策有用观

财务报告目标是指企业编制财务报告、提供会计信息的目的。它是财务会计概念框架或者我国基本准则的最高层次,对财务会计的规范发展起着导向性作用。从传统来讲,我国关于财务报告目标有两种观点:一是受托责任观;二是决策有用观。

受托责任观认为,财务会计的目标是反映受托责任的履行情况,因此,财务会计应以提供反映经营业绩的信息为重心,且在反映财务信息时主要强调客观性和可靠性。

决策有用观认为,财务会计的目标是为了向财务会计使用者提供有助于他们作出合理的投资、信贷及类似决策的信息,因此,财务会计应以提供反映企业现金流动的信息为重心,且在反映财务信息时主要强调相关性和有用性。

(二)我国关于财务报告目标的规定

我国《企业会计准则——基本准则》明确了财务报告的目标,规定财务报告的目标是向财务报告使用者提供与企业财务状况、经营成果和现金流量等有关的会计信息,反映企业管理层受托责任履行情况,有助于财务报告使用者作出经济决策。我国对财务报告目标的界定,兼顾了决策有用观和受托责任观。

二、会计基本假设

会计基本假设是指企业会计确认、计量和报告的前提,是对会计核算所处时间、空间环境等所作的合理设定。会计基本假设包括会计主体、持续经营、会计分期和货币计量。

1. 会计主体

会计主体是指企业会计确认、计量和报告的空间范围。为了向财务报告使用者反映企业财务状况、经营成果和现金流量,提供与其决策有用的信息,会计核算和财务报告的编制应当集中反映特定对象的活动,并将其与其他经济主体区别开来,实现财务报告的目标。

明确界定会计主体是开展会计确认、计量和报告工作的重要前提。明确会计主体,才能划定会计所要处理的各项交易或事项的范围。明确会计主体,才能将会计主体的交易或者事项与会计主体所有者的交易或者事项以及其他会计主体的交易或者事项区分开来。

应当注意的是,会计主体不同于法律主体。一般来说,法律主体必然是一个会计主体,但是,会计主体不一定是法律主体。例如,独资企业和合伙企业不是法律主体,会计却将独资企业和合伙企业作为会计主体并对其生产经营活动进行核算与监督。

2. 持续经营

持续经营是指在可以预见的将来,企业将会按当前的规模和状态继续经营下去,不会停业,也不会大规模削减业务。在持续经营前提下,会计确认、计量和报告应当以企业持续、正常的生产经营活动为前提。

这一基本前提的主要意义在于,使会计核算与监督建立在非清算基础上,从而解决了资产计价、负债清偿和收益确认的问题。企业在经营过程中一旦被宣告破产或进行了清算,持续经营前提将被清算的规则所替代。

3. 会计分期

会计分期是指将一个企业持续经营的生产经营活动划分为一个个连续的、间隔相同的期间。会计分期的目的,在于通过会计期间的划分,将持续经营的生产经营活动划分成连续、相等的期间,据以结算盈亏,按期编报财务报告,从而及时向财务报告使用者提供有关企业财务状况、经营成果和现金流量的信息。

在会计分期假设下,企业应当划分会计期间,分期结算账目和编制财务报告。会计期间通常分为年度和中期。中期,是指短于一个完整的会计年度的报告期间,如月度、季度、半年度等。

明确会计分期假设意义重大,由于会计分期假设的存在,才产生了当期与以前期间、以后期间的差别,才使不同类型的会计主体有了记账的基准,进而出现了折旧、摊销等会计处理方法。

4. 货币计量

货币计量是指会计主体在财务会计确认、计量和报告时以货币计量,反映会计主体的生产经营活动。

企业在会计核算中以货币为主要计量单位,记录和反映生产经营活动。这一基本前提的主要意义在于,通过一般等价物的货币以数量形式综合地反映企业的财务状况和经营成果。

会计的四个基本假设具有相互依存、相互补充的关系。会计主体确立了会计核算的空间范围;持续经营与会计分期确立了会计核算的时间范围;货币计量为会计核算提供了必要的手段。但没有会计主体,就不会有持续经营和会计分期;没有货币计量也就没有现代会计。

三、会计基础

企业会计的确认、计量和报告应当以权责发生制为基础。权责发生制基础要求,凡是当期已经实现的收入和已经发生或应当负担的费用,无论款项是否收付,都应当作为当期的收入和费用,计入利润表;凡是不属于当期的收入和费用,即使款项已在当期收付,也不应当作为当期的收入和费用。我国《企业会计准则——基本准则》明确规定,企业在会计确认、计量和报告中应当以权责发生制为基础。

收付实现制是与权责发生制相对应的一种会计基础,它是以收到或支付的现金作为确认收入和费用等的依据。目前,我国的行政单位会计采用收付实现制,事业单位会计除经营业务可以采用权责发生制外,其他大部分业务采用收付实现制。

第三节　会计信息质量要求

会计信息质量要求是对企业财务报告中所提供的会计信息质量的基本要求,是使财务报告中所提供会计信息对投资者等使用者决策有用应具备的基本特征,它主要包括可靠性、相关性、可理解性、可比性、实质重于形式、重要性、谨慎性和及时性。其中,可靠性、相关性、可理解性和可比性是会计信息的首要质量要求,是企业财务报告中所提供会计信息应具备的基本质量特征;实质重于形式、重要性、谨慎性和及时性是会计信息的次级质量要求,是对可靠性、相关性、可理解性和可比性这些会计信息的首要质量要求的补充和完善。

一、可靠性

会计信息质量的可靠性,要求企业应当以实际发生的经济业务为依据,如实反映企业的财务状况、经营成果和现金流量。

可靠性要求企业应当做到如下三点。

(1)以实际发生的交易或事项为依据进行确认、计量,将符合会计要素定义及其确认条件的资产、负债、所有者权益、收入、费用和利润等如实反映在财务报表中,不得根据虚构的、没有发生的或者尚未发生的交易或事项进行确认、计量、记录和报告。

(2)在符合重要性和成本效益原则的前提下,保证会计信息的完整性,其中包括应当编报的报表及其附注内容等应当保持完整,不能随意遗漏或者减少应予披露的信息,与使用者决策相关的有用信息都应当充分披露。

(3)包括在财务报告中的会计信息应当是中立的,无偏的。如果企业在财务报告中为了达到事先设定的结果或效果,通过选择或列示有关会计信息以影响决策和判断的,这样的财务报告信息就不是中立的。

二、相关性

相关性亦称有用性,它是指会计信息应当满足企业外部不同的会计信息使用者了解企业财务状况和经营成果的需要,同时还应当满足企业内部经营管理的需要。

会计信息使用者对会计信息的需求有所不同,会计应采用适当的方法为有关方面的决策提供有用的信息。

三、可理解性

会计信息质量的可理解性,要求企业提供的会计信息应当清晰明了,便于投资者等财务报告使用者理解和使用。

四、可比性

会计信息质量的可比性,要求企业提供的会计信息应当相互可比。一方面,它要求同一企业不同期间的会计信息可比,为同一会计主体不同期间的会计信息进行比较分析、预测提供纵向可比的信息；另一方面，它要求不同企业相同会计期间会计信息可比，为同一会计期间不同会计主体的会计信息进行相互比较分析提供横向可比的信息。

五、实质重于形式

会计信息质量的实质重于形式，要求企业应当按照交易或事项的经济实质进行会计确认、计量、记录和报告，即不仅仅以交易或者事项的法律形式为依据。

六、重要性

会计信息质量的重要性，要求企业提供的会计信息应当反映与企业财务状况、经营成果和现金流量有关的所有重要交易或事项。重要性的应用需要依赖职业判断，企业应当根据其所处环境和实际情况，从项目的性质和金额大小两方面加以判断。

七、谨慎性

会计信息质量的谨慎性，要求企业对交易或事项进行会计确认、计量、记录和报告时应当保持应有的谨慎，不应高估资产或收益、低估负债或费用。

八、及时性

会计信息质量的及时性，要求企业对于已经发生的交易或事项，应当及时进行确认、计量、记录和报告，不得提前或延后。为了保证信息的时效性，企业要及时收集、加工处理会计信息，并且应按时提供会计信息。

第四节　会计要素与会计等式

一、企业会计要素

企业会计要素是会计对象的基本分类，是会计对象的具体化。企业会计要素是反映企业财务状况和经营成果的基本单位，也是财务报表的基本内容。企业会计要素可分为两类，即反映财务状况的会计要素和反映经营成果的会计要素。

（一）反映企业财务状况的会计要素

反映企业财务状况的会计要素有资产、负债和所有者权益三项。

财务状况是指企业一定日期的资产及其来源的构成，是资金运动相对静止的状态。

1. 资产的定义及其确认条件

1）资产的定义

资产是指由企业过去发生的交易或事项形成的，由企业拥有或控制的，预期会给企业带来经济利益的资源。

根据资产的定义，资产具有以下几方面的特征。

（1）资产预期会给企业带来经济利益。这是指资产有直接或者间接导致现金和现金等价物流入企业的潜力。这种潜力可以来自企业日常活动，也可以来自企业的非日常活动;这种经济利益通常表现为现金或现金等价物的流入,或者是能够节约现金或现金等价物的流出。

(2)资产应为企业拥有或者控制的资源。资产作为一项资源,应当由企业拥有或者控制,具体是指企业享有某项资源的所有权,或者虽然不享有某项资源的所有权,但该资源能够被企业所控制。

企业享有资产的所有权,通常表明企业能够排他性地从资产中获取经济利益。通常在判断资产是否存在时,所有权是考虑的首要因素。在有些情况下,资产虽然不为企业所拥有,即企业并不享有其所有权,但企业控制了这些资产,同样表明企业能够从资产中获取经济利益,这也符合会计上对资产的定义。如果企业既不拥有也不控制资产所能带来的经济利益,就不能将其作为企业的资产予以确认。

(3)资产是由企业过去的交易或者事项形成的。企业过去的交易或者事项包括购买、生产、建造行为或者其他交易或事项。由于资产是过去发生的交易或事项所产生的结果,资产必须是现时存在的而不是预期的。

2)资产的确认条件

将一项资源确认为资产,需要符合资产的定义外,还应同时满足以下两个条件。

(1)与该资源有关的经济利益很可能流入企业。

(2)该资源的成本或者价值能够可靠地计量。

2. 负债的定义及其确认条件

1)负债的定义

负债是指由企业过去的交易或事项形成的,预期会导致经济利益流出企业的现时义务。

根据负债的定义,负债具有以下几方面的特征。

(1)负债是企业承担的现时义务。负债必须是企业承担的现时义务,它是负债的一个基本特征。其中,现时义务是指企业在现行条件下已承担的义务。未来发生的交易或者事项形成的义务,不属于现时义务,不应当确认为负债。

(2)负债预期会导致经济利益流出企业。预期会导致经济利益流出企业也是负债的一个本质特征,只有企业在履行义务时会导致经济利益流出企业的,才符合负债的定义,如果不会导致企业经济利益流出的,就不符合负债的定义。

(3)负债是由企业过去的交易或者事项形成的。负债应当由企业过去的交易或者事项形成。换句话说,只有过去的交易或者事项才形成负债,企业在未来发生的承诺、签订的合同等交易或者事项,不形成负债。

2)负债的确认条件

将一项现时义务确认为负债,需要符合负债的定义外,还需要同时满足以下两个条件。

(1)与该义务有关的经济利益很可能流出企业。

(2)未来流出的经济利益的金额能够可靠地计量。

3. 所有者权益的定义及其确认条件

1)所有者权益的定义

所有者权益是指企业资产扣除负债后,由所有者享有的剩余权益。公司的所有者权益又称为股东权益。

所有者权益的来源包括所有者投入的资本、直接计入所有者权益的利得和损失(其他综合收益)、留存收益等,通常由股本(或实收资本)、资本公积(含股本溢价或资本溢价、其他资本公积)、盈余公积和未分配利润四部分构成。

2)所有者权益的确认条件

所有者权益体现的是所有者在企业中的剩余权益,因此,所有者权益的确认主要依赖于其他会计要素,尤其是资产和负债的确认;所有者权益金额的确认也主要取决于资产和负债的计量。

(二)反映企业经营成果的会计要素

反映企业经营成果的会计要素有收入、费用和利润三项。经营成果是企业一定时期内从事生产经营活动所取得的最终成果。

1. 收入的定义及其确认条件

1)收入的定义

收入是指企业在日常活动中形成的,会导致所有者权益增加的,与所有者投入资本无关的经济利益的总流入。

根据收入的定义,收入具有以下几方面的特征。

(1)收入是企业在日常活动中形成的。日常活动是指企业为完成其经营目标所从事的经常性活动以及与之相关的活动。工业企业制造并销售产品、商业企业销售商品等均属于企业的日常活动。明确界定日常活动是为了区分收入与利得,因为企业非日常活动所形成的经济利益的流入不能确认为收入,而应当计入利得。

(2)收入会导致所有者权益的增加。与收入相关的经济利益的流入应当会导致所有者权益的增加,不会导致所有者权益增加的经济利益的流入不符合收入的定义,不应确认为收入。

(3)收入是与所有者投入资本无关的经济利益的总流入。收入应当会导致经济利益的流入,从而导致资产的增加。

2)收入的确认条件

企业收入的来源渠道多种多样,不同收入来源的特征有所不同,其收入确认条件也往往存在差别,如销售商品、提供劳务、让渡资产使用权等。一般而言,收入只有在经济利益很可能流入从而导致企业资产增加或者负债减少,且经济利益的流入额能够可靠计量时才能予以确认。即收入的确认至少应当符合以下条件:一是与收入相关的经济利益应当很可能流入企业;二是经济利益流入企业的结果会导致资产的增加或者负债的减少;三是经济利益的流入额能够可靠计量。

2. 费用的定义及其确认条件

1)费用的定义

费用是指企业在日常活动中发生的、会导致所有者权益减少的、与所有者分配利润无关的经济利益的总流出。

根据费用的定义,费用具有以下几方面的特征。

(1)费用是企业在日常活动中形成的。费用必须是企业在日常活动中形成的,这些日常活动的界定与收入定义中涉及的日常活动的界定相一致。因日常活动所产生的费用通常包括销售成本(营业成本)、职工薪酬、折旧费、无形资产摊销费等。将费用界定为日常活动所形成的,是为了将其与损失相区分,企业非日常活动所形成的经济利益的流出不

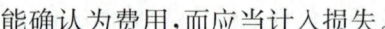

能确认为费用,而应当计入损失。

(2) 费用会导致所有者权益的减少。与费用相关的经济利益的流出应当会导致所有者权益的减少,不会导致所有者权益减少的经济利益的流出不符合费用的定义,不应确认为费用。

(3) 费用是与向所有者分配利润无关的经济利益的总流出。费用的发生应当会导致经济利益的流出,从而导致资产的减少或者负债的增加。

2) 费用的确认条件

费用的确认除了应当符合定义,也应当满足严格的条件,即费用只有在经济利益很可能流出从而导致企业资产减少或者负债增加,且经济利益的流出额能够可靠计量时才能予以确认。因此,费用的确认至少应当符合以下条件:一是与费用相关的经济利益应当很可能流出企业;二是经济利益流出企业的结果会导致资产减少或者负债的增加;三是经济利益的流出额能够可靠计量。

3. 利润的定义及其确认条件

1) 利润的定义

利润是指企业一定会计期间的经营成果。通常情况下,如果企业实现了利润,表明企业的所有者权益将增加,业绩得到了提升;反之,如果企业发生了亏损(即利润为负数),表明企业的所有者权益将减少,业绩下滑了。因此,利润往往是评价企业管理层业绩的一项重要指标,也是投资者等财务报告使用者进行决策时的重要参考。

2) 利润的来源构成

利润包括收入减去费用后的净额、直接计入当期利润的利得和损失等。其中,收入减去费用后的净额反映的是企业日常活动的业绩,直接计入当期利润的利得和损失反映的是企业非日常活动的业绩。直接计入当期利润的利得和损失,是指应当计入当期损益、最终会引起所有者权益发生增减变动的、与所有者投入资本或者向所有者分配利润无关的利得或者损失。企业应当严格区分收入和利得、费用和损失之间的区别,以更加全面地反映企业的经营业绩。

3) 利润的确认条件

利润反映的是收入减去费用、利得减去损失后的净额的概念,因此,利润的确认主要依赖收入和费用以及利得和损失的确认,其金额的确定也主要取决于收入、费用、利得和损失金额的计量。

(三) 会计要素计量属性

计量属性反映的是会计要素金额的确定基础,我国《会计准则——基本准则》规定,会计要素的计量属性包括历史成本、重置成本、可变现净值、现值和公允价值。

1. 历史成本

历史成本又称实际成本,就是取得或制造某项财产物资时所实际支付的现金或者其他等价物。在历史成本计量下,资产按照其购置时支付的现金或者现金等价物的金额或者按照购置资产时所付出的对价的公允价值计量。负债按照其因承担现时义务而实际收到的款项或者资产的金额,或者按照承担现时义务的合同金额,或者按照日常活动中为偿还负债预期需要支付的现金或者现金等价物的金额计量。

2. 重置成本

重置成本又称现行成本,是指按照当期市场条件,重新取得同样一项资产所需支付的现金或现金等价物金额。在重置成本计量下,资产按照现在购买相同或者相似资产所需支付的现金或者现金等价物的金额计量。负债按照现在偿付该项债务所需支付的现金或者现金等价物的金额计量。

3. 可变现净值

可变现净值是指在正常生产经营过程中,以预计售价减去进一步加工成本和销售所必需的预计税金、费用后的净值。在可变现净值计量下,资产按照其正常对外销售所能收到现金或者现金等价物的金额扣减该资产至完工时估计将要发生的成本、估计的销售费用以及相关税金后的金额计量。

4. 现值

现值是指对未来现金流量以恰当的折现率进行折现后的价值,是考虑货币时间价值因素等的一种计量属性。在现值计量下,资产按照预计从其持续使用和最终处置中所产生的未来净现金流入量的折现金额计量。负债按照预计期限内需要偿还的未来净现金流出量的折现金额计量。

5. 公允价值

公允价值是指市场参与者在计量日发生的有序交易中,出售一项资产所能收到或者转移一项负债所需支付的价格。

企业在对会计要素进行计量时,一般应当采用历史成本。采用重置成本、可变现净值、现值、公允价值计量的,应当保证所确定的会计要素金额能够取得并可靠计量。

二、会计等式

会计等式是表明会计要素之间基本关系的恒等式,又称会计平衡公式。它是设置账户、复式记账以及编制财务报表的理论依据,是会计核算方法体系的基础。会计核算是在这一等式的基础上,运用复式记账方法来记录经济业务,反映企业的财务状况和经营成果。

(一)会计等式概述

企业要进行生产经营活动就必须筹措一定数额的资金。企业取得的经营资金有不同的占用形态和来源渠道。从占用形态上看,企业取得的经营资金表现为一定数量的资产,如库存现金、银行存款、原材料、固定资产等;从资金来源上看,资产的来源渠道是负债和所有者权益。资产、负债和所有者权益实质上是同一资金运动的两个不同方面,从数量来说,资产总额必然等于负债和所有者权益金额的总和。

企业的生产经营活动在不断地进行着。但从静态上看,在某一时点上总是表现为一定数量不同形式的资产,而这些资产又有负债和所有者权益两个方面的来源。企业的资产总额必然等于企业的负债和所有者权益的总和。企业发生的经济活动不会影响这一基本相等的关系。资产永远等于负债和所有者权益之和的等式关系被称为会计等式。

$$资产＝负债＋所有者权益$$

会计等式反映企业特定日期的财务状况,即反映特定时间上企业有哪些资产以及资产有哪些来源。会计等式表明了资产、负债和所有者权益之间的基本关系,因此其也称基本等式。

企业的经营目标是实现利润。只有当一定时期取得的收入大于所发生的费用才能实现利润;反之,收入小于所发生的费用便发生了亏损。将一定时期所取得的收入与该期间发生的费用进行比较,才能确定企业的盈亏。收入减去费用等于利润或亏损,表明了收入、费用、所有者权益之间的关系,这是派生出的会计等式。

$$收入-费用=利润$$

(二)会计等式间的关系

企业取得收入的同时会增加资产或减少负债;发生费用的同时也会减少资产或增加负债。当收入大于相应的费用实现利润时,会导致所有者权益的增加;当收入小于相应的费用发生亏损时,会导致所有者权益的减少。这两个会计等式之间的关系如下:

$$资产=负债+所有者权益+收入-费用$$

或

$$资产+费用=负债+所有者权益+收入$$

企业实现的利润要确认应交所得税,从而形成了一项负债;税后,企业应计算利润并按照法定的比例提取法定盈余公积,这一部分利润就形成了所有者权益;提取法定盈余公积后,企业还应向投资者分配利润,这一部分形成了一项负债;剩余的未分配利润形成了企业的所有者权益。经过利润分配之后,利润中一部分转化为负债,另一部分转化为所有者权益,会计等式又还原为最初的形式,但每一会计要素的金额都发生了相应变化。

$$资产=负债+所有者权益$$

第五节 企业会计法规体系

一、企业会计法规体系概述

我国企业会计法规建设目前已基本形成了以《中华人民共和国会计法》(以下简称《会计法》)为中心、以国家统一的会计制度为基础的比较完整的法规体系。企业会计法规体系已经成为会计工作顺利进行和健康发展的有力保障,是社会主义市场经济发展的重要保证。

从纵向看,我国企业会计法规体系包括三个层次:第一层次是会计法律,主要有《会计法》;第二层次是国务院规定的有关会计工作的行政法规,主要有《总会计师条例》《企业财务会计报告条例》等;第三层次是统一的会计规章制度,主要有《企业会计准则》《小企业会计准则》等。

从横向看,我国企业会计法规体系包括会计核算方面的法规、会计监督方面的法规、会计机构和会计人员方面的法规以及会计工作管理方面的法规。

二、会计法

《会计法》于1985年1月发布,同年5月起实施;于1993年12月29日进行了第一次修订,并于发布之日起实施;于1999年10月31日进行了第二次修订,并于2000年7月1日起实施;于2017年11月4日由第十二届全国人民代表大会常务委员第三十次会议通过《关于修改会计法的决定》,修改后的《会计法》于11月5日起实施;于2024年6月

28 日再次进行了修订,并于 2024 年 7 月 1 日起施行。《会计法》是我国会计工作的根本大法,是从事会计工作、制定其他各种会计法规的依据。《会计法》规定了会计工作的基本目的、会计管理权限、会计责任主体、会计核算和会计监督的基本要求,以及会计人员和会计机构的职责权限,并对违反《会计法》应承担的法律责任作出了详细规定。

三、企业会计准则体系

根据《会计法》的规定,我国企业会计准则由财政部制定。

企业会计准则体系包括基本准则、具体准则、应用指南和解释。

1. 基本准则

我国基本准则主要规范了以下内容:①财务报告目标;②会计基本假设;③会计基础;④会计信息质量要求;⑤会计要素分类及其确认、计量原则;⑥财务报告。

基于基本准则规范的上述内容,基本准则在企业会计准则体系中发挥着十分重要的作用,主要包括:一是统驭具体准则的制定;二是为会计实务中出现的、具体准则尚未规范的新问题提供会计处理依据。

2. 具体准则

具体准则是在基本准则的指导下,对企业各项资产、负债、所有者权益、收入、费用、利润及相关交易事项的确认、计量和报告进行规范的会计准则。

具体准则按规范的对象不同可分为以下三类。

(1)有关一般业务的具体准则,如收入准则、存货准则、固定资产准则、无形资产准则等。

(2)特殊行业特殊业务的具体准则,如租赁准则等。

(3)有关报告披露的具体准则,如资产负债表日后事项准则、会计政策、会计估计变更与会计差错的更正准则、中期报告准则等。

3. 应用指南

应用指南是对具体准则相关条款的细化和有关重点难点问题提供的操作性指南,有利于会计准则的贯彻落实和指导实务操作。

4. 解释

解释是对具体准则实施过程中出现的问题、具体准则条款规定不清楚或者尚未规定的问题作出的补充说明。

2006 年 2 月 15 日,财政部颁布了 39 个企业会计准则体系,其中 1 个基本准则和 38 个具体准则,于 2007 年 1 月 1 日起先在上市公司范围内全面施行,之后逐步扩大到几乎所有大中型企业。

自 2011 年来,国际会计准则理事会先后发布、修订了公允价值计量、合并财务报表等一系列准则,发起了国际财务报告准则的新一轮变革。为保持我国会计准则与国际财务报告准则的持续趋同,财政部在 2012 年发布了一系列准则征求意见稿后,于 2014 年正式修订了四项准则(即长期股权投资、职工薪酬、财务报表列报、合并财务报表)、新增了三项企业会计准则(即公允价值计量、合营安排、在其他主体中权益的披露),发布了一项准则解释,并修改了《企业会计准则——基本准则》中关于公允价值计量的表述。2017 年,财政部修订了六项准则(即金融工具确认与计量、金融资产转移、套期会计、金融工具列报、政府补助、收入),新增了一项企业会计准则,即《企业会计准则第 42 号——持有待售的非流动资产、处置组和终止经营》。2018 年 12 月 7 日,财政部发布了修订的《企业会计准则第 21 号——租赁》。2019 年 5 月 9 日,财政部发布了修订的《企业会计准则第 7 号——非货币性资产交换》。2019 年 5 月 16 日,财政部发布了修订的《企业会计准则第 12 号——债务重组》。迄今为止,我国企业会计准则体系包括 1 个基本准则和 42 个具体准则。

2011 年 10 月 18 日,财政部又发布了《小企业会计准则》。其自 2013 年 1 月 1 日起在所有适用的小企业范围内施行。《小企业会计准则》的发布与实施,标志着我国涵盖所有企业的会计准则体系的建成。

四、企业会计核算制度

会计核算制度是国家统一的会计制度的重要组成部分,在企业会计法规体系中处于重要的地位,对保证正常的会计工作秩序、保证会计信息的真实性和可靠性有着至关重要的作用。

 课程思政案例

戳破美丽的泡沫

蓝田股份是一家以农业相关业务为主的企业,自 1996 年 6 月上市后,在几年间总资产规模增长近 10 倍,可谓股市的"神话",但在 2001 年这个"神话"却像美丽的泡沫一样被戳破了。戳破泡沫的针是一篇文章——刘姝威写给《金融内参》的《应立即停止对蓝田股份发放贷款》,全文仅 600 字。刘姝威通过对公开信息的分析,对"蓝田神话"提出了质疑,认为蓝田股份依靠银行贷款维持运转,存在虚假的财务数据,建议银行立即停止对蓝田股份发放贷款。

文章发布后,刘姝威引来蓝田股份的强烈反击,被起诉、被威胁、被恐吓。显然,蓝田股份看到了属于机密的《金融内参》,之后刘姝威通过媒体公布了 2 万多字的《蓝田之谜》,《蓝田之谜》是对蓝田股份会计报表的研究推理摘要。随着事件的发展,蓝田股份资金链断裂。2002 年 1 月,蓝田股份多名中高层管理人员因涉嫌提供虚假财务信息被拘传接受调查。

写文章的刘姝威是谁呢?她是一名经济研究员,一个普通人,却做了很多人不敢做的不普通的事。"它伤害的不仅是银行,更是广大的储户和单位。"刘姝威对媒体这样说。面对起诉、威胁和恐吓,怎能不害怕,但心存正义和信念的时候,她就像一个勇敢的战士,为了国家与人民的利益而战斗。我们每个人都可以成为战士,国家和社会需要敢于戳破美丽泡沫的人。

思考题:为什么说国家和社会需要戳破美丽泡沫的人,在蓝田事件中,你是否能看出蓝田股份的财报问题,你从中获得了什么启示?

小提示:社会主义市场经济的本质是为人民服务,任何伤害人民利益的行为都是不允许的。大家可以阅读文章《蓝田之谜》,观看视频《与神话较量的人》(中央电视台《新闻调查》的一期标志性节目,出镜记者王志和刘姝威面对面围绕蓝田事件进行了一对一访谈)。

 **本章小结**

本章概要地阐述了财务会计基础理论,重点内容如下。

(1)财务会计的概念及财务会计信息处理的程序。会计是一个提供经济信息的系统,财务会计作为对外报告会计,它是通过财务报告的形式向会计主体外部有关方面提供可靠、相关、可比的会计信息系统。

财务会计将特定单位发生的经济活动加工为会计信息,这是一个非常复杂的过程。财务会计信息处理程序一般包括确认、计量、记录和报告四个环节。

(2)会计要素及会计等式。会计要素是会计对象的具体化表达方式,其由资产、负债、所有者权益、收入、费用和利润六大项构成,前三项构成资产负债表,后三项构成利润表。任何一个组织的资产与权益是相互依存的,因其资产无外乎是投资者投入和向债权人借入,有一定数额的资产必然有相应数额的权益。"资产=权益"这一会计等式是编制资产负债表的理论依据。

(3)会计核算基本假设。会计基本假设包括会计主体、持续经营、会计分期和货币计量四项。

(4)会计信息质量要求。它是对企业财务报告中所提供的会计信息质量的基本要求,是使财务报告中所提供会计信息对投资者等使用者决策有用应具备的基本特征,它主要包括可靠性、相关性、可理解性、可比性、实质重于形式、重要性、谨慎性和及时性。

(5)企业会计法规体系。它包括会计法律、会计工作行政法规和会计规章制度等。

(6)财务报告目标。它包括受托责任观和决策有用观。

 **思考题**

(1)简述会计的信息使用者及其信息需求。

(2)简述财务会计的信息处理程序。

(3)什么是会计确认,其确认标准有哪些?

(4)财务报告的目标有哪些?

(5)会计信息的质量要求有哪些?

(6)财务会计与管理会计有何不同?

(7)什么是会计确认、计量、记录与报告?

(8)简述我国会计规范体系的内容。

(9)什么是会计要素,我国的会计要素包括哪几种?

(10)试分析持续经营、会计分期和权责发生制之间的关系。

 练习题

一、单项选择题

1. 下列各项中,不属于会计信息质量要求的是( )。
   A. 相关性
   B. 可理解性
   C. 历史成本原则
   D. 实质重于形式

2. 下列各项中,符合收入会计要素定义,可以确认为收入的是( )。
   A. 出售无形资产收取的价款
   B. 出售固定资产收取的价款
   C. 出售原材料收取的价款
   D. 投资者投入的超过股本的价款

3. 企业的未分配利润属于( )。
   A. 资产
   B. 负债
   C. 收入
   D. 所有者权益

4. 下列会计要素中,直接关系到企业财务状况计量的是( )。
   A. 资产
   B. 利润
   C. 收入
   D. 费用

5. 根据会计要素费用的定义,下列项目中,属于企业费用的是( )。
   A. 投资损失
   B. 制造成本
   C. 自然灾害损失
   D. 处置固定资产净损失

6. 下列各项中,不符合会计信息质量要求的是( )。
   A. 会计核算方法一经确定不得变更
   B. 会计核算应当注重交易或事项的实质
   C. 会计核算应当以实际发生的交易或事项为依据
   D. 会计核算不应高估资产或者收益、低估负债或者费用

7. 下列有关会计主体的表述中,不正确的是( )。
   A. 企业的经济活动应与投资者的经济活动相区分
   B. 会计主体可以是独立的法人,也可以是非法人
   C. 会计主体可以是营利组织,也可以是非营利组织
   D. 会计主体必须要有独立的资金,并独立编制财务报告对外报送

8. 企业计提固定资产折旧是以( )假设为前提的。
   A. 会计主体
   B. 会计分期
   C. 持续经营
   D. 货币计量

9. 企业前后各期采用的会计政策应保持一致,不得随意变更,体现的会计信息质量要求是( )。
   A. 可比性
   B. 可靠性
   C. 可理解性
   D. 相关性

10. 企业在取得资产时,一般应按( )计量。
    A. 历史成本
    B. 重置成本
    C. 可变现净值
    D. 公允价值

二、多项选择题

1. 会计基本假设是企业会计确认、计量和报告的前提,其包括( )。
   A. 会计主体
   B. 持续经营
   C. 会计分期
   D. 货币计量
   E. 历史成本

2. 下列属于会计信息质量要求的有(　　)。
   A. 相关性　　　　　B. 可比性　　　　　C. 重要性　　　　　D. 谨慎性
   E. 权责发生制

3. 下列会计要素中,反映企业经营成果的要素有(　　)。
   A. 资产　　　　　B. 所有者权益　　　　　C. 收入　　　　　D. 费用
   E. 负债

4. 下列各项中,体现谨慎性会计信息质量要求的有(　　)。
   A. 采用年数总和法计提固定资产折旧
   B. 应收账款计提坏账准备
   C. 融资租入固定资产作为自有固定资产核算
   D. 采用成本与可变现净值孰低法对存货进行期末计价
   E. 采用账面价值与可收回金额孰低法对固定资产进行了期末计价

5. 下列选项中,属于资产的基本特征的有(　　)。
   A. 资产是由于过去交易或事项形成的　　　B. 资产都具有实物形态
   C. 资产是企业拥有或控制的　　　　　　　D. 资产预期会给企业带来经济利益
   E. 资产可以是预期形成的

6. 按照企业所从事日常活动的性质,收入的来源有(　　)。
   A. 销售商品　　　　　　　　　　　　　B. 处置固定资产所得净收益
   C. 提供劳务　　　　　　　　　　　　　D. 对外投资
   E. 处置无形资产所得净收益

7. 下列选项中,会引起负债增加的有(　　)。
   A. 赊购一批原材料　　　　　　　　　　B. 年末计提银行借款利息
   C. 预收购货方货款　　　　　　　　　　D. 计提坏账准备
   E. 预付供货方货款

8. 下列组织可以作为一个会计主体进行核算的有(　　)。
   A. 合伙企业　　　　　　　　　　　　　B. 分公司
   C. 股份有限公司　　　　　　　　　　　D. 母公司及其子公司组成的企业集团
   E. 独资企业

9. 企业收入的取得可能影响的会计要素有(　　)。
   A. 资产　　　　　B. 负债　　　　　C. 费用　　　　　D. 利润
   E. 所有者权益

10. 下列资产中,可按取得时的成本进行初始计量的有(　　)。
    A. 存货　　　　　　　　　　　　　　　B. 固定资产
    C. 投资性房地产　　　　　　　　　　　D. 交易性金融资产
    E. 其他权益工具投资

三、判断题

1. 会计主体和法律主体通常是相一致的。　　　　　　　　　　　　　　　(　　)

2. 持续经营假设是假设企业不断地经营下去,即使进入破产清算,也不应该改变会计核算方法。　　　　　　　　　　　　　　　　　　　　　　　　　　　(　　)

3. 一般来说,会计期间划分得越短,反映经济活动的会计信息质量就越可靠。（ ）

4. 一项资产只有当其很可能给企业带来经济利益时才能予以确认;一项负债只有当其很可能导致经济利益流出企业才能予以确认。（ ）

5. 可比性要求企业的会计核算方法前后各期应当保持一致,不得随意变更。但是,在符合一定条件的情况下,企业也可以变更会计政策,并在附注中说明。（ ）

6. 会计要素就是会计报表构成的基本单位。（ ）

7. 会计信息质量的谨慎性要求,一般是指对可能发生的损失和费用应当合理预计,对可能实现的收益不预计,但对很可能实现的收益应当预计。（ ）

8. 能给企业带来经济利益的资源,就应确认为企业的一项资产。（ ）

9. 由于会计分期假设,才产生了本期和非本期的区别,才产生了权责发生制和收付实现制不同的记账基础。（ ）

10. 按照相关规定,我国所有单位都应以权责发生制作为会计核算基础。（ ）

第二章 货币资金及应收款项

导入案例

审计人员在审查某单位银行存款日记账时,在账中发现有一笔存款记录,摘要为"暂存款",存入金额50 000元。相隔2天,在银行存款日记账中有一笔50 000元付出的记录,摘要为"提取差旅费",这一存一取引起了审计人员的注意。

审计人员调出"暂存款"增加的记账凭证,其会计分录为:

借:银行存款   50 000
  贷:其他应付款   50 000

其所附原始凭证就是一张银行存款进账单。审计人员再调出支付差旅费的记账凭证,其会计分录为:

借:其他应付款   50 000
  贷:银行存款   50 000

其所附原始凭证是私人开出的白条收据。

问题

(1)上述会计处理是否正确? 若不正确,可能存在什么问题?

(2)上述会计处理是否属于贪污或挪用公款?

(3)上述会计处理是否影响企业当期利润?

教学目标

通过本章学习,学生应了解和掌握货币资金的概念及货币资金的内部控制制度;了解各种银行结算方式的有关规定,掌握库存现金、银行存款与其他货币资金业务的账务处理方法;掌握应收票据贴现的计算及会计处理;掌握应收账款的一般业务、坏账估计方法及账务处理;熟悉预付账款和其他应收款的核算内容及一般业务的账务处理。

第一节　货币资金及其内部控制

一、货币资金的含义

货币资金是指可以立即投入流通，用于购买商品或劳务，或用于偿还债务的交换媒介。货币资金是资产负债表的一个流动资产项目，包括"库存现金""银行存款"和"其他货币资金"三个总账账户的期末余额。按其形态和用途不同，其可分为库存现金、银行存款和其他货币资金。它是企业中最活跃的资金，流动性强，是企业的重要支付手段和流通手段。

二、货币资金的内部控制

货币资金是企业流动性最强、控制风险最高的资产，是企业生存与发展的基础。大多数贪污、诈骗、挪用公款等违法乱纪的行为都与货币资金有关，因此，企业管理当局必须加强对企业货币资金的管理和控制，建立健全货币资金内部控制，确保经营管理活动合法而有效。

货币资金内部控制目标是企业管理当局建立健全内部控制的根本出发点。货币资金的内部控制目标有以下四个：

（1）安全性。即通过良好的内部控制，确保企业库存现金安全，预防被盗窃、诈骗和挪用。

（2）完整性。即检查企业收到的货币是否已全部入账，预防私设"小金库"等侵占企业收入的违法行为。

（3）合法性。即检查企业的货币资金取得、使用是否符合国家财经法规的规定，手续是否齐备。

（4）效益性。即企业合理调度货币资金，使其发挥最大的效益。

由于货币资金具有高度的流动性，也最易被经管人员挪用或侵占，为了减少差错的发生和营私舞弊的机会，企业需要建立一套完整的货币资金内部控制制度。货币资金内部控制的主要内容包括以下几个方面：

① 建立、健全货币资金内部牵制制度；
② 加强现金和银行存款的管理；
③ 加强票据及有关印章的管理；
④ 实施内部稽核，加强监督检查。

第二节　库　存　现　金

一、库存现金的含义

库存现金是指单位为了满足经营过程中零星支付的需要而保留的现金，其包括人民币现金和外币现金。

二、库存现金限额及其使用范围

（一）库存现金限额

库存现金限额是指为保证各单位日常零星支付按规定允许留存的现金的最高数额，由开户行根据开户单位的实际需要和距离银行远近等情况核定。其限额一般按照单位3～5天日常零星开支所需现金确定。边远地区和交通不便地区的开户单位的库存现金限额，可按多于5天、但不得超过15天的日常零星开支的需要确定。

一个单位在几家银行开户的，由一家开户银行核定开户单位库存现金限额。凡在银行开户的独立核算单位都要核定库存现金限额；独立核算的附属单位，由于没有在银行开户，但需要保留现金，也要核定库存现金限额，其限额可包括在其上级单位库存限额内；商业企业的零售门市部需要保留找零备用金，其限额可根据业务经营需要核定，但不包括在单位库存现金限额之内。库存现金限额的计算方式一般是：

库存现金 ＝ 前一个月的平均每天支付的数额（不含每月平均工资数额）× 限定天数

（二）库存现金的使用范围

（1）职工的工资、津贴。

（2）个人劳务报酬。

（3）根据国家规定颁发给个人的科学技术、文化艺术、体育等各种奖金。

（4）各种劳保、福利费用以及国家规定的对个人的其他支出。

（5）向个人收购农副产品和其他物资的价款。

（6）出差人员必须随身携带的差旅费。

（7）结算起点1 000元以下的零星开支。超过结算起点的零星开支应实行银行转账结算，结算起点的调整由中国人民银行确定报国务院备案。

（8）中国人民银行确定需要支付现金的其他支出。

三、库存现金的管理

开户单位的现金收入应于当日存送开户银行，如当天不能及时送存银行的，应于次日送存银行，不能以收抵支，应将现金收入和现金支出分开处理。

开户单位支付现金，可以从本单位库存现金限额中支付或从开户银行提取，不得从本单位的现金收入中直接支付，即不得"坐支"现金，因特殊情况需要坐支现金的，应当事先报经有关部门审查批准，并在核定的坐支范围和限额内进行。同时，收支的现金必须入账。

开户单位从开户银行提取现金时，应如实写明提取现金的用途，由本单位财会部门负责人签字、盖章，并经开户银行审查批准后予以支付。

因采购地点不确定、交通不便、抢险救灾以及其他特殊情况必须使用现金的单位，应向开户银行提出书面申请，由本单位财会部门负责人签字、盖章，并经由开户银行审查批准后予以支付。

此外，不准用不符合国家统一会计制度的凭证顶替库存现金，即不得"白条顶库"；不准谎报用途以套取现金；不准用银行账户代替其他单位和个人存入或支取现金；不准用单位收入的现金以个人名义存入储蓄；不准保留账外公款，即不得"公款私存"，不得设置"小金库"等。

企业必须设置现金日记账，按照现金业务发生的先后顺序逐笔序时登记。每日终了，企业应根据登记的现金日记账结余数与实际库存数进行核对，做到账实相符。月份终了，"现金日记账"的余额必须与"库存现金"总账科目的余额核对相符。

企业内部现金管理应按内部牵制制度的要求实行钱账分管。

四、库存现金的会计核算

企业现金的收入、支出和保管都应由出纳人员或指定的专门人员负责办理。企业的一切现金收支，都必须取得或填制原始凭证，作为收付款项的书面证明。审核现金收支是否合理、合法，手续是否完备，所列项目内容是否齐全，数字是否准确，等等。在审核中，企业对于那些不合理的开支应予以拒付；对不真实、不合法的原始凭证，不予受理；对记载不准确、不完整的原始凭证，应当退回，要求更正补充。根据审核无误的原始凭证编制收款凭证和付款凭证，办理现金的收付。对于办完现金收付业务的凭证，出纳人员要加盖"现金收讫"或"现金付讫"的戳记，表示款项已经收付完毕，可据以登记有关账簿。

(一)总分类核算

库存现金的核算应包括它的总分类核算和明细分类核算。

库存现金的总分类核算是通过设置"库存现金"账户进行的。"库存现金"账户是资产类账户，借方反映库存现金的收入，贷方反映库存现金的支出，余额在借方，表示库存现金的余额。

(二)明细分类核算

明细分类核算是通过设置现金日记账进行的。现金日记账是反映和监督现金收支结存的序时账，必须采用订本式账簿，并为每一账页顺序编号，防止账页丢失或随意抽换，也便于查阅。现金日记账一般采取收、付、存三栏式格式，由出纳人员根据审核后的原始凭证或现金收款凭证、付款凭证逐日逐笔序时登记；对于从银行提取现金的业务，一般编制银行存款的付款凭证，并据以登记现金日记账。每日终了，企业应计算当天现金收入、支出的合计数和结存数，并同实存现金进行核对，做到日清月结，保证账实相符。不准挪用公款，也不准用"白条"抵充现金库存。

所有的收付款凭证应由出纳人员送交会计人员，作为登记总分类账和有关明细分类账的依据。总分类账户中"库存现金"账户余额应与现金日记账的余额相等。

(三)科目设置及账务处理

"库存现金"科目核算企业的库存现金。企业有内部周转使用备用金的，可以单独设置"备用金"科目。

企业增加库存现金，借记本科目，贷记"银行存款""其他应付款"等科目；减少库存现金，编制相反的会计分录，将库存现金反映在贷方。

企业应当设置现金日记账，根据收付款凭证，按照业务发生顺序逐笔登记。每日终了,企业应当计算当日的现金收入合计、现金支出合计及结余,将结余与实际库存核对,做到账实相符。

本科目期末借方余额,反映企业持有的库存现金。本科目余额一般不反映在贷方。

为了保证现金的安全、完整,企业应当按规定对库存现金进行定期和不定期地清查,一般采用实地盘点法,对于清查的结果应当编制现金盘点报告单。如果账实不符,发现长款或短款,应先通过"待处理财产损溢"科目核算。按管理权限经批准后,企业分别按以下情况进行处理。

(1) 短款(库存现金<账面余额)。

对于短款,有责任人的,计入其他应收款,无法查明原因的,计入管理费用。

发生时:

借:待处理财产损溢——待处理流动资产损溢
　　贷:库存现金

处理时:

借:管理费用(企业承担部分)
　　其他应收款(责任赔款部分)
　　贷:待处理财产损溢——待处理流动资产损溢

(2) 长款(库存现金>账面余额)。

对于长款,属于应支付的,计入其他应付款,属于无法查明原因的,计入营业外收入。

发生时:

借:库存现金
　　贷:待处理财产损溢——待处理流动资产损溢

处理时:

借:待处理财产损溢——待处理流动资产损溢
　　贷:其他应付款(有主款项)
　　　营业外收入(无主款项)

第三节　银 行 存 款

一、开立和使用银行存款账户的规定

银行存款通常是指企业存放在银行和其他金融机构的货币资金。按照国家现金管理和结算制度的规定,每个企业都要在银行开立账户(即结算户)存款,用来办理存款、取款和转账结算。

银行存款账户分为基本存款账户、一般存款账户、临时存款账户和专用存款账户,具体如表 2-1 所示。

表 2-1

银行存款账户的分类

分　类	解　释
基本存款账户	企业办理日常转账结算和现金收付的账户。企业的工资、奖金等现金的支取需通过本账户办理,企业只能在银行开立一个基本存款账户,不能开立多头基本存款账户,企业在银行开立基本存款账户,实行由中国人民银行当地分支机构核发的开户许可制度
一般存款账户	企业办理基本存款账户之外的银行借款转存的账户。与企业的基本存款账户不在同一地点的附属非独立核算企业,可申请开设一般存款账户。企业可以通过此账户办理转账结算和现金交存,但不能办理现金支取
临时存款账户	企业因特定用途需要,依据当地工商行政机关核发的临时执照或当地有关部门同意设立外来临时机构的批件开立的账户
专用存款账户	企业因特定用途需要开立的账户。特定用途,如基本建设、更新改造等

二、银行转账结算方式

银行转账结算是指不使用现金,通过银行将款项从付款单位(或个人)的银行账户直接划转到收款单位(或个人)的银行账户的货币资金结算方式。国内银行结算方式主要有银行汇票、银行本票、商业汇票、支票、信用卡、汇兑、委托收款、托收承付、信用证等。

1. 银行汇票

银行汇票是汇款人将款项交存当地出票银行,由出票银行签发的,由其在见票时,按照实际结算金额无条件支付给收款人或持票人的票据。它具有使用灵活、票随人到、兑现性强等特点,适用于先收款后发货或钱货两清的商品交易。单位和个人各种款项结算,均可使用银行汇票。银行汇票的付款期限为自出票日起1个月内。银行汇票的收款人可以将银行汇票背书转让给他人。

2. 银行本票

银行本票是由银行签发的,承诺自己在见票时无条件支付确定的金额给收款人或者持票人的票据。银行本票由银行签发并保证兑付,而且见票即付,其具有信誉高、支付功能强等特点。

银行本票分为定额本票和不定额本票。定额本票的面值有 1 000 元、5 000 元、10 000 元和 50 000 元。银行本票的付款期限为自出票日起最长不超过 2 个月。银行本票可以根据需要在票据交换区域内背书转让。

3. 商业汇票

商业汇票是由出票人签发的,委托付款人在指定日期无条件支付确定的金额给收款人或者持票人的票据。在银行开立存款账户的法人以及其他组织之间须具有真实的交易关系或债权债务关系,才能使用商业汇票。商业汇票的付款期限由交易双方商定,最长不得超过 6 个月。商业汇票提示付款期限为自汇票到期日起 10 日内。商业汇票可以由付款人签发并承兑,也可经由收款人签发交由付款人承兑。商业汇票可背书转让。

商业汇票按承兑人的不同,分为商业承兑汇票和银行承兑汇票两种。商业承兑汇票是由银行以外的付款人承兑。银行承兑汇票由银行承兑,由开立存款账户的存款人签发。

4. 支票

支票是由单位或个人签发的,委托办理支票存款业务的银行在见票时无条件支付确定的金额给收款人或者持票人的票据。支票结算方式是同城结算中应用比较广泛的一种结算方式。单位和个人的同一票据交换区域的各种款项结算,均可以使用支票。现金支票只能用于支取现金;转账支票只能用于转账;普通支票可以用于支取现金,也可以用于转账。支票的提示付款期限为自出票日起 10 日,中国人民银行另有规定的除外。

5. 信用卡

信用卡是指商业银行向个人和单位发行的,凭以向特约单位购物、消费和向银行存取现金,且具有消费信用的特制载体卡片。

信用卡在规定的限额和期限内允许善意透支,金卡透支额最高不得超过 10 000 元,普通卡透支额最高不得超过 5 000 元。透支期限最长为 60 天。信用卡按使用对象分为单位卡和个人卡;按信誉等级分为金卡和普通卡。单位卡一律不得用于 10 万元以上商品交易、劳务供应款项的结算,不得支取现金。

6. 汇兑

汇兑是汇款人委托银行将其款项支付给收款人的结算方式。汇兑分为信汇和电汇两种。汇兑结算方式适用于异地之间的各种款项结算。

7. 委托收款

委托收款是收款人委托银行向付款人收取款项的结算方式。无论单位还是个人都可收取同城和异地的款项。委托收款结算款项划回的方式分为邮寄和电报两种。

8. 托收承付

托收承付是根据购销合同由收款人发货后委托银行向异地付款人收取款项,由付款人向银行承认付款的结算方式。办理托收承付必须是国有企业、供销合作社以及经营管理较好,并经开户银行审查同意的城乡集体所有制工业企业。

托收承付款项划分方式分为邮寄和电报两种,它的结算金额起点为每笔 10 000 元,新华书店系统每笔金额起点为 1 000 元。采用托收承付结算方式时,购销双方必须签有合法的购销合同,并在合同上订明使用托收承付结算方式。按照《支付结算办法》的规定,承付货款分为验单付款与验货付款两种。验单付款是购货企业根据经济合同对银行转来的托收结算凭证、发票账单及代垫运杂费等到交易所进行审查无误后,即可承认付款。验货付款是购货企业等到货物运达企业,对其进行检验与合同完全相符后才承认付款。

9. 信用证

信用证结算方式是国际结算的一种主要方式。采用信用证结算方式的,收款单位收

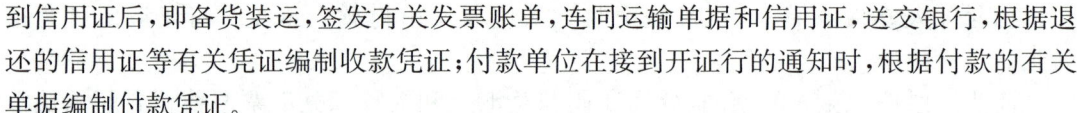

到信用证后,即备货装运,签发有关发票账单,连同运输单据和信用证,送交银行,根据退还的信用证等有关凭证编制收款凭证;付款单位在接到开证行的通知时,根据付款的有关单据编制付款凭证。

三、银行存款的会计核算

(一)总分类核算

银行存款的总分类核算是为了总括反映和监督企业在银行开立结算账户的收支结存情况。在核算时,企业应设置"银行存款"科目,用来核算企业存入银行的各种存款。

(二)明细分类核算

为了及时、详细地反映银行存款的收入、付出和结存情况,企业应按开户银行、存款种类分别设置银行存款日记账,对银行存款进行明细分类核算。银行存款日记账应根据审核无误的收付款凭证及所附的原始凭证登记。出纳员按照银行存款收付业务的先后顺序逐日逐笔登记银行存款日记账。

每日终了,出纳员加计银行存款收付总数,结出银行存款结存额。

四、银行存款余额调节表

银行存款余额调节表可作为"银行存款"科目的附列资料保存。该表主要用于核对企业账目与银行账目的差异,也用于检查企业账目与银行账目的差错。调节后的余额是该企业在对账日实际可用的银行存款数额。

银行存款余额调节表的编制方法,是在银行对账单余额与企业账面余额的基础上,各自加上对方已收、本单位未收账项数额,减去对方已付、本单位未付账项数额,以调整双方余额使其一致的一种调节方法。

(1)调节后银行对账单存款余额=调节前银行对账单存款余额+企业已收而银行未收账项-企业已付而银行未付账项

(2)调节后企业账面存款余额=调节前企业账面存款余额+银行已收而企业未收账项-银行已付而企业未付账项

(3)银行对账单存款余额+企业已收而银行未收账项-企业已付而银行未付账项=企业账面存款余额+银行已收而企业未收账项-银行已付而企业未付账项

通过核对调节,若银行存款余额调节表上的双方余额相等,一般可以说明双方记账没有差错。如果经调节仍不相等,则要么是未达账项未全部查出,要么是一方或双方记账出现差错,需要进一步采用对账方法查明原因,加以更正。调节相等后的银行存款余额是企业当日可以动用的银行存款实有数。对于银行已经划账,而企业尚未入账的未达账项,要待银行结算凭证到达后,才能据以入账,不能以银行存款调节表作为记账依据。

【例2-1】 某企业2×24年3月5日进行银行对账,3月1日至3月5日企业银行存款日记账账面记录与银行出具的3月5日对账单资料及对账后核对的情况如表2-2、表2-3和表2-4所示。

表2-2

企 业 对 账 单
金额单位:元

日期	凭证号	摘要	借方	贷方	方向	余额	标记
2×24.3.1		期初余额			借	100 000	
2×24.3.1	银付001	付材料款		30 000	借	70 000	√
2×24.3.1	银付002	付材料款		20 000	借	50 000	√
2×24.3.1	银收001	收销货款	10 000		借	60 000	√
2×24.3.2	银收002	收销货款	20 000		借	80 000	√
2×24.3.2	银付003	交税金		80 000	借	0	√
2×24.3.3	银收003	收销货款	60 000		借	60 000	
2×24.3.3	银付004	取备用金		20 000	借	40 000	
2×24.3.5		期末余额			借	40 000	

表2-3

银 行 对 账 单
金额单位:元

日期	摘要	账单号	借方	贷方	方向	余额	标记
2×24.3.1		期初余额			贷	100 000	
2×24.3.2	转支	0000501	30 000		贷	70 000	√
2×24.3.2	转支	0000602	20 000		贷	50 000	√
2×24.3.2	收入存款	0000103		10 000	贷	60 000	√
2×24.3.3	收入存款	0000544		20 000	贷	80 000	√
2×24.3.3	转支	0000185	80 000		贷	0	√
2×24.3.4	收入存款	0000066		80 000	贷	80 000	
2×24.3.4	付出	0000207	70 000		贷	10 000	
2×24.3.5	期末余额				贷	10 000	

表2-4

银行存款余额调节表
金额单位:元

项　目	金额	项　目	金额
企业银行存款日记账余额	40 000	银行对账单余额	10 000
加:银行已收、企业未收款	80 000	加:企业已收、银行未收款	60 000
减:银行已付、企业未付款	70 000	减:企业已付、银行未付款	20 000
调节后的存款余额	50 000	调节后的存款余额	50 000

主管: 会计: 出纳:

一、其他货币资金的内容

其他货币资金是指企业除现金和银行存款以外的其他各种货币资金,即存放地点和用途均与现金和银行存款不同的货币资金;其包括外埠存款、银行汇票存款、银行本票存款、信用卡存款和存出投资款等。

二、其他货币资金的核算

本科目可按银行汇票或本票及信用证的收款单位、外埠存款的开户银行,分"银行汇票""银行本票""信用卡""信用证保证金""存出投资款""外埠存款"等进行明细核算。本科目期末借方余额,反映企业持有的其他货币资金。

(一)外埠存款

外埠存款是指企业到外地进行临时或零星采购时,汇往采购地银行开立采购专户的款项。企业汇出款项时,须填写汇款委托书;汇入银行对于汇入的采购款项,按汇款单位开设采购专户。采购专户存款只付不收,款项付完后结束账户。

【例2-2】 北京中财网公司于2×24年6月7日为临时采购需要在南京工商银行开设外埠存款账户,存入5 000元;6月15日,采购员交来供货单位发票,货物金额为3 000元,增值税额390元,货物尚未收到;6月20日,将多余的资金1 610元转回原开户银行,编制会计分录如下。

(1)开设账户时。

借:其他货币资金——外埠存款   5 000
   贷:银行存款   5 000

(2)收到供货单位发票时。

借:在途物资   3 000
   应交税费——应交增值税(进项税额)   390
   贷:其他货币资金——外埠存款   3 390

(3)将多余的资金1 610元转回原开户银行时。

借:银行存款   1 610
   贷:其他货币资金——外埠存款   1 610

(二)银行汇票存款

银行汇票存款是指企业为取得银行汇票,按照规定存入银行的款项。企业向银行提交"银行汇票委托书"并将款项交存银行,取得银行汇票时,应当根据银行盖章的委托书存根联进行账务处理。

【例2-3】 2×24年7月7日,某公司向银行申请办理银行汇票20 000元。公司在填制"银行汇票委托书"后,当即将款项交存银行,并在取得银行汇票后,用该汇票购买商品11 300 元,其中,货款 10 000 元,增值税额 1 300 元。所购商品尚未到达。该公司应作会计处理如下:

（1）取得银行汇票时。

借：其他货币资金——银行汇票　　　　　　　　　　　　　　　　　　 20 000
　　贷：银行存款　　　　　　　　　　　　　　　　　　　　　　　　　　 20 000

（2）购买商品并取得发票时。

借：在途物资　　　　　　　　　　　　　　　　　　　　　　　　　 10 000
　　应交税费——应交增值税（进项税额）　　　　　　　　　　　　　　 1 300
　　贷：其他货币资金——银行汇票　　　　　　　　　　　　　　　　　 11 300

（3）将余额退还开户银行时。

借：银行存款　　　　　　　　　　　　　　　　　　　　　　　　　 8 700
　　贷：其他货币资金——银行汇票　　　　　　　　　　　　　　　　　 8 700

（三）银行本票存款

银行本票存款是指企业为取得银行本票按规定存入银行的款项。企业向银行提交"银行本票申请书"并将款项交存银行,取得银行本票时,企业应当根据银行盖章退回的申请书存根联进行账务处理。

【例 2-4】 北京中财网公司为取得银行本票将 30 000 元款项交存银行,并于数日后使用汇票购买商品,取得发票价税共计金额 22 600 元,其中,货款 20 000 元,增值税额2 600 元,所购商品尚未收到。之后将余额退还开户银行,则编制会计分录如下:

（1）取得银行汇票时。

借：其他货币资金——银行本票　　　　　　　　　　　　　　　　　 30 000
　　贷：银行存款　　　　　　　　　　　　　　　　　　　　　　　　　 30 000

（2）购买商品并取得发票时。

借：在途物资　　　　　　　　　　　　　　　　　　　　　　　　　 20 000
　　应交税费——应交增值税（进项税额）　　　　　　　　　　　　　　 2 600
　　贷：其他货币资金——银行本票　　　　　　　　　　　　　　　　　 22 600

（3）将余额退还开户银行时。

借：银行存款　　　　　　　　　　　　　　　　　　　　　　　　　 7 400
　　贷：其他货币资金——银行本票　　　　　　　　　　　　　　　　　 7 400

（四）信用证存款

信用证存款是指采用信用证结算方式的企业为开具信用证而存入银行信用证保证金专户的款项。

企业向银行申请开出信用证,用于支付境外供货单位的购货款项。根据开户银行盖章退回的"信用证委托书"回单。

【例 2-5】 某公司委托中国银行开出 8 800 元信用证,2×24 年 6 月 7 日开出信用证时,外汇牌价为 1 美元为 8.8 元人民币,7 月 8 日购买商品动用信用证存款共计金额 4 400 元(假设不考虑进口增值税、关税等),商品尚未到达。然后将未用完的信用证存款及时转回银行账户。

(1) 委托中国银行开出信用证时。

借:其他货币资金——信用证存款　　　　　　　　　　　　　　8 800
　　贷:银行存款——美元户　　　　　　　　　　　　　　　　　　　　8 800

(2) 购买商品时(进口增值税、关税略)。

借:在途物资　　　　　　　　　　　　　　　　　　　　　　　4 400
　　贷:其他货币资金——信用证存款　　　　　　　　　　　　　　　　4 400

(3) 将未用完的信用证存款转回银行账户时。

借:银行存款——美元户　　　　　　　　　　　　　　　　　　4 400
　　贷:其他货币资金——信用证存款　　　　　　　　　　　　　　　　4 400

(五)信用卡存款

企业为取得信用卡而存入银行信用卡专户的款项。企业申领信用卡,按规定填制申请表,并按银行要求交存备用金。企业开立信用卡存款账户,银行发给其信用卡。企业根据银行盖章退回的交存备用金的进账单,编制会计分录。

【例 2-6】 某公司在中国建设银行申请领用信用卡,按要求于 3 月 8 日向银行交存备用金 5 万元。3 月 10 日使用信用卡支付 2 月份的电话费 2 000 元。

(1) 存入中国建设银行,开立信用卡时。

借:其他货币资金——信用卡存款　　　　　　　　　　　　　50 000
　　贷:银行存款　　　　　　　　　　　　　　　　　　　　　　　　50 000

(2) 支付电话费时。

借:管理费用　　　　　　　　　　　　　　　　　　　　　　　2 000
　　贷:其他货币资金——信用卡存款　　　　　　　　　　　　　　　　2 000

(六)存出投资款

存出投资款是指企业已存入证券公司但尚未进行各项短期投资的款项。企业向证券公司划出款项时,借记"其他货币资金——存出投资款"账户,贷记"银行存款"账户;企业进行短期投资时,借记"交易性金融资产"等账户,贷记"其他货币资金——存出投资款"账户。

(1) 企业向证券公司划出资金时。

借:其他货币资金——存出投资款
　　贷:银行存款

(2) 企业购买股票、债券时。

借:交易性金融资产等
　　贷:其他货币资金——存出投资款

应收款项

应收款项是指企业拥有的将来获取现款、商品或劳动的权利。它是企业在日常生产经营过程中发生的各种债权，是企业重要的流动资产，其主要包括应收票据、应收账款、预付款项、应收股利、应收利息、应收补贴款、其他应收款等。

一、应收票据

应收票据是指企业持有的未到期或未兑现的商业票据。商业票据是一种载有一定付款日期、付款地点、付款金额和付款人的无条件支付的流通证券，也是一种可以由持票人自由转让给他人的债权凭证。根据我国现行法律的规定，商业汇票的付款期限不得超过6个月，符合条件的商业汇票的持票人，可以持未到期的商业汇票和贴现凭证向银行申请贴现。

在我国，应收票据、应付票据通常是指商业汇票，包括银行承兑汇票和商业承兑汇票两种。商业承兑汇票是由付款人签发并承兑，或由收款人签发交由付款人承兑的汇票。银行承兑汇票是由在承兑银行开立存款账户的存款人出票，由承兑银行承兑的票据。

按照到期时间，应收票据可分为短期应收票据和长期应收票据，如无特指，应收票据即为短期应收票据。应收票据常出现于三种情况：①应收账款延期；②为新顾客提供信用；③赊销商品。长期应收票据因长期合同而发生，包括销售机器设备等大型商品、提供贷款等，我国尚无长期应收票据业务。按是否带息，应收票据分为带息应收票据和不带息应收票据。带息应收票据是票面注明利息的应收票据，其利息应单独计算；不带息应收票据是票面不注明利息的应收票据，其利息包含在票面本金之中。

应收票据应以未来现金收入的现值计价，带息的短期应收票据的现值等于其票面本金，不带息的短期应收票据的面值就是到期值。由于其现值与到期值相差不大，则不带息的短期应收票据均以其到期值计价。长期应收票据以交换商品或劳务的公允市场价格计价，或以票据的公允市场的价格计价，如果这两种公允市场价格均无法确定，则以票据的现值计价。

企业应设置"应收票据备查簿"，逐笔登记每一应收票据的种类、号码和出票日期、票面金额、票面利率、交易合同号和付款人、承兑人、背书人的姓名或单位名称、到期日、背书转让日、贴现日期、贴现率和贴现净额、未计提利息，以及收款日期和收回金额、退票情况等资料，应收票据到期结清票款或退票后，应当在备查簿内逐笔注销。

（一）基本核算

（1）因债务人抵偿前欠货款而取得应收票据时。

借：应收票据
　贷：应收账款

（2）因销售商品而收到应收票据时。

借：应收票据
　贷：主营业务收入
　　　应交税费——应交增值税（销项税额）

（3）对于带息应收票据，期末按应收票据面值和确定的票面利率计提利息，并增加应收票据的账面余额。其账务处理如下：

借：应收票据
　贷：财务费用

（4）到期收回款项的核算。

① 若为不带息商业汇票，到期收回时。

借：银行存款
　贷：应收票据

② 若为带息商业汇票，到期收回时。

借：银行存款
　贷：应收票据
　　　财务费用

（5）付款人无力支付票款的核算。

借：应收账款
　贷：应收票据

（二）应收票据到期

1. 到期日的确定

应收票据的到期日应按不同的约定方式来确定。如约定按日计算，则应以足日为准，在其计算时按算尾不算头的方式确定。例如，4 月 20 日开出的 60 天商业汇票的到期日为 6 月 19 日。如约定按月计算，则应以足月为标准，在计算时按到期月份的对日确定，若到期月份无此对日，应按到期月份的最后日确定。例如，8 月 31 日开出的 6 个月商业汇票，到期日应为下年 2 月 28 日（若有 29 日则为 29 日）；若此汇票为 8 个月时，到期日应为下年的 4 月 30 日。

2. 到期价值的确定

应收票据的到期价值即商业汇票到期时的全部应支付款项，要根据票据是否带息来确定。若是不带息票据，到期价值就是票面价值（即本金）。若是带息票据，到期价值为票据面值加上应计利息，计算公式如下：

$$票据到期价值＝票据面值×（1＋票面利率×票据期限）$$

上式中，利率一般以年利率表示；票据期限则用月或日表示，在实际业务中，为了计算方便，常把 1 年定为 360 天。

【例 2-7】 一张面值为 1 000 元、期限为 90 天、票面利率为 10% 的商业汇票，到期价值为：

$$1\ 000\times(1+10\%\times90\div360)=1\ 025(元)$$

3. 应收票据贴现

贴现是指持票人以未到期的应收票据,通过背书手续,请银行按贴现率从票据价值中扣取自贴现日起到票据到期日止的贴息后,以余额兑付给持票人的行为。贴现是融通资金的一种信贷形式。背书的应收票据是此项借款的担保品。票据价值就是票据的到期值,对于不带息票据,为票据的面值,对于带息票据,为票据到期的本利和金额。用应收票据向银行申请贴现时,持票人必须在票据上背书。票据到期值与贴现收到金额之间的差额,叫贴息或贴现息,通常记作财务费用。贴息的数额根据票据的到期值按贴现率及贴现期计算。其计算公式如下:

$$贴息=票据到期值\times贴现率\times贴现期$$
$$贴现票据实收金额=票据到期值-贴息$$

持票人在票据背书后,如出票人到期拒付,背书人有代偿的责任。就背书人来说,这是一项可能发生的负债,会计上称为"或有负债"。在编制资产负债表时,或有负债应在补充资料中加以列示。

应收票据贴现的计算过程可概括为以下四个步骤。

第一步,计算应收票据到期值。

第二步,计算贴现利息。

$$贴现利息=到期值\times贴现率\div360\times贴现日数$$

其中:
$$贴现日数=票据期限-已持有票据期限$$

第三步,计算贴现所得。

$$贴现所得=到期值-贴现利息$$

第四步,编制会计分录。

借:银行存款(贴现所得)
　　财务费用(贴现所得小于票据账面余额的差额)
　　贷:应收票据(票据账面余额)
　　　　财务费用(贴现所得大于票据账面余额的差额)

【例2-8】　2×24年4月30日,A企业以4月15日签发60天到期、票面利率为10%、票据面值为600 000元的带息应收票据向银行贴现,贴现率为16%。其计算过程如下。

(1)票据到期值=600 000+600 000×10%÷360×60=610 000(元)。

(2)计算贴现利息。

① 先计算到期日。4月15日签发,60天到期,到期日为6月14日。

4月:30-15+1=16(天)

5月:31天

6月:13天

合计=60(天)

② 再计算贴现天数。

方法一：从贴现日 4 月 30 日至到期日 6 月 14 日，共计 45 天。

4 月：30－30＋1＝1（天）

5 月：31 天

6 月：13 天

合计＝45（天）

方法二：贴现日数＝票据期限－已持有票据期限＝60－15＝45（天）

贴现利息＝610 000×16％÷360×45＝12 200（元）

（3）贴现所得＝610 000－12 200＝597 800（元）。

（4）会计分录。

借：银行存款	597 800
财务费用	2 200
贷：应收票据	600 000

【例 2-9】 如果［例 2-8］中 A 企业 2×24 年 10 月 1 日取得应收票据，票据面值为 10 000 元，票面利率为 12％，6 个月期限；当年年末已计提 3 个月的利息，2×25 年 1 月 1 日将该票据贴现，贴息率为 10％。

票据到期值＝10 000＋10 000×12％÷12×6＝10 600（元）

贴现利息＝10 600×10％÷12×3＝265（元）

贴现所得＝10 600－265＝10 335（元）

会计分录：

借：银行存款	10 335
贷：应收票据	10 300
财务费用	35

二、应收账款

应收账款是指企业在正常的经营过程中因销售商品、产品、提供劳务等业务，应向购买单位收取的款项，其包括应由购买单位或接受劳务单位负担的税金、代购买方垫付的各种运杂费等。

应收账款是伴随企业的销售行为发生而形成的一项债权。因此，应收账款的确认与收入的确认密切相关。根据财政部于 2017 年修订发布的《企业会计准则第 14 号——收入》，企业已向客户转让商品而有权收取对价的权利，按照是否仅取决于时间流逝因素区分为合同资产和应收账款。若该权利仅取决于时间流逝因素，则计入应收账款；否则，计入合同资产。企业在客户实际支付合同对价或在该对价到期应付之前，已经向客户转让了商品的，应当按因转让商品而有权收取的对价金额，计入合同资产或应收账款。对于合同资产，企业在取得无条件收款权时，借记"应收账款"等科目，贷记"合同资产"等科目。具体业务处理见第十一章第一节。

应收账款表示企业在销售过程中被购买单位所占用的资金。企业应及时收回应收账款以弥补企业在生产经营过程中的各种耗费，保证企业持续经营；对于被拖欠的应收账款企业应采取措施，组织催收；对于确实无法收回的应收账款，凡符合坏账条件的，企业应在取得有关证明并按规定程序报批后,作坏账损失处理。

(一)应收账款的入账价值

在确认应收账款的入账价值时,企业应考虑有关的折扣、折让因素。

(1)商业折扣与会计记录无关。企业销售商品时,商品价目单上的价格扣除商业折扣后的净额才是真正的销售价格,按此确认销售收入和应收账款。

(2)现金折扣与会计记录有关。由于现金折扣在商品销售后发生,现金折扣会影响应收账款的会计处理,对于现金折扣,有两种处理方法:总价法与净价法。

在总价法下,应收账款按企业销售商品的全部价格入账。即按未减现金折扣前的实际销售价格作为应收账款的入账价值。目前我国现行企业会计准则规定采用总价法。

在净价法下,应收账款按企业销售商品的全部价格扣减最大现金折扣后的净额入账。

【例2-10】　企业销售商品价款为 10 000 元(不考虑增值税的销项税额),合同规定现金折扣条件为"2/10、1/20、n/30",则在总价法下应收账款入账价值为 10 000 元;在净价法下应收账款的入账价值为 9 800 元(10 000－10 000×2%)。

(二)应收账款的核算

企业因销售商品等业务取得应收账款时,应按实际发生的交易金额,借记"应收账款"科目,贷记"主营业务收入""应交税费"等科目;实际收到款项时,借记"银行存款"等科目,贷记"应收账款"科目。

(三)坏账的核算

1)坏账确认的条件

坏账是指企业无法收回或收回可能性极小的应收款项,由此产生的损失称为坏账损失。坏账确认的条件是,债务人死亡或破产,以其遗产或破产财产清偿后仍无法收回;或者债务人较长时间(一般为 3 年以上)不能清偿债务,并有充分证据表明以后仍无法收回或收回可能性极小。

2)坏账损失的核算方法

坏账损失的会计核算方法有两种:直接转销法和备抵法。

(1)在直接转销法下,于实际发生坏账时确认一项坏账损失并计入当期资产减值损失,同时冲销应收账款。

(2)在备抵法下,于每期期末估计坏账损失,提取坏账准备并计入当期资产减值损失,实际发生坏账时不再确认坏账损失,而是冲销坏账准备和应收账款。目前我国现行企业会计准则采用备抵法。

在会计实务中,经常使用的坏账损失估计方法有应收账款余额百分比法、账龄分析法。核算时应设置"坏账准备"科目,其贷方登记计提的坏账准备数额以及收回已转销的坏账损失,借方登记实际发生的坏账损失数额,会计期末时该科目如有余额一般为贷方余额,表示已计提但尚未转销的坏账准备数额。平时"坏账准备"科目可能出现借方余额也可能出现贷方余额,但"坏账准备"科目年末余额一定为贷方余额,并且等于本年估计坏账损失,因此各期估计坏账损失应同账面上原有的坏账准备进行比较,并调整"坏账准备"科目,使之与估计的本期坏账准备相符。为此企业在核算时应先确定"坏账准备"科目年末余额,然后再确定本期应计提的坏账准备数额。具体来讲有以下三种情况。

(1)若调整前"坏账准备"科目借方余额,应按本期估计坏账损失数额加上调整前"坏账准备"科目借方余额作为本期计提坏账准备的数额。

(2)若调整前"坏账准备"科目为贷方余额,而且贷方余额小于本期估计坏账损失数额,应按"坏账准备"科目贷方余额小于本期估计坏账损失数额的差额作为本期计提坏账准备的数额。

(3)若调整前"坏账准备"科目为贷方余额,而且贷方余额大于本期估计坏账损失数额,应按"坏账准备"科目贷方余额大于本期估计坏账损失数额的差额冲减多计提坏账准备的数额。

无论哪种情况,在调整"坏账准备"科目余额后,"坏账准备"科目贷方余额应正好等于本期所估计的坏账数额。

此外,在备抵法下,如果已确认并转销的坏账以后又收回,则应按收回的数额,先编制"还原"会计分录,以恢复企业债权并冲回已转销的坏账准备数额,即借记"应收账款"科目,贷记"坏账准备"科目,然后再编制正常收回货款的会计分录,即借记"银行存款"科目,贷记"应收账款"科目。

1. 应收账款余额百分比法

应收账款余额百分比法就是按应收账款余额的一定比例计算提取坏账准备金。对于计提比例,由于各行业应收账款是否能及时收回,其风险程度不一,则各行业规定比例不尽一致。例如,农业企业、施工企业、房地产开发企业为1%,对外经济合作企业为2%,其他各类企业为0.3%～0.5%,外商投资企业为3%。企业每期坏账准备数额的估计要合理适中,估计过高会造成期间成本人为升高,估计过低则造成坏账准备不足以抵减实际发生的坏账,起不到坏账准备金应有的作用。

【例2-11】 某企业2×22年期初"坏账准备"科目余额2 000元,本期实际发生坏账损失3 000元,年末应收账款余额800 000元;2×23年实际发生坏账损失1 000元,年末应收账款余额1 000 000元;2×24年实际发生坏账损失2 600元,年末应收账款余额460 000元。计提百分比为0.5%。会计处理如下:

(1)2×22年实际发生坏账损失3 000元时。

借:坏账准备   3 000
 贷:应收账款   3 000

(2)2×22年年末计提坏账准备时。

年末"坏账准备"科目贷方余额=800 000×0.5%=4 000(元)
年末计提坏账准备前"坏账准备"科目借方余额=3 000-2 000=1 000(元)
本年应补提坏账准备的数额=4 000+1 000=5 000(元)

借:信用减值损失   5 000
 贷:坏账准备   5 000

(3)2×23年实际发生坏账损失1 000元时。

借：坏账准备　　　　　　　　　　　　　　　　　　　　　　　　　1 000
　　贷：应收账款　　　　　　　　　　　　　　　　　　　　　　　　　1 000

（4）2×23年年末计提坏账准备时。

年末"坏账准备"科目贷方余额＝1 000 000×0.5％＝5 000(元)
年末计提坏账准备前"坏账准备"科目贷方余额＝4 000－1 000＝3 000(元)
本年应补提坏账准备的数额＝5 000－3 000＝2 000(元)

借：信用减值损失　　　　　　　　　　　　　　　　　　　　　　　2 000
　　贷：坏账准备　　　　　　　　　　　　　　　　　　　　　　　　　2 000

（5）2×24年实际发生坏账损失2 600元时。

借：坏账准备　　　　　　　　　　　　　　　　　　　　　　　　　2 600
　　贷：应收账款　　　　　　　　　　　　　　　　　　　　　　　　　2 600

（6）2×24年年末计提坏账准备时。

年末"坏账准备"科目贷方余额＝460 000×0.5％＝2 300(元)
年末计提坏账准备前"坏账准备"科目贷方余额＝5 000－2 600＝2 400(元)
本年应冲销多提坏账准备的数额＝2 400－2 300＝100(元)

借：坏账准备　　　　　　　　　　　　　　　　　　　　　　　　　100
　　贷：信用减值损失　　　　　　　　　　　　　　　　　　　　　　　100

2. 账龄分析法

账龄是指负债人所欠账款的时间。账龄越长，发生坏账损失的可能性就越大。账龄分析法是指根据应收账款的时间长短来估计坏账损失的一种方法，其又称"应收账款账龄分析法"。采用账龄分析法时，企业应先将不同账龄的应收账款进行分组，并根据前期坏账实际发生的有关资料，确定各账龄组的估计坏账损失百分比，再将各账龄组的应收账款金额乘以对应的估计坏账损失百分比数，计算出各组的估计坏账损失额之和，即为当期的坏账损失预计金额。

首先，将应收账款拖欠时间（即账龄）的长短分为若干区间，计算各个区间上应收账款的金额，并为每一个区间估计一个坏账损失百分比；其次，用各区间上的应收账款金额乘以各该区间的坏账损失百分比，估计各个区间上的坏账损失；最后，将各区间上的坏账损失估计数求和，即为坏账损失的估计总额。

在估计坏账损失之前，可将应收账款按其账龄编制一张应收账款账龄分析表，借以了解应收账款在各个顾客之间的金额分布情况及其拖欠时间的长短。

账龄分析表可使管理当局了解收款、欠款情况，判断欠款的可收回程度和可能发生的损失。利用该表，管理当局还可酌情作出采取放宽或紧缩商业信用政策，并可作为衡量负责收款部门和资信部门工作效率的依据。

第一步：在会计期末，应根据企业应收账款资料编制应收账款账龄分析表。

第二步：根据应收账款账龄表和企业事先确定的不同账龄的估计坏账百分比，计算和编制期末坏账损失估计表。

第三步：根据表中计算所得的估计损失金额，确定期末应补提或冲销的坏账准备金额。

第四步:编制相应的会计分录并登记账簿。

【例 2-12】 2×24 年年末,乙公司的应收账款账龄及估计坏账损失见表 2-5 所示。

表 2-5

乙公司应收账款情况 金额单位:元

应收账款账龄	应收账款金额	估计损失百分比	估计损失金额
未过期	20 000	1%	200
过期 6 个月以下	10 000	3%	300
过期 6 个月以上	6 000	5%	300
合计	36 000	——	800

【例 2-13】 承[例 2-12],假设乙公司 2×24 年"坏账准备"科目期初余额为贷方 100 元,计算 2×24 年乙公司应计提的坏账准备以及年末"坏账准备"科目余额。

2×24 年年末"坏账准备"账户余额应为 800 元,2×24 年年初有"坏账准备"贷方余额 100 元,因此本年应计提坏账准备 700 元(800－100)。

借:信用减值损失   700
 贷:坏账准备   700

2×24 年年末"坏账准备"账户余额为 800 元(100＋700)。

三、预付账款

预付账款是指企业按照购货合同的规定,预先以货币资金或货币等价物支付供应单位的款项。在日常核算中,预付账款按实际付出的金额入账,如预付的材料、商品采购货款、必须预先发放的在以后收回的农副产品预购定金等。对购货企业来说,预付账款是一项流动资产。预付账款一般包括预付的货款、预付的购货定金。施工企业的预付账款主要包括预付工程款、预付备料款等。

"预付账款"账户用于核算企业按照合同规定向购货单位预付的款项。"预付账款"账户下应按购货单位设置明细账,进行明细核算。预付账款情况不多的企业也可以将预付的款项直接记入"应付账款"账户的借方。

预付货款业务不多的企业也可以通过"应付账款"账户核算预付账款业务。企业在预付时,借记"应付账款"科目,收到采购的商品后再予冲销。但是,在这种处理方法下,"应付账款"的某些明细账户可能会出现借方余额。期末,"应付账款"明细账的借方余额应在资产负债表中列作资产项目,而各明细账的贷方余额才列为负债。

四、其他应收款

其他应收款是企业应收款项的另一重要组成部分。"其他应收款"账户核算企业除买入返售金融资产、应收票据、应收账款、合同资产、预付账款、应收股利、应收利息、应收代位追偿款、应收分保账款、应收分保合同准其他应收款备用金、长期应收款等以外的其他各种应收及暂付款项。其他应收款通常包括暂付款,是指企业在商品交易业务以外发生的各种应收、暂付款项。

其他应收款主要包括以下内容。

(1) 应收的各种赔款、罚款,如因企业财产等遭受意外损失而应向有关保险公司收取的赔款等。

(2) 应收出租包装物租金。

(3) 应向职工收取的各种垫付款项,如为职工垫付的水电费、应由职工负担的医药费、房租费等。

(4) 存出保证金,如租入包装物支付的押金。

(5) 其他各种应收、暂付款项。

本账户核算企业除存出保证金、拆出资金、买入返售金融资产、应收票据、应收账款、预付账款、应收股利、应收利息、应收保户储金、应收代位追偿款、应收分保账款、应收分保未到期责任准备金、应收分保保险责任准备金、长期应收款等经营活动以外的其他各种应收、暂付的款项。本科目应当按照其他应收款的项目和对方单位(或个人)进行明细核算。

企业发生其他各种应收、暂付款项时,借记本科目,贷记有关科目;收回或转销各种款项时,借记"库存现金""银行存款"等科目,贷记本科目。本科目期末借方余额,反映企业尚未收回的其他应收款。

【例 2-14】　某公司对备用金采取定额预付制。本月发生如下业务。

(1) 5 日,设立管理部门定额备用金,由李红负责管理。管理部门的定额备用金核定定额为 300 元,财务科开出现金支票。

借:其他应收款——备用金(李红)　　　　　　　　　　　　　　　　　　　300
　　贷:银行存款　　　　　　　　　　　　　　　　　　　　　　　　　　　　　300

(2) 16 日,李红交来普通发票 120 元,报销管理部门购买办公用品的支出,财务科以现金补足该定额备用金。

借:管理费用　　　　　　　　　　　　　　　　　　　　　　　　　　　　　120
　　贷:库存现金　　　　　　　　　　　　　　　　　　　　　　　　　　　　　120

(3) 22 日,经批准减少管理部门定额备用金的核定定额 100 元,李红将 100 元交回财务科。

借:库存现金　　　　　　　　　　　　　　　　　　　　　　　　　　　　　100
　　贷:其他应收款——备用金(李红)　　　　　　　　　　　　　　　　　　　100

(4) 30 日,由于机构变动,经批准撤销管理部门定额备用金,李红交回购买办公用品支出的普通发票 30 元及现金 170 元。

借:管理费用　　　　　　　　　　　　　　　　　　　　　　　　　　　　　30
　　库存现金　　　　　　　　　　　　　　　　　　　　　　　　　　　　　170
　　贷:其他应收款——备用金(李红)　　　　　　　　　　　　　　　　　　　200

课程思政案例

"小金库"并非香饽饽

2020年,云南省纪委监委公开通报了全省纪检监察机关查处的6起"小金库"问题典型案例。不知从何时起,"小金库"成为一种社会现象,广受诟病,尽管国家大力管控,但仍有个别人顶风作案,且形式越来越多、手段越来越隐蔽。

"小金库"是指违反法律法规及其他有关规定,应列入而未列入符合规定的单位账簿的各项资金(含有价证券)及其形成的资产。"小金库"在行政机关、事业单位、企业单位都可能存在,这种行为把他人创造的财富占为私人利益,是对经济和社会的一种伤害。

私立的"小金库",其财富来源是什么? 在这6个典型案例中,其包括少计或虚开发票、截留下属单位经营性收益、虚报套取项目资金、克扣费用、违规罚款不入账等,涉及金额高者达千万元,严重扰乱了市场经济秩序,败坏了社会风气,损害了群众利益。

"小金库"具有隐蔽性,应该从何查起? 企业可以审查会计凭证、收款票据、货币资金、往来账户、收支情况等,比如临时检查库存现金、银行存款,进行账实核对,如果发现非正常现象则要进一步追查原因。

"小金库"的形成和使用与财务工作有很强的相关性,这是对财务人员敲响的警钟。财务人员要遵守法律法规,对社会公众尽职尽责,坚守职业道德,牢记"小金库"并非香饽饽。

思考题:私立"小金库"违反了什么法律法规? 其行为会受到什么样的惩罚? 在私设"小金库"行为屡禁不止的情况下,你在单位资金管理、内部控制方面有什么建议?

小提示:详细阅读中央纪委国家监委网站发布的云南通报6起"小金库"问题典型案例(参考链接:http://www.ccdi.gov.cn/yaowen/202010/t20201012_226929.html)。

查找《中华人民共和国会计法》《财政违法行为处罚处分条例》《中国共产党纪律处分条例》等,了解"小金库"违反了哪些相关规定,会受到什么处罚。

本章小结

货币资金是指企业在生产经营活动中,停留于货币形态的那部分资金,其包括库存现金、银行存款和其他货币资金。

货币资金所具有的流动性和对企业生产经营活动的不可或缺性,决定了其在企业会计管理与核算中的重要地位,加强货币资金的管理与控制尤为重要。企业的结算方式主要有现金结算和银行转账结算两种。货币资金的核算重点为序时核算与期末清查。企业应该按照业务发生顺序进行货币资金的序时核算,做到日清月结,保证货币资金的安全、完整。企业与银行之间的对账是对银行存款进行管理的重要方法。企业对货币资金盘点和对账中发现的问题应该及时解决并进行相应的处理。其他货币资金应该在发生时按照明细账户分别进行核算。

应收款项是企业在日常经营过程中发生的各种结算债权,其包括应收票据、应收账款、预付账款及其他应收款。

应收票据应根据带息和不带息条件分别进行会计处理。应收账款应该按照实际发生额计价,现金折扣和坏账对其计价会产生影响。在存在现金折扣的情况下,应收账款可以按照总价法或净价法进行核算,我国企业会计准则规定使用总价法核算。坏账的核算有直接转销法和备抵法两种,而备抵法更符合权责发生制原则;坏账损失常用的估计方法有应收账款余额百分比法、账龄分析法、销售百分比法及个别认定法。

 思考题

(1) 简述货币资金的含义及其使用范围。
(2) 为什么要编制银行存款余额调节表,如何编制银行存款余额调节表?
(3) 什么是贴现息,贴现息如何计算?
(4) 阐述其他货币资金的含义及其内容。
(5) 为什么要计提坏账准备,计提坏账准备的方法有哪些?
(6) 银行结算方式有哪几种,对各种结算方式的不同之处进行比较。
(7) 简述现金的使用范围。
(8) 应收款项的特征是什么,应收款项包括哪些内容?
(9) 企业在银行可以开立哪些账户,各种账户的功能有何不同?
(10) 商业折扣和现金折扣有何不同,两者的会计处理有何区别?

 练习题

一、单项选择题

1. 企业收到承租方交来现金 500 元,系出租包装物押金,则会计分录为(　　)。

  A. 借:库存现金　　　　　　　　　　　　　　　　　　　500
      贷:主营业务收入　　　　　　　　　　　　　　　500

  B. 借:库存现金　　　　　　　　　　　　　　　　　　　500
      贷:其他业务收入　　　　　　　　　　　　　　　500

  C. 借:库存现金　　　　　　　　　　　　　　　　　　　500
      贷:其他应收款　　　　　　　　　　　　　　　　500

  D. 借:库存现金　　　　　　　　　　　　　　　　　　　500
      贷:其他应付款　　　　　　　　　　　　　　　　500

2. 下列项目中,企业可以用现金支付的是(　　)。

  A. 支付个人劳动报酬
  B. 偿还银行小额借款

C. 支付前欠某单位 1 200 元货款

D. 退还某单位多付货款 1 500 元

3. 职员李四出差归来,报销差旅费 1 500 元,退回剩余现金 500 元。应编制的分录为(　　)。

  A. 借:库存现金　　　　　　　　　　　　　　　　　　2 000

    贷:其他应收款　　　　　　　　　　　　　　　　　2 000

  B. 借:管理费用　　　　　　　　　　　　　　　　　　2 000

    贷:其他应收款　　　　　　　　　　　　　　　　　2 000

  C. 借:其他应收款　　　　　　　　　　　　　　　　　2 000

    贷:库存现金　　　　　　　　　　　　　　　　　　500

     管理费用　　　　　　　　　　　　　　　　　1 500

  D. 借:管理费用　　　　　　　　　　　　　　　　　　1 500

    库存现金　　　　　　　　　　　　　　　　　　　500

    贷:其他应收款　　　　　　　　　　　　　　　　　2 000

4. 某企业在现金清查中发现库存现金较账面余额多出 200 元。经反复核查,长款原因仍然不明,经批准后应转入(　　)账户。

  A. "库存现金"　　　　　　　　　　　　B. "营业外收入"

  C. "待处理财产损溢"　　　　　　　　　D. "其他应付款"

5. 经查明原因,转出应由出纳员赔偿的现金短款 200 元,会计分录为(　　)。

  A. 借:其他应收款　　　　　　　　　　　　　　　　　200

    贷:库存现金　　　　　　　　　　　　　　　　　　200

  B. 借:其他应收款　　　　　　　　　　　　　　　　　200

    贷:待处理财产损溢　　　　　　　　　　　　　　　200

  C. 借:应收账款　　　　　　　　　　　　　　　　　　200

    贷:待处理财产损溢　　　　　　　　　　　　　　　200

  D. 借:应收账款　　　　　　　　　　　　　　　　　　200

    贷:库存现金　　　　　　　　　　　　　　　　　　200

6. 一个单位只能在一家金融机构开设一个(　　)。

  A. 一般存款户　　　　　　　　　　　　B. 专用存款

  C. 临时存款户　　　　　　　　　　　　D. 基本存款账户

7. (　　)是由收款人、付款人(或承兑申请人)签发,由承兑人承兑,并于到期日向收款人或被背书人支付款项的票据。

  A. 银行本票　　　　　　　　　　　　　B. 银行汇票

  C. 支票　　　　　　　　　　　　　　　D. 商业汇票

8. 信用卡存款应在(　　)账户核算。

  A. "其他应收款"　　　　　　　　　　　B. "银行存款"

  C. "其他货币资金"　　　　　　　　　　D. "短期投资"

9. 银行存款日记账由(　　)登记。

  A. 会计负责人　　　　　　　　　　　　B. 会计人员

  C. 出纳人员　　　　　　　　　　　　　D. 业务经办人员

10. 支票的提示付款期限为自出票日起( )天,但中国人民银行另有规定的除外。
    A. 3　　　　　　　　B. 5　　　　　　　　C. 10　　　　　　　　D. 15
11. 支票用于( )。
    A. 同城结算　　　　　　　　　　　　　B. 异地结算
    C. 同城或异地结算　　　　　　　　　　D. 国际结算
12. 普通支票可以用于( )。
    A. 转账　　　　　　　　　　　　　　　B. 支取现金
    C. 支取现金或转账　　　　　　　　　　D. 异地结算
13. 某企业收到面额为 20 000 元的转账支票一张,系东方公司归还的前欠货款。企业已
    将支票和填制的进账单送到银行办理收款手续,此时应当编制的会计分录为( )。
    A. 借:银行存款　　　　　　　　　　　　　　　　　　　　　　　20 000
    　　　　贷:应付账款　　　　　　　　　　　　　　　　　　　　　　　　20 000
    B. 借:应付账款　　　　　　　　　　　　　　　　　　　　　　　20 000
    　　　　贷:银行存款　　　　　　　　　　　　　　　　　　　　　　　　20 000
    C. 借:银行存款　　　　　　　　　　　　　　　　　　　　　　　20 000
    　　　　贷:应收账款　　　　　　　　　　　　　　　　　　　　　　　　20 000
    D. 借:应收账款　　　　　　　　　　　　　　　　　　　　　　　20 000
    　　　　贷:银行存款　　　　　　　　　　　　　　　　　　　　　　　　20 000
14. 现金支票可以用于( )。
    A. 转账　　　　　　　　　　　　　　　B. 支取现金
    C. 异地结算　　　　　　　　　　　　　D. 支取现金或转账
15. 存出投资款应在( )账户核算。
    A. "其他应收款"　　　　　　　　　　　B. "银行存款"
    C. "其他货币资金"　　　　　　　　　　D. "短期投资"

二、多项选择题

1. 按照《现金管理暂行条例》的规定,( )属于现金收入的范围。
   A. 职工交回差旅费剩余款
   B. 从银行提取现金
   C. 将现金送存银行
   D. 收取结算起点以下的小额销货款
   E. 收到销售商品收入 2 000 元

2. 下列项目中,可以使用现金的有( )。
   A. 支付 500 元购货款
   B. 向个人收购农副产品 1 500 元
   C. 李某出差借支差旅费 1 000 元
   D. 发放职工困难补助金 600 元
   E. 支付采购材料款 10 000 元

3. 下列各项中,违反现金收入管理规定的有( )。
   A. 坐支现金

B. 收入的现金于当日送存银行

C. 将企业的现金收入按个人储蓄方式存入银行

D. "白条"抵库

E. 收取结算起点以下的小额销货款

4. 企业发生的下列各项支出中,按规定可以用现金支付的有(   )。

A. 支付银行结算手续费 800 元

B. 支付职工朱某的医药费 2 000 元

C. 支付购买设备的款项 20 000 元

D. 支付张某出差的差旅费 3 000 元

E. 支付职工李明困难补助 800 元

5. 下列业务中,可以通过"库存现金"账户核算的有(   )。

A. 偿还前欠某单位货款 5 000 元

B. 购买甲材料,支付货款 300 元

C. 支付个人劳务报酬 1 000 元

D. 购买计算机一台,支付货款 7 500 元

E. 支付银行承兑汇票手续费 1 000 元

6. 下列项目中,不能用现金支付的有(   )。

A. 向职工个人发放奖金 5 000 元

B. 偿还前欠 M 公司购货款 10 000 元

C. 张山出差借支差旅费 1 200 元

D. 购买设备一台,价款 20 000 元

E. 支付给职工王某奖金

7. 根据规定,银行账户一般分为(   )等几种。

A. 基本存款账户

B. 一般存款账户

C. 临时存款账户

D. 专用存款账户

E. 特别存款账户

8. 企业以外埠存款 10 000 元购买需要安装设备一台,会计分录由(   )组成。

A. 借:固定资产   10 000

B. 借:在建工程   10 000

C. 贷:其他货币资金   10 000

D. 贷:银行存款   10 000

E. 贷:应付票据   10 000

9. 下列项目中,应在"其他货币资金"账户中核算的有(   )。

A. 存出投资款   B. 支票存款

C. 银行汇票存款   D. 银行本票存款

E. 外埠存款

10. 银行存款的总分类核算,应当根据(   )逐笔或分别定期汇总登记。

A.　银行收款凭证

B.　银行付款凭证

C.　银行转账凭证

D.　有关现金付款凭证

E.　有关现金收款凭证

三、判断题

1. 现金清查,是以实地盘点法核对库存现金实有数与账存数的。　　　　　（　　）

2. 盘点现金时出现溢余,可以在"其他应付款"账户的贷方反映,待日后短缺时用于抵扣。　　　　　　　　　　　　　　　　　　　　　　　　　　　　　（　　）

3. 无法查明原因的现金短缺,根据管理权限批准后记入"营业外支出"账户。　（　　）

4. 银行存款余额调节表是调整企业银行存款账面余额的原始凭证。　　　（　　）

5. 对于银行已经入账而企业尚未入账的未达账项,企业应当根据"银行对账单"编制自制凭证予以入账。　　　　　　　　　　　　　　　　　　　　　　　（　　）

6. 企业银行存款账面余额与银行对账单余额因未达账项存在差额时,应按照银行存款余额调节表调整银行存款日记账。　　　　　　　　　　　　　　　（　　）

7. 库存现金的清查包括出纳人员每日的清点核对和清查小组定期和不定期地清查。　　　　　　　　　　　　　　　　　　　　　　　　　　　　　　（　　）

8. "库存现金"账户反映企业的库存现金,其包括企业内部各部门周转使用、由各部门保管的定额备用金。　　　　　　　　　　　　　　　　　　　　　　　（　　）

9. 采用定额制核算备用金的企业,备用金使用部门日常凭单据报销差旅费时,会计部门应按报销金额冲减"其他应收款"科目。　　　　　　　　　　　　　　（　　）

10. 企业应向职工收取的暂付款项可在"应收账款"科目进行核算。　　　（　　）

11. 预付款项不多的企业可以将预付的款项直接记入"应付账款"账户的借方,不设置"预付账款"科目。但在编制财务报表时,企业要将"预付账款"和"应收账款"的金额分开列示。　　　　　　　　　　　　　　　　　　　　　　　　　　　（　　）

12. 企业实际发生坏账损失时,应借记"坏账准备"科目,贷记"应收账款"科目。　（　　）

13. 企业采用应收账款余额百分比法计提坏账准备的,期末"坏账准备"科目余额应等于按应收账款余额的一定百分比计算的坏账准备金额。　　　　　　　　（　　）

14. 按总价法核算存在现金折扣的交易,其实际发生的现金折扣作为当期的财务费用。　　　　　　　　　　　　　　　　　　　　　　　　　　　　　　（　　）

15. 2×24年4月5日,B企业赊销产品一批,价款10万元,增值税额1.3万元,现金折扣条件为"2/10,1/20,n/30"。假设折扣不考虑增值税因素。4月12日,购货单位付款。则B企业应确认财务费用1 000元。　　　　　　　　　　　　　　（　　）

四、计算题

1. 某企业3月份业务如下。

(1)3月12日,企业开出现金支票一张,从银行提取现金3 600元,企业用现金支付企业水电费400元。张明去北京采购材料,不方便携带现款,故委托当地银行汇款5 650元到北京开立采购专户,并从财务预借差旅费2 000元,财务以现金支付。

(2)3月18日,张明返回企业,交回采购有关的供应单位发票账单,共支付材料款项

5 650元,其中材料价款5 000元,增值税额650元。张明报销差旅费2 200元,财务以现金补付余款。

（3）3月21日,企业收到上海公司上月所欠货款47 000元的银行转账支票一张。企业将支票和填制的进账单送交开户银行。

（4）3月25日,采购员持银行汇票一张前往深圳采购材料,汇票价款8 000元,购买材料时,实际支付材料价款6 000元,增值税额780元。

（5）3月26日,采购员返回企业时,银行已将多余款项退回企业开户银行。

（6）3月30日,企业对现金进行清查,发现现金短缺600元。原因正在调查。

（7）3月30日,企业发现短缺的现金是出纳员小华的工作失职造成的,应由其负责赔偿,金额为300元;另外300元没办法查清楚,经批准转作管理费用。

月底,企业开始与银行进行对账,银行对账单上的存款余额为31 170元,经核对,发现有以下未达账项。

（1）3月29日,企业委托银行代收款项2 000元,银行已收入账,企业尚未收到入账通知。

（2）3月30日,银行代企业支付租金1 070元,尚未通知企业。

（3）3月30日,企业收到深圳公司代收手续费1 200元。

要求:编制相关分录,并编制"银行余额调节表"核对双方记账有无错误。（补充条件:银行存款期初余额2 470元）

2. 某企业2×24年1月31日在工商银行的银行存款余额为256 000元,银行对账单余额为265 000元,经查有下列未达账项。

（1）企业于月末存入银行的转账支票2 000元,银行尚未入账。

（2）委托银行代收的销货款12 000元,银行已经收到入账,但企业尚未收到银行收款通知。

（3）银行代付本月电话费4 000元,企业尚未收到银行付款通知。

（4）企业于月末开出转账支票3 000元,持票人尚未到银行办理转账手续。

要求:

（1）根据所给资料,编制银行存款余额调节表。

（2）如果调节后双方的银行存款余额仍不相符,则应如何处理?

（3）该企业在2×24年1月31日可动用的银行存款的数额是多少?

五、业务题

1. A公司为增值税一般纳税人,适用的增值税税率为13%。2×24年3月,A公司发生下列业务。

（1）3月2日,A公司向B公司赊销某商品100件,每件标价200元,实际售价180元（售价中不含增值税额）,已开增值税专用发票。商品已交付B公司。代垫B公司运杂费2 000元。现金折扣条件为"2/10,1/20,n/30"。

（2）3月4日,A公司销售给乙公司商品一批,增值税专用发票上注明价款为20 000元、增值税额2 600元,乙公司以一张期限为60天、面值为22 600元的无息商业承兑汇票支付。该批商品成本为16 000元。

（3）3月8日,A公司收到B公司3月2日所购商品货款并存入银行。

（4）3月11日，A公司从甲公司购买原材料一批，价款20 000元，按合同规定先预付40％购货款，其余货款待验货后支付。

（5）3月20日，因急需资金，A公司将收到的乙公司的商业承兑汇票到银行办理贴现，年贴现率为10％。

（6）3月21日，A公司收到从甲公司购买的原材料，并验收入库，余款以银行存款支付。增值税专用发票注明价款20 000元，增值税额2 600元。

要求：编制上述业务的会计分录。（假定现金折扣不考虑增值税因素）

2. 甲企业采用应收账款余额百分比法计提坏账准备，计提比例为0.5％。2×23年年末坏账准备科目为贷方余额7 000元。2×24年，甲企业应收账款及坏账损失发生情况如下。

（1）1月20日，甲企业收回上年已转销的坏账损失20 000元。

（2）6月4日，对于应收乙企业的账款45 000元，由于该企业破产无法收回，则确认坏账损失。

（3）12月31日，甲企业应收账款余额为1 200 000元。

要求：编制上述有关坏账准备的会计分录。

六、案例分析题

2×24年5月20日，甲公司出售一批商品，价款为170 940元，增值税额为22 222.2元，于当日确认收入并取得面值200 000元的不带息商业承兑汇票，期限为120天。甲公司于7月20日持该商业汇票到银行贴现，年贴现率为6％。到期日，付款人无力支付票款，贴现银行按商业汇票的到期价值从甲公司的存款中扣还。

要求：根据上述资料，选出下列问题的正确答案。

（1）甲公司收取的该商业汇票的到期日是（　　）。

A. 9月17日　　　　B. 9月18日　　　　C. 9月10日　　　　D. 9月20日

（2）甲公司7月20日商业汇票贴现时，贴现银行扣除的贴现利息为（　　）元。

A. 1 966.67　　　　B. 2 000　　　　C. 2 033.33　　　　D. 2 066.67

（3）甲公司7月20日商业汇票贴现时，应编制的会计分录是（　　）。

A. 借：银行存款
　　　贷：应收票据

B. 借：银行存款
　　　　财务费用
　　　贷：应收票据

C. 借：银行存款
　　　　财务费用
　　　贷：短期借款

D. 借：银行存款
　　　贷：短期借款
　　　　　财务费用

（4）商业汇票到期，付款人无力支付，银行退回汇票并转来支款通知等凭证时，甲公司编制的会计分录是（　　）。

A. 借：短期借款   200 000
　　贷：银行存款   200 000
B. 借：应收票据   200 000
　　贷：银行存款   200 000
C. 借：应收账款   200 000
　　贷：应收票据   200 000
D. 借：应收账款   200 000
　　贷：银行存款   200 000

第三章 存 货

 导入案例

　　某企业为增值税一般纳税人,购入原材料,买价 10 000 元,增值税额 1 300 元,运杂费 500 元,途中保险费 30 元,采购人员差旅费 400 元,材料尚未到达企业。针对上述业务,财务部内部产生了分歧:第一,该批材料属不属于企业的材料,该不该确认为本期的资产;第二,如果确认为本期的资产,该批材料的成本应该包括哪些内容。最后,财务部张经理进行总结:该批材料应确认为企业本期资产,其入账价值为 10 530 元。

问题

（1）你同意张经理的结论吗？若不同意,你的观点是什么？

（2）若张经理的结论正确,请找到他的判断依据。

教学目标

　　通过本章学习,学生应了解存货的概念及分类;掌握存货取得的计价,发出存货的计价及期末计价;掌握原材料按实际成本计价的核算,原材料按计划成本计价的核算;掌握库存商品按进价金额的核算,库存商品按售价金额的核算;掌握周转材料及委托加工物资的核算;掌握期末存货的清查与计价的账务处理方法。

第一节 存货概述

一、存货的内容

　　存货是指企业在日常活动中持有以备出售的产品或商品、处在生产过程中的在产品、在生产过程或提供劳务过程中耗用的材料或物料等,包括原材料、在产品、半成品、产成品、商品以及包装物、低值易耗品、委托代销商品等。

　　（1）原材料是指企业在生产过程中经加工改变其形态或性质并构成产品主要实体的各种原料及主要材料、辅助材料、燃料、修理用备件（备品备件）、包装材料、外购半成品（外购件）等。

（2）在产品是指企业正在制造尚未完工的生产物，其包括正在各个生产工序加工的产品和已加工完毕但尚未检验或已检验但尚未办理入库手续的产品。

（3）半成品是指经过一定生产过程并已检验合格交付半成品仓库保管，但尚未制造完工成为产成品，仍需进一步加工的中间产品。

（4）产成品是指工业企业已经完成全部生产过程并已验收入库，可以按照合同规定的条件送交订货单位，或者可以作为商品对外销售的产品。企业接受来料加工制造的代制品和为外单位加工修理的代修品，制造和修理完成验收入库后，应视同企业的产成品。

（5）商品是指商品流通企业外购或委托加工完成验收入库用于销售的各种商品。

（6）包装物是指为了包装本企业的商品而储备的各种包装容器，如桶、箱、瓶、坛、袋等。其主要作用是盛装、装饰产品或商品。

（7）低值易耗品是指不能作为固定资产核算的各种用具物品，如工具、管理用具、玻璃器皿、劳动保护用品以及在经营过程中周转使用的容器等。其特点是单位价值较低，或使用期限相对于固定资产较短，在使用过程中保持其原有实物形态基本不变。包装物和低值易耗品构成了周转材料。周转材料是指企业能够多次使用，不符合固定资产定义，逐渐转移其价值但仍保持原有形态，不确认为固定资产的材料。

（8）委托代销商品是指企业委托其他单位代销的商品。

二、存货初始成本的确定

存货应当按照成本进行初始计量。存货成本按来源不同分为采购成本、加工成本和其他成本。

1. 存货的采购成本

存货的采购成本，包括购买价款、相关税费、运输费、装卸费、保险费以及其他可归属于存货采购成本的费用。

其中，存货的购买价款是指企业购入的材料或商品的发票账单上列明的价款，但不包括按照规定可以抵扣的增值税额。

存货的相关税费是指企业购买存货发生的进口关税、消费税、资源税和不能抵扣的增值税进项税额以及相应的教育费附加等应计入存货采购成本的税费。

其他可归属于存货采购成本的费用是指采购成本中除上述各项以外的可归属于存货采购的费用，如在存货采购过程中发生的仓储费、包装费、运输途中的合理损耗、入库前的挑选整理费用等。运输途中的合理损耗，是指商品在运输过程中，因商品性质、自然条件及技术设备等因素，所发生的自然的或不可避免的损耗。例如，汽车在运输煤炭、化肥等的过程中自然散落以及易挥发的产品在运输过程中的自然挥发。

商品流通企业在采购商品过程中发生的运输费、装卸费、保险费以及其他可归属于存货采购成本的费用，应当计入所购商品成本，也可以先进行归集，期末根据所购商品的存销情况进行分摊。已售商品的进货费用，计入主营业务成本；未售商品的进货费用，计入期末存货成本。企业采购商品的进货费用金额较小的，可以在发生时直接计入当期销售费用。

2. 存货的加工成本

存货的加工成本是指在存货的加工过程中发生的追加费用，包括直接人工以及按照一定方法分配的制造费用。

直接人工是指企业在生产产品和提供劳务过程中发生的直接从事产品生产和劳务提供人员的职工薪酬。

制造费用是指企业为生产产品和提供劳务而发生的各项间接费用。

3. 委托加工物资成本

委托加工物资成本包括加工中实际耗用物资的成本、支付的加工费用及应负担的运杂费和支付的税费等。

4. 存货的其他成本

存货的其他成本是指除采购成本、加工成本以外的,使存货达到目前场所和状态所发生的其他支出,如接受投资、债务重组等。其成本应当分别按照相关会计准则的规定确定。

三、发出存货的计价方法

实务中,企业发出的存货可以按实际成本核算,也可以按计划成本核算。如采用计划成本核算,会计期末应调整为实际成本。

企业应当根据各类存货的实物流转方式、企业管理的要求、存货的性质等实际情况,合理地确定发出存货成本的计算方法,以及当期发出存货的实际成本。性质和用途相同的存货,应当采用相同的成本计算方法确定发出存货的成本。在实际成本核算方式下,企业可以采用的发出存货成本的计价方法包括先进先出法、月末一次加权平均法、移动加权平均法和个别计价法。

(一)先进先出法

先进先出法是指以先入库的存货先发出这样一种存货实物流转假设为前提,对发出存货进行计价的一种方法。这种方法假定了先购入的存货成本在后购入的存货成本前面结转出,依次确定发出存货与结存存货的成本。具体方法是:收入存货时逐笔登记收入存货的数量、单价和金额;发出存货时,按照先进先出的原理逐笔登记存货发出的成本和结存金额。

【例 3-1】 甲公司 2×24 年 5 月 1 日结存 A 材料 4 000 千克,每千克实际成本为 10 元;5 月 5 日和 5 月 20 日分别购入该材料 10 000 千克和 7 000 千克,每千克实际成本分别为 11 元和 12 元;5 月 10 日和 5 月 25 日分别发出材料 11 000 千克和 7 000 千克。按先进先出法核算时,发出和结存材料的成本如表 3-1 所示。

表 3-1

先进先出法　　　　　　　　　　　　　　　　　金额单位:元

2×24年		凭证号	摘要	收入			发出			结存		
月	日			数量（千克）	单价	金额	数量（千克）	单价	金额	数量（千克）	单价	金额
5	1	(略)	期初结存							4 000	10	40 000
	5		购入	10 000	11	110 000				4 000 10 000	10 11	40 000 110 000
	10		发出				4 000 7 000	10 11	40 000 77 000	3 000	11	33 000

（续表）

2×24年		凭证号	摘要	收入			发出			结存		
月	日			数量（千克）	单价	金额	数量（千克）	单价	金额	数量（千克）	单价	金额
	20		购入	7 000	12	84 000				3 000 7 000	11 12	33 000 84 000
	25		发出				3 000 4 000	11 12	33 000 48 000	3 000	12	36 000
5	31		合计	17 000		194 000	18 000		198 000	3 000	12	36 000

采用这种计价方法，可以在发出存货时结转存货发出成本，有利于均衡核算工作；存货以最近采购价格计价，资产负债表的存货资产价值就更接近其现行重置成本。但在存货收发业务频繁，特别是发出存货属于两批甚至几批收入的存货时，要用两个甚至几个单价计价，核算工作比较烦琐。在物价持续上涨的情况下，先进先出法将较低的成本同营业收入相匹配，从而将较高的成本留在了存货中，不符合谨慎性要求。

（二）加权平均法

加权平均法又称月末一次加权平均法，是指以本月全部收货数量加月初存货的数量去除以本月全部收货存货成本加上月初存货成本，计算出存货的加权平均成本，从而确定发出存货的成本和期末存货成本的一种计价方法。其计算公式如下：

$$\begin{pmatrix}发出存货的加权\\成本平均单价\end{pmatrix}=\begin{pmatrix}期初结存\\存货的金额\end{pmatrix}+\begin{pmatrix}本期收入\\存货的金额\end{pmatrix}\div\begin{pmatrix}期初结存\\存货的数量\end{pmatrix}+\begin{pmatrix}本期收入\\存货的数量\end{pmatrix}$$

【例3-2】 沿用［例3-1］的资料，采用加权平均法核算时，计算A材料的成本如下：

A材料的平均单位成本＝（40 000＋194 000）÷（4 000＋17 000）＝11.14（元）

本月发出存货的成本＝18 000×11.14＝200 520（元）

月末库存存货的成本＝40 000＋194 000－200 520＝33 480（元）

由于加权平均单价往往不能除尽，为了保证期末结存数量、单价与总成本一致，应先按加权平均单价计算发出存货成本，然后倒减出期末存货成本，将计算尾数挤入期末存货成本中。

采用加权平均法（月末一次加权平均法），发出存货的单价只在月末计算一次，简化了成本计算工作；由于平时存货明细账只登记收入存货数量、单价、金额以及发出存货和结存存货的数量，则在账面上不能及时地反映存货的发出金额和结存金额，不利于存货的日常管理和控制。

（三）移动加权平均法

移动加权平均法中，如果收入材料的实际单价与库存材料实际平均单价不一致，就要在每次进货时都要计算一个平均单价，然后按平均单价在领料凭证上标价，如表3-2所示。

$$\begin{pmatrix}存货平\\均单价\end{pmatrix}=\begin{pmatrix}以前结余\\存货的金额\end{pmatrix}+\begin{pmatrix}本批收入\\存货的金额\end{pmatrix}\div\begin{pmatrix}以前结余\\存货的数量\end{pmatrix}+\begin{pmatrix}本批收入\\存货的数量\end{pmatrix}$$

发出存货平均单价＝发出存货数量×存货平均单价

表 3-2

移动加权平均法 金额单位:元

2×24年		凭证号	摘要	收入			发出			结存		
月	日			数量(千克)	单价	金额	数量(千克)	单价	金额	数量(千克)	单价	金额
5	1	(略)	期初结存							400	50	20 000
	5		购入	600	66	39 600				1 000	59.6	59 600
	6		发出				600		35 760	400		23 840
	10		购入	700	70	49 000				1 100	66.22	72 840
	15		发出				1 000		66 220	100	66.2	6 620
5	31		合计	1 300		88 600	1 600		101 980	100	66.2	6 620

采用移动加权平均法,可以在发出存货时就对发出的存货计价,并能够及时了解存货的结存情况,计算的平均单位成本及发出和结存的存货成本比较客观。但在存货收入较为频繁的情况下,要在每次收货时计算一次单价,核算的工作量较大。

(四)个别计价法

个别计价法亦称个别认定法、具体辨认法或分批实际法,它较适合于一般不能替代使用的存货,如名画、珠宝和房屋等。个别计价法是假设存货实物流转和成本流转一致的存货计价方法。该方法是在发出存货时按所发货收入时的单价计价的。

企业发出的存货可以按实际成本核算,也可以按计划成本核算。商品流通企业的库存商品还可以采用毛利率法和售价金额核算法进行日常核算。存货的计划成本计价法、商品流通企业毛利率法和售价金额核算法将分别在本章第二节和第三节中与账务处理一并讲解。

第二节 原材料收发的核算

原材料是指企业在生产过程中经过加工改变其形态或性质并构成产品主要实体的各种原料、主要材料和外购半成品,以及不构成产品实体但有助于产品形成的辅助材料。原材料具体包括原料及主要材料、辅助材料、外购半成品(外购件)、修理用备件(备品备件)、包装材料、燃料等。

原材料的日常收发及结存可以采用实际成本核算,也可以采用计划成本核算。

一、原材料采用实际成本核算

(一)会计账户的设置

材料采用实际成本核算时,材料的收发及结存,无论是总分类核算还是明细分类核算,均按照实际成本计价。使用的会计账户有"原材料""在途物资"等,"原材料"账户的借方、贷方及余额均以实际成本计价,不存在成本差异的计算与结转问题。但采用实际成本核算,日常反映不出材料成本是节约还是超支,从而不能反映和考核物资采购业务的经营成果。因此这种方法通常适用于材料收发业务较少的企业。在实务工作中,对于材料收发业务较多并且计划成本资料较为健全、准确的企业,一般可以采用计划成本进行材料收发的核算。

"原材料"账户用于核算库存各种材料的收发与结存情况。在原材料按实际成本核算时,本账户的借方登记入库材料的实际成本,贷方登记发出材料的实际成本,期末余额在借方,反映企业库存材料的实际成本。

"在途物资"账户用于核算企业采用实际成本(进价)进行材料、商品等物资的日常核算、价款已付尚未验收入库的各种物资(即在途物资)的采购成本,本账户应当按照供应单位和物资品种进行明细核算。"在途物资"账户的借方登记企业购入的在途物资的实际成本,贷方登记验收入库的在途物资的实际成本,期末余额在借方,反映企业在途物资的采购成本。

"应付账款"账户用于核算企业因购买材料、商品和接受劳务等经营活动应支付的款项。"应付账款"账户的贷方登记企业因购入材料、商品和接受劳务等尚未支付的款项,借方登记支付的应付账款,期末余额一般在贷方,反映企业尚未支付的应付账款。

(二)原材料的账务处理

1. 购入材料

由于支付方式不同,原材料入库的时间与付款的时间可能一致,也可能不一致,则它们在账务处理上也有所不同。

(1)货款已经支付或开出、承兑商业汇票,同时材料已验收入库。

【例3-3】 甲公司购入 A 材料一批,增值税专用发票上记载的货款为 100 000 元、增值税额为 13 000 元,对方代垫包装费 2 000 元,增值税税额 180 元。全部款项已用转账支票付讫,材料已验收入库。甲公司应编制会计分录如下:

借:原材料——A 材料	102 000
应交税费——应交增值税(进项税额)	13 180
贷:银行存款	115 180

(2)货款已经支付或已开出、承兑商业汇票,材料尚未到达或尚未验收入库。

【例3-4】 甲公司采用汇兑结算方式购入 B 材料一批,发票及账单已收到,增值税专用发票上记载的货款为 20 000 元,增值税额为 2 600 元。支付保险费 1 000 元,增值税税额 60 元,材料尚未到达。甲公司应编制会计分录如下:

借:在途物资——B 材料	21 000
应交税费——应交增值税(进项税额)	2 660
贷:银行存款	23 660

【例3-5】 承[例3-4],上述购入的 B 材料已收到,并验收入库。甲公司应编制会计分录如下:

借:原材料——B 材料	21 000
贷:在途物资——B 材料	21 000

（3）货款尚未支付，材料已经验收入库。

【例3-6】 甲公司购入 C 材料一批，材料已验收入库，月末发票账单尚未收到，也无法确定其实际成本，暂估价值为 50 000 元。甲公司应编制会计分录如下：

借：原材料——C 材料   50 000
 贷：应付账款——暂估应付账款   50 000

下月初编制相反的会计分录予以冲回：

借：应付账款——暂估应付账款   50 000
 贷：原材料——C 材料   50 000

待收到发票账单等原始凭证后，按正常程序处理。

2. 发出材料

企业各生产单位及有关部门领用的材料具有种类多、业务频繁等特点。为了简化核算，企业可以在月末根据"领料单"或"限额领料单"中有关领料的单位、部门等加以归类，编制"发料凭证汇总表"，据以编制记账凭证、登记入账。发出材料实际成本的确定，可以由企业从上述个别计价法、先进先出法、月末一次加权平均法、移动加权平均法等方法中选择。计价方法一经确定，不得随意变更。如需变更，应在财务报表附注中予以说明。

【例3-7】 甲公司根据"发料凭证汇总表"，记录 1 月份基本生产车间领用 A 材料 500 000 元，车间管理部门领用 A 材料 10 000 元，企业行政管理部门领用 A 材料 3 000 元，共计 513 000 元。甲公司应编制会计分录如下：

借：生产成本   500 000
  制造费用   10 000
  管理费用   3 000
 贷：原材料——A 材料   513 000

二、原材料采用计划成本核算

（一）会计账户的设置

材料采用计划成本核算时，材料的收发及结存，无论是总分类核算还是明细分类核算，均按照计划成本计价。使用的会计账户有"原材料""材料采购""材料成本差异"等。材料实际成本与计划成本的差异，通过"材料成本差异"账户核算。月末，计算本月发出材料应负担的成本差异并进行分摊，根据领用材料的用途计入相关资产的成本或者当期损益，从而将发出材料的计划成本调整为实际成本。

"原材料"账户用于核算库存各种材料的收发与结存情况。在材料采用计划成本核算时，本科目的借方登记入库材料的计划成本，贷方登记发出材料的计划成本，期末余额在借方，反映企业库存材料的计划成本。

"材料采购"账户借方登记采购材料的实际成本，贷方登记入库材料的计划成本。借方大于贷方表示超支，从"材料采购"账户贷方转入"材料成本差异"账户的借方；贷方大于借方表示节约，从"材料采购"账户借方转入"材料成本差异"账户的贷方；期末为借方余额，反映企业在途材料的采购成本。

"材料成本差异"账户反映企业已入库各种材料的实际成本与计划成本的差异,借方登记超支差异及发出材料应负担的节约差异,贷方登记节约差异及发出材料应负担的超支差异。期末如为借方余额,反映企业库存材料的实际成本大于计划成本的差异(即超支差异);期末如为贷方余额,反映企业库存材料实际成本小于计划成本的差异(即节约差异)。

(二)原材料的账务处理

1. 购入材料

(1)货款已经支付,同时材料验收入库。

【例 3-8】 甲公司购入 A 材料一批,增值税专用发票上注明的价款为 3 000 000 元,增值税额 390 000 元,发票账单已收到,计划成本为 3 200 000 元,材料已验收入库,全部款项以银行存款支付。甲公司应编制会计分录如下:

借:材料采购——A 材料	3 000 000
应交税费——应交增值税(进项税额)	390 000
贷:银行存款	3 390 000
借:原材料——A 材料	3 200 000
贷:材料采购——A 材料	3 200 000

上述入库材料的实际成本为 3 000 000 元,入库材料的成本差异为节约 200 000 元。

借:材料采购——A 材料	200 000
贷:材料成本差异——A 材料	200 000

或合并编制为复合会计分录:

借:原材料——A 材料	3 200 000
贷:材料采购——A 材料	3 000 000
材料成本差异——A 材料	200 000

在计划成本法下,购入的材料无论是否验收入库,都要先通过"材料采购"科目进行核算,以反映企业所购材料的实际成本,从而与"原材料"科目相比较,计算确定材料差异成本。

(2)货款已经支付,材料尚未验收入库。

【例 3-9】 甲公司采用汇兑结算方式购入 A 材料一批,增值税专用发票上注明的价款为 200 000 元,增值税额 26 000 元,发票账单已收到,计划成本为 180 000 元,材料尚未入库,款项已用银行存款支付。甲公司应编制会计分录如下:

借:材料采购——A 材料	200 000
应交税费——应交增值税(进项税额)	26 000
贷:银行存款	226 000

(3)货款尚未支付,材料已经验收入库。

【例 3-10】 甲公司采用商业承兑汇票支付方式购入 A 材料一批,增值税专用发票上注明的价款为 200 000 元,增值税额 26 000 元,发票账单已收到,计划成本 160 000 元,材料已验收入库。甲公司应编制会计分录如下:

借：材料采购——A 材料 200 000
　　应交税费——应交增值税（进项税额） 26 000
　　贷：应付票据 226 000
借：原材料——A 材料 160 000
　　贷：材料采购——A 材料 160 000

上述入库材料的实际成本为 200 000 元，入库材料的成本差异为超支 40 000 元。

借：材料成本差异——A 材料 40 000
　　贷：材料采购——A 材料 40 000

或合并编制为复合会计分录：

借：原材料——A 材料 160 000
　　材料成本差异 40 000
　　贷：材料采购——A 材料 200 000

2. 发出材料

月末，企业根据领料单等编制"发料凭证汇总表"结转发出材料的计划成本，企业应当根据所发出材料的用途，按计划成本分别记入"生产成本""制造费用""销售费用""管理费用"等科目，同时结转材料成本差异。

【例 3-11】 甲公司根据"发料凭证汇总表"，记录某月 A 材料的消耗（计划成本）为：基本生产车间领用（用于生产产品）2 000 000 元，车间管理部门领用 50 000 元，企业行政管理部门领用10 000 元。甲公司应编制会计分录如下：

借：生产成本 2 000 000
　　制造费用 50 000
　　管理费用 10 000
　　贷：原材料——A 材料 2 060 000

根据《企业会计准则第 1 号——存货》的规定，企业日常采用计划成本核算的，发出的材料成本应由计划成本调整为实际成本，通过"材料成本差异"科目进行结转，按照所发出材料的用途，分别记入"生产成本""制造费用""销售费用""管理费用"等科目。发出材料应负担的成本差异应当按期（月）分摊，不得在季末或年末一次计算。

$$\text{本期材料成本差异率} = \frac{\text{期初结存材料的成本差异} + \text{本期验收入库材料的成本差异}}{\text{期初结存材料的计划成本} + \text{本期验收入库材料的计划成本}} \times 100\%$$

注：公式分子的成本差异，超支为正数，节约为负数。

$$\text{发出材料应负担的成本差异} = \text{发出材料的计划成本} \times \text{本期材料成本差异率}$$

如果企业的材料成本差异率在各期之间是比较均衡的，也可以采用期初材料成本差异率分摊本期的材料成本差异。年度终了，企业应对材料成本差异率进行核实调整。

$$\text{期初材料成本差异率} = \frac{\text{期初结存材料的成本差异}}{\text{期初结存材料的计划成本}} \times 100\%$$

$$\text{发出材料应负担的成本差异} = \text{发出材料的计划成本} \times \text{期初材料成本差异率}$$

【例3-12】 承[例3-8][例3-10]和[例3-11]，甲公司某月月初结存材料的计划成本为 1 000 000 元，成本差异为超支 20 000 元；当月入库 A 材料的计划成本 3 360 000 元，成本差异为节约 160 000 元(200 000－40 000)。则：

材料成本差异率＝(20 000－160 000)÷(1 000 000＋3 360 000)×100％＝－3.2％

材料成本差异＝2 060 000×3.2％＝65 920(元)

生产成本＝2 000 000×3.2％＝64 000(元)

制造费用＝50 000×3.2％＝1 600(元)

管理费用＝10 000×3.2％＝320(元)

结转发出材料的成本差异，甲公司应编制会计分录如下：

借：材料成本差异   65 920
  贷：生产成本   64 000
    制造费用   1 600
    管理费用   320

若上例的差异为超支差异，则会计分录借贷方向相反。

第三节　库存商品收发的核算

一、库存商品概述

库存商品是指企业已完成全部生产过程并已验收入库、合乎标准规格和技术条件，可以按照合同规定的条件送交订货单位，或可以作为商品对外销售的产品以及外购或委托加工完成验收入库用于销售的各种商品。

库存商品具体包括库存产成品、外购商品、存放在门市部准备出售的商品、发出展览的商品、寄存在外的商品、接受来料加工制造的代制品和为外单位加工修理的代修品等。已完成销售手续但购买单位在月末未提取的产品，不应作为企业的库存商品，而应作为代管商品处理，单独设置代管商品备查簿进行登记。

库存商品可以采用实际成本核算，也可以采用计划成本核算，其方法与原材料相似。采用计划成本核算时，库存商品实际成本与计划成本的差异，可单独设置"产品成本差异"科目核算。

为了反映和监督库存商品的增减变动及其结存情况，企业应当设置"库存商品"科目，借方登记验收入库的库存商品成本，贷方登记发出的库存商品成本，期末余额在借方，反映各种库存商品的实际成本或计划成本。

二、库存商品的账务处理

（一）验收入库

对于库存商品采用实际成本核算的企业，当库存商品生产完成并验收入库时，应按实际成本，借记"库存商品"科目，贷记"生产成本——基本生产成本"科目。

【例 3-13】　甲公司"商品入库汇总表"记载，某月已验收入库 A 产品 1 000 台，实际单位成本 5 000 元，共计 5 000 000 元。甲公司应编制会计分录如下：

借：库存商品——A 产品　　　　　　　　　　　　　　　　　　　　5 000 000
　　贷：生产成本——A 产品　　　　　　　　　　　　　　　　　　　5 000 000

（二）发出商品

企业销售商品要确认收入结转销售成本，借记"主营业务成本"等科目，贷记"库存商品"科目。

【例 3-14】　甲公司月末汇总的发出商品中，当月已实现销售的 A 产品有 500 台，该月 A 产品实际单位成本 5 000 元。在结转其销售成本时，甲公司应编制会计分录如下：

借：主营业务成本　　　　　　　　　　　　　　　　　　　　　　　2 500 000
　　贷：库存商品——A 产品　　　　　　　　　　　　　　　　　　　2 500 000

商品流通企业购入的商品可以采用进价或售价核算。采用售价核算的，商品售价和进价的差额，可通过"商品进销差价"科目核算。月末，应分摊已销商品的进销差价，将已销商品的销售成本调整为实际成本，借记"商品进销差价"科目，贷记"主营业务成本"科目。

商品流通企业的库存商品还可以采用毛利率法和售价金额核算法进行日常核算。

（1）毛利率法。毛利率法是指根据本期销售净额乘以上期实际（或本期计划）毛利率匡算本期销售毛利，并据以计算发出存货和期末存货成本的一种方法。其计算公式如下：

毛利率＝销售毛利÷销售额×100％

销售毛利＝销售额×毛利率

销售成本＝销售额－销售毛利

期末存货成本＝期初存货成本＋本期购货成本－本期销售成本

这一方法是商品流通企业，尤其是商业批发企业常用的计算本期商品销售成本和期末库存商品成本的方法。商品流通企业经营商品的品种繁多，如果分品种计算商品成本，则工作量将大大增加，而且一般来讲，商品流通企业同类商品的毛利率大致相同，采用这种存货计价方法既能减轻工作量，也能满足对存货管理的需要。

【例 3-15】　某商场采用毛利率法进行核算，2×24 年 4 月 1 日针织品库存余额 18 000 000 元，本月购进 30 000 000 元，本月销售收入 34 000 000 元，上季度该类商品毛利率为 25％。本月已销商品和月末库存商品的成本计算如下：

销售毛利＝34 000 000×25％＝8 500 000（元）

本月销售成本＝34 000 000－8 500 000＝25 500 000（元）

月末库存商品成本＝18 000 000＋30 000 000－25 500 000＝22 500 000（元）

不考虑相关税费的会计分录如下。

借：库存商品　　　　　　　　　　　　　　　　　　　　　　　　30 000 000
　　贷：银行存款　　　　　　　　　　　　　　　　　　　　　　30 000 000
借：银行存款　　　　　　　　　　　　　　　　　　　　　　　　34 000 000
　　贷：主营业务收入　　　　　　　　　　　　　　　　　　　　34 000 000
借：主营业务成本　　　　　　　　　　　　　　　　　　　　　　25 500 000
　　贷：库存商品　　　　　　　　　　　　　　　　　　　　　　25 500 000

（2）售价金额核算法。售价金额核算法是指平时商品的购入、加工收回、销售均按售价记账，售价与进价的差额通过"商品进销差价"科目核算，期末计算进销差价率和本期已销售商品应分摊的进销差价，并据以调整本期销售成本的一种方法。其计算公式如下：

$$商品进销差价率=\left(\begin{matrix}期初库存商\\品进销差价\end{matrix}+\begin{matrix}本期购入商\\品进销差价\end{matrix}\right)\div\left(\begin{matrix}期初库存\\商品售价\end{matrix}+\begin{matrix}本期购入\\商品售价\end{matrix}\right)\times100\%$$

$$本期销售商品应分摊的商品进销差价=本期商品销售收入\times商品进销差价率$$

$$\begin{matrix}本期销售商\\品的成本\end{matrix}=\begin{matrix}本期商品\\销售收入\end{matrix}-\begin{matrix}本期销售商品应分\\摊的商品进销差价\end{matrix}$$

$$\begin{matrix}期末结存商\\品的成本\end{matrix}=\begin{matrix}期初库存商品\\的进价成本\end{matrix}+\begin{matrix}本期购入商品\\的进价成本\end{matrix}-\begin{matrix}本期销售商\\品的成本\end{matrix}$$

如果企业的商品进销差价率在各期之间是比较均衡的，也可以采用上期商品进销差价率分摊本期的商品进销差价。年度终了，企业应对商品进销差价进行核实调整。

对于从事商业零售业务的企业（如百货公司、超市等），其经营的商品种类、品种、规格等繁多，而且要求按商品零售价格标价，采用其他成本计算结转方法均较困难，因此广泛采用这一方法。

【例3-16】　某商场采用售价金额核算法进行核算，2×24年7月期初库存商品的进价成本为1 000 000元，售价总额为1 100 000元，本月购进该商品的进价成本为750 000元，售价总额为900 000元，本月销售收入为1 200 000元。有关计算如下：

商品进销差价率＝（100 000＋150 000）÷（1 100 000＋900 000）×100％＝12.5％

已销商品应分摊的商品进销差价＝1 200 000×12.5％＝150 000（元）

本期销售商品的实际成本＝1 200 000－150 000＝1 050 000（元）

期末结存商品的实际成本＝1 000 000＋750 000－1 050 000＝700 000（元）

不考虑相关税费的会计分录如下。

借：库存商品		900 000
贷：银行存款		750 000
商品进销差价		150 000
借：银行存款		1 200 000
贷：主营业务收入		1 200 000
借：主营业务成本		1 200 000
贷：库存商品		1 200 000
借：商品进销差价		150 000
贷：主营业务成本		150 000

第四节　其他存货收发的核算

一、包装物

（一）包装物的内容

包装物是指为了包装本企业商品而储备的各种包装容器，如桶、箱、瓶、坛、袋等。其核算内容包括：

（1）生产过程中用于包装产品并作为产品组成部分的包装物。

（2）随同商品出售而不单独计价的包装物。

（3）随同商品出售并单独计价的包装物。

（4）出租或出借给购买单位使用的包装物。

（二）包装物的账务处理

为了反映和监督包装物的增减变动及其价值损耗、结存等情况，企业应当设置"周转材料——包装物"科目进行核算，借方登记包装物的增加，贷方登记包装物的减少，期末余额在借方，通常反映企业期末结存包装物的金额。

对于生产领用包装物，企业应根据领用包装物的实际成本或计划成本，借记"生产成本"科目，贷记"周转材料——包装物""材料成本差异"等科目。随同商品出售而不单独计价的包装物，应于包装物发出时，按其实际成本计入销售费用。随同商品出售而单独计价的包装物，一方面应反映其销售收入，计入其他业务收入；另一方面应反映其实际销售成本，计入其他业务成本。多次使用的包装物，应当根据其使用次数分次进行摊销。

1. 生产领用包装物

生产领用包装物时，应按照领用包装物的实际成本，借记"生产成本"科目，按照领用包装物的计划成本，贷记"周转材料——包装物"科目，按照其差额，借记或贷记"材料成本差异"科目。

【例3-17】 甲公司对包装物采用计划成本核算，某月生产产品领用包装物的计划成本为100 000元，材料成本差异率为-3％。甲公司应编制会计分录如下：

借：生产成本	97 000
材料成本差异	3 000
贷：周转材料——包装物	100 000

2. 随同商品出售包装物

随同商品出售而不单独计价的包装物，应按其实际成本计入销售费用，借记"销售费用"科目，按其计划成本，贷记"周转材料——包装物"科目，按其差额，借记或贷记"材料成本差异"科目。

【例3-18】 甲公司某月销售商品领用不单独计价包装物的计划成本为50 000元。材料成本差异率为-3％。甲公司应编制会计分录如下：

借：销售费用	48 500
材料成本差异	1 500
贷：周转材料——包装物	50 000

【例3-19】 甲公司某月销售商品领用单独计价包装物的计划成本为80 000元，销售收入为100 000元，增值税额为13 000元，款项已存入银行。该包装物的材料成本差异率为3％。甲公司应编制会计分录如下：

（1）出售单独计价包装物时。

借：银行存款	113 000
贷：其他业务收入	100 000
应交税费——应交增值税（销项税额）	13 000

（2）结转销售单独计价包装物的成本。

借：其他业务成本   82 400
　　贷：周转材料——包装物   80 000
　　　　材料成本差异   2 400

二、低值易耗品

（一）低值易耗品的内容

存货核算和管理的低值易耗品，一般分为一般工具、专用工具、替换设备、管理用具、劳动保护用品和其他用具等。

（二）低值易耗品的账务处理

为了反映和监督低值易耗品的增减变动及其结存情况，企业应当设置"周转材料——低值易耗品"科目，借方登记低值易耗品的增加，贷方登记低值易耗品的减少，期末余额在借方，通常反映企业期末结存低值易耗品的金额。

低值易耗品等企业的周转材料符合存货定义和条件的，按照使用次数分次计入成本费用。金额较小的，可在领用时一次计入成本费用，以简化核算，但为了加强实物管理，应当在备查簿上进行登记。

采用分次摊销法摊销低值易耗品，低值易耗品在领用时摊销其账面价值的单次平均摊销额。分次摊销法适用于可供多次反复使用的低值易耗品。在采用分次摊销法的情况下，企业需要单独设置"周转材料——低值易耗品——在用""周转材料——低值易耗品——在库"和"周转材料——低值易耗品——摊销"明细科目。

三、委托加工物资

（一）委托加工物资的内容和成本

委托加工物资是指企业委托外单位加工的各种材料、商品等物资。

企业委托外单位加工物资的成本包括加工中实际耗用物资的成本、支付的加工费用及应负担的运杂费、支付的税费等。

（二）委托加工物资的账务处理

为了反映和监督委托加工物资增减变动及其结存情况，企业应当设置"委托加工物资"科目，借方登记委托加工物资的实际成本，贷方登记加工完成验收入库的物资的实际成本和剩余物资的实际成本，期末余额在借方，反映企业尚未完工的委托加工物资的实际成本等。委托加工物资也可以采用计划成本或售价进行核算，其方法与库存商品相似。

1. 发出物资

【例3-20】　甲公司委托某量具厂加工一批量具，发出材料的计划成本为70 000元，材料成本差异率为4%，以银行存款支付运杂费2 200元，假定不考虑相关税费。甲公司应编制会计分录如下：

（1）发出材料时。

借：委托加工物资   72 800
　　贷：原材料   70 000
　　　　材料成本差异   2 800

（2）支付运杂费时。

借：委托加工物资 2 200
　　贷：银行存款 2 200

2. 支付加工费、运杂费等

【例3-21】 承[例3-20]，甲公司以银行存款支付上述量具的加工费20 000元，增值税2 600元。甲公司应编制会计分录如下：

借：委托加工物资 20 000
　　应交税费——应交增值税（进项税额） 2 600
　　贷：银行存款 22 600

3. 加工完成验收入库

【例3-22】 承[例3-20][例3-21]，甲公司收回由某量具厂代加工的量具，以银行存款支付运杂费2 500元。该量具已验收入库，甲公司应编制会计分录如下：

（1）支付运杂费时。

借：委托加工物资 2 500
　　贷：银行存款 2 500

（2）量具入库时。

借：周转材料——低值易耗品 97 500
　　贷：委托加工物资 97 500

本例中，加工完成的委托加工物资的实际成本为97 500元[(72 800＋2 200)＋20 000＋2 500]。

【例3-23】 甲公司委托丁公司加工商品一批（属于应税消费品），有关经济业务如下。

（1）1月20日，发出材料一批，实际成本为6 000 000元。发出委托加工材料时，甲公司应编制会计分录如下：

借：委托加工物资 6 000 000
　　贷：原材料 6 000 000

（2）2月20日，支付商品加工费120 000元，支付应当缴纳的消费税660 000元，该商品收回后用于连续生产，消费税可抵扣，甲公司和丁公司均为增值税一般纳税人，适用的增值税税率为13%。甲公司应编制会计分录如下：

借：委托加工物资 120 000
　　应交税费——应交消费税 660 000
　　　　　　　——应交增值税（进项税额） 15 600
　　贷：银行存款 795 600

（3）3月4日，用银行存款支付往返运杂费10 000元，增值税900元。

借：委托加工物资 10 000
　　应交税费——应交增值税 900
　　贷：银行存款 10 900

（4）3月5日，上述商品100 000件加工完毕，甲公司已办理验收入库手续。

借：库存商品   6 130 000
 贷：委托加工物资   6 130 000

需要注意的是,需要缴纳消费税的委托加工物资,由受托方代收代缴消费税,收回后用于直接销售的,记入"委托加工物资"科目;收回后用于继续加工的,记入"应交税费——应交消费税"科目。

第五节　期末存货的盘点与计价

一、存货清查

存货清查是指通过对存货的实地盘点,确定存货的实有数量,并与账面结存数核对,从而确定存货实存数与账面结存数是否相符的一种专门方法。

由于存货种类繁多、收发频繁,在日常收发过程中可能发生计量错误、计算错误、自然损耗的情况,还可能发生损坏变质以及贪污、盗窃等情况,造成账实不符,形成存货的盘盈、盘亏。对于存货的盘盈、盘亏,应填写存货盘点报告(如实存账存对比表),及时查明原因,按照规定程序报批处理。

为了反映和监督企业在财产清查中查明的各种存货的盘盈、盘亏和毁损情况,企业应当设置"待处理财产损溢"科目,借方登记存货的盘亏、毁损金额及盘盈的转销金额,贷方登记存货的盘盈金额及盘亏的转销金额。企业清查的各种存货损益,应在期末结账前处理完毕,期末处理后,"待处理财产损溢"科目应无余额。

(一)存货盘盈的账务处理

企业发生存货盘盈时,借记"原材料""库存商品"等科目,贷记"待处理财产损溢"科目;在按管理权限报经批准后,借记"待处理财产损溢"科目,贷记"管理费用"科目。

(二)存货盘亏及毁损的账务处理

企业发生存货盘亏及毁损时,借记"待处理财产损溢"科目,贷记"原材料""库存商品"等科目。在按管理权限报经批准后应作财务处理如下:入库的残料价值,记入"原材料"等科目;应由保险公司和过失人的赔款,记入"其他应收款"科目;扣除残料价值和应由保险公司、过失人赔款后的净损失,属于一般经营损失的部分,记入"管理费用"科目,属于非常损失的部分,记入"营业外支出"科目。

二、存货减值

存货的初始计量虽然以成本入账,但存货进入企业后可能发生毁损、陈旧或价格下跌等情况,因此,在会计期末,存货的价值并不一定按成本记录,而是应按成本与可变现净值孰低计量。

(一)存货跌价准备的计提和转回

1. 期末存货的计价方法

资产负债表日,期末存货应当按照成本与可变现净值孰低计量。其中,成本是指期末存货的实际成本。例如,企业在存货成本的日常核算中采用计划成本法、售价金额核算法等简化核算方法,则成本为经调整后的实际成本。可变现净值是指在日常活动中,存货的估计售价减去至完工时估计将要发生的成本、估计的销售费用以及估计的相关税费后的金额。可变现净值的特征表现为存货的预计未来净现金流量,而不是存货的售价或合同价。

当存货成本低于可变现净值时,存货按成本计价;当存货成本高于可变现净值时,存货按可变现净值计价。当存货成本高于其可变现净值时,表明存货可能发生损失,应在存货销售之前确定这一损失,计入当期损益,并相应减少存货的账面价值。以前减记存货价值的影响因素已经消失的,减记的金额应当予以恢复,并在原已计提的存货跌价准备金额内转回,转回的金额计入当期损益。

2. 存货可变现净值的计算方法

(1)无须加工直接出售的存货:

$$可变现净值＝估计售价－估计的销售费用以及相关税费$$

适用于产成品、商品和用于出售的材料等直接用于出售的存货。

(2)需要进一步加工才能出售的存货:

$$可变现净值＝估计售价－估计进一步加工需要的成本－估计的销售费用以及相关税费$$

适用于期末未完工的在产品和为生产产品而持有的材料。

(二)存货跌价准备的账务处理

为了反映和监督存货跌价准备的计提、转回和转销情况,企业应当设置"存货跌价准备"科目,贷方登记计提的存货跌价准备金额,借方登记存货跌价准备的转回和处置存货时注销的账面价值,期末金额一般在贷方,反映企业已计提但尚未转销的存货跌价准备。

当存货成本高于其可变现净值时,企业应当按照存货可变现净值低于成本的差额,借记"资产减值损失——计提的存货跌价准备"科目,贷记"存货跌价准备"科目。

转回已计提的存货跌价准备金额时,按恢复增加的金额,借记"存货跌价准备"科目,贷记"资产减值损失——计提的存货跌价准备"科目。

企业结转存货销售成本时,对于已计提存货跌价准备的,借记"存货跌价准备"科目,贷记"主营业务成本""其他业务成本"等科目。

【例3-24】 2×24年12月31日,甲公司A材料的账面余额(成本)为100 000元。由于市场价格下跌,预计可变现净值为80 000元,由此应计提的存货跌价准备为20 000元(100 000－80 000)。甲公司应编制会计分录如下:

借:资产减值损失——计提的存货跌价准备　　　　　　　　　　　　　　　　20 000
　　贷:存货跌价准备　　　　　　　　　　　　　　　　　　　　　　　　　　　　20 000

假设2×25年6月30日,A材料的账面余额(成本)为100 000元,已计提存货跌价准备金额20 000元。由于市场价格有所上升,使得A材料的预计可变现净值为95 000元,应转回的存货跌价准备为15 000元[(100 000－95 000)－20 000]。甲公司应编制会计分录如下:

借:存货跌价准备　　　　　　　　　　　　　　　　　　　　　　　　　　　　15 000
　　贷:资产减值损失——计提的存货跌价准备　　　　　　　　　　　　　　　　15 000

假设2×25年8月15日,甲公司将A材料出售,售价90 000元,增值税额15 400元,价税款已收到,存入银行。

借:银行存款 105 400
 贷:其他业务收入 90 000
   应交税费——应交增值税(销项税额) 15 400
借:其他业务成本 100 000
 贷:原材料 100 000
借:存货跌价准备 5 000
 贷:其他业务成本 5 000

 课程思政案例

扇贝真能"藏"

扇贝冻死了:2014年10月14日,獐子岛申请股票停牌,之后发布公告解释停牌原因为公司拟披露与存货(消耗性生物资产)增值海域有关的重大事项,但因核查结果尚不确定,故申请停牌。当月末,公司发布公告称在秋季例行存量抽测中发现存货异常,具体原因为遭受北海、黄海冷水团低温及变温等自然灾害,决定对存货进行核销和减值处理,将核销与减值损失全部计入第三季度,最终造成2014年全年亏损。

扇贝饿死了:2018年1月31日,獐子岛在业绩预告修正报告中称审计人员在上年年末进行存货盘点时发现存货异常,公司将根据盘点情况预计亏损5.3亿～5.7亿元,结果造成2017年全年亏损。2月5日,公司发布公告称本次亏损是扇贝因降水减少导致的饵料短缺而大量死亡。2月9日,证监会认为其涉嫌重大信息披露违规,对其进行调查。

扇贝逃跑了:2019年11月12日,獐子岛发布风险提示,声称在秋季抽测中扇贝平均亩产过低,初步判断形成重大减值风险。

2020年6月15日,证监会依法对獐子岛及相关人员涉嫌违反证券法律法规案作出行政处罚和市场禁入决定。证监会认定,獐子岛2016年虚增利润1.3亿元,占当期披露利润总额的158%;2017年虚减利润2.8亿元,占当期披露利润总额的39%。至此,在獐子岛的扇贝经历冻死、饿死以及凭空消失之后,事件最终尘埃落定。

思考题:(1)假如你是负责审计獐子岛生物存货的审计人员或者证监会监管人员,面对獐子岛不合常理的大幅计提存货减值准备,你会采用什么方法调查确认獐子岛的会计处理是否符合会计准则和法律法规?

(2)你觉得獐子岛对生物资产计提减值准备的会计处理过程是否符合会计职业道德要求呢?

小提示:财会人员在进行存货的减值测试时应当充分考虑谨慎性原则,要做到客观、全面地反映存货的真实价值。獐子岛三番五次不合理计提存货减值,无论其造假手段有多高明,最终还是无法骗过外部审计者和监管部门。作为财务人员,应当在从业时严格遵守会计政策和准则要求,恪守会计职业道德,做事严谨认真不做假账。

本章小结

本章应掌握以下重点内容。

(1) 存货取得、发出及期末的计价。

(2) 原材料按实际成本和按计划成本计价的账务处理。

(3) 库存商品按进价和按售价的账务处理。

(4) 周转材料、委托加工物资的账务处理。

(5) 期末存货清查、期末存货计价的方法及账务处理。

思考题

(1) 什么是存货,存货包括哪些内容?

(2) 如何计算存货取得的成本?

(3) 用什么方法计算发出存货的成本,各种方法的优缺点是什么?

(4) 原材料按计划成本计价的优点是什么?

(5) 存货期末计价的方法是什么?

(6) 如何处理存货的盘盈和盘亏?

练习题

一、单项选择题

1. 某工业企业为增值税小规模纳税人,2×24 年 10 月 9 日购入材料一批,取得的增值税专用发票上注明的价款为 10 000 元,增值税额为 1 300 元。材料入库前的挑选整理费为 100 元,材料已验收入库。则该企业取得的该材料的入账价值应为(　　)元。

　A. 11 400　　　　　B. 11 300　　　　　C. 10 000　　　　　D. 10 100

2. 某企业为增值税一般纳税人,采购甲材料 100 件,每件买价 2 万元,取得的增值税专用发票上注明的增值税额为 26 万元,另支付采购费用 10 万元。该企业采购的该批材料的单位成本为(　　)万元。

　A. 2　　　　　　　B. 2.1　　　　　　C. 2.26　　　　　　D. 2.36

3. 某企业为增值税小规模纳税人,本月购入甲材料 2 060 千克,每千克单价(含增值税)50 元,另外支付运杂费 3 500 元,运输途中发生合理损耗 60 千克,入库前发生挑选整理费用 620 元。该批材料入库的实际单位成本为每千克(　　)元。

　A. 50　　　　　　　B. 51.81　　　　　C. 52　　　　　　　D. 53.56

4. 某企业为增值税一般纳税人,购入材料一批,增值税专用发票上标明的价款为 25 万元,增值税额为 3.25 万元,另支付材料的保险费 2 万元。该批材料的采购成本为(　　)万元。

　A. 27　　　　　　　B. 25　　　　　　　C. 28.25　　　　　　D. 30.25

5. 某企业采用先进先出法计算发出原材料的成本。2×24 年 9 月 1 日,甲材料结存

200 千克,每千克实际成本为 300 元;9 月 7 日购入甲材料 350 千克,每千克实际成本为 310 元;9 月 21 日购入甲材料 400 千克,每千克实际成本为 290 元;9 元 28 日发出甲材料 500 千克。9 月份甲材料发出成本为(　　)元。

A. 145 000　　　　B. 150 000　　　　C. 153 000　　　　D. 155 000

6. 某企业采用月末一次加权平均法计算发出材料成本。2×24 年 3 月 1 日结存甲材料 200 件,单位成本 40 元;3 月 15 日购入甲材料 400 件,单位成本 35 元;3 月 20 日购入甲材料 400 件,单位成本 38 元;当月共发出甲材料 500 件。3 月发出甲材料的成本为(　　)元。

A. 18 500　　　　B. 18 600　　　　C. 19 000　　　　D. 20 000

7. 某企业材料采用计划成本核算。月初结存材料计划成本为 130 万元,材料成本差异为节约 20 万元。当月购入材料一批,实际成本 110 万元,计划成本 120 万元,领用材料的计划成本为 100 万元。该企业当月领用材料的实际成本为(　　)万元。

A. 88　　　　B. 96　　　　C. 100　　　　D. 112

8. 某企业采用计划成本进行材料的日常核算。月初结存材料的计划成本为 80 万元,成本差异为超支 20 万元。当月购入材料一批,实际成本为 110 万元,计划成本为 120 万元。当月领用材料的计划成本为 100 万元,当月领用材料应负担的材料成本差异为(　　)万元。

A. 超支 5　　　　B. 节约 5　　　　C. 超支 15　　　　D. 节约 15

9. 企业对随同商品出售而不单独计价的包装物进行会计处理时,该包装物的实际成本应结转到(　　)账户。

A.“制造费用”　　　　　　　　　B.“销售费用”

C.“管理费用”　　　　　　　　　D.“其他业务成本”

10. 甲公司为增值税一般纳税人,委托外单位加工一批应交消费税的商品,发出材料的实际成本 1 000 万元,以银行存款支付加工费 200 万元、增值税额 26 万元、消费税 30 万元,该加工商品收回后将直接用于销售。该批加工完成的商品成本为(　　)万元。

A. 1 200　　　　B. 1 230　　　　C. 1 000　　　　D. 1 264

11. 某商场采用毛利率法计算期末存货成本。甲类商品 2×24 年 4 月 1 日期初成本为 3 500 万元,当月购货成本为 500 万元,当月销售收入为 4 500 万元,甲类商品第一季度实际毛利率为 25%。2×24 年 4 月 30 日,甲类商品结存成本为(　　)万元。

A. 500　　　　B. 1 125　　　　C. 625　　　　D. 3 375

12. 某商场采用售价金额核算法对库存商品进行核算。本月月初库存商品进价成本总额 30 万元,售价总额 46 万元;本月购进商品进价成本总额 40 万元,售价总额 54 万元;本月销售商品售价总额 80 万元。假设不考虑相关税费,该商场本月销售商品的实际成本为(　　)万元。

A. 46　　　　B. 56　　　　C. 70　　　　D. 80

13. 2×24 年 3 月 31 日,某企业乙存货的实际成本为 100 万元,加工该存货至完工产成品估计还将发生成本为 20 万元,估计销售费用和相关税费为 2 万元,估计用该存货生产的产成品售价为 110 万元。假定企业乙存货月初“存货跌价准备”科目余额为 0 元,2×24 年 3 月 31 日企业乙应计提的存货跌价准备为(　　)万元。

A. −10　　　　B. 0　　　　C. 10　　　　D. 12

二、多项选择题

1. 下列各项中,构成工业企业外购存货入账价值的有( )。
   A. 买价
   B. 运杂费
   C. 运输途中的合理损耗
   D. 入库前的挑选整理费用
   E. 关税

2. 下列项目中,增值税一般纳税人应计入存货成本的有( )。
   A. 购入存货支付的关税
   B. 企业采购过程中发生的保险费
   C. 委托加工材料发生的增值税
   D. 自制存货生产过程中发生的直接费用
   E. 采购人员的差旅费

3. 企业领用包装物时,该包装物的实际成本可能结转到( )账户。
   A. "生产成本"
   B. "销售费用"
   C. "管理费用"
   D. "其他业务成本"
   E. "制造费用"

4. 增值税一般纳税人委托其他单位加工材料收回后直接对外销售的,其发生的下列支出中,应计入委托加工材料成本的有( )。
   A. 发出材料的实际成本
   B. 支付给受托方的加工费
   C. 支付给受托方的增值税
   D. 受托方代收代缴的消费税
   E. 支付材料往返的运费

5. 下列关于企业存货的表述中,正确的有( )。
   A. 存货应按照成本进行初始计量
   B. 采购成本一般不包括支付的增值税
   C. 存货期末计价应按照成本与可变现净值孰低计量
   D. 存货采用计划成本核算的,期末应将计划成本调整为实际成本
   E. 发出存货可采用先进先出法计价

6. 原材料按实际成本核算,应设置的会计科目有( )。
   A. "原材料"
   B. "材料采购"
   C. "在途物资"
   D. "材料成本差异"
   E. "应付账款"

7. 计提存货跌价准备时,正确的会计处理有( )。
   A. 借记"资产减值损失"科目
   B. 借记"存货跌价准备"科目
   C. 贷记"资产减值损失"科目
   D. 贷记"存货跌价准备"科目
   E. 借记"信用减值损失"科目

8. 存货盘亏,经批准转销时,可能借记( )科目。
   A. "原材料"
   B. "其他应收款"
   C. "管理费用"
   D. "营业外支出"
   E. "财务费用"

9. 企业发出存货的计价方法有( )。

A. 先进先出法　　　　　　　　B. 加权平均法

C. 后进先出法　　　　　　　　D. 个别计价法

E. 移动加权平均法

10. 下列属于存货的会计科目的有(　　)。

A. "委托加工物资"　　　　　　B. "生产成本"

C. "材料成本差异"　　　　　　D. "存货跌价准备"

E. "周转材料"

三、判断题

1. 商品流通企业在采购商品过程中发生的运杂费等进货费用,应当计入存货采购成本。进货费用数额较小的,也可以在发生时直接计入当期费用。　　　　　　　　　　(　　)

2. 企业采用计划成本对材料进行日常核算,已购买尚未验收入库原材料的实际成本应记入"在途物资"账户。　　　　　　　　　　　　　　　　　　　　　　　　(　　)

3. 需要缴纳消费税的委托加工物资,收回后直接用于销售的,由受托方代收代缴的消费税应计入加工物资成本。　　　　　　　　　　　　　　　　　　　　　　　　(　　)

4. 委托加工的物资收回后用于连续生产的,应将受托方代收代缴的消费税计入委托加工物资的成本。　　　　　　　　　　　　　　　　　　　　　　　　　　　　(　　)

5. 采用售价金额核算法核算库存商品时,期末结存商品的实际成本为本期商品销售收入乘以商品进销差价率。　　　　　　　　　　　　　　　　　　　　　　　　(　　)

6. 2×24 年 12 月 31 日,甲公司 A 材料的账面余额为 100 000 元。由于市场价格下跌,预计可变现净值为 80 000 元,则 A 材料的期末账面价值为 80 000 元。　　　(　　)

7. 存货盘盈,经批准转销时,应贷记"管理费用"科目。　　　　　　　　　　(　　)

8. 企业购买原材料的实际成本可能包括支付的增值税。　　　　　　　　　(　　)

9. 存货的可变现净值是指在日常活动中,存货的估计售价减去至完工时估计将要发生的成本、估计的销售费用以及估计的相关税费后的金额。　　　　　　　　　(　　)

10. 原材料按计划成本核算时,实际成本等于计划成本加节约差异或等于计划成本减超支差异。　　　　　　　　　　　　　　　　　　　　　　　　　　　　　(　　)

四、计算题

1. 甲公司对存货按照单项计提存货跌价准备,2×24 年年末关于计提存货跌价准备的资料如下。

(1) 库存商品甲,账面余额为 300 万元,已计提存货跌价准备 30 万元。按照一般市场价格预计售价为 400 万元,预计销售费用和相关税金为 10 万元。

(2) 库存商品乙,账面余额为 500 万元,乙商品未计提过存货跌价准备。库存商品乙中,有 40% 已签订销售合同,合同价款为 230 万元;另 60% 未签订合同,按照一般市场价格预计销售价格为 290 万元。库存商品乙的预计销售费用和税金为 25 万元。

(3) 库存材料丙因改变生产结构,导致无法使用,准备对外销售。丙材料的账面余额为 120 万元,预计销售价格为 110 万元,预计销售费用及相关税金为 5 万元,已计提存货跌价准备 30 万元。

(4) 库存材料丁 20 吨,每吨实际成本 1 600 元。20 吨丁材料全部用于生产 A 产品 10 件,A 产品每件加工成本为 2 000 元,每件一般售价为 5 000 元,假定销售税费均为销售价格的 10%。丁材料未计提过存货跌价准备。

　　要求：分别计算上述存货的期末可变现净值，应计提的跌价准备，期末存货的账面价值。

　　2. 甲公司 7 月初"原材料"账户的余额为 200 000 元，"材料成本差异"账户余额为 4 000 元（贷方），本月购入原材料的计划成本为 600 000 元，实际成本为 612 000 元。本月发出材料的计划成本为 700 000 元。

　　要求：

　　(1) 计算期初库存材料的实际成本。

　　(2) 计算本月材料成本差异率。

　　(3) 计算发出材料的实际成本。

　　(4) 计算期末库存材料的实际成本。

　　3. 甲企业是商业零售企业，采用售价金额核算法核算存货，售价均为每件 450 元。2×24 年 1 月存货有关信息如下。

　　(1) 期初结存商品数量 100 件，进价为每件 350 元。

　　(2) 1 月 2 日，购入商品一批，共计 500 件，进价为每件 340 元。

　　(3) 1 月 12 日，购入商品一批，共计 600 件，进价为每件 360 元。

　　(4) 1 月 31 日，结存存货 150 件，其他存货已销售。

　　要求：计算本期的商品进销差价率、本期销售商品的成本和期末结存商品的成本。（商品进销差价保留两位小数）

五、业务题

　　1. 2×24 年 4 月 21 日，甲企业发出实际成本为 100 万元的原材料，委托乙企业加工成半成品，2×24 年 4 月 30 日乙企业加工完成，甲企业收回后直接对外出售。甲企业根据乙企业开具的增值税专用发票向其支付加工费 5 万元和增值税额 0.65 万元，另支付消费税 12 万元。甲企业为增值税一般纳税人，假定不考虑其他相关税费。

　　要求：根据上述资料，编制甲企业相关的会计分录。

　　2. 甲企业为增值税一般纳税人，材料按计划成本核算。A 材料计划成本为每千克 10 元。该企业 2×24 年 4 月份 A 材料的有关资料如下：

　　(1) "原材料"账户月初余额 50 000 元，"材料成本差异"账户月初借方余额 500 元。

　　(2) 4 月 1 日，甲企业发出 100 千克 A 材料委托乙企业加工。

　　(3) 4 月 10 日，甲企业从丙企业购入 A 材料 1 000 千克，增值税专用发票注明的材料价款为 11 000 元，增值税额 1 430 元，款项已通过商业汇票支付，材料尚未到达。

　　(4) 4 月 20 日，甲企业从丙企业购入的 A 材料到达，验收入库时发现短缺 10 千克，经查明为途中定额内自然损耗，按实收数量验收入库。

　　(5) 4 月 30 日，汇总本月发料凭证，本月甲企业共发出 A 材料 1 500 千克，其中 1 000 千克用于产品生产，销售部门领用 200 千克，管理部门领用 300 千克。

　　要求：根据上述业务，编制相关的会计分录，并计算本月材料成本差异率、本月发出材料应负担的成本差异及月末库存材料的实际成本，并编制发出材料应负担成本差异的会计分录。（增值税科目要求列出明细科目和专栏名称，计算结果保留到小数点后四位）

　　3. A 公司某项库存商品 2×24 年 12 月 31 日账面余额为 100 万元，已计提存货跌价

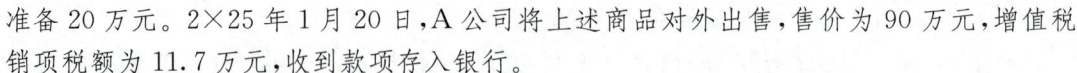

准备 20 万元。2×25 年 1 月 20 日,A 公司将上述商品对外出售,售价为 90 万元,增值税销项税额为 11.7 万元,收到款项存入银行。

要求:编制出售商品时的会计分录。

六、案例分析题

甲公司为增值税一般纳税人,适用的增值税税率为 13%,2×24 年发生的部分业务及会计处理如下。

(1)甲公司购入 A 材料一批,买价为 100 000 元,增值税额为 13 000 元,包装保险费为 500 元,材料已验收入库,价税款及包装保险费未付。甲公司会计认为应在付款时确认为原材料,未作会计处理。

(2)甲公司购入一批工程用物资,买价为 200 000 元,增值税额为 26 000 元,物资验收入库,价税款已付,甲公司会计将物资确认为原材料,并作了相应的会计处理。

(3)甲公司年末库存商品有 10 件,总成本为 500 000 元,已签订销售合同 6 件,每件合同售价为 60 000 元,每件市场售价为 50 000 元,每件销售税费为 0.6 万元,甲公司会计计算的库存商品的可变现净值为 500 000 元(6×60 000+4×50 000-10×0.6)。该批库存商品的成本等于可变现净值,不应计提存货跌价准备。

(4)因原材料价格上涨,为避免少计费用,虚增利润,甲公司将原使用原材料发出的计价方法由先进先出法改为后进先出法。

要求:判断甲公司的上述做法是否正确,若不正确,简述理由并作出正确的会计处理。

导入案例

　　2×24 年 4 月 25 日,甲企业准备将生产过程中预计可闲置 3 个月的资金购入资本市场中的金融债券,该债券的市场价格为每份 900 元,每份面值 1 000 元,票面年利率 10%,支付证券公司的手续费为买价的 3‰,印花税税率为 1‰,该债券每半年付息一次,为债券存续期每年的 1 月 10 日和 7 月 10 日。甲企业于 2×24 年 7 月 10 日收到半年的利息。2×24 年 7 月 30 日,甲企业出售该债券,每份价款 930 元。对上述事项,财务科的张会计认为该投资应划分为交易性金融资产,平时收到的利息不能确认投资收益,应直接冲减投资成本,购买债券时的税金和手续费应计入投资成本;李会计则认为应划分为其他债权投资,平时按应收利息确认投资收益,购买债券时的税金、手续费应计入投资收益。

　　问题

　　(1) 你认为该债券投资应属于哪类投资?

　　(2) 你同意上述投资成本的计算方法吗?

　　(3) 你认为债券投资的投资收益该如何计算?

 教学目标

　　通过本章学习,学生能够了解企业各项对外投资的概念、分类;了解以公允价值计量且其变动计入当期损益的金融资产的概念,熟练掌握以公允价值计量且其变动计入当期损益的金融资产的确认条件、初始计量、后续计量标准及其相关的账务处理程序;了解以摊余成本计量的金融资产的概念;熟练掌握以摊余成本计量的金融资产的确认条件初始计量、后续计量标准及其相关的账务处理程序;了解以公允价值计量且其变动计入其他综合收益的金融资产的概念;熟练掌握以公允价值计量且其变动计入其他综合收益的金融资产的确认条件、初始计量、后续计量标准及其相关的账务处理程序;了解可供出售金融资产的概念;熟练掌握可供出售金融资产的确认条件、初始计量、后续计量标准及其相关的账务处理程序;了解长期股权投资的概念、分类;掌握长期股权投资的初始计量、长期股权投资成本法的后续计量、长期股权投资权益法的后续计量、成本法与权益法的转换以及长期股权投资处置的会计标准。

第一节 投资的分类

一、投资的概念

投资是企业为了获得收益或实现资本增值向被投资单位投放资产的经济行为。会计学中的投资一般指对外投资。

二、投资的常见分类

投资按照不同的标准有各种不同的分类,主要有以下几种。

(一)按照投资的性质分类

按照投资的性质分类,投资分为权益性投资、债权性投资、混合性投资等。

1. 权益性投资

权益性投资是指为获取另一企业的权益或净资产所作的投资。权益投资的主要特点是投资者有权参与投资企业的经营管理,投资收益不确定,投资风险高。

2. 债权性投资

债权性投资是指为取得债权所作的投资。相对于权益性投资而言,债权性投资风险小,收益较低,投资者一般无权参与被投资企业的经营管理。

3. 混合性投资

混合性投资是指同时具有权益性投资和债权性投资双重性投资,如购买优先股股票、购买可转换公司债券。

(二)依据会计准则分类

(1)根据《企业会计准则第22号——金融工具确认和计量》,企业应当根据其管理金融资产的业务模式和金融资产的合同现金流量特征,将金融资产划分为以下三类:以摊余成本计量的金融资产;以公允价值计量且其变动计入其他综合收益的金融资产;以公允价值计量且其变动计入当期损益的金融资产。

企业管理金融资产的业务模式,是指企业如何管理其金融资产以产生现金流量。业务模式决定企业所管理金融资产现金流量的来源是收取合同现金流量、出售金融资产还是两者兼有。

企业管理金融资产的业务模式,应当以企业关键管理人员决定的对金融资产进行管理的特定业务目标为基础确定。企业确定管理金融资产的业务模式,应当以客观事实为依据,不得以按照合理预期不会发生的情形为基础确定。

金融资产的合同现金流量特征,是指金融工具合同约定的、反映相关金融资产经济特征的现金流量属性。其合同现金流量特征,应当与基本借贷安排相一致。即相关金融资产在特定日期产生的合同现金流量仅为对本金和以未偿付本金金额为基础的利息的支付。

(2)根据《企业会计准则第2号——长期股权投资》,企业对被投资单位的影响程度为重大影响、合营安排和控制的股权投资为长期股权投资。

第二节 以摊余成本计量的金融资产

一、以摊余成本计量的金融资产的确认

金融资产同时符合下列条件的,应当分类为以摊余成本计量的金融资产。

(1)企业管理该金融资产的业务模式是以收取合同现金流量为目标的。

(2)该金融资产的合同条款规定,在特定日期产生的现金流量,仅为对本金和以未偿付本金金额为基础的利息的支付。

二、以摊余成本计量的金融资产的计量

(一)初始计量

企业初始确认金融资产或金融负债时应当按照公允价值计量。相关交易费用应当计入初始确认金额。

企业取得金融资产所支付的价款中包含的已到付息期但尚未收到的债券利息应当单独确认为应收项目进行处理。

(二)后续计量

1.金融资产后续计量原则

以摊余成本计量的金融资产应当采用实际利率法按摊余成本计量。

2.实际利率法及摊余成本

(1)实际利率法。实际利率法是指按照金融资产或金融负债(含一组金融资产或金融负债)的实际利率计算其摊余成本及各期利息收入或利息费用的方法。

实际利率是指将金融资产或金融负债在预期存续期间或适用的更短期间内的未来现金流量折现为该金融资产或金融负债当前账面价值所使用的利率。

(2)摊余成本。金融资产或金融负债的摊余成本是指该金融资产或金融负债的初始确认金额经下列调整后的结果:

① 扣除已偿还的本金;

② 加上或减去采用实际利率法将该初始确认金额与到期日金额之间的差额进行摊销形成的累计摊销额;

③ 扣除已发生的减值损失(仅适用于金融资产)。

对于要求采用实际利率法及摊余成本进行后续计量的金融资产或金融负债,如果有客观证据表明按该金融资产或金融负债的实际利率与名义利率分别计算的各期利息收入或利息费用相差很小,也可以采用名义利率摊余成本进行后续计量。

三、以摊余成本计量的金融资产的账务处理

(一)会计科目的设置

企业为了核算以摊余成本计量的金融资产经济业务应设置"债权投资"科目。该科目核算企业以摊余成本计量的金融资产的摊余成本。"债权投资"科目按投资的类别和品种

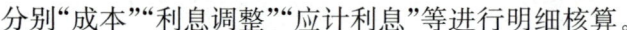

分别"成本""利息调整""应计利息"等进行明细核算。

　　(二)以摊余成本计量的金融资产的主要账务处理

　　(1)企业取得的以摊余成本计量的金融资产应按该投资的面值借记本科目(成本),按支付的价款中包含的已到付息期但尚未领取的利息借记"应收利息"科目,按实际支付的金额贷记"银行存款"等科目,按差额借记或贷记本科目(利息调整)。

　　(2)资产负债表日以摊余成本计量的金融资产为分期付息、一次还本债券投资的,应按票面利率计算确定的应收未收利息借记"应收利息"科目,按以摊余成本计量的金融资产摊余成本和实际利率计算确定的利息收入贷记"投资收益"科目,按差额借记或贷记本科目(利息调整)。

　　以摊余成本计量的金融资产为一次还本付息债券投资的应于资产负债表日按票面利率计算确定的应收未收利息借记本科目(应计利息),按以摊余成本计量的金融资产摊余成本和实际利率计算确定的利息收入贷记"投资收益"科目,按差额借记或贷记本科目(利息调整)。

　　(3)以摊余成本计量的金融资产重分类。企业改变其管理金融资产的业务模式时,应当按照本准则的规定对所有受影响的相关金融资产进行重分类。

　　企业将一项以摊余成本计量的金融资产重分类为以公允价值计量且其变动计入当期损益的金融资产的,应当按照该资产在重分类日的公允价值进行计量。原账面价值与公允价值之间的差额计入当期损益。

　　企业将一项以摊余成本计量的金融资产重分类为以公允价值计量且其变动计入其他综合收益的金融资产的,应当按照该金融资产在重分类日的公允价值进行计量。原账面价值与公允价值之间的差额计入其他综合收益。该金融资产重分类不影响其实际利率和预期信用损失的计量。

　　(4)出售以摊余成本计量的金融资产应按实际收到的金额,借记"银行存款"等科目,按其账面余额贷记本科目(成本、利息调整、应计利息),按其差额贷记或借记"投资收益"科目。已计提减值准备的还应同时结转减值准备。

　　本科目期末借方余额反映企业以摊余成本计量的金融资产的摊余成本。

　　【例4-1】 甲公司 2×22 年 1 月 1 日支付价款 1 044.52 万元(含交易费用)从活跃市场上购入某公司 5 年期债券,面值 1 000 万元,票面年利率 5%,按年支付利息(即每年利息为万元),本金最后一次支付。实际利率为 4%。请进行相应的会计处理。

　　具体计算过程如表 4-1 所示。

表 4-1　　　　　　　　　　　　　　　　　　　　　　　　　　　　　　　单位:万元

年份	期初摊余成本 (1)	实际利息 (2)=(1)×4%	现金流入 (3)=面值×5%	期末摊余成本 (4)=(1)+(2)-(3)
2×22 年	1 044.52	41.78	50	1 036.30
2×23 年	1 036.30	41.45	50	1 027.75
2×24 年	1 027.75	41.11	50	1 018.86
2×25 年	1 018.86	40.75	50	1 009.61
2×26 年	1 009.61	40.39*	1 050	0

　　* 40.39＝50-(1044.52-1000-8.22-8.55-8.89-9.25)

(1) 2×22 年 1 月 1 日,购入债券时:

借:债权投资——成本 　　　　　　　　　　　　　　　1 000
　　债权投资——利息调整　　　　　　　　　　　　　44.52
　　贷:银行存款　　　　　　　　　　　　　　　　　1 044.52

(2) 2×22 年 12 月 31 日,确认实际利息收入、收到票面利息等:

借:应收利息　　　　　　　　　　　　　　　　　　　50
　　贷:投资收益　　　　　　　　　　　　　　　　　41.78
　　　债权投资——利息调整　　　　　　　　　　　　8.22
借:银行存款　　　　　　　　　　　　　　　　　　　50
　　贷:应收利息　　　　　　　　　　　　　　　　　50

(3) 2×23 年 12 月 31 日,确认实际利息收入、收到票面利息等:

借:应收利息　　　　　　　　　　　　　　　　　　　50
　　贷:投资收益　　　　　　　　　　　　　　　　　41.45
　　　债权投资——利息调整　　　　　　　　　　　　8.55
借:银行存款　　　　　　　　　　　　　　　　　　　50
　　贷:应收利息　　　　　　　　　　　　　　　　　50

(4) 2×24 年 12 月 31 日,确认实际利息收入、收到票面利息等:

借:应收利息　　　　　　　　　　　　　　　　　　　50
　　贷:投资收益　　　　　　　　　　　　　　　　　41.11
　　　债权投资——利息调整　　　　　　　　　　　　8.89
借:银行存款　　　　　　　　　　　　　　　　　　　50
　　贷:应收利息　　　　　　　　　　　　　　　　　50

(5) 2×25 年 12 月 31 日,确认实际利息收入、收到票面利息等:

借:应收利息　　　　　　　　　　　　　　　　　　　50
　　贷:投资收益　　　　　　　　　　　　　　　　　40.75
　　　债权投资——利息调整　　　　　　　　　　　　9.25
借:银行存款　　　　　　　　　　　　　　　　　　　50
　　贷:应收利息　　　　　　　　　　　　　　　　　50

(6) 2×26 年 12 月 31 日,确认实际利息收入、收到票面利息和本金等:

借:应收利息　　　　　　　　　　　　　　　　　　　50
　　贷:投资收益　　　　　　　　　　　　　　　　　40.39
　　　债权投资——利息调整　　　　　　　　　　　　9.61
借:银行存款　　　　　　　　　　　　　　　　　　　50
　　贷:应收利息　　　　　　　　　　　　　　　　　50

借：银行存款　　　　　　　　　　　　　　　　　　　　　　1 000
　　贷：债权投资——成本　　　　　　　　　　　　　　　　　　　　1 000

　　若甲公司属于工业企业，2×22年1月1日，支付价款957.88万元(含交易费用)从活跃市场上购入某公司5年期债券，面值1 000万元，票面年利率5％，按年支付利息(即每年利息为万元)，本金最后一次支付。实际利率为6％。

表4-2　　　　　　　　　　　　　　　　　　　　　　　　　　　　　　　　单位：万元

年份	期初摊余成本 (1)	实际利息 (2)＝(1)×6％	现金流入 (3)＝面值×5％	期末摊余成本 (4)＝(1)＋(2)－(3)
2×22年	957.878	57.47	50	965.348
2×23年	965.348	57.92	50	973.268
2×24年	973.268	58.4	50	981.668
2×25年	981.668	58.90	50	990.568
2×26年	990.568	59.432*	1 050	0

＊59.432＝(1 000－957.878－7.47－7.92－8.4－8.9)＋50

　　(1) 2×22年1月1日购入债券时：

借：债权投资——成本　　　　　　　　　　　　　　　　　　　1 000
　　贷：银行存款　　　　　　　　　　　　　　　　　　　　　　957.878
　　　　债权投资——利息调整　　　　　　　　　　　　　　　　　42.122

　　(2) 2×22年12月31日，确认实际利息收入、收到票面利息等：

借：应收利息　　　　　　　　　　　　　　　　　　　　　　　　50
　　债权投资——利息调整　　　　　　　　　　　　　　　　　　　7.47
　　贷：投资收益　　　　　　　　　　　　　　　　　　　　　　　57.47
借：银行存款　　　　　　　　　　　　　　　　　　　　　　　　50
　　贷：应收利息　　　　　　　　　　　　　　　　　　　　　　　50

　　(3) 2×23年12月31日，确认实际利息收入、收到票面利息等：

借：应收利息　　　　　　　　　　　　　　　　　　　　　　　　50
　　债权投资——利息调整　　　　　　　　　　　　　　　　　　　7.92
　　贷：投资收益　　　　　　　　　　　　　　　　　　　　　　　57.92
借：银行存款　　　　　　　　　　　　　　　　　　　　　　　　50
　　贷：应收利息　　　　　　　　　　　　　　　　　　　　　　　50

　　(4) 2×24年12月31日，确认实际利息收入、收到票面利息等：

借：应收利息　　　　　　　　　　　　　　　　　　　　　　　　50
　　债权投资——利息调整　　　　　　　　　　　　　　　　　　　8.4
　　贷：投资收益　　　　　　　　　　　　　　　　　　　　　　　58.4
借：银行存款　　　　　　　　　　　　　　　　　　　　　　　　50
　　贷：应收利息　　　　　　　　　　　　　　　　　　　　　　　50

（5）2×25年12月31日，确认实际利息收入、收到票面利息等：

借：应收利息		50
债权投资——利息调整		8.9
贷：投资收益		58.9
借：银行存款		50
贷：应收利息		50

（6）2×26年12月31日，确认实际利息收入、收到票面利息和本金等：

借：应收利息		50
债权投资——利息调整		9.432
贷：投资收益		59.432
借：银行存款		50
贷：应收利息		50
借：银行存款		1 000
贷：债权投资——成本		1 000

第三节　以公允价值计量且其变动计入其他综合收益的金融资产

一、以公允价值计量且其变动计入其他综合收益的金融资产的确认

金融资产同时符合下列条件的，应当分类为以公允价值计量且其变动计入其他综合收益的金融资产：

（1）企业管理该金融资产的业务模式既以收取合同现金流量为目标又以出售该金融资产为目标；

（2）该金融资产的合同条款规定，在特定日期产生的现金流量，仅为对本金和以未偿付本金金额为基础的利息的支付。

在初始确认时，企业可以将非交易性权益工具投资指定为以公允价值计量且其变动计入其他综合收益的金融资产。该指定一经作出，不得撤销。

二、以公允价值计量且其变动计入其他综合收益的金融资产的计量

（一）初始计量

企业初始确认金融资产或金融负债时，应当按照公允价值计量。相关交易费用应当计入初始确认金额。企业取得金融资产所支付的价款中包含的已宣告但尚未发放的现金股利或已到付息期尚未支付的债券利息，应当单独确认为应收项目进行处理。

（二）后续计量

以公允价值计量且其变动计入其他综合收益的金融资产应当按公允价值计量且不扣除将来处置该金融资产时可能发生的交易费用。

三、以公允价值计量且其变动计入其他综合收益的金融资产的账务处理

(一)会计科目的设置

为了核算以公允价值计量且其变动计入其他综合收益的金融资产经济业务,企业应设置"其他债权投资"。该科目核算企业持有的以公允价值计量且其变动计入其他综合收益的金融资产中的债权投资类金融资产。

"其他债权投资"科目分别"成本""利息调整""应计利息""公允价值变动"进行明细核算。

为了核算以公允价值计量且其变动计入其他综合收益的金融资产经济业务,企业还应设置"其他权益工具投资"。该科目核算企业持有的以公允价值计量且其变动计入其他综合收益的金融资产中的股权投资类金融资产。

"其他权益工具投资"科目分别"成本""公允价值变动"等进行明细核算。

(二)以公允价值计量且其变动计入其他综合收益的金融资产的主要账务处理

(1)企业取得以公允价值计量且其变动计入其他综合收益的金融资产应按其公允价值与交易费用之和,分别按照债权和股权借记"其他债权投资"科目或"其他权益工具投资"科目(成本),按支付的价款中包含的已宣告但尚未发放的利息或现金股利借记"应收利息"科目或"应收股利"科目,按实际支付的金额贷记"银行存款"等科目。

企业取得以公允价值计量且其变动计入其他综合收益的金融资产为债投权资的应按债券的面值,借记"其他债权投资"科目(成本),按支付的价款中包含的已到付息期但尚未领取的利息借记"应收利息"科目,按实际支付的金额贷记"银行存款"等科目,按差额借记或贷记"其他债权投资"科目(利息调整)。

(2)资产负债表日以公允价值计量且其变动计入其他综合收益的金融资产为分期付息、一次还本债券投资的,应按票面利率计算确定的应收未收利息借记"应收利息"科目,按以公允价值计量且其变动计入其他综合收益的金融资产的摊余成本和实际利率计算确定的利息收入贷记"投资收益"科目,按差额借记或贷记"其他债权投资"科目(利息调整)。

以公允价值计量且其变动计入其他综合收益的金融资产为一次还本付息债券投资的,应于资产负债表日按票面利率计算确定的应收未收利息借记"其他债权投资"科目(应计利息),按以公允价值计量且其变动计入其他综合收益的金融资产的摊余成本和实际利率计算确定的利息收入贷记"投资收益"科目,按其差额借记或贷记"其他债权投资"科目(利息调整)。

(3)资产负债表日以公允价值计量且其变动计入其他综合收益的金融资产的公允价值高于其账面余额的差额,分别按债权投资和股权投资,借记"其他债权投资"科目或"其他权益工具投资"科目(公允价值变动),贷记"其他综合收益"科目;公允价值低于其账面余额的差额编制相反的会计分录。

(4)以公允价值计量且其变动计入其他综合收益的金融资产重分类。企业改变其管理金融资产的业务模式时,应当按照本准则的规定对所有受影响的相关金融资产进行重分类。

　　企业将一项以公允价值计量且其变动计入其他综合收益的金融资产重分类为以摊余成本计量的金融资产的,应当将之前计入其他综合收益的累计利得或损失转出,调整该金融资产在重分类日的公允价值,并以调整后的金额作为新的账面价值,即视同该金融资产一直以摊余成本计量。该金融资产重分类不影响其实际利率和预期信用损失的计量。

　　企业将一项以公允价值计量且其变动计入其他综合收益的金融资产重分类为以公允价值计量且其变动计入当期损益的金融资产的,应当继续以公允价值计量该金融资产。同时,企业应当将之前计入其他综合收益的累计利得或损失从其他综合收益转入当期损益。

　　(5)出售以公允价值计量且其变动计入其他综合收益的金融资产,属于债权投资的,应按实际收到的金额借记"银行存款"等科目,贷记"其他债权投资"科目(成本、公允价值变动、利息调整、应计利息),出售所得的价款与其账面价值的差额计入当期损益;将原直接计入其他综合收益的公允价值变动的累计额转出,计入当期损益。

　　属于股权投资的,应按实际收到的金额借记"银行存款"等科目,贷记"其他权益工具投资"科目(成本、公允价值变动),出售所得的价款与其账面价值的差额计入留存收益;将原直接计入其他综合收益的公允价值变动的累计额转出,计入留存收益。

　　【例4-2】　2×24年1月1日,甲公司支付价款1 044.52万元购入某公司发行的5年期公司债券,该公司债券的票面总金额为1 000万元,票面利率为5%,实际利率为4%,利息每年年末支付,本金到期支付。甲保险公司将该公司债券划分为以公允价值计量且其变动计入其他综合收益的金融资产。2×24年12月31日,该债券的市场价格为980万元。假定不考虑交易费用和其他因素的影响,甲保险公司的账务处理如下(金额单位:万元)。

　　(1)2×24年1月1日购入债券时:

　　借:其他债权投资——成本　　　　　　　　　　　　　　　　　　　　1 000
　　　　　　　　　　——利息调整　　　　　　　　　　　　　　　　　　44.52
　　　贷:银行存款　　　　　　　　　　　　　　　　　　　　　　　　　1 044.52

　　(2)2×24年12月31日,收到债券利息、确认公允价值变动:

$$实际利息=1\,044.52×4\%=41.78(万元)$$
$$年末摊余成本=1\,044.52+41.78-50=1\,036.3(万元)$$

　　借:应收利息　　　　　　　　　　　　　　　　　　　　　　　　　　50
　　　贷:其他债权投资——利息调整　　　　　　　　　　　　　　　　　8.22
　　　　　投资收益　　　　　　　　　　　　　　　　　　　　　　　　41.78
　　借:银行存款　　　　　　　　　　　　　　　　　　　　　　　　　　50
　　　贷:应收利息　　　　　　　　　　　　　　　　　　　　　　　　　50
　　借:其他综合收益　　　　　　　　　　　　　　　　　　　　　　　　56.3
　　　贷:其他债权投资——公允价值变动　　　　　　　　　　　　　　　56.3

　　【例4-3】　2×24年5月6日,甲公司支付价款1 016万元(含交易费用1万元和已宣告发放现金股利15万元)购入乙公司发行的股票200万股占乙公司有表决权股份的 10%。甲公司将其划分为以公允价值计量且其变动计入其他综合收益的金融资产。

2×24 年 5 月 10 日,甲公司收到乙公司发放的现金股利 15 万元。

2×24 年 6 月 30 日,该股票市价为每股 5.5 元。

2×24 年 12 月 31 日,甲公司仍持有该股票;当日该股票市价为每股 4.8 元。

2×25 年 5 月 9 日,乙公司宣告发放股利 800 万元。

2×25 年 5 月 13 日,甲公司收到乙公司发放的现金股利。

2×25 年 5 月 20 日,甲公司以每股 4.9 元的价格将股票全部转让。

假定不考虑其他因素,甲公司的账务处理如下(金额单位:万元)。

(1) 2×24 年 5 月 6 日,购入股票时:

借:应收股利	15
其他权益工具投资——成本	1 001
贷:银行存款	1 016

(2) 2×24 年 5 月 10 日,收到现金股利:

借:银行存款	15
贷:应收股利	15

(3) 2×24 年 6 月 30 日,确认股票价格变动:

借:其他权益工具投资——公允价值变动	99
贷:其他综合收益	99

(4) 2×24 年 12 月 31 日,确认股票价格变动:

借:其他综合收益	140
贷:其他权益工具投资——公允价值变动	140

(5) 2×25 年 5 月 9 日,确认应收现金股利:

借:应收股利	80
贷:投资收益	80

(6) 2×25 年 5 月 13 日,收到现金股利:

借:银行存款	80
贷:应收股利	80

(7) 2×25 年 5 月 20 日,出售股票:

借:银行存款	980
其他权益工具投资——公允价值变动	41
贷:其他权益工具投资——成本	1 001
利润分配——未分配利润	18
盈余公积	2
借:利润分配——未分配利润	36.9
盈余公积	4.1
贷:其他综合收益	41

以公允价值计量且其变动计入当期损益的金融资产

一、以公允价值计量且其变动计入当期损益的金融资产的确认

以摊余成本计量的金融资产和以公允价值计量且其变动计入其他综合收益的金融资产之外的金融资产,企业应当将其分类为以公允价值计量且其变动计入当期损益的金融资产。

二、以公允价值计量且其变动计入当期损益的金融资产的计量

(一)初始计量

企业初始确认为以公允价值计量且其变动计入当期损益的金融资产应当按照公允价值计量。相关交易费用应当直接计入当期损益。其中,金融资产公允价值通常应当以市场交易价格为基础确定。

交易费用是指可直接归属于购买、发行或处置金融工具新增的外部费用。新增的外部费用是指企业不购买、发行或处置金融工具就不会发生的费用,包括支付给代理机构、咨询公司、券商等的手续费和佣金及其他必要支出,不包括债券溢价、折价、融资费用、内部管理成本及其他与交易不直接相关的费用。交易费用构成实际利息的组成部分。

企业取得金融资产所支付的价款中包含的已宣告但尚未发放的债券利息或现金股利,应当单独确认为应收项目进行处理。

(二)后续计量

以公允价值计量且其变动计入当期损益的金融资产应当按照公允价值计量,且不扣除将来处置该金融资产时可能发生的交易费用。

三、以公允价值计量且其变动计入当期损益的金融资产的账务处理

(一)会计科目的设置

为了核算以公允价值计量且其变动计入当期损益的金融资产的经济业务,企业应设置"交易性金融资产"科目。本科目核算企业以公允价值计量且其变动计入当期损益的金融资产的公允价值。

"交易性金融资产"科目可按交易性金融资产的类别和品种分别"成本""公允价值变动"进行明细核算。

企业还应设置"公允价值变动损益""投资收益"等科目。

(二)交易性金融资产的主要账务处理

(1)企业取得为以公允价值计量且其变动计入当期损益的金融资产按其公允价值借记本科目(成本),按发生的交易费用借记"投资收益"科目,按已到付息期但尚未领取的利息或已宣告但尚未发放的现金股利借记"应收利息"或"应收股利"科目,按实际支付的金额贷记"银行存款""其他货币资金"等科目。

（2）以公允价值计量且其变动计入当期损益的金融资产持有期间被投资单位宣告发放的现金股利或在资产负债表日按分期付息、一次还本债券投资的票面利率计算的利息，借记"应收股利"或"应收利息"科目，贷记"投资收益"科目。

（3）资产负债表日以公允价值计量且其变动计入当期损益的金融资产的公允价值高于其账面余额的差额借记本科目（公允价值变动），贷记"公允价值变动损益"科目；公允价值低于其账面余额的差额编制相反的会计分录。

（4）以公允价值计量且其变动计入当期损益的金融资产重分类。

企业改变其管理金融资产的业务模式时，应当按照准则的规定对所有受影响的相关金融资产进行重分类。

企业将一项以公允价值计量且其变动计入当期损益的金融资产重分类为以摊余成本计量的金融资产的，应当以其在重分类日的公允价值作为新的账面余额。

企业将一项以公允价值计量且其变动计入当期损益的金融资产重分类为以公允价值计量且其变动计入其他综合收益的金融资产的，应当继续以公允价值计量该金融资产。

对金融资产重分类进行处理的，企业应当根据该金融资产在重分类日的公允价值确定其实际利率。同时，企业应当自重分类日起对该金融资产适用本准则关于金融资产减值的相关规定，并将重分类日视为初始确认日。

（5）出售为以公允价值计量且其变动计入当期损益的金融资产应按实际收到的金额，借记"银行存款"等科目，按该金融资产的账面余额贷记本科目，按差额贷记或借记"投资收益"科目。

本科目期末借方余额反映企业持有的交易性金融资产的公允价值。

【例 4-4】 甲企业为工业生产企业，2×23 年 1 月 1 日 从二级市场支付价款 1 020 000 元（含已到付息期但尚未领取的利息 20 000 元）购入某公司发行的债券，另发生交易费用 20 000 元。该债券面值 1 000 000 元，剩余期限为 2 年，票面年利率为 4%，每半年付息一次。甲企业根据其管理金融资产的业务模式和金融资产的合同现金流量特征将其划分为交易性金融资产。其他资料如下。

（1）2×23 年 1 月 5 日，收到该债券 2×22 年下半年利息 20 000 元；

（2）2×23 年 6 月 30 日，该债券的公允价值为 1 150 000 元（不含利息）；

（3）2×23 年 7 月 5 日，收到该债券半年利息；

（4）2×23 年 12 月 31 日，该债券的公允价值为 1 100 000 元（不含利息）；

（5）2×24 年 1 月 5 日，收到该债券 20×23 年下半年利息；

（6）2×24 年 3 月 31 日，甲企业将该债券出售，取得价款 1 180 000 元。

假定不考虑其他因素。

（1）2×23 年 1 月 1 日购入债券：

借：交易性金融资产——成本		1 000 000
应收利息		20 000
投资收益		20 000
贷：银行存款		1 040 000

（2）2×23 年 1 月 5 日收到该债券 2×22 年下半年利息：

借：银行存款　　　　　　　　　　　　　　　　　　　　　　　　20 000
　　贷：应收利息　　　　　　　　　　　　　　　　　　　　　　　　20 000

（3）2×23 年 6 月 30 日确认债券公允价值变动和投资收益：

借：交易性金融资产——公允价值变动　　　　　　　　　　　　150 000
　　贷：公允价值变动损益　　　　　　　　　　　　　　　　　　　150 000
借：应收利息　　　　　　　　　　　　　　　　　　　　　　　　20 000
　　贷：投资收益　　　　　　　　　　　　　　　　　　　　　　　20 000

（4）2×23 年 7 月 5 日收到该债券半年利息：

借：银行存款　　　　　　　　　　　　　　　　　　　　　　　　20 000
　　贷：应收利息　　　　　　　　　　　　　　　　　　　　　　　20 000

（5）2×23 年 12 月 31 日确认债券公允价值变动和投资收益：

借：公允价值变动损益　　　　　　　　　　　　　　　　　　　　50 000
　　贷：交易性金融资产——公允价值变动　　　　　　　　　　　　50 000
借：应收利息　　　　　　　　　　　　　　　　　　　　　　　　20 000
　　贷：投资收益　　　　　　　　　　　　　　　　　　　　　　　20 000

（6）2×24 年 1 月 5 日收到该债券 2×23 年下半年利息：

借：银行存款　　　　　　　　　　　　　　　　　　　　　　　　20 000
　　贷：应收利息　　　　　　　　　　　　　　　　　　　　　　　20 000

（7）2×24 年 3 月 31 日将该债券予以出售：

借：银行存款　　　　　　　　　　　　　　　　　　　　　　1 180 000
　　贷：交易性金融资产——成本　　　　　　　　　　　　　　1 000 000
　　　　　　　　　　　——公允价值变动　　　　　　　　　　　100 000
　　　　投资收益　　　　　　　　　　　　　　　　　　　　　　80 000

【例 4-5】　2×24 年 5 月 6 日,甲公司支付价款 1 016 万元(含交易费用 1 万元和已宣告发放现金股利 15 万元)购入乙公司发行的股票 200 万股占乙公司有表决权股份的 0.5％。假定甲公司将购入的乙公司股票划分为交易性金融资产（金额单位:万元）。

2×24 年 5 月 10 日,甲公司收到乙公司发放的现金股利 15 万元。

2×24 年 6 月 30 日,该股票市价为每股 5.2 元。

2×24 年 12 月 31 日,甲公司仍持有该股票;当日该股票市价为每股 4.8 元。

2×25 年 5 月 9 日,乙公司宣告发放股利 4 000 万元。

2×25 年 5 月 13 日,甲公司收到乙公司发放的现金股利。

2×25 年 5 月 20 日,甲公司以每股 4.9 元的价格将股票全部转让。

（1）2×24 年 5 月 6 日购入股票：

借：应收股利　　　　　　　　　　　　　　　　　　　　　　　　　15
　　交易性金融资产——成本　　　　　　　　　　　　　　　　　1 000
　　投资收益　　　　　　　　　　　　　　　　　　　　　　　　　　1
　　贷：银行存款　　　　　　　　　　　　　　　　　　　　　　1 016

（2）2×24 年 5 月 10 日收到现金股利：

借：银行存款　　　　　　　　　　　　　　　　　　　　　　　　15
　贷：应收股利　　　　　　　　　　　　　　　　　　　　　　　　15

（3）2×24 年 6 月 30 日确认股票价格变动：

借：交易性金融资产——公允价值变动　　　　　　　　　　　　　40
　贷：公允价值变动损益　　　　　　　　　　　　　　　　　　　　40

（4）2×24 年 12 月 31 日确认股票价格变动：

借：公允价值变动损益　　　　　　　　　　　　　　　　　　　　80
　贷：交易性金融资产——公允价值变动　　　　　　　　　　　　　80

注：公允价值变动＝200×（4.8－5.2）＝－80（万元）。

（5）2×25 年 5 月 9 日确认应收现金股利：

借：应收股利　　　　　　　　　　　　　　　　　　　　　　　　20
　贷：投资收益　　　　　　　　　　　　　　　　　　　　　　　　20

（6）2×25 年 5 月 13 日收到现金股利：

借：银行存款　　　　　　　　　　　　　　　　　　　　　　　　20
　贷：应收股利　　　　　　　　　　　　　　　　　　　　　　　　20

（7）2×25 年 5 月 20 日出售股票：

借：银行存款　　　　　　　　　　　　　　　　　　　　　　　　980
　　交易性金融资产——公允价值变动　　　　　　　　　　　　　40
　贷：交易性金融资产——成本　　　　　　　　　　　　　　　 1 000
　　　投资收益　　　　　　　　　　　　　　　　　　　　　　　　20

第五节　长期股权投资

一、长期股权投资概述

长期股权投资准则规范的权益性投资，主要包括以下几个方面：

一是投资企业能够对被投资单位实施控制的权益性投资，即对子公司投资。控制是指一个企业能够决定另一个企业的财务和经营政策，并能据以从另一个企业的经营活动中获取利益的权力。

二是投资企业与其他合营方一同对被投资单位实施共同控制的权益性投资，即对合营企业投资。共同控制是指按照合同约定对某项安排所共有的控制，并且该安排的相关活动必须经过分享控制权的参与方一致同意后才能决策。相关活动是指对某项安排的回报产生重大影响的活动，通常包括商品或劳务的销售和购买、金融资产的管理、资产的购买和处置、研究与开发活动以及融资活动等。

三是投资企业对被投资单位具有重大影响的权益性投资，即对联营企业投资。重大影响,是指对一个企业的财务和经营政策有参与决策的权力,但并不能够控制或者与其他方一起共同控制这些政策的制定。实务中,较为常见的重大影响体现为在被投资单位的董事会或类似权力机构中派有代表,通过在被投资单位生产经营决策制定过程中的发言权实施重大影响。

二、长期股权投资的初始计量及账务处理

(一)企业合并以外,其他方式取得的长期股权投资

长期股权投资可以通过不同的方式取得,除企业合并形成的长期股权投资外,其他方式取得的长期股权投资初始投资成本的确定应遵循以下规定。

(1)以支付现金取得的长期股权投资,应当按照实际支付的购买价款作为初始投资成本,包括购买过程中支付的手续费等必要支出,但所支付价款中包含的被投资单位已宣告但尚未发放的现金股利或利润应作为应收项目核算,不构成取得长期股权投资的成本。

【例4-6】 甲公司于2×24年2月10日自公开市场中买入乙公司20%的股份,实际支付价款8 000万元。另外,在购买过程中支付手续费等相关费用16万元。甲公司取得该部分股权后能够对乙公司的生产经营决策施加重大影响。甲公司应当按照实际支付的购买价款作为取得长期股权投资的成本,其账务处理如下:

借:长期股权投资	80 160 000
贷:银行存款	80 160 000

(2)以发行权益性证券方式取得的长期股权投资,其成本为所发行权益性证券的公允价值,但不包括应自被投资单位收取的已宣告但尚未发放的现金股利或利润。

确定发行的权益性证券的公允价值时,所发行的权益性证券存在公开市场,有明确市价可供遵循的,应以该证券的市价作为确定其公允价值的依据,同时应考虑该证券的交易量、是否存在限制性条款等因素的影响;所发行权益性证券不存在公开市场,没有明确市价可供遵循的,应考虑以被投资单位的公允价值为基础确定权益性证券的价值。

为发行权益性证券支付给有关证券承销机构等的手续费、佣金等与权益性证券发行直接相关的费用,不构成取得长期股权投资的成本。该部分费用应自权益性证券的溢价发行收入中扣除,权益性证券的溢价收入不足冲减的,应依次冲减盈余公积和未分配利润。

【例4-7】 2×24年3月,甲公司通过增发1 000万股公司普通股(每股面值1元)取得乙公司20%的股权,按照增发前后的平均股价计算,该1 000万股股份的公允价值为40 000万元。为增发该部分股份,甲公司向证券承销机构等支付了80万元的佣金和手续费。假定甲公司取得该部分股权后能够对乙公司的生产经营决策施加重大影响。

本例中,甲公司应当以所发行股份的公允价值作为取得长期股权投资的成本:

借:长期股权投资	400 000 000
贷:股本	10 000 000
资本公积——股本溢价	390 000 000

发行权益性证券过程中支付的佣金和手续费,应冲减权益性证券的溢价发行收入。

借:资本公积——股本溢价   800 000

 贷:银行存款   800 000

(3)投资者投入的长期股权投资,应当按照投资合同或协议约定的价值作为初始投资成本,但合同或协议约定的价值不公允的除外。

投资者投入的长期股权投资,是指投资者以其持有的对第三方的投资作为出资投入企业,接受投资的企业原则上应当按照投资各方在投资合同或协议中约定的价值作为取得投资的初始投资成本,但有明确证据表明合同或协议中约定的价值不公允的除外。

在确定投资者投入的长期股权投资的公允价值时,有关权益性投资存在活跃市场的,应当参照活跃市场中的市价确定其公允价值;不存在活跃市场,无法按照市场信息确定其公允价值的情况下,应当将按照一定的估值技术等合理的方法确定的价值作为其公允价值。

【例 4-8】 甲公司设立时,乙公司以其持有的对 C 公司的长期股权投资作为出资投入甲公司。投资各方在投资合同中约定,作为出资的该项长期股权投资作价 1 000 万元。该作价是按照 C 公司股票的市价经考虑相关调整因素后确定的。乙公司出资占甲公司注册资本 400 万元。取得该项投资后,甲公司根据其持股比例,能够派人参与 C 公司的财务和生产经营决策。

甲公司应进行的会计处理为:

借:长期股权投资   10 000 000

 贷:实收资本   4 000 000

  资本公积——资本溢价   6 000 000

(4)以债务重组、非货币性资产交换等方式取得的长期股权投资,其投资成本应按照《企业会计准则第 12 号——债务重组》和《企业会计准则第 7 号——非货币性资产交换》的原则确定。

(二)企业合并形成的长期股权投资

企业合并形成的长期股权投资,应区分企业合并的类型,即同一控制下控股合并与非同一控制下控股合并,以确定其初始投资成本。

1. 同一控制下企业合并形成的长期股权投资

合并方以支付现金、转让非现金资产或承担债务方式作为合并对价的,应当在合并日按照取得被合并方在最终控制方合并财务报表中的净资产的账面价值的份额作为长期股权投资的初始投资成本。长期股权投资的初始投资成本与支付的现金、转让的非现金资产及所承担债务账面价值之间的差额,应当调整资本公积(资本溢价或股本溢价);资本公积(资本溢价或股本溢价)的余额不足冲减的,调整留存收益。合并方以发行权益性证券作为合并对价的,应按发行股份的面值总额作为股本,长期股权投资的初始投资成本与所发行股份面值总额之间的差额,应当调整资本公积(资本溢价或股本溢价);资本公积(资本溢价或股本溢价)不足冲减的,调整留存收益。

合并方发生的审计、法律服务、评估咨询等中介费用以及其他相关管理费用,于发生时计入管理费用。

为发行权益性证券支付给有关证券承销机构等的手续费、佣金等与权益性证券发行直接相关的费用,不构成取得长期股权投资的成本。该部分费用应自权益性证券的溢价发行收入中扣除,权益性证券的溢价收入不足冲减的,应冲减盈余公积和未分配利润。与发行债务性工具作为合并对价直接相关的交易费用,应当计入债务性工具的初始确认金额。

通过多次交换交易、分步取得股权最终形成企业合并的,在个别财务报表中应当以持股比例计算的合并日应享有被合并方在最终控制方合并财务报表中的净资产的账面价值的份额作为该项投资的初始投资成本。初始投资成本与原长期股权投资账面价值加上合并日取得进一步股份新支付对价的公允价值之和的差额,调整资本公积(资本溢价或股本溢价);资本公积不足冲减的,冲减留存收益。

应予关注的是,上述在按照合并日应享有被合并方在最终控制方合并财务报表中的净资产的账面价值的份额确定长期股权投资的初始投资成本时,前提是合并前合并方与被合并方采用的会计政策应当一致。企业合并前合并方与被合并方采用的会计政策不同的,在以被合并方账面所有者权益为基础确定形成的长期股权投资成本时,首先应基于重要性原则,统一合并方与被合并方的会计政策。在按照合并方的会计政策对被合并方资产、负债的账面价值进行调整的基础上,计算确定形成长期股权投资的初始投资成本。

【例4-9】 2×24年6月30日,甲公司向同一集团内乙公司的原股东定向增发1 000万股普通股(每股面值为1元,市价为6元),取得乙公司80%的股权,并于当日起能够对乙公司实施控制。合并后乙公司仍维持其独立法人资格继续经营。两公司在企业合并前采用的会计政策相同。合并日,乙公司所有者权益的总额为3 000万元。

乙公司在合并后维持其法人资格继续经营,合并日甲公司应确认对乙公司的长期股权投资,其成本为合并日享有乙公司账面所有者权益的份额,账务处理如下:

借:长期股权投资 24 000 000
　贷:股本 10 000 000
　　　资本公积——股本溢价 14 000 000

2. 非同一控制下企业合并形成的长期股权投资

非同一控制下的控股合并中,购买方应当按照确定的企业合并成本作为长期股权投资的初始投资成本。企业合并成本包括购买方付出的资产、发生或承担的负债、发行的权益性证券的公允价值之和。

合并方发生的审计、法律服务、评估咨询等中介费用以及其他相关管理费用,于发生时计入管理费用。

为发行权益性证券支付给有关证券承销机构等的手续费、佣金等与权益性证券发行直接相关的费用,与发行债务性工具作为合并对价直接相关的交易费用,与同一控制下的企业合并会计处理相同。

【例4-10】 甲公司于2×24年3月31日取得乙公司70%的股权,取得该部分股权后能够控制乙公司的生产经营决策。为核实乙公司的资产价值,甲公司支付评估费用200万元。合并中,甲公司支付的有关资产在购买日的账面价值与公允价值如表4-3所示。假定合并前甲公司与乙公司不存在任何关联方关系。

表 4-3

甲公司支付的有关资产在购买日的账面价值与公允价值

2×24 年 3 月 31 日   金额单位：元

项　　目	账面价值	公允价值
库存商品	10 000 000	20 000 000
银行存款	4 000 000	4 000 000
合计	14 000 000	24 000 000

注：增值税税率为 13%。

因甲公司与乙公司在合并前不存在任何关联方关系，应作为非同一控制下的企业合并处理。甲公司对于合并形成的对乙公司的长期股权投资，应进行的账务处理如下：

借：长期股权投资 26 600 000
　　贷：银行存款 4 000 000
　　　　主营业务收入 20 000 000
　　　　应交税费——应交增值税（销项税额） 2 600 000

同时，结转库存商品的成本。

借：主营业务成本 10 000 000
　　贷：库存商品 10 000 000
借：管理费用 2 000 000
　　贷：银行存款 2 000 000

通过多次交换交易，分步取得股权最终形成企业合并的，应当区分个别财务报表和合并财务报表进行会计处理。在编制个别财务报表时，企业应当按照原持有的股权投资账面价值加上新增投资成本之和，作为改按成本法核算的初始成本。

【例 4-11】 甲公司于 2×24 年 3 月以 1 000 万元取得乙公司 30% 的股权，因能够对乙公司施加重大影响，对所取得的长期股权投资采用权益法核算，于 2×24 年确认对乙公司的投资收益 80 万元。2×25 年 4 月，甲公司又斥资 1 500 万元取得乙公司另外 30% 的股权。假定甲公司在取得对乙公司的长期股权投资以后，公司并未宣告发放现金股利或利润。甲公司对该项长期股权投资未计提任何减值准备。

甲公司是通过分步购买最终达到对乙公司实施控制，形成企业合并。在购买日，甲公司应进行以下会计处理（假定不考虑所得税影响）：

借：长期股权投资 15 000 000
　　贷：银行存款 15 000 000

购买日，对乙公司长期股权投资的账面价值＝1 000＋80＋1 500＝2 580（万元）。

三、投资成本中包含的已宣告尚未发放的现金股利或利润的处理

无论企业是以何种方式取得长期股权投资，取得投资时，支付的对价中包含的应享有

被投资单位已经宣告但尚未发放的现金股利或利润,应作为应收项目单独核算,不构成取得长期股权投资的初始投资成本。即企业在支付对价取得长期股权投资时,实际支付的价款中包含的对方已经宣告但尚未发放的现金股利或利润,应作为应收项目,构成企业的一项债权,其与取得的对被投资单位的投资应作为两项金融资产。

【例4-12】 甲公司于2×24年2月10日用银行存款500 000元购入乙公司10%的股份,该股权属于重大影响的股权,乙公司于2×24年2月5日已经宣告但尚未发放现金股利,甲公司按其持股比例计算确定可分得2万元。则甲公司在确认该长期股权投资时,应将包含的现金股利部分单独核算,会计处理如下:

借:长期股权投资   480 000
  应收股利   20 000
 贷:银行存款   500 000

第六节 长期股权投资的后续计量及账务处理

长期股权投资在持有期间,根据投资企业对被投资单位的影响程度及是否存在活跃市场、公允价值能否可靠取得等进行划分,应当分别采用成本法及权益法进行核算。

一、长期股权投资的成本法

(一)成本法的定义及适用范围

成本法是指投资按成本计价的方法。

采用成本法核算的是企业持有的对子公司的投资。

(二)成本法核算下,长期股权投资账面价值的调整及投资损益的确认

采用成本法核算的长期股权投资,初始投资或追加投资时,按照初始投资或追加投资的成本增加长期股权投资的账面价值。被投资单位宣告分派的现金股利或利润中,投资企业按应享有的部分确认为当期投资收益。

【例4-13】 甲公司持有乙公司60%的股份,用成本法核算。2×24年2月15日,乙公司宣告发放现金股利180万元,2×24年3月5日,甲公司收到现金股利180万元。甲公司的账务处理如下。

2×24年2月15日,乙公司宣告发放现金股利时。

借:应收股利   1 800 000
 贷:投资收益   1 800 000

2×24年3月5日,甲公司收到现金股利时。

借:银行存款   1 800 000
 贷:应收股利   1 800 000

二、长期股权投资的权益法

(一)权益法的定义及适用范围

权益法是指投资以初始成本计量后,在投资持有期间根据投资企业享有被投资单位所有者权益的份额的变动对投资的账面价值进行调整的方法。

采用权益法核算的长期股权投资包括两类:一是对合营企业的投资;二是对联营企业的投资。

(二)权益法的核算程序

1. 初始投资成本的调整

投资企业取得对联营企业或合营企业的投资以后,对于取得投资时初始投资成本与应享有被投资单位可辨认净资产公允价值份额之间的差额,应区分情况处理。

(1)初始投资成本大于取得投资时应享有被投资单位可辨认净资产公允价值份额的,该部分差额是投资企业在取得投资过程中通过作价体现出的与所取得股权份额相对应的商誉及不符合确认条件的资产价值,这种情况下不要求对长期股权投资的成本进行调整。

(2)初始投资成本小于取得投资时应享有被投资单位可辨认净资产公允价值份额的,两者之间的差额体现为双方在交易作价过程中转让方的让步,该部分经济利益流入应作为收益处理,计入取得投资当期的营业外收入,同时调整增加长期股权投资的账面价值。

【例4-14】 甲企业于2×24年1月取得乙公司40%的股权,支付价款700万元。取得投资时被投资单位净资产账面价值为1 500万元(假定被投资单位各项可辨认资产、负债的公允价值与其账面价值相同)。

甲企业在取得乙公司的股权后,能够对乙公司施加重大影响,对该投资采用权益法核算。取得投资时,甲企业应进行账务处理如下:

借:长期股权投资——投资成本   7 000 000
 贷:银行存款   7 000 000

长期股权投资的初始投资成本700万元大于取得投资时应享有被投资单位可辨认净资产公允价值的份额600万元(1 500×40%),该差额不调整长期股权投资的账面价值。

假定本例中取得投资时被投资单位可辨认净资产的公允价值为2 000万元,甲企业按持股比例40%计算确定应享有800万元,则初始投资成本与应享有被投资单位可辨认净资产公允价值份额之间的差额为100万元,应计入取得投资当期的营业外收入。有关账务处理如下:

借:长期股权投资——投资成本   8 000 000
 贷:银行存款   7 000 000
  营业外收入   1 000 000

2. 投资损益和其他综合收益的确认

1)投资损益的确认

采用权益法核算的长期股权投资,在确认应享有或应分担被投资单位的净利润或净亏损时,在被投资单位账面净利润的基础上,应考虑以下因素的影响,并进行适当调整。

(1)被投资单位采用的会计政策及会计期间与投资企业不一致的,应按投资企业的会计政策及会计期间对被投资单位的财务报表进行调整。

权益法下,是将投资企业与被投资单位作为一个整体对待。作为一个整体,其所产生的损益,应当在一致的会计政策基础上确定,被投资企业采用的会计政策与投资企业不同的,投资企业应当基于重要性原则,按照本企业的会计政策对被投资单位的损益进行调整。另外,投资企业与被投资单位采用的会计期间不同的,也应进行相关调整。

(2)以取得投资时被投资单位固定资产、无形资产的公允价值为基础计提的折旧额或摊销额,以及以投资企业取得投资时有关资产的公允价值为基础计算确定的资产减值准备金额等对被投资单位净利润的影响。

被投资单位个别利润表中的净利润是以其持有的资产、负债账面价值为基础持续计算的,而投资企业在取得投资时,是以被投资单位有关资产、负债的公允价值为基础确定投资成本,取得投资后应确认的投资收益代表的是被投资单位资产、负债在公允价值计量的情况下在未来期间通过经营产生的损益中归属于投资企业的部分。取得投资时,有关资产、负债的公允价值与其账面价值不同的,未来期间,在计算归属于投资企业应享有的净利润或应承担的净亏损时,应考虑被投资单位计提的折旧额、摊销额以及资产减值准备金额等并进行调整。

应予关注的是,调整被投资单位的净利润,应考虑重要性原则,不具有重要性的项目可不予调整。符合下列条件之一的,投资企业可以被投资单位的账面净利润为基础,计算确认投资损益,同时应在附注中说明不能按照准则中规定进行核算的原因:

第一,投资企业无法合理确定取得投资时被投资单位各项可辨认资产等的公允价值。某些情况下,投资的作价可能因为受到一些因素的影响,不是完全以被投资单位可辨认净资产的公允价值为基础,或者因为被投资单位持有的可辨认资产相对比较特殊,无法取得其公允价值。这种情况下,因被投资单位可辨认资产的公允价值无法取得,则无法以公允价值为基础对被投资单位的净损益进行调整。

第二,投资时被投资单位可辨认资产的公允价值与其账面价值相比,两者之间的差额不具重要性的。该种情况下,因为被投资单位可辨认资产的公允价值与其账面价值差额不大,要求进行调整则不符合重要性原则及成本效益原则。

第三,其他原因导致无法取得被投资单位的有关资料,不能按照准则中规定的原则对被投资单位的净损益进行调整的。例如,要对被投资单位的净利润按照准则中规定进行调整,需要了解被投资单位的会计政策以及对有关资产价值量的判断等信息,在无法获得被投资单位相关信息的情况下,则无法对净利润进行调整。

【例 4-15】　甲公司于 2×24 年 1 月 10 日购入乙公司 30% 的股份,购买价款为 2 200 万元,并自取得投资之日起派人参与乙公司的生产经营决策。取得投资当日,乙公司可辨认净资产公允价值为 6 000 万元,除表 4-4 中所列项目外,乙公司其他资产、负债的公允价值与账面价值相同,如表 4-4 所示。

表 4-4

乙公司相关资产情况　　　　　　　　　　　　　　金额单位：万元

项　　目	账面原价	已计提折旧或摊销	公允价值	乙公司预计使用年限(年)	甲公司取得投资后剩余年限(年)
存货	100		200		
固定资产	1 000	100	1 600	10	8
无形资产	400	40	600	10	8
小计	1 500	140	2 400		

假定乙公司于 2×24 年实现净利润 400 万元,其中在甲公司取得投资时的账面存货有 60% 对外出售。甲公司与乙公司的会计年度及采用的会计政策相同。固定资产、无形资产均按直线法提取折旧或摊销,预计净残值均为 0。

甲公司在确定其应享有的投资收益时,应在乙公司实现净利润的基础上,根据取得投资时乙公司有关资产的账面价值与其公允价值差额的影响进行调整(假定不考虑所得税影响):

存货账面价值与公允价值的差额应调减的利润＝(200－100)×60%＝60(万元)
固定资产公允价值与账面价值差额应调增的折旧额＝1 600÷8－1 000÷10＝100(万元)
无形资产公允价值与账面价值差额应调增的摊销额＝600÷8－400÷10＝35(万元)
调整后的净利润＝400－60－100－35＝205(万元)
甲公司应享有份额＝205×30%＝61.5(万元)

确认投资收益的账务处理如下:

借:长期股权投资——损益调整　　　　　　　　　　　　　　　615 000
　贷:投资收益　　　　　　　　　　　　　　　　　　　　　　　615 000

假定乙公司于 2×25 年实现净利润 500 万元,其中在甲公司取得投资时的账面存货有 20% 在本年度对外出售。

存货账面价值与公允价值的差额应调减的利润＝(200－100)×20%＝20(万元)
固定资产公允价值与账面价值差额应调增的折旧额＝1 600÷8－1 000÷10＝100(万元)
无形资产公允价值与账面价值差额应调增的摊销额＝600÷8－400÷10＝35(万元)
调整后的净利润＝500－20－100－35＝345(万元)
甲公司应享有份额＝345×30%＝103.5(万元)

确认投资收益的账务处理如下:

借:长期股权投资——损益调整　　　　　　　　　　　　　　1 035 000
　贷:投资收益　　　　　　　　　　　　　　　　　　　　　　1 035 000

(3) 在确认投资收益时,投资企业与其联营企业及合营企业之间发生的未实现内部交易损益应予抵销。即投资企业与联营企业及合营企业之间发生的未实现内部交易损益按照持股比例计算属于投资企业的部分应当予以抵销,在此基础上确认投资损益。投资企业与被投资企业发生的内部交易损失的,按照《企业会计准则第8号——资产减值》等规定属于资产减值损失的应当全额确认。

投资企业与其联营企业及合营企业之间发生的未实现内部交易损益应予以抵销。此项抵销既包括顺流交易,也包括逆流交易。

【例4-16】 甲企业于2×24年1月取得乙公司20%有表决权股份,能够对乙公司施加重大影响。假定甲企业取得该项投资时,乙公司各项可辨认资产、负债的公允价值与其账面价值相同。2×24年8月,乙公司将其成本为100万元的某商品以200万元的价格出售给甲企业,甲企业将取得的商品作为存货,该项交易为逆流交易。至2×24年资产负债表日,甲企业仍未对外出售该存货。乙公司2×24年实现净利润为300万元。假定不考虑所得税因素。

甲企业在按照权益法确认应享有乙公司2×24年净损益时:

借:长期股权投资——损益调整[(3 000 000-1 000 000)×20%]   400 000
　　贷:投资收益   400 000

假定在2×25年,甲企业将该商品以240万元的价格向外部独立第三方出售,因该部分内部交易损益已经实现,甲企业在确认应享有乙公司2×25年净损益时,应考虑将原未确认的该部分内部交易损益计入投资损益,即应在考虑其他因素计算确定的投资损益基础上调整增加20万元(100×20%)。

【例4-17】 甲企业持有乙公司20%有表决权股份,能够对乙公司财务和生产经营决策施加重大影响。2×24年,甲企业将其账面价值为100万元的商品以200万元的价格出售给乙公司,该项交易为顺流交易。至2×24年资产负债表日,该批商品尚未对外部第三方出售。假定甲企业取得该项投资时,乙公司各项可辨认资产、负债的公允价值与其账面价值相同,两者在以前期间未发生过内部交易。乙公司2×24年净利润为300万元。假定不考虑所得税因素。

甲企业在该项交易中实现利润100万元,其中20万元(100×20%)是针对本企业持有的对联营企业的权益份额,在采用权益法计算确认投资损益时应予抵销,即甲企业应当进行的账务处理如下:

借:长期股权投资——损益调整[(3 000 000-1 000 000)×20%]   400 000
　　贷:投资收益   400 000

假定在2×25年,乙公司将该商品的50%部分以120万元的价格向外部独立第三方出售,因该部分内部交易损益已经实现,甲企业在确认应享有乙公司2×25年净损益时,应考虑将原未确认的该部分内部交易损益计入投资损益,即应在考虑其他因素计算确定的投资损益基础上调整增加10万元(100×20%×50%)。

2) 其他综合收益的确认

投资企业在持有长期股权投资期间,应当按照应享有或应分担被投资单位实现其他综合收益的份额,借记"长期股权投资——其他综合收益"科目,贷记"其他综合收益"科目。这里所讲的"其他综合收益",是指企业根据会计准则规定在当期损益中确认的各项利得和损失。

【例4-18】 甲公司投资乙公司,占乙公司股份的30%,具有重大影响。2×24年,乙

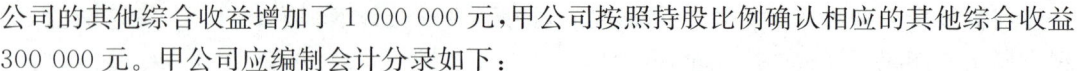

公司的其他综合收益增加了 1 000 000 元,甲公司按照持股比例确认相应的其他综合收益 300 000 元。甲公司应编制会计分录如下:

借:长期股权投资——其他综合收益 300 000
　贷:其他综合收益 300 000

3. 取得现金股利或利润的处理

按照权益法核算的长期股权投资,投资企业自被投资单位取得的现金股利或利润,应抵减长期股权投资的账面价值。在被投资单位宣告分派现金股利或利润时,借记"应收股利"科目,贷记"长期股权投资——损益调整"科目。实际收到现金股利或利润时,借记"银行存款"科目,贷记"应收股利"科目。

4. 超额亏损的确认

长期股权投资准则规定,投资企业确认应分担被投资单位发生的损失,原则上应以长期股权投资及其他实质上构成对被投资单位净投资的长期权益减记至零为限,投资企业负有承担额外损失义务的除外。

"其他实质上构成对被投资单位净投资的长期权益"通常是指长期应收项目。例如,企业对被投资单位的长期债权,该债权没有明确的清收计划、且在可预见的未来期间不准备收回的,实质上构成对被投资单位的净投资。应予说明的是,该类长期权益不包括投资企业与被投资单位之间因销售商品、提供劳务等日常活动所产生的长期债权。

按照长期股权投资准则规定,投资企业在确认应分担被投资单位发生的亏损时,应将长期股权投资及其他实质上构成对被投资单位净投资的长期权益项目的账面价值综合起来考虑,在长期股权投资的账面价值减记至零的情况下,如果仍有未确认的投资损失,应以其他长期权益的账面价值为基础继续确认。另外,投资企业在确认应分担被投资单位的净损失时,除应考虑长期股权投资及其他长期权益的账面价值以外,如果在投资合同或协议中约定将履行其他额外的损失补偿义务,还应按《企业会计准则第 13 号——或有事项》的规定确认预计将承担的损失金额。

在发生投资损失时,应借记"投资收益"科目,贷记"长期股权投资——损益调整"科目。在长期股权投资的账面价值减记至零以后,考虑其他实质上构成对被投资单位净投资的长期权益,继续确认的投资损失应借记"投资收益"科目,贷记"长期应收款"科目;因投资合同或协议约定导致投资企业需要承担额外义务的,按照或有事项准则的规定,对于符合确认条件的义务,应确认为当期损失,同时确认预计负债,即借记"投资收益"科目,贷记"预计负债"科目。

在确认了有关的投资损失以后,被投资单位于以后期间实现盈利的,应按以上相反顺序分别减记已确认的预计负债、恢复其他长期权益及长期股权投资的账面价值,同时确认投资收益。即应当按顺序分别借记"预计负债""长期应收款""长期股权投资"科目,贷记"投资收益"科目。

【例 4-19】　甲企业持有乙企业 40% 的股权,能够对乙企业施加重大影响。2×23 年 12 月 31 日,该项长期股权投资的账面价值为 1 000 万元。2×24 年,乙企业由于一项主要经营业务市场条件发生变化,当年亏损 2 000 万元。假定甲企业在取得该投资时,乙企业各项可辨认资产、负债的公允价值与其账面价值相等,双方所采用的会计政策及会计期间也相同。则甲企业当年应确认的投资损失为 800 万元。确认上述投资损失后,长期股权投资的账面价值变为 200 万元。

如果乙企业 2×24 年发生亏损为 3 000 万元,甲企业按其持股比例确认应分担的损失为 1 200 万元,但长期股权投资的账面价值仅为 1 000 万元,如果没有其他实质上构成对被投资单位净投资的长期权益项目,则甲企业应确认的投资损失仅为 1 000 万元,超额损失在账外进行备查登记;在确认了 1 000 万元的投资损失,长期股权投资的账面价值减记至零以后,如果甲企业账上仍有应收乙企业的长期应收款 400 万元,该款项从目前情况看,没有明确的清偿计划(并非产生于商品购销等日常活动),则甲企业应进行的账务处理如下:

借:投资收益 10 000 000
　　贷:长期股权投资——损益调整 10 000 000
借:投资收益 2 000 000
　　贷:长期应收款 2 000 000

甲企业账上还有应收乙企业的长期应收款 200 万元。

5. 被投资单位除净损益和其他综合收益以外所有者权益的其他变动

采用权益法核算时,投资企业对于被投资单位除净损益、其他综合收益和利润分配以外所有者权益的其他变动,在持股比例不变的情况下,应按照持股比例与被投资单位除净损益以外所有者权益的其他变动中归属于本企业的部分,相应调整长期股权投资的账面价值,同时增加或减少资本公积。

【例 4-20】 甲企业持有乙企业 20% 的股份,能够对乙企业施加重大影响。当期乙企业因接受其他股东的资本性投入计入资本公积的金额为 1 000 万元,甲企业在确认应享有被投资单位所有者权益的变动时:

借:长期股权投资——其他权益变动 2 000 000
　　贷:资本公积——其他资本公积 2 000 000

6. 股票股利的处理

被投资单位分派的股票股利,投资企业不作账务处理,但应于除权日注明所增加的股数,以反映股份的变化情况。

三、长期股权投资的减值

长期股权投资在按照规定进行核算确定其账面价值的基础上,如果存在减值迹象的,应当按照相关准则的规定计提减值准备。即应当按照《企业会计准则第 8 号——资产减值》的规定确定其可收回金额及应予计提的减值准备。

第七节　长期股权投资核算方法的转换及处置

一、长期股权投资核算方法的转换

长期股权投资在持有期间,因各方面情况的变化,可能导致其核算需要由一种方法转

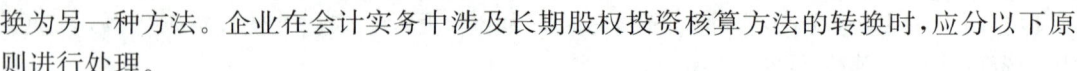

换为另一种方法。企业在会计实务中涉及长期股权投资核算方法的转换时，应分以下原则进行处理。

（一）公允价值计量转权益法核算

投资方因追加投资等原因能够对被投资单位施加重大影响或实施共同控制但不构成控制的，应当按照《企业会计准则第 22 号——金融工具确认和计量》确定的原持有的股权投资的公允价值加上新增投资成本之和，作为改按权益法核算的初始投资成本。原持有的股权投资分类为可供出售金融资产的，其公允价值与账面价值之间的差额，以及原计入其他综合收益的累计公允价值变动应当转入改按权益法核算的当期损益。

（二）公允价值计量或权益法核算转成本法核算

投资方因追加投资等原因能够对非同一控制下的被投资单位实施控制的，在编制个别财务报表时，应当按照原持有的股权投资账面价值加上新增投资成本之和，作为改按成本法核算的初始投资成本。购买日之前持有的股权投资因采用权益法核算而确认的其他综合收益，应当在处置该项投资时采用与被投资单位直接处置相关资产或负债相同的基础进行会计处理。购买日之前持有的股权投资按照《企业会计准则第 22 号——金融工具确认和计量》的有关规定进行会计处理的，原计入其他综合收益的累计公允价值变动应当在改按成本法核算时转入当期损益。在编制合并财务报表时，应当按照《企业会计准则第 33 号——合并财务报表》的有关规定进行会计处理。

（三）权益法核算转公允价值计量

投资方因处置部分股权投资等原因丧失了对被投资单位的共同控制或重大影响的，处置后的剩余股权应当改按《企业会计准则第 22 号——金融工具确认和计量》核算，其在丧失共同控制或重大影响之日的公允价值与账面价值之间的差额计入当期损益。原股权投资因采用权益法核算而确认的其他综合收益，应当在终止采用权益法核算时采用与被投资单位直接处置相关资产或负债相同的基础进行会计处理。

（四）成本法核算转权益法核算

投资方因处置部分权益性投资等原因丧失了对被投资单位的控制的，在编制个别财务报表时，处置后的剩余股权能够对被投资单位实施共同控制或施加重大影响的，应当改按权益法核算，并对该剩余股权视同自取得时即采用权益法核算进行调整。

（五）成本法核算转公允价值计量

投资方因处置部分权益性投资等原因丧失了对被投资单位的控制的，在编制个别财务报表时，处置后的剩余股权不能对被投资单位实施共同控制或施加重大影响的，应当改按《企业会计准则第 22 号——金融工具确认和计量》的有关规定进行会计处理，其在丧失控制之日的公允价值与账面价值间的差额计入当期损益。编制合并财务报表，应当按照《企业会计准则第 33 号——合并财务报表》的有关规定进行会计处理。

二、划分为持有待售的长期股权投资

对长期股权投资全部或部分分类为持有待售资产的，投资方应当按照《企业会计准则第 42 号——持有待售的非流动资产、处置组和终止经营》的有关规定处理。

三、长期股权投资的处置

企业在持有长期股权投资的过程中,由于各方面的考虑,决定将所持有的对被投资单位的股权全部或部分对外出售时,应相应结转与所售股权相对应的长期股权投资的账面价值,出售所得价款与处置长期股权投资账面价值之间的差额,应确认为处置损益。

采用权益法核算的长期股权投资,原计入资本公积中的金额、原计入其他综合收益中的金额,在处置时也应进行结转,即将与所出售股权相对应的部分在处置时自资本公积、其他综合收益转入当期损益。

【例 4-21】　甲企业原持有乙企业 40% 的股权,2×24 年 8 月 10 日,甲企业决定出售其持有的乙企业股权的,出售时甲企业账面上对乙企业长期股权投资的构成为:投资成本800 万元,损益调整 80 万元,其他权益变动 40 万元,其他综合收益 20 万元;出售取得价款950 万元。

甲企业应确认的处置损益为:

借:银行存款　　　　　　　　　　　　　　　　　　　　　　　　　9 500 000
　　贷:长期股权投资——投资成本　　　　　　　　　　　　　　　　　8 000 000
　　　　　　　　　　——损益调整　　　　　　　　　　　　　　　　　　800 000
　　　　　　　　　　——其他权益变动　　　　　　　　　　　　　　　　400 000
　　　　　　　　　　——其他综合收益　　　　　　　　　　　　　　　　200 000
　　　　投资收益　　　　　　　　　　　　　　　　　　　　　　　　　100 000

同时,还应将原计入资本公积和其他综合收益的部分按比例转入当期损益:

借:资本公积——其他资本公积　　　　　　　　　　　　　　　　　　400 000
　　其他综合收益　　　　　　　　　　　　　　　　　　　　　　　　200 000
　　贷:投资收益　　　　　　　　　　　　　　　　　　　　　　　　600 000

 课程思政案例

投资收益真这么好确认吗

2015 年 12 月,为提升考核利润和管理层薪酬,时任香溢融通的董事邱樟海决定转让香溢融通子公司持有的资管产品收益权。2015 年 12 月下旬,香溢融通将其持有的瑞龙 7 号的收益权转让给宁波开泰投资公司,转让价款 6 000 万元,转让后宁波开泰投资公司就能够享有该项目所有的收益。香溢融通将其持有的君证 1 号的收益权转让给宁波超宏投资公司和宁波九牛投资公司,转让价款共计 4 300 万元,同样,转让后宁波超宏拥有该收益权。收益权转让的同时,香溢融通约定如果每年的收益达不到 12%,那么就由自己承担差额补足义务,也就是达不到收益就由香溢融通把没达到的部分自己补给购买方。2015 年 12 月 28 日至 29 日,香溢投资分 2 笔收到开泰投资汇入的转让价款合计 6 000 万元,并于当月 29 日确认投资收益 6 000 万元。2015 年 12 月 30 日,香溢金联分别收到宁波超宏投资、宁波九牛投资公司汇入的转让价款合计 4 300 万元,并于当日确认投资收益 4 300 万元。

2016年3月,瑞龙7号清算后,实际收益不足以覆盖转让价款和约定收益。2016年5月,香溢融通虚构融资租赁业务,将3550万元以支付融资租赁款的形式转至宁波开泰投资公司指定的公司,履行了瑞龙7号的差额补足义务。2018年1月,香溢融通又虚构投资项目,利用该项目将资金转回,这样就掩盖了此前虚构的融资租赁业务。2017年7月,香溢融通又虚构投资项目,将2606万元转至宁波超宏投资和宁波九牛投资指定的公司,履行了君证1号的差额补足义务。

思考题:(1)香溢融通在收到收益权转让价款时能否确认投资收益?

(2)香溢融通按照约定履行差额补足义务是否是负责任的表现?

小提示:根据《企业会计准则第23号——金融资产转移(2006)》第七条、第八条、第十五条规定,因瑞龙7号和君证1号收益权转让附带担保,香溢融通当期不得确认投资收益,但香溢融通隐瞒担保事项,提前确定投资收益。为了履行担保义务,虚构投资业务,并一次次地以一个新的错误来掩盖旧的错误,其严重的造假行为违背了资本市场的运行规律,极大地损害了投资者的利益,是不讲道德的恶劣行径。作为会计人员,我们需要时刻保持独立性,守住原则底线,遵守国家法律法规,不做假账!

本章小结

本章应掌握以下重点内容。

(1)以摊余成本计量的金融资产的确认条件、初始计量、后续计量标准及其相关的账务处理。

(2)以公允价值计量且其变动计入其他综合收益的金融资产的确认条件、初始计量、后续计量标准及其相关的账务处理。

(3)以公允价值计量且其变动计入当期损益的金融资产的确认条件、初始计量、后续计量标准及其相关的账务处理。

(4)长期股权投资的后续计量、成本法、权益法的核算;成本法与权益法的转换以及长期股权投资处置的核算。

思考题

(1)什么是企业管理金融资产的业务模式?什么是金融资产的合同现金流量特征?

(2)以摊余成本计量的金融资产的确认条件是什么?

(3)以公允价值计量且其变动计入其他综合收益的金融资产的确认条件是什么?

(4)长期股权投资包括哪些内容?

(5)长期股权投资成本法的概念及核算范围是什么?

(6)长期股权投资权益法的概念及核算范围是什么?

 **练习题**

一、单项选择题

1. 某企业购入 W 上市公司股票 180 万股,并划分为交易性金融资产,共支付款项 2 830 万元,其中包括已宣告但尚未发放的现金股利 126 万元。另外,支付相关交易费用 4 万元。该项交易性金融资产的入账价值为（　　）万元。

   A. 2 700　　　　B. 2 704　　　　C. 2 830　　　　D. 2 834

2. A 公司于 2×24 年 11 月 5 日从证券市场上购入 B 公司发行在外的股票 200 万股,作为交易性金融资产,每股支付价款 5 元,另支付相关费用 20 万元,2×24 年 12 月 31 日,这部分股票的公允价值为 1 050 万元,A 公司 2×24 年 12 月 31 日应确认的公允价值变动损益为（　　）万元。

   A. 损失 50　　　B. 收益 50　　　C. 收益 30　　　D. 损失 30

3. 甲公司 2×24 年 7 月 1 日购入乙公司 2×24 年 1 月 1 日发行的债券,支付价款为 2 100 万元（含已到付息期但尚未领取的债券利息 40 万元）,另支付交易费用 15 万元。该债券面值为 2 000 万元,票面年利率为 4%,每半年付息一次,甲公司将其划分为交易性金融资产。甲公司 2×24 年度该项交易性金融资产应确认的投资收益为（　　）万元。

   A. 25　　　　　B. 40　　　　　C. 65　　　　　D. 80

4. 应采用成本法核算的长期股权投资是（　　）。

   A. 对子公司的投资

   B. 对联营企业的投资

   C. 对合营企业的投资

   D. 无控制、共同控制或重大影响的权益性投资

5. 甲公司长期持有乙公司 60% 的股权,采用成本法核算。2×24 年 1 月 1 日,该项投资账面价值为 1 300 万元。2×24 年度,乙公司实现净利润 2 000 万元,宣告发放现金股利 1 200 万元。假设不考虑其他因素,2×24 年 12 月 31 日,该项投资账面价值为（　　）万元。

   A. 1 300　　　　B. 1 380　　　　C. 1 500　　　　D. 1 620

6. 甲公司于 2×24 年 1 月 5 日支付价款 2 000 万元购入乙公司 30% 的股份,准备长期持有,另支付相关税费 20 万元,购入时乙公司可辨认净资产公允价值为 12 000 万元。甲公司取得投资后对乙公司具有重大影响。假定不考虑其他因素,甲公司因确认投资而影响利润的金额为（　　）万元。

   A. −20　　　　　B. 0　　　　　C. 1 580　　　　D. 1 600

7. 2×24 年 1 月 1 日,甲公司以 1 600 万元购入乙公司 30% 的股份,另支付相关费用 8 万元,采用权益法核算。取得投资时,乙公司所有者权益的账面价值为 5 000 万元（与可辨认净资产的公允价值相同）。乙公司 2×24 年度实现净利润 300 万元。假定不考虑其他因素,甲公司该长期股权投资 2×24 年 12 月 31 日的账面余额为（　　）万元。

A. 1 590   B. 1 500   C. 1 600   D. 1 698

8. 下列各项中,应当确认为投资损益的是(　　)。

   A. 长期股权投资减值损失

   B. 长期股权投资处置净损益

   C. 期末交易性金融资产公允价值变动的金额

   D. 支付与取得长期股权投资直接相关的费用

9. 甲公司对外提供中期财务报告,2×24 年 5 月 16 日以每股 6 元的价格购进某股票 60 万股,作为其他权益工具投资的金融资产,其中包含已宣告但尚未发放的现金股利每股 0.1 元,另支付相关交易费用 0.4 万元,于 6 月 5 日收到现金股利,6 月 30 日该股票收盘价格为每股 5 元,7 月 15 日以每股 5.50 元的价格将股票全部售出。2×24 年 6 月 30 日确认的其他综合收益为(　　)万元。

   A. −54.4   B. 60   C. −54   D. 54.5

10. 2×24 年 1 月 1 日,甲公司从二级市场购入乙公司分期付息、到期还本的债券 10 万份,以银行存款支付价款 9 050 万元,另支付相关交易费用 12 万元。该债券系乙公司于 2×23 年 1 月 1 日发行,每张债券面值为 1 000 元,期限为 3 年,票面年利率为 5%,每年年末支付当年度利息。甲公司将债券投资划分为以摊余成本计量的金融资产。甲公司购入乙公司债券的入账价值是(　　)万元。

   A. 9 050   B. 9 062   C. 10 000   D. 9 012

11. M 公司于 2×24 年 1 月 5 日从证券市场购入 N 公司发行在外的股票 30 000 股作为交易性金融资产,每股支付价款 10 元,另支付相关费用 6 000 元。2×24 年 12 月 31 日,这部分股票的公允价值为 320 000 元,M 公司 2×24 年 12 月 31 日记入"公允价值变动收益"科目的金额为(　　)元。

   A. 0   B. 20 000   C. 14 000   D. −20 000

12. 某股份有限公司 2×24 年 7 月 1 日处置其持有的以摊余成本计量的金融资产,转让价款 1 060 万元已收存银行。该债券系 2×22 年 7 月 1 日购进,面值为 1 000 万元,票面年利率 5%,到期一次还本付息,期限 3 年。转让该项债券时,应计利息明细科目的余额为 100 万元,尚未摊销的利息调整贷方余额为 24 万元;该项债券已计提的减值准备余额为 30 万元。该公司转让该项债券投资实现的投资收益为(　　)万元。

   A. −14   B. −66   C. −90   D. 14

13. A 公司于 2×24 年 7 月 10 日从证券市场上购入 B 公司发行在外的股票 100 万股作为以公允价值计量且其变动计入其他综合收益的金融资产,每股支付价款 8 元(含已宣告但尚未发放的现金股利 0.5 元),另支付相关费用 15 万元,A 公司以公允价值计量且其变动计入其他综合收益的金融资产取得时的入账价值为(　　)万元。

   A. 800   B. 750   C. 765   D. 815

二、多项选择题

1. 下列投资中,应作为长期股权投资核算的有(　　)。

   A. 对子公司的投资

   B. 对联营企业的投资

   C. 对合营企业的投资

D. 无控制、共同控制或重大影响的权益性投资

E. 为交易目的持有的股权投资

2. 应采用权益法核算的长期股权投资有(　　)。

A. 对子公司的投资

B. 对联营企业的投资

C. 对合营企业的投资

D. 无控制、共同控制或重大影响的权益性投资

E. 对分公司的投资

3. 甲公司采用成本法核算对乙公司的长期股权投资,甲公司对乙公司投资的账面余额只有在发生(　　)的情况下,才应作相应的调整。

A. 追加投资   B. 收回投资

C. 被投资企业接受非现金资产捐赠   D. 对该股权投资计提减值准备

E. 被投资单位宣告发放现金股利

4. 采用权益法核算的长期股权投资,长期股权投资科目应设置的明细科目有(　　)。

A. "成本"   B. "损益调整"

C. "其他权益变动"   D. "其他综合收益"

E. "公允价值变动"

5. 下列各项中,能引起权益法核算的长期股权投资账面价值发生变动的有(　　)。

A. 被投资单位实现净利润

B. 被投资单位宣告发放股票股利

C. 被投资单位宣告发放现金股利

D. 被投资单位除净损益外的其他所有者权益变动

6. 下列各项中,权益法下会导致长期股权投资账面价值发生增减变动的有(　　)。

A. 确认长期股权投资减值损失

B. 投资持有期间被投资单位其他综合收益变动

C. 投资持有期间被投资单位提取盈余公积

D. 投资持有期间被投资单位用资本公积转增资本

E. 被投资单位宣告发放股票股利

7. 下列说法正确的有(　　)。

A. 以摊余成本计量的金融资产期末用公允价值计量

B. 以摊余成本计量的金融资产应该用实际利率计算投资收益

C. 以公允价值计量且其变动计入其他综合收益的金融资产期末用历史成本计量

D. 以公允价值计量且其变动计入当期损益的金融资期末用公允价值计量

E. 长期股权投资期末用公允价值计量

8. 在金融资产的初始计量中,关于交易费用处理的叙述正确的有(　　)。

A. 交易性金融资产发生的相关交易费用直接计入当期损益

B. 以公允价值计量且其变动计入其他综合收益的金融资产发生的相关交易费用应当计入初始确认金额

C. 以摊余成本计量的金融资产发生的相关交易费用应当计入初始确认金额

D. 交易性金融资产发生的相关交易费用应当计入初始确认金额

E. 长期股权投资发生的交易费用均计入初始确认金额

9. 关于金融资产之间的重分类的叙述正确的有(　　)。

A. 交易性金融资产可以重分类为以公允价值计量且其变动计入其他综合收益的金融资产

B. 交易性金融资产可以重分类为以摊余成本计量的金融资产

C. 以摊余成本计量的金融资产可以重分类为以公允价值计量且其变动计入其他综合收益的金融资产

D. 以公允价值计量且其变动计入其他综合收益的金融资产可以重分类为以摊余成本计量的金融资产

E. 交易性金融资产不可以重分类为其他金融资产

10. 以公允价值计量且其变动计入其他综合收益的金融资产在发生减值时,可能涉及的会计科目有(　　)。

A. "资产减值损失"　　　　　　　　　　B. "其他综合收益"

C. "其他债权投资"　　　　　　　　　　D. "公允价值变动损益"

E. "其他权益工具投资"

11. 下列各项中,会引起以债权投资账面价值发生增减变动的有(　　)。

A. 计提债权投资减值准备

B. 资产负债表日债权投资公允价值发生变动

C. 确认到期一次还本付息债权投资利息

D. 采用实际利率法摊销溢折价

E. 被投资单位实现利润

三、判断题

1. 在活跃市场中没有报价、公允价值无法可靠计量的没有控制、共同控制或重大影响的权益性投资,应确认为长期股权投资。(　　)

2. 企业能够对被投资单位实施控制的长期股权投资。即企业对子公司的长期股权投资应采用权益法核算。(　　)

3. 采用权益法核算的长期股权投资,其初始投资成本大于投资时应享有被投资单位可辨认净资产公允价值份额的,应调整已确认的初始投资成本。(　　)

4. 企业对长期股权投资计提的减值准备,在该长期股权投资价值回升期间应当转回,但转回的金额不应超过原计提的减值准备。(　　)

5. 企业以摊余成本计量的金融资产发生减值的,应将其减值损失计入投资收益。(　　)

6. 公允价值发生变动会引起债权投资账面价值发生增减变动。(　　)

7. 以摊余成本计量的金融资产采用实际利率法摊销溢折价。(　　)

8. 以摊余成本计量的金融资产可以重分类为以公允价值计量且其变动计入其他综合收益的金融资产。(　　)

9. 交易性金融资产发生的相关交易费用应当计入初始确认金额。(　　)

10. 被投资单位宣告发放现金股利,能引起权益法核算的长期股权投资账面价值发生变动。(　　)

四、计算题

1. 2×24 年 1 月 8 日,甲公司购入丙公司发行的公司债券,该笔债券于 2×23 年 7 月 1 日发行,面值为 2 500 万元,票面利率为 4%。上年债券利息于下年年初支付。甲公司将其划分为交易性金融资产,支付价款为 2 600 万元(其中包含已宣告发放的债券利息 50 万元),另支付交易费用 3 万元。2×24 年 2 月 5 日,甲公司收到该笔债券利息 50 万元。2×24 年 12 月 31 日,债券的公允价值为 2 570 万元。2×25 年年初,甲公司收到债券利息 100 万元。

要求:

(1) 计算交易性金融资产的初始成本。

(2) 计算该投资 2×24 年的影响损益的金额。

(3) 计算该投资 2×24 年年末的账面价值。

2. 甲上市公司发生下列与长期股权投资有关的业务。

(1) 2×24 年 1 月 3 日,购入乙公司股票 580 万股,占乙公司有表决权股份的 25%,对乙公司的财务和经营决策具有重大影响,甲公司将其作为长期股权投资核算。每股买入价 8 元,每股价格中包含已宣告但尚未发放的现金股利 0.25 元,另外支付相关税费 7 万元。款项均以银行存款支付。当日,乙公司所有者权益的账面价值(与其公允价值不存在差异)为 18 000 万元。

(2) 2×24 年 3 月 16 日,收到乙公司宣告分派的现金股利。

(3) 2×24 年度,乙公司实现净利润 3 000 万元。

(4) 2×25 年 2 月 16 日,乙公司宣告分派 2×24 年度股利,每股分派现金股利 0.20 元。

(5) 2×25 年 3 月 12 日,甲上市公司收到乙公司分派的 2×24 年度的现金股利。

(6) 2×25 年 6 月 4 日,甲上市公司出售所持有的全部乙公司的股票,共取得价款 5 200 万元(不考虑长期股权投资减值及相关税费)。

要求:

(1) 计算长期股权投资的初始成本。

(2) 计算长期股权投资 2×24 年度的投资收益。

(3) 计算长期股权投资 2×24 年末的账面价值。

(4) 计算长期股权投资 2×25 年的处置损益。

五、业务题

1. 甲企业为一家公开发行股票的公司,2×23 年至 2×24 年有关资料如下。

(1) 2×23 年 1 月 2 日,甲企业以银行存款购买 B 企业发行的股票 200 万股作为交易性金融资产核算,实际支付价款 1 000 万元,另支付相关税费 2 万元。

(2) 2×23 年 1 月 5 日,甲企业向证券公司划出 500 万元银行存款,委托证券企业从二级市场购入 C 企业债券。

(3) 2×23 年 1 月 8 日,证券公司购入 C 企业 5 年期的分期付息、到期还本债券 100 万份,支付价款 475 万元,包含利息 25 万元,支付的价款包含相关税费 30 万元,甲企业将其划分为交易性金融资产,剩余的款项已经退回甲企业银行存款账户。债券面值总额为 500 万元,票面利率为 5%,2×23 年 1 月 1 日发行,2×27 年 12 月 31 日到期,付息日为次年 1 月 31 日。

（4）2×23 年 1 月 31 日，甲企业收到 C 企业发放的利息 25 万元并存入银行。

（5）2×23 年 12 月 31 日，B 企业股票的公允价值下跌为每股 4 元，C 企业债券公允价值为每份 4.5 元。

（6）2×24 年 1 月 15 日，甲企业将持有的 B 企业股票全部出售，售价为 1 040 万元，款项存入银行，不考虑相关税费。

（7）2×24 年 1 月 15 日，甲企业将持有的 C 企业的债券出售，出售价款为 505 万元，2×23 年度的利息尚未收到，不考虑相关税费。

假定除上述资料外，不考虑其他相关因素。

要求：根据上述资料，逐笔编制甲企业相关会计分录。

（答案中的金额单位用万元表示，交易性金融资产要求写出明细科目，计算结果保留两位小数）

2. 2×24 年 1 月 1 日，甲公司从活跃市场购买于当日发行的一项乙公司债券，年限 5 年，划分为以摊余成本计量的金融资产，债券的面值 1 100 万元，公允价值为 961 万元（含交易费用为 10 万元），次年 1 月 5 日，按票面利率 3% 支付利息。该债券在第 5 年兑付本金及最后一期利息。合同约定债券发行方乙公司在遇到特定情况下可以将债券赎回，且不需要为赎回支付额外款项。甲公司在购买时预计发行方不会提前赎回。实际利率为 6%。

要求：根据上述资料，编制会计分录。

3. A 公司于 2×23 年 7 月 10 日购入 B 公司的股票 100 万股作为以公允价值计量且其变动计入其他综合收益的金融资产，每股支付价款 8 元（含已宣告但尚未发放的现金股利 0.5 元），另支付相关费用 15 万元，2×23 年 7 月 20 日，收到现金股利。2×23 年 12 月 31 日，B 公司股票的公允价值为每股 8.4 元。2×24 年 6 月 30 日，B 公司股票的公允价值为每股 8.3 元。2×24 年 7 月 20 日，A 公司出售持有的 B 公司股票，每股价格 8 元，价款已存入银行。

要求：根据上述资料编制会计分录。

4. 甲股份公司从 2×23 年至 2×24 年的投资业务如下。

（1）2×23 年 1 月 1 日，甲公司以 5 200 万元购入乙公司 30% 股权，并对其有重要影响，取得投资时乙公司净资产公允价值为 18 000 万元，账面价值等于公允价值；甲公司另支付 50 万元相关税费，乙公司投资当日其他资产负债公允价值等于账面价值。

（2）2×23 年 4 月 10 日，乙公司宣告分派 2×22 年现金股利 1 000 万元。

（3）乙公司 2×23 年实现净利润 2 000 万元。

（4）2×24 年 3 月 20 日，乙公司宣告分派 2×23 年现金股利 1 200 万元。

（5）乙公司 2×24 年实现净利润 2 100 万元。

（6）乙公司 2×24 年因持有其他债权投资公允价值上升计入其他综合收益 400 万元。

要求：

（1）编制上述业务的会计分录。

（2）计算 2×23 年年末和 2×24 年年末该项投资的账面价值。

（3）计算 2×23 年和 2×24 年该项投资的损益金额。

六、案例分析题

甲公司 2×24 年发生下列业务。

（1）甲公司支付现金 100 万元购入 A 公司股票 10 万股，占 A 公司股本的 5％，A 公司为非上市公司，其股票无市场报价，甲公司将该股票投资划分为长期股权投资。

（2）甲公司购入 B 公司债券 1 万份，债券年利率 6％，期限为 5 年，支付价款 98 万元，该投资的业务模式为按期收利息，债券到期收回本金，甲公司将该投资划分为以摊余成本计量的金融资产。

（3）甲公司支付现金 8 000 万元，另支付相关税费 20 万元，购入 C 公司 60％ 的股份，取得 C 公司的控制权，甲公司与 C 公司无关联方关系，购买日 C 公司所有者权益的账面价值为 15 000 万元，购买日 C 公司可辨认净资产的公允价值 16 000 万元。甲公司对该长期股权投资的入账价值为 8 020 万元。

（4）甲公司原持有 D 公司 70％ 的股份，拥有 D 公司的控制权，现处置其中的一半，由于持股比例下降，甲公司对 D 公司具有重大影响能力，甲公司将剩余股权从成本法改为权益法核算，并进行追溯调整法。

要求：根据上述资料，请你判断甲公司的会计处理是否正确，若不正确，请你简述理由并作出正确的会计处理。

第五章 | 固 定 资 产

 导入案例

为了给 2×24 年产品的生产创造更好的条件,以有利于生产计划的圆满完成,诚信公司于 2×23 年 12 月初对公司的固定资产顺利地进行了多项工作。这些工作包括如下几个方面。

(1) 对一台加工设备进行大修理,12 月底完成,实际发生大修理费用 26 000 元,用银行存款支付。此项大修理费用采用摊销的方法进行核算,摊销期 10 个月。

(2) 以一辆卡车与大华公司的一台精加工设备进行交换。卡车的原始价值 350 000 元,已提折旧 80 000 元,已计提减值准备 6 000 元,收到对方的补价款 10 000 元,卡车的公允价值 288 000 元,另外支付相关的费用 600 元。为了使该设备更好地发挥作用,公司在设备进行安装之前对其进行了改良,实际发生支出 75 600 元,安装时发生安装支出 980 元,上述两项款项均以银行存款支付。

(3) 将一台设备上的附属独立装置拆卸下来,进行报废处理,同时又购买一个新的装置并安装在该台固定资产上。该设备的原始价值 240 000 元,已提折旧 85 000 元,被拆卸装置的成本 7 200 元,企业购买新装置时支付款项 8 190 元。

(4) 为腾出一定的空间,以安装新的设备,公司将一台四成新的设备出售。该设备原始价值 38 000 元,已提折旧 14 100 元,出售所得价款 23 000 元已存入银行。

(5) 为提高工作效率,公司将一台已提足折旧但尚可使用的设备转入报废清理。报废设备的原始价值 62 000 元,已计提折旧 59 520 元。报废时发生清理费用 300 元,残值收入 450 元(残料)。

问题

(1) 上述支出业务中,哪些属于资本性支出业务,为什么? 构成公司资本性支出金额合计是多少?

(2) 上述各项支出业务对公司固定资产原始价值的影响金额是多少?

 教学目标

通过本章学习,学生能够了解固定资产的概念、特征和分类;了解固定资产的确认条件;掌握固定资产初始计量的要求及会计核算;掌握固定资产计提折旧的方法及会计核算;掌握固定资产处置和清查的会计核算;掌握计提固定资产减值准备的会计核算。

固定资产概述

一、固定资产的概念、特征及分类

（一）固定资产的概念

固定资产是指具有以下两个特征的有形资产：

（1）为生产商品、提供劳务、出租或经营管理而持有。

（2）使用寿命超过一个会计期间。

（二）固定资产的特征

从上述固定资产的定义看，固定资产具有以下三个特征。

（1）固定资产是为生产商品、提供劳务、出租或经营管理而持有的。固定资产只有用于生产商品或提供劳务，出租他人或为了经营管理目的而持有的具有实物形态的资产。因此，凡不是服务于企业经营目的任何有形资产都不是企业的固定资产。例如，企业长期持有的大型机器设备如果是为了日后销售，而不是为生产经营活动服务，就只能列为存货，而不能作为企业的固定资产。

（2）固定资产的使用寿命超过一个会计年度。固定资产的使用寿命，是指企业使用固定资产的预计期间，或者该固定资产所能生产产品或提供劳务的数量。通常情况下，固定资产的使用寿命是指使用固定资产的预计期间，如自用房屋建筑物的使用寿命或者使用年限。固定资产使用寿命超过一个会计年度，表明固定资产属于长期资产，随着固定资产的使用和磨损，通过计提折旧方式逐渐减少账面价值。

（3）固定资产为有形资产。固定资产具有实物特征，这也是固定资产区别无形资产的重要表现。有些无形资产可能具有固定资产的其他特征，如专利权、商标权、土地使用权等，尽管是为生产经营目的而持有的，使用年限较长，单位价值也很高，但由于其不具备实物形态，故不属于固定资产的范畴。工业企业所持有的工具、用具、备品备件、维修设备等资产，施工企业所持有的模板、挡板、架料等周转材料，以及地质勘探企业所持有的管材等资产，尽管该类资产具有固定资产的某些特征，如使用年限超过 1 年，也能够带来经济利益，但由于其数量多，单价低，考虑到成本效益原则，在实务中通常确认为存货。

（三）固定资产的分类

企业的固定资产种类很多，为了便于管理和核算，可以根据不同的分类标准进行分类。

1. 按所有权性质分类

固定资产可分为自有的固定资产和租入的固定资产。

（1）自有的固定资产是指所有权归属于本企业的，可供企业自由支配使用的固定资产。

（2）租入的固定资产是指企业采取租赁的方式从其他单位租入的固定资产，即指承租人可在租赁期内使用租赁资产的权利。

2. 按经济用途分类

固定资产可分为生产经营用固定资产和非生产经营用固定资产。

(1) 生产经营用固定资产是指参加生产经营过程或直接服务于生产经营过程的各种房屋及建筑物、机器设备、运输设备和工具器具等。

(2) 非生产经营用固定资产是指不直接服务于生产经营过程的用于职工住宅、公用事业、文化生活、卫生保障以及科研试验等方面的房屋及建筑物和器具等。

3. 按使用情况分类

固定资产可分为使用中固定资产、未使用固定资产和不需用固定资产。

(1) 使用中固定资产是指正在使用中的固定资产,既包括经营性质的,也包括非经营性质的。由于季节性经营或大修理等原因,暂时停止使用的固定资产仍属于使用中固定资产。企业出租给其他单位使用的固定资产也属于使用中的固定资产。

(2) 未使用固定资产是指已完工或已购建的尚未交付使用的新增固定资产,或因扩建而暂停使用的固定资产。

(3) 不需用固定资产是指本企业多余或不适用,需要调配处理的各种固定资产。

4. 综合分类

在会计实务中,一般按固定资产的经济用途和使用情况将固定资产综合分为以下六大类。

(1) 生产经营用固定资产。

(2) 非生产经营用固定资产。

(3) 租出固定资产,指在租赁方式下出租给外单位使用的固定资产。

(4) 未使用固定资产。

(5) 不需用固定资产。

(6) 土地,是指过去已经估价单独入账的土地。因征地而支付的补偿费,应计入与土地有关的房屋、建筑物的价值内,不单独作为土地价值入账。企业取得的土地使用权不能作为固定资产管理。

我国企业的固定资产一般按照经济用途和使用情况进行综合分类。

二、固定资产的确认条件

固定资产在符合定义的前提下,还应当同时满足以下两个条件时,才能加以确认。

(一) 与该固定资产有关的经济利益很可能流入企业

资产的重要特征是预期会给企业带来经济利益。企业在确认固定资产时,还应当与经济利益能否流入的不确定程度判断结合起来,如果根据编制财务报表时所取得的证据,与固定资产有关的经济利益很可能流入企业,就应将其作为固定资产予以确认;反之,不能确认为固定资产。

在会计实务中,判断与固定资产有关的经济利益是否很可能流入企业,主要判断与该固定资产所有权相关的风险和报酬是否转移到了企业。与固定资产所有权相关的风险,是指由于经营情况变化造成的相关收益的变动,以及由于资产闲置、技术陈旧等原因造成的损失;与固定资产所有权相关的报酬,是指在固定资产使用寿命内使用该资产而获得的收入,以及处置该资产所实现的利得。

通常,取得固定资产的所有权是判断与固定资产所有权相关的风险和报酬转移到企业的一个重要标志。但是,所有权是否转移,不是判断与固定资产所有权相关的风险和报酬转移到企业的唯一标志。在有些情况下,某项固定资产的所有权虽然不属于企业,但是,企业能够控制与该项固定资产有关的经济利益流入企业,这就意味着与固定资产所有权相关的风险和报酬实质上已转移到企业,在这种情况下,企业应将该项固定资产予以确认。例如,融资租入的固定资产就符合固定资产确认的第一个条件。

(二)该固定资产的成本能够可靠地计量

成本能够可靠地计量是资产确认的一项基本条件。企业要确认某一项有形资产为固定资产,确定该固定资产所发生的支出必须能够可靠地计量。如果该固定资产的成本不能可靠地计量,就不能确认为企业的固定资产。企业在确定固定资产的成本时必须取得确凿证据。但是,企业有时候需要根据所获得的最新资料,对固定资产的成本进行合理估计。

三、固定资产的初始计量

固定资产的初始计量是指确定固定资产的取得成本。固定资产在取得时,应当按照取得时的实际成本作为入账价值。

成本包括企业为构建某项固定资产达到预定使用状态前所发生的一切合理的、必要的支出。在实务中,企业取得固定资产的方式是多种多样的,包括外购、自行建造、投资者投入以及非货币性资产交换、债务重组、企业合并和融资租赁等,取得方式不同,其成本的具体构成内容及确定方法也不尽相同。

(一)外购固定资产的成本

外购固定资产的成本包括购买价款、相关税费、使固定资产达到预定可使用状态前所发生的可归属于该项资产的运输费、装卸费、安装费和专业人员服务费等。企业用一笔款项购入多项没有单独标价的固定资产时,应按各项固定资产公允价值的比例对总成本进行分配,以确定各项固定资产的入账价值。购买固定资产的价款超过正常信用条件延期支付,实质上具有融资性质的,固定资产的成本以购买价款的现值为基础确定,实际支付的价款与购买价款的现值之间的差额,应当在信用期间内采用实际利率法进行摊销,摊销金额除满足借款费用资本化条件的应当计入固定资产成本外,均应当在信用期间内计入当期损益,确认为财务费用。

(二)自行建造的固定资产的成本

按照固定资产准则规定,自行建造固定资产成本按建造该项资产达到预定可使用状态前所发生的必要支出,作为入账价值。符合资本化原则的借款费用应计入固定资产成本。

(三)投资者投入的固定资产的成本

接受固定资产投资的企业,在办理了固定资产移交手续之后,应当按照投资合同或协议约定的价值确定,但合同或协议约定价值不公允的除外。

(四)在原有固定资产基础上进行改建、扩建的固定资产的成本

企业的固定资产需要在原有基础上改建、扩建时,按原有固定资产账面价值减去改建、扩建过程中发生的变价收入,加上由于改建、扩建而使该项固定资产达到预定可使用状态前发生的支出,作为改建、扩建后固定资产的入账价值。

（五）存在弃置费用的固定资产的成本

对于特殊行业的特定固定资产,确定其初始入账成本时还应考虑弃置费用。弃置费用通常是指根据国家法律、行政法规及国际公约等规定,企业承担的环境保护和生态恢复等义务所确定的支出,如核电站核设施等的弃置和恢复环境等义务。对于这些特殊行业的特定固定资产,企业应当按照弃置费用的现值计入相关固定资产成本。一般工商企业的固定资产发生的报废清理费用不属于弃置费用,应当在发生时作为固定资产处置费用处理。

（六）其他方式取得的固定资产的成本

企业除通过以上方式取得固定资产外,还可以通过非货币性资产交换、债务重组或企业合并等方式取得固定资产。企业要确定固定资产成本,就按照相关会计准则的规定加以确定。

第二节 固定资产取得的核算

为了反映固定资产的增减变动情况,需要设置相关科目进行核算。

一、科目的设置

(1)"固定资产"科目。本科目属于资产类,借方反映固定资产的增加额;贷方反映固定资产的减少额;余额在借方,表示企业现有的固定资产原值。为了反映固定资产的明细资料,企业应设置"固定资产登记簿"和"固定资产卡片",按固定资产类别、使用部门等进行明细核算。经营租入的固定资产,应另设"固定资产备查簿"进行登记,不在本科目核算。

(2)"在建工程"科目。本科目用于核算企业进行固定资产新建工程、改建工程、扩建工程和外购需要安装的固定资产,工程完工经验收交付使用时再转入"固定资产"科目。"在建工程"科目属于资产类,借方反映发生的各项实际支出,贷方反映工程完工结转的实际成本,借方余额表示企业尚未完工的在建工程发生的各项实际支出。该科目应按在建工程项目的类别设置明细账户,进行明细分类核算。

(3)"工程物资"科目。本科目用于核算企业为在建工程准备的物资,核算各项工程物资实际成本的增减变动和结存情况。

二、固定资产取得的核算

（一）外购固定资产的核算

企业购入的固定资产包括购入不需要安装的固定资产和购入需要安装的固定资产。

【例 5-1】 甲企业以银行存款购入 2 台相同型号的不需要安装的生产用设备,发票价格为 2 000 000 元,增值税进项税额为 260 000 元,包装费、运杂费等费用合计为 5 000 元(假设不考虑增值税),该设备已经交付使用。甲企业应编制的会计分录如下:

借:固定资产——生产经营用固定资产	2 005 000
应交税费——应交增值税(进项税额)	260 000
贷:银行存款	2 265 000

【例 5-2】 甲企业从 A 公司购入生产用需要安装的机器一台,买价 1 000 000 元,适用的增值税税率为 13%,发生的运输费合计为 10 000 元,购入后发生安装费 2 000 元(不含税),运输费和安装费适用增值税税率均为 9%。所有款项均以银行存款支付,该机器安装完毕后交付使用。甲企业应编制的会计分录如下:

(1)购入机器时。

借:在建工程	1 010 000
应交税费——应交增值税(进项税额)	130 900
贷:银行存款	1 140 900

(2)发生安装费时。

借:在建工程	2 000
应交税费——应交增值税(进项税额)	180
贷:银行存款	2 180

(3)安装完毕交付使用时。

借:固定资产——生产经营用固定资产	1 012 000
贷:在建工程	1 012 000

在实际工作中,企业可能用一笔款项购置几项没有单独标价的固定资产。如果这些资产均符合固定资产定义,并满足固定资产确认条件,则应将各项资产单独确认为固定资产,并按各项固定资产公允价值的比例对总成本进行分配,分别确定各项固定资产的成本。

【例 5-3】 2×24 年 4 月 1 日,甲公司为降低采购成本,向乙公司一次购进了 3 套不同型号且具有不同生产能力的设备 A、B 和 C。甲公司为该批设备共支付货款 7 800 000 元,增值税税额 1 014 000 元,运输费 42 000 元,增值税税额为 3 780 元,全部款项以银行存款支付。假定设备 A、B 和 C 均满足固定资产的定义及其确认条件,公允价值分别为 2 926 000 元、2 594 800 元、2 839 200 元;不考虑其他相关税费。

(1)确定计入固定资产成本的金额=7 800 000+42 000=7 842 000(元)。

(2)确定设备 A、B 和 C 的价值分配比例:

A 设备应分配的固定资产价值比例=2 926 000÷(2 926 000+2 594 800+2 839 200)×100%=35%

B 设备应分配的固定资产价值比例=2 594 800÷(2 926 000+2 594 800+2 839 200)×100%=31%

C 设备应分配的固定资产价值比例=2 839 200÷(2 926 000+2 594 800+2 839 200)×100%=34%

(3)确定设备 A、B 和 C 各自的入账价值:

A 设备的入账价值=7 842 000×35%=2 744 700(元)

B 设备的入账价值=7 842 000×31%=2 431 020(元)

C 设备的入账价值=7 842 000×34%=2 666 280(元)

(4)如无特殊说明,本例题中的公司均为增值税一般纳税人,其发生在购建生产用固定资产上的增值税进项税额均符合规定,已经税务机关认证,除非特别指明,均可以从当期销项税额抵扣。

甲公司应编制的会计分录如下:

借：固定资产——A	2 744 700
——B	2 431 020
——C	2 666 280
应交税费——应交增值税（进项税额）	1 017 780
贷：银行存款	8 859 780

企业购买固定资产通常在正常信用条件期限内付款。但是也会发生超过正常信用条件购买固定资产的经济业务事项，如采用分期付款方式购买固定资产，且在合同中规定的付款期限比较长，超过了正常信用条件。在这种情况下，该类购买合同实质上具有融资性质，购入固定资产的成本不能以各期付款额之和确定，而应以各期付款额的现值之和确定。购入固定资产时，按购买价款的现值，借记"固定资产"或"在建工程"科目；按应支付的金额，贷记"长期应付款"科目；按其差额，借记"未确认融资费用"科目。各期实际支付的价款与购买价款的现值之间的差额，按照实际利率法进行摊销，摊销金额在符合《企业会计准则第 17 号——借款费用》中规定的资本化条件的，应当通过"在建工程"科目的借方进行登记，以后结转计入固定资产成本，其余部分应当在信用期间内记入"财务费用"科目的借方，即借记"在建工程"或"财务费用"科目，贷记"未确认融资费用"科目。

【例 5-4】 2×24 年 1 月 1 日，A 公司与 B 公司签订购买合同，A 公司从 B 公司购买一项大型设备。合同约定，A 公司采用分期付款方式支付价款。该设备价款共计 900 万元（不考虑增值税），在 2×24 年至 2×26 年的 3 年内每年支付 300 万元，每年的付款期为 12 月 31 日，A 公司适用的折现率为 6%。

（1）购买价款的现值为：

$$3\,000\,000 \times (P/A, 6\%, 3) = 3\,000\,000 \times 2.6730 = 8\,019\,000（元）$$

2×24 年 1 月 1 日，A 公司编制会计分录如下：

借：固定资产	8 019 000
未确认融资费用	981 000
贷：长期应付款	9 000 000

（2）确定信用期未确认融资费用的分摊额，如表 5-1 所示。

表 5-1

未确认融资费用分摊表
2×24 年 1 月 1 日
金额单位：元

日期	分期付款额	确认的融资费用	应付本金减少额	应付本金余额
①	②	③＝期初⑤×6%	④＝②－③	期末⑤＝期初⑤－④
2×24.1.1				8 019 000
2×24.12.31	3 000 000	481 140	2 518 860	5 500 140
2×25.12.31	3 000 000	330 008.4	2 669 991.6	2 830 148.4
2×26.12.31	3 000 000	169 851.6*	2 830 148.4	0
合计	9 000 000	981 000	8 019 000	0

* 尾数调整：169 851.6＝3 000 000－2 830 148.4，2 830 148.4 为最后一期应付本金余额。

（3）2×24 年至 2×26 年，未确认的融资费用进行分摊并计入当期损益。

① 2×24 年 12 月 31 日，A 公司编制会计分录如下：

借：财务费用	481 140	
贷：未确认融资费用		481 140
借：长期应付款	3 000 000	
贷：银行存款		3 000 000

② 2×25 年 12 月 31 日，A 公司编制会计分录如下：

借：财务费用	330 008.4	
贷：未确认融资费用		330 008.4
借：长期应付款	3 000 000	
贷：银行存款		3 000 000

③ 2×26 年 12 月 31 日，A 公司编制会计分录如下：

借：财务费用	169 851.6	
贷：未确认融资费用		169 851.6
借：长期应付款	3 000 000	
贷：银行存款		3 000 000

（二）自行建造的固定资产的核算

企业根据生产经营需要，利用自有的人力、物力等条件制造生产经营所需的机器设备、自行建造房屋建筑物、各种设施以及进行大型机器设备安装工程等。自行建造固定资产按其建造实施方式的不同，可分为自营工程和出包工程两种。

1. 自营工程

企业以自营方式建造固定资产，意味着企业自行组织工程物资采购、自行组织施工人员从事工程施工。企业为建造固定资产准备的各种物资应当按照实际支付的买价、运输费、保险费等相关税费作为实际成本，并按照各种专项物资的种类进行明细核算。工程完工后，剩余的工程物资转为本企业存货的，按其实际成本或计划成本进行结转。建设期间发生的工程物资盘亏、报废及毁损、减去残料价值以及保险公司、过失人等赔偿后的净损失，计入所建工程项目的成本；盘盈的工程物资或处置净收益，冲减所建工程项目的成本。工程完工后发生的工程物资盘盈、报废、毁损，计入营业外支出。

建造固定资产领用的工程物资、原材料或库存商品，应按其实际成本转入所建工程成本。自营方式建造固定资产应负担的职工薪酬、辅助生产部门为之提供的水、电、运输等劳务，以及其他必要支出等应计入所建工程项目的成本。符合资本化条件、应计入所建造的固定资产成本的借款费用，按照《企业会计准则第 17 号——借款费用》的有关规定处理。

企业自营工程主要通过"工程物资"和"在建工程"科目进行核算。发生的工程成本应通过"在建工程"科目核算，工程完工达到预定可使用状态时，从"在建工程"科目转入"固定资产"科目。

【例 5-5】　甲企业自行建造生产用的设备，建造期间发生下列经济业务，根据经济业务编制会计分录。

（1）购入为生产设备准备的物资一批，买价 500 000 元，增值税专用发票注明增值税额 65 000 元，发生的运杂费等共计 600 元，以上款项通过银行存款支付。

借：工程物资 500 600
　应交税费——应交增值税（进项税额） 65 000
　　贷：银行存款 565 600

（2）工程领用全部物资 500 600 元。

借：在建工程——设备 500 600
　　贷：工程物资 500 600

（3）支付在建工程人员工资 100 000 元。

借：在建工程——设备 100 000
　　贷：应付职工薪酬 100 000

（4）建造生产用设备工程完工，达到预定可使用状态并交付使用。

固定资产的入账价值＝500 600＋100 000＝600 600（元）

借：固定资产——设备 600 600
　　贷：在建工程——设备 600 600

2. 出包工程

采用出包方式建造固定资产，企业要与建造承包商签订建造合同。企业是建造合同的甲方，负责筹集和组织管理工程建设，通常称为建设单位，建造承包商是建造合同的乙方，负责建筑安装工程施工任务。

1）出包工程的成本构成

企业以出包方式建造固定资产，其成本由建造该项固定资产达到预定可使用状态前所发生的必要支出构成，包括发生的建筑工程支出、安装工程支出，以及需分摊计入各固定资产价值的待摊支出。

（1）建筑工程、安装工程支出。建筑工程、安装工程采用出包方式发包给建造承包商筹建，因此，工程的具体支出，如人工费、材料费、机械使用费等，由建造承包商核算。对于发包企业而言，建筑工程支出、安装工程支出是构成在建工程成本的重要内容，发包企业按照合同规定的结算方式和工程进度定期与建造承包商办理工程价款结算，结算的工程价款计入在建工程成本。

（2）摊销支出。摊销支出是指在建设期间发生的、不能直接计入某项固定资产价值、而应由所建造固定资产共同负担的相关费用，包括为建造工程发生的管理费、可行性研究费、临时设施费、公证费、监理费、应负担的税金、符合资本化条件的借款费用、建设期间发生的工程物资盘亏、报废及毁损净损失，以及负荷联合试车费等。企业为建造固定资产通过出让方式取得土地使用权而支付的土地出让金不计入在建工程成本，应确认为无形资产（土地使用权）。

2）出包工程的会计核算

企业通过出包工程方式建造的固定资产，其工程价款作为工程成本，通过"在建工程"科目进行核算。企业按照合理估计的工程进度和合同规定结算的进度款，借记"在建工程"科目,贷记"银行存款""预付账款"等科目;工程完成时,按照合同补付的工程款,借记"在建工程"科目,贷记"银行存款"等科目。企业将需安装设备运抵现场安装时,借记"在建工程——在安装设备(××设备)"科目,贷记"工程物资——××设备"科目;企业为建造固定资产发生的摊销支出,借记"在建工程——摊销支出"科目,贷记"银行存款""应付职工薪酬""长期借款"等科目。在建工程达到预定使用状态时,计算确定已完工的固定资产成本,借记"固定资产"科目,贷记"在建工程"等科目。

【例5-6】 某企业为增值税一般纳税人,2×24年6月1日将建造一座厂房并出包给A公司(为增值税一般纳税人)承建,按照合理估计的发包工程进度和合同规定A公司结算进度款并取得A公司开具的增值税专用发票,注明工程总造价为2 000 000元,税率为9%,增值税额为180 000元。按照出包合同规定。企业先预付60%的款项,2×25年1月1日工程完工达到预定使用状态时,其余部分工程款付清。

(1)按合理估计的发包工程进度和合同规定A公司结算进度款时。

借:在建工程　　　　　　　　　　　　　　　　　　　　　1 200 000
　　应交税费——应交增值税(进项税额)　　　　　　　　　108 000
　　贷:银行存款　　　　　　　　　　　　　　　　　　　　1 308 000

(2)补付工程款时。

借:在建工程　　　　　　　　　　　　　　　　　　　　　800 000
　　应交税费——应交增值税(进项税额)　　　　　　　　　72 000
　　贷:银行存款　　　　　　　　　　　　　　　　　　　　872 000

(3)工程完工并达到预定使用状态时。

借:固定资产　　　　　　　　　　　　　　　　　　　　　2 000 000
　　贷:在建工程——厂房　　　　　　　　　　　　　　　　2 000 000

(三)投资者投入的固定资产的核算

企业接受投资者投入的固定资产,应按照投资合同或协议约定的价值,借记"固定资产"科目,贷记"实收资本"(或股本)等科目。

【例5-7】 甲企业接受B公司投入设备一台作为生产经营活动使用,合同约定的价值为500 000元,增值税税额为65 000元。甲企业应编制的会计分录如下:

借:固定资产——生产经营用固定资产　　　　　　　　　　500 000
　　应交税费——应交增值税(进项税额)　　　　　　　　　65 000
　　贷:实收资本　　　　　　　　　　　　　　　　　　　　565 000

(四)存在弃置费用的固定资产的核算

存在弃置费用的固定资产,企业应当根据《企业会计准则第13号——或有事项》的规定,按照现值计算确定应计入固定资产成本和相应的预计负债,借记"固定资产"科目,贷记"预计负债"等科目。在固定资产的使用寿命内按照预计负债的摊余成本和实际利率计算确定的利息费用,应计入财务费用,即借记"财务费用"科目,贷记"预计负债"科目。

【例5-8】 黄河公司属于核电站发电企业,于2×24年1月1日正式建造完成并交付使用一座核电站核设施,全部成本为 150 000 万元,预计使用寿命为 10 年。据国家法律和行政法规、国际公约等规定,企业应承担的环境保护和生态恢复等义务。2×24 年 1 月 1 日,预计 10 年后该核电站核设施的弃置时,将发生弃置费用 10 000 万元,假定折现率(即为实际利率)为 10%。计算该固定资产的入账价值,并编制会计分录。

$$固定资产入账的金额 = 150\,000 + 10\,000 \times (P/F, 10\%, 10)$$
$$= 150\,000 + 10\,000 \times 0.3855 = 153\,855(万元)$$

借:固定资产		1 538 550 000
贷:在建工程		1 500 000 000
预计负债		38 550 000

计算第 1 年应负担的利息 = 3 855×10% = 385.5(万元)

借:财务费用		3 855 000
贷:预计负债		3 855 000

计算第 2 年应负担的利息费用 = (3 855+385.5)×10% = 424.05(万元)

借:财务费用		4 240 500
贷:预计负债		4 240 500

以后年度的会计处理略。

(五)其他方式取得的固定资产的核算

其他方式取得的固定资产,如通过债务重组取得的固定资产,通过非货币性资产交换取得的固定资产,分别按照债务重组、非货币性资产交换的会计处理原则进行核算。

第三节　固定资产的折旧

一、固定资产折旧的概念

固定资产折旧是指在固定资产使用寿命内,按照确定的方法对应计折旧额进行系统分摊。其中,应计折旧额是指应当计提折旧的固定资产原价扣除其预计净残值后的余额;如果对固定资产计提减值准备,还应扣除已计提的固定资产减值准备累计金额。从本质上讲,折旧是一种费用,是固定资产在使用过程中由于逐渐损耗而减少的那部分价值。固定资产的损耗分有形损耗和无形损耗两种。有形损耗是指固定资产由于使用和自然力的影响而引起的使用价值和价值的损失;无形损耗是指固定资产由于科学技术进步而引起的价值上的损失。根据配比原则,对固定资产损耗的价值,应在固定资产的预计使用寿命内,以计提折旧的方式计入各期成本、费用,从各期营业收入中逐步得到补偿。

二、影响固定资产折旧的因素及计提范围

（一）影响固定资产折旧的因素

1. 固定资产的原值

固定资产的原值是指企业计提固定资产折旧时的基础，即固定资产取得时的入账价值。在固定资产使用寿命一定的情况下，固定资产的原始价值越高，则单位时间内或单位工作量的折旧额就越高；反之，固定资产在单位时间或单位工作量的折旧额就越低。

2. 固定资产的预计净残值

固定资产的预计净残值是指假定固定资产预计使用寿命已满并处于使用寿命终了时的预期状态，企业预计从该项资产处置中获得的收入扣除预计处置费用后的金额。因此，在计算折旧时，应从固定资产原值中扣除。残值收入和清理费用往往是根据经验估计加以确定。

3. 固定资产减值

固定资产减值是指固定资产已计提的减值准备累计金额。固定资产计提减值准备后，应当在剩余使用寿命内根据调整后的固定资产账面价值（固定资产账面余额扣减累计折旧和累计减值准备后的余额）和预计净残值重新计算确定折旧率和折旧额。

4. 固定资产的预计使用年限

固定资产的预计使用年限也叫折旧年限，是指折旧计提的时间期限。企业在确定固定资产的预计使用年限时，通常要考虑下列因素：

（1）该资产的预计生产能力或实务产量；

（2）该资产的有形损耗，如设备使用中发生的磨损、房屋建筑物受到自然侵蚀；

（3）该资产的无形损耗，如因新技术的出现而使现有的资产技术水平相对陈旧、市场需求变化使产品过时等；

（4）有关资产使用的法律或类似的限制。

固定资产的预计使用年限，可根据不同固定资产的特点，分别表述如下：

（1）使用年数或月数；

（2）工作时间数；

（3）工作量或产品生产产量。

企业应当根据固定资产的性质和使用情况，合理确定固定资产的预计使用年限和预计净残值。固定资产预计使用年限一经确定，不得随意变更，但符合规定的除外。

（二）固定资产计提折旧范围

按照《企业会计准则第 4 号——固定资产》的规定，企业应对所有固定资产计提折旧，但以下情况除外：

（1）已提足折旧仍继续使用的固定资产；

（2）按规定单独作为固定资产入账的土地。

在确定固定资产计提折旧时，应说明如下几点。

（1）固定资产应当按月计提折旧。固定资产应自达到预定可使用状态时开始计提折旧，终止确认时或划分为持有待售非流动资产时停止计提折旧。一般情况是：当月增加的

固定资产,当月不计提折旧,从下月起计提折旧;当月减少的固定资产,当月仍计提折旧,从下月起不计提折旧。

(2)固定资产提足折旧后,仍继续使用的,不再计提折旧,提前报废的固定资产,不再补提折旧。

(3)已达到预定可使用状态但尚未办理竣工决算的固定资产,应按估计价值确定其成本,并计提折旧;待办理竣工决算后,再按实际成本调整原来的暂估价值,但不需要调整原已计提的折旧额。

三、固定资产折旧方法

企业应当根据固定资产的性质和消耗方式,合理地确定固定资产的预计使用寿命和预计净残值,并根据科技发展、环境及其他因素,选择合理的固定资产折旧方法,按照管理权限经股东大会或董事会,或经理(厂长)会议或类似机构的批准,作为计提折旧的依据。同时,按照法律、行政法规的规定报送有关各方备案,并备置于企业所在地,以供投资者等有关各方查阅。企业已经确定对外报送或者备置于企业所在地的有关固定资产预计使用寿命和预计净残值、折旧方法等,一经确定,不得随意变更。

(一)年限平均法

年限平均法又称直线法,是指将固定资产的折旧额均衡地分摊到各期的一种方法。采用这种方法计算的每期折旧额均是相等的。

其计算公式如下:

$$年折旧额=(固定资产原价-预计净残值)÷预计使用年限$$
$$年折旧率=[(1-预计净残值率)÷预计使用年限]×100\%$$
$$月折旧率=年折旧率÷12$$

或

$$=月折旧额÷固定资产原价×100\%$$
$$月折旧额=固定资产原值×月折旧率$$

【例5-9】 某企业一项固定资产原值为 500 000 元,预计使用年限为 10 年,预计残值率为 3%,要求计算该固定资产的年折旧额和月折旧额。计算步骤如下:

$$预计净残值=500\,000×3\%=15\,000(元)$$
$$年折旧额=(500\,000-15\,000)÷10=48\,500(元)$$
$$月折旧额=48\,500÷12=4\,042(元)$$

或

$$年折旧率=[(1-3\%)÷10]×100\%=9.7\%$$
$$月折旧率=9.7\%÷12≈0.808\,3\%$$
$$月折旧额=500\,000×0.808\,3\%=4\,042(元)$$

(二)工作量法

工作量法又称作业量法,是根据固定资产在使用期间完成总工作量平均计算折旧的一种方法。工作量法和年限平均法都是平均计算折旧的方法,都属于直线法。工作量法的基本计算公式如下:

$$单位工作量折旧额=固定资产原值×(1-净残值率)÷预计总工作量$$
$$某项固定资产月折旧额=该项固定资产当月实际工作量×单位工作量折旧额$$

【例 5-10】　某企业的一辆机器设备的原值为 600 000 元,预计可使用时间为 150 000 小时,预计报废时的净残值率为 5%,本月共使用 250 小时。该机器设备的月折旧额计算如下:

$$单位小时折旧额＝600\,000×(1-5\%)÷150\,000＝3.8(元/小时)$$
$$本月计提折旧额＝250×3.8＝950(元)$$

(三)加速折旧法

加速折旧法又称递减折旧法,是指固定资产在使用寿命期内计提的折旧额呈递减趋势的一类方法,即在固定资产早期多提折旧,后期少提折旧,每期计提的折旧额随着固定资产使用时间的推移而逐渐递减。加速折旧法有双倍余额递减法和年数总和法。

双倍余额递减法是加速折旧法的一种方法。它是按直线法折旧率的 2 倍,乘以固定资产在每个会计期间的期初账面净值来计算折旧,其在计算折旧率时通常不考虑固定资产预计净残值。相关计算公式如下:

$$年折旧率＝2÷预计折旧年限×100\%$$
$$年折旧额＝期初固定资产账面净值×年折旧率$$

实行双倍余额递减法计提折旧的固定资产,如果某一折旧年度,按双倍余额递减法计算的折旧额小于按直线法计算的折旧额,则应改为直线法计提折旧。

【例 5-11】　某企业一项固定资产的原值为 100 000 元,预计使用年限为 5 年,预计净残值为 4 000 元。按双倍余额递减法计算折旧,每年的折旧额计算如下:

$$双倍直线折旧率＝2÷5×100\%＝40\%$$
$$第 1 年应提的折旧额＝100\,000×40\%＝40\,000(元)$$
$$第 2 年应提的折旧额＝(100\,000-40\,000)×40\%＝24\,000(元)$$
$$第 3 年应提的折旧额＝(100\,000-40\,000-24\,000)×40\%＝14\,400(元)$$

从第 4 年起改用年限平均法(直线法)计提折旧。

$$第 4 年、第 5 年的年折旧额＝(100\,000-78\,400-4\,000)÷2＝8\,800(元)$$

在会计实务中,为了简化折旧的计算,在固定资产预计使用年限到期前 2 年,就要进行方法转换,将未提足折旧按平均提取。

(四)年数总和法

年数总和法是以固定资产的原值减去预计净残值后的净值为基数乘以一个逐年递减的分数计算每年的折旧额,这个分数的分子代表固定资产尚可使用的年数,分母代表使用年限的年数总和。其计算公式如下:

$$年折旧率＝尚可使用年限÷预计使用年数总和$$
$$年折旧额＝(固定资产原值-预计净残值)×年折旧率$$
$$月折旧率＝年折旧率÷12$$
$$月折旧额＝(固定资产原值-预计净残值)×月折旧率$$

【例 5-12】　根据[例 5-11]中的资料,某企业采用年数总和法计算各年折旧额。其计算过程如表 5-2 所示。

表 5-2

固定资产折旧计算表   金额单位：元

年度	账面原值	折旧基础	折旧率	折旧费用	累计折旧	期末账面净值
1	100 000	96 000	5/15	32 000	32 000	68 000
2	100 000	96 000	4/15	25 600	57 600	42 400
3	100 000	96 000	3/15	19 200	76 800	23 200
4	100 000	96 000	2/15	12 800	89 600	10 400
5	100 000	96 000	1/15	6 400	96 000	4 000
合计	—	—	—	96 000	96 000	—

四、固定资产折旧的会计处理

固定资产按期计提折旧时，应根据其用途计入相关的成本或者当期损益。企业计提固定资产折旧时，根据固定资产使用部门，借记"制造费用""销售费用""管理费用"等科目，贷记"累计折旧"科目。

【例 5-13】 某企业采用年限平均法提取固定资产折旧。2×24 年 5 月份根据"固定资产折旧计算表"，确定的各车间及厂部管理部门应分配的折旧额分别为：A 车间 600 000 元，B 车间 104 000 元，C 车间 260 000 元，厂部管理部门 75 000 元；该企业应编制的会计分录如下：

借：制造费用——A 车间   600 000
          ——B 车间   104 000
          ——C 车间   260 000
    管理费用   75 000
  贷：累计折旧   1 039 000

企业至少应当于每年年度终了，对固定资产的使用寿命、预计净残值率和折旧方法进行复核。使用寿命预计数与原先估计有差异的，应当调整固定资产使用寿命；预计净残值预计数与原先估计有差异的，应当调整预计净残值；与固定资产有关的经济利益预期实现方式有重大改变的，应当改变固定资产折旧方法。固定资产使用寿命、预计净残值和折旧方法的改变应当作为会计估计变更，按照《企业会计准则第 28 号——会计政策、会计估计变更和差错更正》进行处理。

第四节　固定资产的后续支出

固定资产的后续支出是指固定资产使用过程发生的更新改造支出、修理费用等。后续支出处理的原则是：与固定资产有关的更新改造等后续支出，符合固定资产确认条件的，应当计入固定资产成本，同时将被替换部分资产的账面价值扣除；与固定资产有关的修理费用等后续支出,不符合固定资产确认条件的,应当计入当期损益。

一、资本化的后续支出

企业将固定资产进行更新改造的,如符合资本化条件的,应将该固定资产的原价、已计提的累计折旧和减值准备进行转销,将其账面价值转入在建工程,并停止计提折旧。固定资产发生的可以资本化的后续支出,通过"在建工程"科目核算。待更新改造等工程完工并达到预定可使用状态时,再从"在建工程"科目转到"固定资产"科目,并按重新确定的使用寿命、预计净残值和折旧方法计提折旧。如有被替换的部分,应同时将被替换部分的账面价值从该固定资产原账面价值中扣除;不满足固定资产确认条件的固定资产修理费用等,应当在发生时计入当期损益。

【例 5-14】 某企业扩建一个生产车间的厂房,该厂房原值为 5 000 000 元,已计提折旧为 1 500 000 元,扩建中实际耗用工程物资价值为 600 000 元,应付职工薪酬为 100 000 元,扩建中拆除的部分材料变价收入为 20 000 元,工程完工交付使用,原厂房的预计使用年限为 20 年,扩建后的厂房预计使用年限比原预计使用年限延长 15 年。编制有关会计分录如下。

（1）固定资产转入扩建工程。

借：在建工程——厂房	3 500 000
累计折旧	1 500 000
贷：固定资产	5 000 000

（2）发生的有关支出。

借：在建工程——厂房	700 000
贷：工程物资	600 000
应付职工薪酬——工资	100 000

（3）收到材料变价收入。

借：银行存款	20 000
贷：在建工程——厂房	20 000

（4）工程完工交付使用。

借：固定资产——厂房	4 180 000
贷：在建工程——厂房	4 180 000

企业发生的一些固定资产后续支出可能涉及替换原固定资产的某组成部分,当发生的后续支出符合固定资产确认条件时,应将其计入固定资产成本,同时将被替换部分的账面价值扣除。这样可以避免将替换部分的成本和被替换部分的成本同时计入固定资产成本,导致固定资产成本重复计算。企业对固定资产进行定期检查发生的大修理费用,有确凿证据表明符合固定资产确认条件的部分,可以计入固定资产成本,不符合固定资产确认条件的应当费用化,计入当期损益。固定资产在定期大修期间,照提折旧。

二、费用化的后续支出

一般情况下,固定资产投入使用后,由于固定资产磨损、各组成部分耐用程度不同,可能会导致固定资产的局部损坏,为了维持固定资产的正常运转和使用,充分发挥其使用效能,企业会对固定资产进行必要的维护。固定资产的日常维护支出只是为了确保固定资产的正常工作状态,通常不满足固定资产的确认条件,应在发生时记入"管理费用""销售费用"等科目,不得采用预提或待摊方式处理。

第五节 固定资产的处置与清查的核算

一、固定资产终止确认的条件

按照《企业会计准则第4号——固定资产》的规定,固定资产满足下列条件之一的,应当予以终止确认。

(一)该项固定资产处于处置状态

处于处置状态的固定资产不再用于生产商品、提供劳务、出租或经营管理,因此不再符合固定资产定义,应予以终止确认。

(二)该项固定资产预期通过使用或处置不能产生经济利益

如果一项固定资产预期通过使用或处置不能产生经济利益,就不再符合固定资产的定义和确认条件,应予以终止确认。

二、固定资产处置的账务处理

企业固定资产的处置,主要包括固定资产出售、转让、报废和毁损、对外投资转出、非货币性资产交换、债务重组等。

企业出售、转让、报废固定资产或发生固定资产毁损,应当将处置收入扣除账面价值和相关税费后的金额计入当期损益。该账面价值是指固定资产成本扣减累计折旧和累计减值准备后的金额。固定资产盘亏造成的损失,也应当计入当期损益。企业出售、转让、报废固定资产或固定资产毁损等,应通过"固定资产清理"科目核算,一般包括以下几个步骤:

第一步,将固定资产转入清理。按固定资产账面价值,借记"固定资产清理"科目,按已提累计(折旧)额,借记"累计折旧"科目,按已计提的累计减值准备,借记"固定资产减值准备"科目;按固定资产原价,贷记"固定资产"科目。

第二步,在清理过程中发生的费用,借记"固定资产清理"科目,贷记"银行存款"等科目。

第三步,收回出售固定资产的价款、残料价值和变价收入等,借记"银行存款""原材料"等科目,贷记"固定资产清理""应交税费——应交增值税(销项税额)"科目。

第四步,应当由保险公司或过失人赔偿的损失,借记"其他应收款"等科目,贷记"固定资产清理"科目。

第五步,固定资产清理后净损益的处理。固定资产清理后净损益,依据固定资产处置方式不同,分别适用不同的处理方法。

(1) 因已丧失使用功能或因自然灾害发生毁损等原因而报废清理产生的损失应计入营业外支出。借记"营业外支出——处置非流动资产损失"科目,贷记"固定资产清理"科目;

(2) 生产经营期间正常报废清理产生的处理净损失,借记"营业外支出——处置非流动资产损失"科目,贷记"固定资产清理"科目。

(3) 生产经营期间由于自然灾害等非正常原因造成的损失,借记"营业外支出——非常损失"科目,贷记"固定资产清理"科目;如为净收益,借记:"固定资产清理"科目,贷记"营业外收入"科目。

(4) 因出售、转让等原因产生的固定资产处置利得或损失应记入"资产处置损益"科目。产生处置净损失的,借记"资产处置损益——固定资产处置损益"科目,贷记"固定资产清理"科目;如为净收益,借记"固定资产清理"科目,贷记"资产处置损益"科目。

【例 5-15】　企业出售一栋房屋,其原价为 25 000 000 元,已提折旧 7 000 000 元,出售时发生清理费用 30 000 元,出售价格为 21 000 000 元,增值税额为 2 730 000 元,以上款项均通过银行收付。企业应编制如下会计分录。

(1) 转入清理时:

借:固定资产清理	18 000 000
累计折旧	7 000 000
贷:固定资产	25 000 000

(2) 支付清理费用时:

借:固定资产清理	30 000
贷:银行存款	30 000

(3) 收到出售价款时:

借:银行存款	23 730 000
贷:固定资产清理	21 000 000
应交税费——应交增值税(销项税额)	2 730 000

(4) 结转净损益时:

净收益＝21 000 000－18 000 000－30 000＝2 970 000(元)

借:固定资产清理	2 970 000
贷:资产处置损益——固定资产处置损益	2 970 000

【例 5-16】　A 企业有一台设备,因试用期满经批准报废,该设备原价为 500 000 元,累计折旧 450 000 元,已计提减值准备 12 000 元,在清理过程中,以银行存款支付清理费用 3 000 元,回收残料价值 2 000 元已验收入库。企业的会计处理如下。

(1) 转入清理时:

借:固定资产清理	38 000
累计折旧	450 000
固定资产减值准备	12 000
贷:固定资产	500 000

（2）支付清理费用时：

借：固定资产清理   3 000

   贷：银行存款   3 000

（3）残料入库时：

借：原材料   2 000

   贷：固定资产清理   2 000

（4）结转净损益时：

$$净损失＝38\ 000＋3\ 000－2\ 000＝39\ 000(元)$$

借：营业外支出——非流动资产损失   39 000

   贷：固定资产清理   39 000

三、其他方式减少的固定资产

企业对于持有待售的固定资产，应当调整该项固定资产的预计净残值，使该项固定资产的预计净残值能够反映其公允价值减去处置费用后的金额，但不得超过符合持有待售条件时该项固定资产的原账面价值，原账面价值高于调整后预计净残值的差额，应作为资产减值损失计入当期损益。企业应当在财务报表附注中披露持有待售的固定资产名称、账面价值、公允价值、预计处置费用和预计处置时间等。持有待售的固定资产从划归为待售之日停止计提折旧和减值准备。

其他方式减少的固定资产，如以固定资产清偿债务、投资转出固定资产，以非货币性资产交易换出固定资产等，分别按照债务重组、长期股权投资、非货币性资产交换的会计处理原则进行核算。

四、固定资产清查的核算

固定资产清查盘点是企业财产清查的重要组成部分。企业需要定期或不定期对固定资产进行清查。通过清查，确定企业固定资产是否有减少的情况，如果通过清查发现企业账簿记录拥有的固定资产实物并不存在，在会计上被称为盘亏；反之，称为盘盈。进行固定资产清查的目的是保证固定资产的实有数与账面数相符，从而真实地反映企业固定资产的实际状况。

企业在财产清查中发现的固定资产盘亏及毁损等，通过设置"待处理财产损溢"科目进行核算。该科目核算企业在财产清查过程中查明的各种财产盘亏和毁损的价值。盘亏的固定资产，按其账面价值，借记"待处理财产损溢——待处理固定资产损溢"科目，按已计提折旧额，借记"累计折旧"科目，按该项固定资产已计提的减值准备，借记"固定资产减值准备"科目，按固定资产原价，贷记"固定资产"科目；按取得残料价值，借记"原材料"科目，按可收回的保险赔偿或过失人赔偿，借记"其他应收款"科目，固定资产盘亏损失按照管理权限报经批准后处理时应记入"营业外支出"科目，借记"营业外支出——盘亏损失"科目，贷记"待处理财产损溢——待处理固定资产损溢"科目。企业的固定资产财产损益，应查明原因，在期末结账前处理完毕，处理后本科目应无余额。

企业如有盘盈的固定资产,应作为前期差错处理,通过"以前年度损益调整"科目进行核算。

【例 5-17】 某企业在期末财产清查中,发现盘亏机器一台,其账面原值为 550 000 元,已提累计折旧 210 000 元。企业应编制的会计分录如下。

（1）发现盘亏固定资产时:

借:待处理财产损溢——待处理固定资产损溢　　　　　　　　　340 000
　　累计折旧　　　　　　　　　　　　　　　　　　　　　　　210 000
　　贷:固定资产——生产经营用固定资产　　　　　　　　　　　550 000

（2）报经批准处理后:

借:营业外支出——固定资产盘亏　　　　　　　　　　　　　　340 000
　　贷:待处理财产损溢——待处理固定资产损溢　　　　　　　　340 000

【例 5-18】 某企业在财产清查过程中,发现有 1 台机器未入账,按照同类或类似设备的市场价格,减去该项资产的新旧程度估计价值损耗后的余额为 30 000 元(假定与其计税基础不存在差异)。该企业适用所得税率为 25%,按照净利润的 10% 计提法定盈余公积。该企业作出如下会计处理。

（1）盘盈固定资产时:

借:固定资产　　　　　　　　　　　　　　　　　　　　　　　30 000
　　贷:以前年度损益调整　　　　　　　　　　　　　　　　　　30 000

（2）计算应交所得税时:

借:以前年度损益调整　　　　　　　　　　　　　　　　　　　7 500
　　贷:应交税费——应交所得税　　　　　　　　　　　　　　　7 500

（3）结转为留存收益时:

借:以前年度损益调整　　　　　　　　　　　　　　　　　　　22 500
　　贷:利润分配——未分配利润　　　　　　　　　　　　　　　22 500

（4）调整提取盈余公积:

借:利润分配——未分配利润　　　　　　　　　　　　　　　　2 250
　　贷:盈余公积——法定盈余公积　　　　　　　　　　　　　　2 250

第六节　固定资产的期末计价

一、固定资产减值

固定资产因损坏、技术陈旧或其他经济原因,导致其可收回金额低于其账面价值,这种情况称为固定资产减值。企业的固定资产在使用过程中,由于存在有形损耗(如自然磨损等)和无形损耗(如技术陈旧等)以及其他的经济原因,发生资产价值的减值是必然的。已经发生的资产价值的减值,如果不予以确认,必将导致虚增资产的价值,这不符合真实性原则,也有悖于稳健性要求。因此,根据《企业会计准则第8号——资产减值》的规定,企业有确凿的证据表明资产存在减值迹象,应当在资产负债表日进行减值测试。企业对固定资产进行检查时,如发现存在下列情况,应当判断资产是否存在可能发生减值迹象,以确定资产是否已经发生减值。

(一)固定资产发生减值的判断

(1)固定资产市价大幅度下跌,其跌幅大大高于因时间推移或正常使用而预计的下跌,并且预计在近期内不可能恢复。

(2)企业所处经营环境,如技术、市场、经济或法律环境,或者产品营销市场在当期发生或在近期发生重大变化,并对企业产生负面影响。

(3)同期市场利率或者其他市场在当期或者近期发生重大变化,进而很可能影响企业计算固定资产预计未来现金流量现值的折现率,并导致固定资产可收回金额大幅度降低。

(4)固定资产陈旧过时或发生实体损坏等。

(5)资产已经或者将被闲置、终止使用或者计划提前处置。

(6)企业内部报告的证据表明资产的经济绩效已经低于或者将低于预期。

(7)其他有可能表明资产已发生减值的情况。

(二)固定资产减值的核算

如果固定资产由于上述原因导致其可收回金额低于账面价值的,即发生了固定资产的减值,企业应当按可收回金额低于其账面价值的差额计提固定资产减值准备,确认固定资产减值损失并计入当期损益。其中固定资产可收回金额的估计,应当根据其公允价值减去处置费用后的净额与预计未来现金流量的现值两者之间较高者加以确定。

已全额计提减值准备的固定资产,不再计提折旧。

已计提减值准备的固定资产,应当按照该固定资产的账面价值以及尚可使用寿命重新计算确定折旧率和折旧额。

进行固定资产减值损失的核算,应设置"资产减值损失"和"固定资产减值准备"等科目。企业发生固定资产减值时,借记"资产减值损失——计提的固定资产减值准备"科目,贷记"固定资产减值准备"科目;固定资产减值损失一经确认,在以后会计期间不得转回。

【例5-19】 2×24年12月31日,A公司的一条生产线由于技术的原因确认该机器的可收回金额为5 600 000元,账面价值为7 700 000元,企业以前年度未对该生产线计提减值准备。A公司应编制的会计分录如下:

该生产线发生的减值金额=7 700 000-5 600 000=2 100 000(元)

借:资产减值损失——计提的固定资产减值准备   2 100 000
  贷:固定资产减值准备   2 100 000

二、在建工程减值

（一）在建工程减值的概念

在建工程减值准备是指企业为在建的建设工程提取的减值准备，是企业在建工程预计发生减值时，如长期停建并且预计在 3 年内不会重新开工的在建工程，根据计提原则计提的资产减值准备。

企业的固定资产建设工程，随着市场或其他因素的变化，会发生停建、缓建，导致建设工程减值等情况。为了较真实地反映在建工程价值，企业应该定期或在年终，对在建工程要进行全面检查，如有证据表明在建工程已经发生减值，应当计提在建工程减值准备。

（二）在建工程计提减值准备的判断

企业应当定期或者至少在每年年度终了，对在建工程进行全面检查，有证据表明在建工程已经发生了减值的，应当计提减值准备。存在下列一项或者若干项情况，应当计提在建工程减值准备：

（1）长期停建并且预计在未来 3 年内不会重新开工的在建工程。

（2）所建项目无论在性能上还是在技术中已经落后，且给企业带来的经济利益具有很大的不确定性。

（3）其他足以证明在建工程已经发生减值的情形。

（三）在建工程计提减值的核算

进行在建工程减值损失的核算，应设置"资产减值损失"和"在建工程减值准备"等科目。企业发生在建工程减值时，借记"资产减值损失——计提的在建工程减值准备"科目，贷记"在建工程减值准备"科目；在建工程减值损失一经确认，在以后会计期间不得转回。

【例 5-20】 某企业新建一幢厂房，年末尚未竣工，累计已发生支出 1 500 万元，但年末市场行情表明，建造同样的厂房，以同样的完工程度计算，只需 1 200 万元。此时，应计提减值准备 300 万元（1 500－1 200）。

计提减值准备时，应编制会计分录如下：

借：资产减值损失——在建工程减值损失　　　　　　　　　　　　　　　　3 000 000
　　贷：在建工程减值准备——厂房　　　　　　　　　　　　　　　　　　　　3 000 000

 课程思政案例

令人"头疼"的环保检查

为确保污染防治攻坚战持续有力推进，生态环境部及各省市区生态环境部门在全国各地狠抓企业的生态环境保护工作。A 公司是一家煤炭生产企业，近几年发展迅速，但是却没有考虑过公司的生产制造对环境的影响。面对环保部门的检查，A 公司的财务人员对公司发生的以下几个情况感到很头疼。

　　(1) A 公司早在 5 年前购买了一台生产用大型设备,购买时,A 公司预计该设备将会对生态环境产生一定的影响。但是,企业会计准则目前并没有对煤炭企业的弃置义务进行详细的规定,因此,A 公司认为,为了节约成本,无须预计该设备可能发生的弃置费用。

　　(2) A 公司拥有一台污水处理设备,预计使用寿命为 12 年。但是,由于 A 公司污水处理工作量较大,如果一直使用污水处理设备会使其部分零件磨损严重,需要定期(约一年)更换。A 公司考虑到更换零件的开销很大,于是决定只在部分生产工作中使用污水处理设备,其余生产工作的污水则直接排放到附近的河流当中。

　　(3) 为了应付环保部门的检查,A 公司加购了五台除尘器,用于各环节煤炭的输送。由于使用除尘器会产生大量电费,为了减少开支,A 公司打算只在环保部门人员检查时开通除尘器。

　　(4) 虽然 A 公司没有按照规定使用环保设备,但是环保设备的投入与使用可以享受企业所得税优惠政策。因此,A 公司让财务人员捏造环保设备的使用情况、使用时间等数据,以便享受税收优惠。

　　思考题: A 公司的财务人员发现,上述做法确实为公司"节省"了许多成本和费用,但是,你认为这些做法是正确的吗?

　　小提示:

　　(1) 请你查阅《中华人民共和国环境保护法》,对上述 A 公司做法的适当性进行考虑。

　　(2) 请你浏览中华人民共和国生态环境部官网,查找相关的国家政策和法律法规,对上述 A 公司的情况提出自己的见解(参考链接 http://www.mee.gov.cn/)。

本章小结

本章应掌握以下重点内容。

(1) 固定资产的概念、特征和分类。

(2) 固定资产的初始计量。

(3) 固定资产计提折旧的范围和计提的各种方法。

(4) 固定资产后续支出和减值的核算。

(5) 固定资产处置和清查的核算。

思考题

(1) 试述固定资产的定义及其确认条件。

(2) 简述影响固定资产折旧的因素及其计提折旧的范围。

(3) 试述各种固定资产折旧方法的特点。

(4) 固定资产发生后续费用应如何进行会计处理？

(5) 试述固定资产终止确认的条件及其会计处理的要求。

(6) 简述固定资产清查的会计处理程序及其处理结果。

 练习题

一、单项选择题

1. 下列对资产特征的表述中，不恰当的是（　　）。

　　A. 资产是企业拥有或控制的资源

　　B. 资产是由过去的交易或事项形成的

　　C. 资产是预期会给企业带来经济利益的资源

　　D. 资产是企业日常活动形成的资源

2. 在分期付款购买方式下，各期实际付款的数额之和与其现值的差额，先作为（　　）予以记录。

　　A. 财务费用　　　　　　　　　　B. 未确认融资费用

　　C. 在建工程　　　　　　　　　　D. 未实现融资收益

3. 某企业2×24年12月31日购入一台设备，入账价值90万元，预计使用年限5年，预计净残值6万元，按年数总和法计算折旧。该设备2×26年计提的折旧额为（　　）万元。

　　A. 16.8　　　　　　B. 21.6　　　　　　C. 22.4　　　　　　D. 24

4. 在（　　）下，固定资产的折旧额与固定资产的工作量直接挂钩，折旧额均匀地分配到单位工作量中。

　　A. 年限平均法　　　　　　　　　B. 双倍余额递减法

　　C. 年数总和法　　　　　　　　　D. 工作量法

5. "固定资产清理"科目不核算企业固定资产的（　　）业务。

　　A. 出售　　　　　　　　　　　　B. 报废

　　C. 对外投资　　　　　　　　　　D. 日常维护和日常修理

6. 某企业2×24年12月29日购入一套设备，该设备的成本为330万元，预计使用年限为10年，预计净残值为30万元。采用直线法计提折旧，2×25年应该计提的折旧额为（　　）万元。

　　A. 33　　　　　　　B. 27.5　　　　　　C. 30　　　　　　　D. 36

7. 下列固定资产中，应计提折旧的是（　　）。

　　A. 季节性停用的设备　　　　　　B. 当月交付使用的设备

　　C. 未提足折旧提前报废的设备　　D. 已提足折旧继续使用的设备

8. 下列项目中，不应计入固定资产入账价值的是（　　）。

　　A. 固定资产安装过程中领用生产用原材料负担的增值税

　　B. 固定资产交付使用前发生的借款利息

　　C. 固定资产交付使用后至竣工决算前发生的借款利息

D. 固定资产改良过程中领用原材料负担的消费税

9. 企业的下列固定资产中,按规定不应计提折旧的是(　　)。

    A. 已提足折旧仍然继续使用的固定资产

    B. 拥有使用权资产

    C. 生产车间使用的机器设备

    D. 未使用的房屋

10. 某公司对账面原值为 1 000 万元,累计折旧为 600 万元的一栋房屋进行处置。处置时发生不含增值税的相关处置费用 5 万元,取得处置收入 800 万元,增值税 104 万元,该固定资产的处置净收益为(　　)万元。

    A. 395   B. 400   C. 405   D. 467

二、多项选择题

1. 下列各项关于企业固定资产的表述中,正确的有(　　)。

    A. 固定资产应按照取得成本进行初始计量

    B. 固定资产成本均包括买价和相关税费

    C. 固定资产持有期间一定要分期计提折旧

    D. 固定资产期末需要进行减值测试,出现减值迹象时需要计提减值损失,且一经计提均不得转回

    E. 固定资产原值可以按照公允价值计价

2. 在采用自营方式建造固定资产的情况下,下列项目中,应计入固定资产取得成本的有(　　)。

    A. 工程项目耗用的工程物资

    B. 工程领用本企业商品涉及的增值税销项税额

    C. 生产车间为工程提供的水、电等费用

    D. 企业行政管理部门为组织和管理生产经营活动而发生的费用

    E. 建筑工程人员发生的职工薪酬

3. 固定资产费用化的后续支出可以计入(　　)。

    A. 管理费用   B. 制造费用   C. 销售费用   D. 财务费用

    E. 生产成本

4. 下列各项中,可能对固定资产处置损益产生影响的因素有(　　)。

    A. 累计折旧   B. 增值税

    C. 固定资产减值准备   D. 清理费用

    E. 固定资产原值

5. 下列各项资产减值准备中,一经确认,在相应资产持有期间内均不得转回的有(　　)。

    A. 坏账准备   B. 固定资产减值准备

    C. 存货跌价准备   D. 投资性房地产减值准备

    E. 无形资产减值准备

6. 下列关于固定资产计提折旧的表述中,正确的有(　　)。

    A. 提前报废的固定资产不再补提折旧

B. 固定资产折旧方法一经确定不得随意改变

C. 已提足折旧但仍继续使用的固定资产不再计提折旧

D. 自行建造的固定资产应自办理竣工决算时开始计提折旧

E. 月份内增加的固定资产不计提折旧；月份内减少的固定资产照提折旧

7. 下列各项中,会引起固定资产账面价值发生变化的有(   )。

　　A. 计提固定资产减值准备　　　　B. 计提固定资产折旧

　　C. 固定资产改良支出　　　　　　D. 固定资产大修理支出

　　E. 固定资产日常修理支出

8. 固定资产的折旧方法包括(   )。

　　A. 年限平均法　　　　　　　　　B. 工作量法

　　C. 双倍余额递减法　　　　　　　D. 年数总和法

　　E. 净值法

9. 下列关于计提固定资产折旧的说法中,正确的有(   )。

　　A. 公司当月增加的固定资产当月开始计提折旧

　　B. 公司当月减少的固定资产当月照提折旧

　　C. 提前报废但未提足折旧的固定资产不再补提折旧

　　D. 固定资产提足折旧后仍继续使用的需补提折旧

　　E. 提前报废但未提足折旧的固定资产仍需继续计提折旧

10. 对于企业盘盈的固定资产,可(   )处理。

　　A. 借记"固定资产"科目　　　　　B. 贷记"以前年度损益调整"科目

　　C. 借记"其他应收款"科目　　　　D. 贷记"待处理财产损益"科目

　　E. 贷记"营业外收入"科目

三、判断题

1. 不论采用何种方法计提折旧,固定资产使用期满时,其账面净值均为预计净残值。　　　　　　　　　　　　　　　　　　　　　　　　　　(　　)

2. 企业外购需要安装的固定资产应先通过在建工程归集安装项目的支出,待安装完成时将在建工程借方归集的金额从贷方转入固定资产科目的借方中。　(　　)

3. 固定资产减值损失一经确认,以后会计期间不得转回。　　　　　　(　　)

4. 固定资产提足折旧后,不论是否继续使用,均不再计提折旧,但是提前报废的固定资产需将尚未提足的折旧一次性提足。　　　　　　　　　　　(　　)

5. 已达到预定可使用状态但尚未办理竣工决算的固定资产,应按估计价值入账,但不能计提折旧。　　　　　　　　　　　　　　　　　　　　　　　(　　)

6. 企业固定资产的使用寿命、预计净残值一经确定,不得变更。　　　(　　)

7. 企业固定资产计提减值准备后,应当按减值后固定资产的账面价值计提后续期间的折旧。　　　　　　　　　　　　　　　　　　　　　　　　　(　　)

8. 企业在对固定资产计提折旧时,应计的折旧额是指应当计提折旧的固定资产的公允价值扣除其预计净残值后的金额。　　　　　　　　　　　　　(　　)

9. 对固定资产的不同组成部分,如果各部分能给企业带来经济利益的预期实现方式不同,就应作为单项固定资产分别处理。　　　　　　　　　　　　(　　)

10. 固定资产当月增加当月不提折旧,当月减少当月照常提折旧。　　　　　　(　　)

四、计算题

1. 甲公司固定资产折旧的相关资料如下:

(1) 甲公司于2×24年12月15日购买一台设备供一车间使用,采用工作量法计提折旧。该设备原价60万元,预计总工作时数为20万小时,预计净残值为5万元。该设备2×25年1月工作量为4 000小时。

(2) 厂部新办公楼于2×24年12月20日交付使用,采用平均年限法计提折旧。该办公楼原价620万元,预计使用年限20年,预计净残值20万元。

假定2×25年1月份未发生固定资产增减业务,不考虑固定资产减值。

要求:

(1) 请你计算甲公司2×25年1月份应计提的折旧额。

(2) 请你编制甲公司2×25年1月份计提折旧的会计分录。

2. 甲公司是为从事机械设备加工生产与销售的增值税一般纳税人,适用的增值税税率为13%,所得税税率为25%,2×24年度发生的有关固定资产业务如下:

(1) 2×24年2月20日,甲公司从乙公司一次购进3台不同型号且具有不同生产能力的A设备、B设备和C设备,共支付价款4 000万元,增值税额为520万元,包装费及运输费30万元,增值税率为9%,另支付A设备安装费18万元,B设备和C设备不需要安装,同时,支付购置合同签订、差旅费等相关费用2万元,全部价款已由银行存款支付。

(2) 2×24年3月28日,3台设备均达到预定可使用状态,3台设备的公允价值分别为2 000万元、1 800万元和1 200万元。该公司按每台设备公允价值的比例对支付的价款进行分配,并分别确定其入账价值。

(3) 2×24年12月31日,公司对固定资产进行减值测试,发现B设备实际运行效率和生产能力验证已完全达到预计的状况,存在减值迹象,其预计可收回金额低于账面价值的差额为120元,其他各项固定资产未发生减值迹象。

要求:(不考虑其他因素)

(1) 计算A设备、B设备、C设备的入账价值。

(2) 编制甲公司计提固定资产减值准备的会计分录。

3. 乙公司于2×24年7月1日对办公楼进行改扩建,改扩建前该生产线的原价为1 600万元,已计提折旧500万元,已计提减值准备50万元。在改扩建过程中,乙公司领用工程物资400万元,领用生产用原材料50万元,原材料的进项税额为6.5万元。发生改扩建人员工资60万元,改扩建人员应付福利费8.4万元。用银行存款支付其他费用23.1万元。该办公楼于2×26年12月2日达到预定可使用状态。改扩建后,该办公楼预计可收回金额为1 500万元。该公司对改扩建后的固定资产采用双倍余额递减法计提折旧,预计尚可使用年限为10年,预计净残值为60万元。

要求:

(1) 请你计算改扩建后的固定资产2×27年应计提的折旧额。

(2) 请你编制上述与固定资产改扩建有关的会计分录。

五、业务题

1. 甲企业出售一栋房屋,原价2 500万元,已计提折旧700万元,出售时发生清理费用 3 万元,出售价格为 2 100 万元,增值税销项税额为 273 万元,以上款项均通过银行收付。企业在期末财产清查中,发现盘亏机器一台,其账面原值为 55 万元,已计提累计折旧 21 万元。

要求:根据上述资料,编制相关会计分录。

2. A 公司为增值税一般纳税人。2×24 年 1 月,A 公司因生产需要,决定用自营方式建造一座仓库,有关资料如下:

(1) 2×24 年 1 月 5 日,购进工程用专项物资 20 万元,增值税额为 2.6 万元,该批专项物资已验收入库,款项用银行存款付讫。

(2) 领用上述专项物资,用于建造仓库。

(3) 领用本单位生产水泥一批用于工程建设,该批水泥成本为 2 万元,税务部门核定的计税价格为 3 万元,增值税税率为 13%。

(4) 领用本单位外购原材料一批用于工程建设,原材料实际成本为 1 万元,应负担的增值税额为 0.13 万元。

(5) 2×24 年 1 月 13 日,应付职工工资 2 万元,用银行存款支付其他费用 0.92 万元。

(6) 2×24 年 3 月 31 日,该仓库达到预定可使用状态,估计可使用 20 年,估计净残值为 2 万元,采用直线法计提折旧。

(7) 2×24 年 12 月 31 日,该仓库突遭火灾焚毁,残料估计价值 5 万元,验收入库,用银行存款支付清理费用 2 万元。经保险公司核定的应赔偿损失 7 万元,尚未收到赔款。A 公司确认了该仓库的毁损损失。

要求:

(1) 请你计算该仓库 2×24 年 3 月 31 日的入账价值。

(2) 请你计算 2×24 年该仓库应计提折旧额。

(3) 请你编制 A 公司 2×24 年度与上述经济业务相关的会计分录。

第六章 无 形 资 产

 导入案例

  注册会计师李新在阅读宏大股份有限公司 2×24 年度财务报表时,了解到该公司 2×24 年 3 月 1 日购买某项专有技术,支付价款 440 万元,根据相关法律规定,该项无形资产的有效使用年限为 10 年。2×24 年 12 月 31 日,公司与转让该技术的单位发生合同纠纷,专有技术的使用范围也因受到一定的限制而可能发生减值,经有关专业技术人员估计,预计可收回金额为 50 万元。宏大公司在 2×24 年 3 月 1 日购买该项专有技术时除作为无形资产入账外,以后未进行相关账务处理。同年 8 月 1 日,公司将某项专利技术研发过程中发生的开发费用 680 万元确认为无形资产,决定在 2 年内采用直线法对其进行摊销。内部审计部门认为,此项开发费用不应确认为无形资产核算,建议公司财务部门进行调整。2×25 年 3 月 31 日,该财务部门认同内部审计部门的意见,将该无形资产未摊销余额全部转销,计入当期损益。

  问题

  (1) 宏大公司的会计处理是否正确?

  (2) 正确的会计处理应如何进行?

 **教学目标**

  通过本章学习,学生应了解无形资产的概念、特征、内容和确认条件;掌握无形资产初始计量的方法和相应的会计处理;掌握无形资产后续计量的原则及会计核算;掌握使用寿命能够确认的无形资产摊销、计提减值准备和处置的会计核算等内容。

第一节 无形资产概述

  随着我国社会主义市场经济深入发展,知识创新步伐不断加快,无形资产在企业中所占比重越来越大。因此,加强对无形资产的确认、计量、记录及其报告就显得非常重要。

一、无形资产的概念及特征

我国《企业会计准则第 6 号——无形资产》规定,"无形资产是指企业拥有或者控制的没有实物形态的可辨认非货币性资产"。相对于其他资产,无形资产具有以下特征。

(一)无形资产不具有实物形态

无形资产区别于固定资产和存货等其他资产的显著特征是其没有实物形态,但是它很大程度上是通过自身所具有的技术等优势为企业带来未来经济利益,通常表现为某种权力、技术或获取超额利润的综合能力,如土地使用权、非专利技术、商标权等。需要指出的是,某些无形资产的存在需要依赖于实物载体,如计算机软件,它需要存储在磁盘中。但是,这并没有改变无形资产本身不具有实物形态的特征。

(二)无形资产具有可辨认性

无形资产满足下列条件之一的,符合无形资产定义中的可辨认性标准:

(1)能够从企业中分离或者划分出来,并能单独用于出售或转移等,而不需要同时处置在同一获利活动中的其他资产,这表明无形资产可以辨认。某些情况下,无形资产可能需要与有关的合同一起用于出售转让等,这种情况下也可以视为可辨认无形资产。

(2)产生于合同性权利或其他法定权利,无论这些权利是否可以从企业或其他权利和义务中转移或者分离。例如,一方通过于另一方签订特许权合同而获得的特许使用权,通过法律程序申请获得某项商标权或专利权等。

由于商誉是在企业合并过程中形成的,具有不可辨认性。由此,其不作为无形资产进行核算。

(三)无形资产属于非货币性长期资产

非货币性资产是指企业持有的货币资金和将以固定或可确定的金额收取的资产以外的其他资产。无形资产由于没有发达的交易市场,一般不容易转化成现金。在持有过程中,其为企业带来未来经济利益的情况不确定,不属于以固定或可确定的金额收取的资产,属于非货币性资产。

(四)无形资产所带来的未来经济利益具有很大的不确定性

一方面,无形资产确认时的账面价值与其实际经济价值往往相差很大。例如,企业账面上记载的专利权金额也许很小,但是如果经营有方,它为企业带来的经济利益远远高于其账面价值。另一方面,企业所拥有的非专利技术,其账面价值可能很高,在某一段时间给企业能够带来经济利益,但是,一旦科学技术有了新的突破,原有的非专利技术的价值就会减少。

二、无形资产的确认条件

无形资产在符合定义的前提下,同时满足以下两个确认条件时,才能予以确认。

(一)与该无形资产有关的经济利益很可能流入企业

作为无形资产确认的项目,必须满足其所产生的经济利益很可能流入企业这一条件。通常情况下,无形资产产生的未来经济利益可能包括在销售商品、提供劳务的收入当中,或者体现为企业使用该项无形资产而减少或节约了成本,也可能体现在获得的其他利益当中。例如,生产加工企业在生产工序中使用了某种知识产权,使其降低了未来生产成本。

会计实务中,确定无形资产所创造的经济利益是否很可能流入企业,需要运用职业判断。在运用职业判断时,需要对无形资产在预计使用寿命内可能存在的各种经济因素作出合理估计,并且应当有确凿的证据支持。例如,企业是否有足够的人力资源、高素质的管理队伍、相关的硬件设备、相关的原材料等来配合无形资产为企业创造经济利益。同时,更为重要的是,需要关注一些外界因素的影响。例如,是否存在与该无形资产相关的新技术、新产品的冲击,或据其生产的产品是否存在市场等。在实施判断时,企业管理层应对在无形资产的预计使用寿命内存在的各种因素作出最稳健的估计。

（二）该无形资产的成本能够可靠地计量

成本能够可靠地计量是确认资产的一项基本条件,对于无形资产而言,这个条件显得更为重要。例如,企业内部产生的品牌、报刊名、刊头、客户名单和实质上类似项目的支出,由于不能与整个业务开发成本区分开来,成本无法可靠计量,不应确认为无形资产。

三、无形资产的内容

无形资产通常包括专利权、非专利技术、商标权、著作权、特许权、土地使用权等内容。

（一）专利权

专利权是指国家专利主管机关依法授予发明创造专利申请人,对其发明创造在法定期限内所享有的专利权,包括发明专利权、实用新型专利权和外观设计专利权。《中华人民共和国专利法》规定,专利权分为发明专利和实用新型及外观设计专利两种,自申请日起计算,发明权限为 15 年,实用新型及外观设计专利权的权限为 5 年。发明者在取得专利权后,在有效期内将享有专利的独占权。

（二）非专利技术

非专利技术是指不为外界所知、在生产经营活动中已采用了的、不享有法律保护的、可以带来经济利益的各种技巧、经验和诀窍。非专利技术一般包括工业专有技术、商业贸易专有技术、管理专有技术等。

（三）商标权

商标权是指专门在某类指定的商品或产品上使用特定的名称或图案的权利,依法登记后,取得的受法律保护的独家使用权利。商标经过注册登记,就获得了法律的保障。商标权包括独立使用权和禁止使用权。商标是用来辨别特定商品和劳务的标记,代表着企业的一种信誉,从而具有相应的经济价值。《中华人民共和国商标法》规定,注册商标的有效期为 10 年,期满可依法延长。

（四）著作权

著作权又称版权,是指作者对其创作的文学、自然科学、社会科学、工程技术和艺术作品依法享有的某些特殊权利。著作权可以转让、出售或者赠与,包括作品署名权、发表权、修改权和保护作品完整权、使用权和获得报酬的权利等。

（五）特许权

特许权又称经营特许权,是指企业在某一地区经营或销售某种特定商品的权利或是一家企业接受另一家企业使用其商标、商号、技术秘密等的权利。其通常有两种形式,一种是由政府机构授权,准许企业使用或在一定地区享有经营某种业务的特权,如水、电、邮电通讯等专营权。另一种是指企业依照签订的合同,有限期或无限期使用另一家企业的某些权利,如连锁店的分店使用总店的名称等。

（六）土地使用权

土地使用权是指国家准许某企业在一定期间内对国有土地享有开发、利用、经营的权利。《中华人民共和国土地管理法》规定,我国土地实行公有制,任何单位和个人不得侵占、买卖或者以其他形式非法转让土地。企业取得土地使用权的方式大致有以下几种方式:行政划拨取得、外购取得及投资者投资取得。土地使用权通常作为无形资产核算,但属于投资性房地产核算的土地使用权,应当按投资性房地产核算原则进行会计处理。

四、无形资产的分类

（一）按照取得方式划分

按照取得方式,无形资产可以分为外部取得无形资产和内部取得无形资产。

外部取得的无形资产,包括企业从外单位购入,通过非货币性资产交换取得,或者投资者投入的无形资产;可以单独购入、与其他资产同时购入或与企业整体购入,也包括企业内部自行创造形成的无形资产,如企业自行研制成功并依法批准取得专利权、商标权等。

（二）按照有无期限划分

按照有无期限划分,无形资产可以分为使用寿命有限的无形资产和使用寿命不确定的无形资产。

使用寿命有限的无形资产是指受法律或合同限制等,并由法律或合同等规定其有效期限的无形资产,如商标权、专利权等。使用寿命不确定的无形资产是指其寿命很难确定,并且法律或合同未对其规定有效期限的无形资产,如非专利技术。

第二节　无形资产取得的核算

无形资产应当按照成本进行初始计量,即以取得无形资产并使之达到预定用途而发生的全部支出作为无形资产的成本。不同来源取得的无形资产,其成本构成也不尽相同。

一、无形资产成本的确定

（一）外购无形资产的成本

外购无形资产的成本包括购买价款、相关税费以及直接归属于使该项资产达到预定用途所发生的其他支出。其中,直接归属于使该项资产达到预定使用用途所发生的其他支出包括使无形资产达到预定用途所发生的专业服务费用、预测无形资产是否能够正常发挥作用的费用等。但是,为了引入新产品进行宣传发生的广告费、管理费用和其他间接费用,不构成无形资产成本。无形资产已经达到预定使用用途以后发生的费用,如在形成预定经济规模之前发生的初始运作费用等,也不构成无形资产的成本。

购买无形资产的价款超过正常信用条件延期支付,实质上具有融资性质的,无形资产

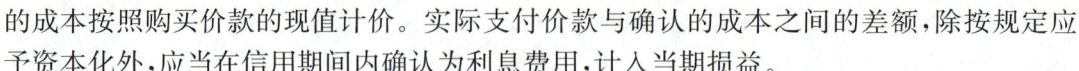

的成本按照购买价款的现值计价。实际支付价款与确认的成本之间的差额，除按规定应予资本化外，应当在信用期间内确认为利息费用，计入当期损益。

（二）内部研究开发无形资产的成本

内部研究开发无形资产的成本包括自满足无形资产研究、开发确认的条件及相关规定后至达到预定用途前所发生的支出总额，但是对于以前期间已经费用化的支出不再调整。其入账价值除了依法取得时发生的注册费、律师费等费用外，还包括准予资本化的开发费用。

（三）投资者投入无形资产的成本

投资者投入的无形资产，应当按照投资合同或协议约定的价值确定，但合同或协议约定价值不公允的情况下，应按照无形资产公允价值入账。

（四）其他方式取得无形资产的成本

由于企业除了以上方式取得无形资产，还可以通过企业合并、非货币性资产交换、债务重组和政府补助等方式取得无形资产的成本，其他方式取得无形资产的成本应当按照相关的具体会计准则规定加以确定。

二、无形资产的核算

为了核算无形资产的取得、摊销和处置等情况，企业应当设置"无形资产"科目。该科目属于资产类，借方反映取得的无形资产成本；贷方反映无形资产转出的金额；期末余额在借方，反映无形资产的账面余额。该科目应按无形资产的内容设置明细账，进行明细分类核算。

（一）外购无形资产

企业通过外单位购入各项无形资产的会计核算。外购无形资产取得可抵扣增值税发票后，按照增值税发票所计金额计算增值税进项税额，借记"无形资产""应交税费——应交增值税（进项税额）"科目，贷记"银行存款"（"应付账款"等）科目。

【例 6－1】 甲企业从外部某单位购入一项专利权，增值税专用发票显示价款 1 000 000 元，增值税额为 60 000 元，共计 1 060 000 元，用银行存款付讫。甲企业应编制如下会计分录：

借：无形资产——专利权 1 000 000
　　应交税费——应交增值税（进项税额） 60 000
　贷：银行存款 1 060 000

若企业取得增值税普通发票，不符合抵扣条件，按照注明的价税合计金额作为无形资产的成本，其进项税额不可抵扣。

借：无形资产
　贷：银行存款（"应付账款"）

采用分期付款方式购买无形资产时，无形资产的成本为购买价款的现值。

（二）投资者投入的无形资产

投资者投入的无形资产按协议或合同约定的价值作为无形资产的初始入账成本，若协议或合同记录的数额不公允，应以公允价值作为无形资产初始入账成本。能取得可抵扣增值税发票的，按增值税发票金额计算抵扣增值税进项税额。

【例6-2】　甲有限责任公司于2×24年1月1日接受乙公司投资的一项B专利权，该项专利权经评估后，双方确认的价值为2 500 000元。应交增值税额为150 000元，甲公司应编制如下会计分录：

借：无形资产——B专利权　　　　　　　　　　　　　　　　2 500 000
　　应交税费——应交增值税(进项税额)　　　　　　　　　　 150 000
　　贷：实收资本　　　　　　　　　　　　　　　　　　　　　　　2 650 000

第三节　内部研究开发支出的确认与计量

一、内部研究开发无形资产费用的划分

企业内部研究开发的无形资产发生的费用，应当区分研究阶段支出和开发阶段支出。在实际工作中，关于研究与开发阶段的具体划分，企业应当根据自身实际情况以及相关信息加以判断。

(一)研究阶段

研究阶段是指为获得新的科学或技术知识而进行有计划的调查。研究阶段具有计划性和探索性的特点。它是为了进一步开发活动进行资料及相关方面的准备，已进行的研究将来是否会转入开发、开发后是否会形成无形资产具有较大不确定性，在这一阶段不会形成阶段性成果。有关研究活动的例子一般包括：意于获取知识而进行的活动；研究成果或其他知识的应用研究、评价和最终选择等。

(二)开发阶段

开发阶段是指在进行商业性生产或使用前，将研究成果或其他知识应用于某项计划或设计，以生产出新的或具有实质性改进的材料、装置、产品等。例如，生产前或者使用前的原型和模型的设计；建造和测试；含新技术的工具、夹具、模具和冲模的设计等。开发阶段具有针对性和形成成果的可能性较大的特点。

根据《企业会计准则第6号——无形资产》的规定，开发阶段相对于研究阶段更进一步，且很大程度上形成一项新产品或新技术的基本条件已经具备，此时如果企业能够证明满足无形资产的定义以及相关确认条件，则所发生的开发支出可以资本化，确认无形资产的成本。研究阶段的支出全部费用化，计入当期损益(管理费用)。如果确实无法区分研究阶段的支出和开发阶段的支出，应将其所发生的研发支出全部费用化，计入当期损益。

(三)开发阶段有关支出资本化的条件

在开发阶段，判断可以将有关支出资本化确认为无形资产，必须同时满足下列条件。

(1)完成该无形资产以使其能够使用或出售在技术上具有可行性。企业在判断无形资产的开发在技术上是否具有可行性时，应当以目前阶段的成果为基础，并提供相关证据和材料，证明企业进行开发所必需的技术条件等已经具备，不存在技术上的障碍或其他不

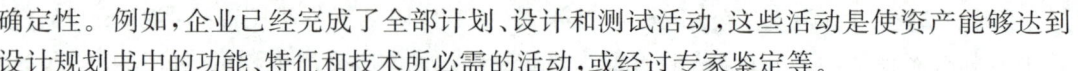

确定性。例如,企业已经完成了全部计划、设计和测试活动,这些活动是使资产能够达到设计规划书中的功能、特征和技术所必需的活动,或经过专家鉴定等。

(2)具有完成该无形资产并使用或出售的意图。企业研发项目形成成果以后,是对外出售,还是供自己使用并从使用中获得经济利益,应当根据企业管理层的意图而定。企业管理层应当能够说明其开发无形资产的目的,并具有完成该项无形资产开发并使其能够使用或出售的可能性。

(3)无形资产产生经济利益的方式,包括能够证明运用该无形资产生产的产品存在市场或无形资产自身存在市场;无形资产将在内部使用的,应当证明其有用性。如果有关的无形资产在形成以后,主要是用于生产新产品或新工艺的,企业应当对运用该无形资产生产产品的市场情况进行可靠估计,应当能够证明所生产的产品存在市场,并能够带来经济利益的流入;如果有关的无形资产在开发以后主要是用于对外出售的,则企业应当能够证明市场上存在对该类无形资产的需求,开发以后存在外部的市场可以出售并能够带来经济利益的流入;如果无形资产在开发以后,不是用于生产产品,也不是用于对外出售,而是在企业内部使用的,则企业应能够证明其对企业的有用性。

(4)有足够的技术、财务资源和其他资源支持,以完成该无形资产的开发,并有能力使用或出售该无形资产。这一条件主要包括如下四个。①完成该项无形资产的开发具有技术上的可靠性。开发无形资产并使其形成成果在技术上的可靠性,这是继续开发活动的关键。因此,企业必须有确凿证据证明自己有足够的技术支持和技术能力继续开发该项无形资产。②有财务资源和其他资源支持。财务和其他资源支持是能够完成该项无形资产开发的经济基础,因此,企业必须能够说明为完成该项无形资产开发所需的财务和其他资源,是否能够足以支持完成该项无形资产的开发。③能够证明企业可以取得无形资产开发所必需的技术、财务和其他资源,以及获得这些资源的相关计划等,如企业自有资金不足以提供支持的,应当能够证明存在外部其他方面的资金支持,如银行等金融机构声明愿意为该无形资产的开发提供所需资金等。④有能力使用或出售该项无形资产以取得收益。

(5)归属于该无形资产开发阶段的支出能够可靠地计量。企业对于开发活动所发生的支出应单独核算。例如,直接发生的开发人员薪酬、材料费以及相关设备折旧费等。在企业同时从事多项开发活动的情况下,所发生的支出同时用于支持多项开发活动的,应按照合理的标准在各项开发活动之间进行分配;无法合理分配的,应予以费用化计入当期损益,不计入开发活动的成本。

二、内部研究开发无形资产的核算

为了核算企业研究与开发无形资产过程中发生的各项支出,企业应设置“研发支出”科目。该科目为费用类,借记登记实际发生的研发支出,贷方登记转为无形资产和研发费用的金额,借方余额反映企业正在进行中的研究开发项目中满足资本化条件的支出。企业应当按照研究开发项目,分别设置“费用化支出”与“资本化支出”明细科目进行明细分类核算。

研究阶段的特点在于其属于探索性的过程,这是为进一步的开发活动进行资料及相关方面的准备。开发后是否形成无形资产等具有较大的不确定性。因此,在研究阶段的发生支出全部费用化,在发生时,借记“研发支出——费用化支出”“应交税费——应交增值税(进项税额)”科目,贷记“银行存款”等科目。期末应根据发生的全部研究支出,借记

"研发费用"科目,贷记"研发支出——费用性支出"科目。在开发阶段的支出符合资本化条件的,予以资本化,借记"研发支出——资本化支出""应交税费——应交增值税(进项税额)"科目,贷记"银行存款""原材料""应付职工薪酬"等科目。在开发阶段发生的费用化支出,其核算方法与研究阶段发生支出的核算相同。如果确实无法区分研究阶段的支出和开发阶段的支出,应将其所发生的研发支出全部费用化,计入当期损益。发生的用于管理、培训等方面的支出,不应资本化,而应予以费用化。

企业为享受《财政部 国家税务总局 科技部关于完善研究开发费用税前加计扣除政策的通知》(财税〔2015〕119号)中有关研究开发费用加计扣除优惠政策,可以对享受加计扣除的研究开发费用按研发项目设置辅助账,归集核算当年可加计扣除的各项研究开发费用实际发生额。

【例6-3】　乙企业正在研究和开发一项新工艺,截至2×23年12月31日发生各项研究、调查、试验等费用共计2 000 000元,经测试该项研发活动完成了研究阶段;从2×24年1月1日开始进入开发阶段,共支出研发费用3 000 000元,假定符合资本化条件;2×24年6月30日,该项研发活动结束,形成一项非专利技术,以上款项均通过银行存款支付。乙企业应编制如下会计分录。

(1)2×23年12月31日发生的研发支出:

借:研发支出——费用化支出　　　　　　　　　　　　　　　　　　　　　2 000 000
　贷:银行存款　　　　　　　　　　　　　　　　　　　　　　　　　　　　　2 000 000

(2)2×23年12月31日将研究阶段发生的全部研发支出转入当期损益:

借:研发费用——非专利权　　　　　　　　　　　　　　　　　　　　　　　2 000 000
　贷:研发支出——费用化支出　　　　　　　　　　　　　　　　　　　　　　2 000 000

(3)2×24年1月1日,发生开发支出并满足资本化确认条件:

借:研发支出——资本化支出　　　　　　　　　　　　　　　　　　　　　　3 000 000
　贷:银行存款　　　　　　　　　　　　　　　　　　　　　　　　　　　　　3 000 000

(4)2×24年6月30日,该技术研发完成并形成无形资产:

借:无形资产　　　　　　　　　　　　　　　　　　　　　　　　　　　　　3 000 000
　贷:研发支出——资本化支出　　　　　　　　　　　　　　　　　　　　　　3 000 000

【例6-4】　甲公司自主开发一项专利技术。在开发过程中发生消耗的原材料费用为30 000元,开发研究人员的职工薪酬为7 000元,用银行存款支付发生的其他费用8 000元。在发生的支出中,费用化支出为21 000元,资本化支出为24 000元。

(1)借:研发支出——费用化支出　　　　　　　　　　　　　　　　　　　　21 000
　　　　　　　——资本化支出　　　　　　　　　　　　　　　　　　　　24 000
　　贷:原材料　　　　　　　　　　　　　　　　　　　　　　　　　　　　30 000
　　　　应付职工薪酬　　　　　　　　　　　　　　　　　　　　　　　　　7 000
　　　　银行存款　　　　　　　　　　　　　　　　　　　　　　　　　　　8 000

（2）借：研发费用   21 000

    无形资产——专利技术   24 000

   贷：研发支出——费用化支出   21 000

       ——资本化支出   24 000

第四节 无形资产的摊销的核算

一、无形资产使用寿命的确定

企业应当于取得无形资产时分析判断其使用寿命，无形资产的使用寿命如为有限的，应当估计该使用寿命的年限或者构成使用寿命的产量等类似计量单位数量。无形资产的使用寿命有法定寿命和经济寿命。有些无形资产的使用寿命受法律、规章或合同的限制，称为法定寿命，如我国法律规定发明专利权的有效期为 20 年，商标权的有效期为 10 年。经济寿命是指无形资产可以为企业带来经济利益的年限，由于无形资产受技术进步、市场竞争等因素的影响，无形资产的经济寿命往往短于法定寿命。在估计无形资产的使用寿命时应当综合考虑各方面相关因素，合理确定无形资产的使用寿命。

（一）估计无形资产的使用寿命应考虑的因素

（1）该资产通常的产品寿命周期，以及可获得的类似资产使用寿命的信息。

（2）技术、工艺等方面的现实情况及对未来发展趋势的估计。

（3）以该资产生产的产品或服务的市场需求情况。

（4）现在或潜在的竞争者预期将采取的行动。

（5）为维持该资产产生未来经济利益能力的预期维护支出及企业预计支付有关支出的能力。

（6）对该资产的控制期限，对该资产使用的法律规定或类似限制，如特许使用期限、租赁期间等。

（7）与企业持有的其他资产使用寿命的关联性等。

按照上述方法仍无法合理确定无形资产能否为企业带来经济利益期限的，该项无形资产应作为使用寿命不确定的无形资产。

（二）无形资产使用寿命的确定

（1）源自合同性权利或其他法定权利取得的无形资产，其使用寿命不应超过合同性权利或法定权利的期限。如果合同性权利或其他法定权利能够在到期时因续约等延续，当有证据表明企业续约不需要付出重大成本时，续约期才能够包括在使用寿命估计中。

（2）没有明确的合同或法律规定的无形资产，企业应当综合各方面情况，如聘请相关专家进行论证或与同行业的情况进行比较以及企业的历史经验等，以确定无形资产为企业带来未来经济利益的期限。

（3）如果经过这些努力确实无法合理确定无形资产为企业带来经济利益的期限，再将其作为使用寿命不确定的无形资产。

（三）无形资产使用寿命的复核

企业至少于每年年度终了，对无形资产的使用寿命进行复核，如果有证据表明无形资产的使用寿命不同于以前的估计，由于合同的续约或无形资产应用条件的改善，延长了无形资产的使用寿命，对于使用寿命有限的无形资产应改变其摊销年限，并按照《企业会计准则第 28 号——会计政策、会计估计变更和差错更正》进行处理。

对于使用寿命不确定的无形资产，如果有证据表明其使用寿命是有限的，应当按照《企业会计准则第 28 号——会计政策、会计估计变更和差错更正》进行处理。并按照无形资产中关于使用寿命有限的无形资产的处理原则进行处理。

二、无形资产摊销的核算

（一）摊销期、摊销方法和摊销金额的确定

无形资产的摊销期自其可使用（即其达到预定用途）开始至终止确认时止。在无形资产的使用寿命内系统地分摊其应摊销金额。

无形资产的摊销方法有多种，包括直线法、产量法等。企业选择的无形资产摊销方法应依据从资产中获取的预期未来经济利益的预计消耗方式来选择，并一致地运用于不同会计期间。例如，受技术陈旧因素影响较大的专利权和专有技术等无形资产，可采用类似固定资产加速折旧法进行摊销；有特定产量限制的特许经营权或专利权，应采用产量法进行摊销。无法可靠确定其预期消耗方式的，应当采用直线法进行摊销。

由于收入可能受到投入、生产过程和销售等因素的影响，这些因素与无形资产有关经济利益的预期消耗方式无关，企业通常不应以包括使用无形资产在内的经济活动所产生的收入为基础进行摊销。但是，下列极其有限的情况除外。

（1）企业根据合同约定确定无形资产固有的根本性限制条款（如无形资产的使用时间、使用无形资产生产产品的数量或因使用无形资产而应取得固定的收入总额）的，当该条款为因使用无形资产而应取得的固定的收入总额时，取得的收入可以成为摊销的合理基础。例如，企业获得勘探开采黄金的特许权，且合同明确规定该特许权在销售黄金的收入总额达到某固定的金额时失效。

（2）有确凿的证据表明收入的金额和无形资产经济利益的消耗是高度相关的。例如，企业采用车流量法对高速公路经营权进行摊销的，不属于以包括使用无形资产在内的经济活动产生的收入为基础的摊销方法。

无形资产的摊销金额是指其成本扣除预计残值后的金额。已计提减值准备的无形资产，还应扣除已计提的无形资产减值准备累计金额。无形资产的摊销金额一般应当计入当期损益（管理费用）。但如果某项无形资产是专门用于生产某种产品或者其他资产的，其所包含的经济利益是通过转入所生产的产品或其他资产中实现的，则无形资产的摊销金额应当计入相关资产的成本。例如，某项专门用于生产过程中的无形资产，其摊销金额应构成所生产产品成本的一部分，计入该产品的制造费用。

企业至少应于每年年度终了，对使用寿命有限的无形资产的使用寿命和摊销方法进行复核，如果有证据表明无形资产的使用寿命和摊销方法不同于以前的估计，应当改变其

摊销年限和摊销方法,并按照会计估计变更进行会计处理。

(二)残值的确定

无形资产的残值一般为零,除非有第三方承诺在无形资产使用寿命结束时,愿意以一定的价格购买该项无形资产;或者根据活跃市场得到预计残值信息,并且该市场在无形资产使用寿命结束时很可能存在。

估计无形资产的残值应以资产处置时的可收回金额为基础,此时的可收回金额是指在预计出售日,出售一项使用寿命已满且处于类似使用状况下的同类无形资产预计的处置价格(扣除相关税费)。残值确定以后,在持有无形资产的期间内,至少应于每年年末进行复核,预计其残值与原估计金额不同的,应按照会计估计变更进行处理。如果重新估计以后无形资产的残值高于其账面价值的,无形资产不再摊销,直至残值降至低于账面价值时再恢复摊销。

(三)使用寿命有限的无形资产摊销会计处理

为了核算企业对使用寿命有限的无形资产计提的累计摊销额,应设置"累计摊销"科目。该科目属于资产类,是"无形资产"的调整(备抵)科目,贷方登记企业计提的无形资产摊销;借方登记处置无形资产转出的累计摊销,期末贷方余额,反映企业无形资产的累计摊销额,按无形资产项目设置明细账。

企业应对使用寿命有限的无形资产,根据其使用寿命,采用一定的摊销方法,按月计提无形资产摊销额,企业按月计提无形资产摊销时,应借记"管理费用""其他业务成本"等科目,贷记"累计摊销"科目。

【例 6-5】 甲企业拥有一项专利权,价值为 720 000 元,摊销期为 10 年,采用直线法在摊销期进行摊销,每月摊销额为 6 000 元。甲企业应编制会计分录如下:

借:管理费用——无形资产摊销   6 000

    贷:累计摊销——专利权   6 000

第五节 无形资产的出售、出租和报废

无形资产的处置主要是指无形资产的出售、出租、报废或对外捐赠等,或者是无形资产无法给企业带来经济利益,将其予以转销并终止确认。

一、无形资产的出售

企业出售无形资产时,应将所得价款与该无形资产的账面价值之间的差额计入当期损益,作为处置利得或损失。应当注意,出售无形资产不属于企业的日常活动,不符合《企业会计准则第 14 号——收入》中的收入定义,因而,出售无形资产所得应以净额核算和反映。按照《企业会计准则第 6 号——无形资产》的规定,当企业出售无形资产时,按实际取得的转让收入,借记"银行存款"等科目,按该项无形资产已计提的减值准备,借记"无形资产减值准备"科目。按无形资产的账面余额,贷记"无形资产"科目,按应支付的相关税费,贷记"银行存款"科目,按照开具的增值税专用发票上注明的增值税销项税额,贷记"应交税费——应交增值税(销项税额)"科目,按其差额,贷记或借记"资产处置损益"科目。

【例6-6】　某企业是增值税一般纳税人,将拥有的专利权出售,取得收入300 000元,销售无形资产适用的增值税率为6%,该专利权的成本为120 000元,已摊销62 000元,已计提的减值准备为10 000元,该企业应编制如下会计分录。

借:银行存款　　　　　　　　　　　　　　　　　　　　　　300 000
　　无形资产减值准备　　　　　　　　　　　　　　　　　　　 10 000
　　累计摊销——专利权　　　　　　　　　　　　　　　　　　 62 000
　贷:无形资产——专利权　　　　　　　　　　　　　　　　　 120 000
　　　应交税费——应交增值税(销项税额)　　　　　　　　　　 18 000
　　　资产处置损益　　　　　　　　　　　　　　　　　　　　234 000

二、无形资产的出租

企业将所拥有无形资产的使用权让渡给他人,并收取租金和发生的费用,应该分别确认其他业务收入和其他业务成本。取得租金时,借记"银行存款"等科目,贷记"其他业务收入"等科目;摊销出租无形资产成本并发生与转让该无形资产有关的各种费用支出时,借记"其他业务成本"科目,贷记"累计摊销"等科目。

【例6-7】　2×24年1月1日,A企业将一项专利权出租给B企业使用,该专利权账面余额为3 000 000元,摊销期限为10年,采用直线法摊销。出租合同规定,每月收取租金为600 000元,应交的增值税额为36 000元,通过银行存款收到。A企业出租无形资产时应编制如下会计分录。

(1)取得租金收入时:

借:银行存款　　　　　　　　　　　　　　　　　　　　　　636 000
　贷:其他业务收入　　　　　　　　　　　　　　　　　　　 600 000
　　　应交税费——应交增值税(销项税额)　　　　　　　　　　 36 000

(2)按月摊销时:

$$每月摊销额＝3 000 000÷10÷12＝25 000(元)$$

借:其他业务成本　　　　　　　　　　　　　　　　　　　　 25 000
　贷:累计摊销——专利权　　　　　　　　　　　　　　　　　 25 000

三、无形资产的报废

无形资产预期不能为企业带来经济利益,就不再符合无形资产的定义,应将其报废并予以转销。转销时,按已摊销的累计摊销额,借记"累计摊销"科目;已计提无形资产减值准备的金额,还应同时结转减值准备,借记"无形资产减值准备"科目;按其账面余额,贷记"无形资产"科目;按其差额,借记"营业外支出"科目。

【例6-8】　某企业拥有一项专利权,根据市场调查,使用其生产的产品已没有市场,决定予以转销。该项专利权的账面余额为8 000 000元,摊销期限为10年,采用直线法进行摊销,已摊销了5年,假定该项专利权的残值为零,不考虑其他相关因素。该企业应编制如下会计分录。

借:累计摊销——专利权　　　　　　　　　　　　　　　　　　　　　4 000 000
　　营业外支出——处置无形资产损失　　　　　　　　　　　　　　　　4 000 000
　　贷:无形资产——专利权　　　　　　　　　　　　　　　　　　　　　　　8 000 000

第六节　无形资产的期末计价

　　企业应定期对无形资产的账面价值进行检查,至少于每年年末检查一次。如果无形资产为企业创造的经济利益还不足以弥补无形资产的成本(摊余成本),则说明无形资产发生了减值,其具体表现为无形资产的账面价值超过了其可收回金额,则将该无形资产账面价值超过可收回金额的部分确认为减值准备。企业根据《企业会计准则第8号——资产减值》的规定进行核算。

一、无形资产发生减值的判断

　　(1) 该无形资产已被其他新技术等所替代,使其为企业创造经济利益的能力受到重大不利影响。
　　(2) 该无形资产的市价在当期大幅下跌,在剩余摊销年限内预期不会恢复。
　　(3) 某项无形资产已超过法律保护期限,但仍然具有部分使用价值。
　　(4) 其他足以表明该无形资产实质上已经发生了减值的情形。

二、确定无形资产可收回金额

　　无形资产可收回金额的估计,应当根据其公允价值减去处置费用后的净额与该资产预计未来现金流量的现值两者之间较高者加以确定。

三、计提无形资产减值准备

　　企业计提的无形资产减值准备应当记入当期的"资产减值损失"科目,借记"资产减值损失——计提的无形资产减值准备"科目,贷记"无形资产减值准备"科目。无形资产的价值往往受许多因素的影响。虽然以前期间导致无形资产发生减值的迹象可能已经全部消失或部分消失,但是根据我国《企业会计准则第8号——资产减值》规定,企业不能将以前年度已确认的减值损失予以转回。

　　【例6-9】　甲公司拥有的商标权具有减值迹象。该商标权的账面价值为300 000元,经计算可收回金额为270 000元,确认减值损失为30 000元。

借:资产减值损失　　　　　　　　　　　　　　　　　　　　　　　　　　30 000
　　贷:无形资产减值准备　　　　　　　　　　　　　　　　　　　　　　　　30 000

课程思政案例

研发费用之谜

小张是一名会计专业的学生,他在学习无形资产的时候发现,研究和开发新产品能够大大提升企业的核心竞争力,但是,对于研发费用的确认和计量,许多会计人员莫衷一是。

(1) A公司是一家软件开发公司,为了获取更多的发展资金,准备在科创板上市。但是,A公司近3年的研发投入较少,每年研发投入占营业收入的比例为3‰~4‰,因此,A公司的会计人员打算对成本和费用进行调整,把有关本公司全部技术人员的所有支出(无论是否与研究和开发新产品、新技术等有关)计入研发费用,以此来使企业满足科创的属性。

(2) B公司是一家制造业企业,其想获得税收优惠,考虑到研发费用可以加计扣除,准备在研发费用上做文章。因此,B公司的会计人员打算把本应计入管理费用和销售费用的相关发生额计入研发费用,以便获得企业所得税的优惠。

(3) C公司最近在研发一款3D新游戏,为此投入了大量资金。但是,由于种种原因,游戏的开发失败了,C公司的会计人员认为,失败的研发活动产生的研发费用不能获得加计扣除的税收优惠政策。

思考题: 对于以上情况,小张产生了如下疑问。

(1) A公司想要在科创板上市,需要满足什么样的条件? A公司对研发费用的调整是否正确?

(2) 根据最新的政策,制造业的研发费用加计扣除的比例是多少? B公司能否通过上述方法获得企业所得税优惠呢?

(3) C公司会计的看法是否正确?研发活动失败了,相应的研发费用还适用加计扣除的政策吗?

(4) A公司、B公司和C公司的会计人员是否违背了会计职业道德?

请你对以上问题进行思考,帮助小张解答疑惑。

小提示: (1) 浏览中国证券监督管理委员会官网,查阅《科创属性评价指引》,了解在科创板上市需要满足的条件(参考链接 http://www.csrc.gov.cn/pub/newsite/)。

(2) 浏览中国政府网,了解制造业企业的研发费用加计扣除比例以及相关内容(参考链接 http://www.gov.cn/)。

(3) 查阅企业会计准则,了解有关无形资产部分的相关条款。

本章小结

本章应掌握以下重点内容。
（1）无形资产的概念、特征和内容。
（2）无形资产的初始计量。
（3）内部研究开发支出的确认与计量。
（4）无形资产摊销的核算。
（5）无形资产出售和报废的核算。
（6）无形资产减值的确认及其核算。

思考题

（1）试述无形资产的确认条件和初始计量的方法。
（2）内部研究开发的无形资产如何进行核算？
（3）试述无形资产使用寿命的确定要求。
（4）试述无形资产摊销期、摊销方法和摊销金额的核算。
（5）使用寿命不确定的无形资产，应当如何进行后续计量？
（6）阐述无形资产计提减值的确认和计量。

练习题

一、单项选择题

1. 下列各项中，在确认无形资产时无须考虑的是（　　）。
   A. 符合无形资产的定义
   B. 无形资产的成本能够可靠地计量
   C. 与该无形资产相关的预计未来经济利益很可能流入企业
   D. 无形资产的使用寿命必须是有限的

2. 决定无形资产摊销的因素是（　　）。
   A. 使用寿命　　　　　　　　　B. 是否可以辨认
   C. 消耗未来经济利益的方式　　D. 取得方式

3. 企业出售无形资产发生的净损失，应计入（　　）。
   A. 资产处置损益　　B. 其他业务成本　　C. 主营业务成本　　D. 管理费用

4. 企业出售无形资产所有权取得的净收益，应当记入（　　）科目的贷方。
   A. "其他业务收入"　　　　　　B. "资产处置损益"
   C. "主营业务收入"　　　　　　D. "销售费用"

5. 关于无形资产后续计量，下列说法中，正确的是（　　）。
   A. 使用寿命不确定的无形资产应该按系统合理的方法摊销
   B. 使用寿命不确定的无形资产，其应摊销金额应按10年摊销

C. 企业无形资产摊销方法应当反映与该项无形资产有关的经济利益的预期实现方式

D. 无形资产的摊销方法只有直线法

6. 企业转让一项专利权,该专利权的账面余额 50 万元,已摊销 20 万元,计提无形资产减值准备 5 万元,取得转让价款 28 万元,假设不考虑其他因素,该企业应确认的转让无形资产净收益为( )万元。

A. —2   B. 1.6   C. 3   D. 8

7. 某企业 2×19 年 1 月 1 日购入一项无形资产,该无形资产的实际成本为 500 万元,摊销年限为 10 年。2×23 年 12 月 31 日,该无形资产发生减值,预计可收回金额为 180 万元。如果无形资产原摊销年限不变,2×24 年 12 月 31 日,该无形资产的账面价值为( )万元。

A. 170   B. 214   C. 200   D. 144

8. 关于无形资产中下列表述中,正确的是( )。

A. 没有实物形态的资产都是无形资产

B. 无形资产不能用于企业的管理

C. 未来的经济利益具有高度的不确定性

D. 一些无形资产是不可辨认的

9. 下列表述中,不正确的是( )。

A. 无形资产出租收入应当确认为其他业务收入

B. 无形资产的摊销金额应当计入相关资产的成本

C. 无形资产出售的损益应当确认为营业外收入

D. 无形资产的研究开发费用计入当期损益

10. 以下不符合无形资产特征的表述是( )。

A. 无形资产是企业拥有或控制并能为其带来未来经济利益的一种资源

B. 无形资产不具有实物形态

C. 具有可辨认或不具有可辨认性的无形资产均可作为无形资产核算

D. 无形资产属于非货币性资产

二、多项选择题

1. 出售无形资产的净损失不应计入( )。

A. 管理费用   B. 营业外支出

C. 其他业务支出   D. 销售费用

E. 财务费用

2. 下列项目中,属于无形资产的有( )。

A. 商誉   B. 专利权

C. 土地使用权   D. 著作权

E. 非专利技术

3. 企业对使用寿命有限的无形资产进行摊销时,其摊销额应根据不同情况分别计入( )。

A. 管理费用   B. 制造费用   C. 财务费用   D. 其他业务成本

E. 营业外支出

4. 企业确定无形资产的使用寿命,应当考虑的因素有(　　)。

    A. 该资产通常的产品寿命周期,可获得的类似资产使用寿命的信息

    B. 技术、工艺等方面的现实情况及对未来发展的估计

    C. 以该资产生产的产品或服务的市场需求情况

    D. 现在或潜在的竞争者预期采取的行动

    E. 为维持该资产产生未来经济利益的能力预期的维护支出,以及企业预计支付的有关支出的能力

5. 自行研究开发无形资产的有关会计处理方法包括(　　)。

    A. 不满足资本化条件的,借记"研发支出——费用化支出"科目,贷记"银行存款"等科目

    B. 不满足资本化条件的,借记"研发费用"科目,贷记"原材料"等科目

    C. 满足资本化条件的,借记"研发支出——资本化支出"科目,贷记"原材料"等科目

    D. 满足资本化条件的,借记"无形资产"科目,贷记"原材料"等科目

    E. 研究开发项目达到预定用途形成无形资产的,按"研发支出——资本化支出"科目的金额,借记"无形资产"科目,贷记"研发支出——资本化支出"科目

6. 下列经济业务不应通过"无形资产"科目核算的有(　　)。

    A. 购入一项专利权和相关设备,而相对价值较小的专利权

    B. 企业合并成本大于合并取得被购买方各项可辨认净资产公允价值份额差额的形成的商誉

    C. 企业经划拨无偿取得的土地使用权

    D. 购入的计算机公司为客户开发的软件

    E. 计算机公司为客户开发的软件

7. 下列关于无形资产的会计处理中,错误的有(　　)。

    A. 内部研究阶段的支出,应全部资本化,记入"研发支出——资本化支出"科目

    B. 处置无形资产账面价值转入营业外支出

    C. 出租无形资产使用权取得的租金收入和发生的相关费用,应通过其他业务收入和其他业务成本核算

    D. 无形资产的摊销金额均应当计入当期损益

    E. 无形资产使用寿命确定的要进行摊销

8. 关于无形资产后续计量的处理,下列各项正确的有(　　)。

    A. 使用寿命不确定的无形资产,如果有证据表明其使用寿命是有限的,应当按照会计估计变更处理

    B. 用于使用寿命确定的无形资产,如果有证据表明其使用寿命不同于以前估计的,应改变其摊销年限,并按会计估计变更进行处理

    C. 有证据表明无形资产的摊销方法不同于以前估计,应改变其摊销方法,并按会计政策变更进行处理

    D. 如果某项无形资产计提了减值准备,则应对该无形资产的摊销期限作出变更

    E. 无形资产无论使用寿命是否确定都需要计提摊销

9. 企业按期(月)计提无形资产摊销,借方不可能记入(　　)科目。

A. "管理费用"   B. "其他业务成本"

C. "销售费用"   D. "制造费用"

E. "生产成本"

10. 外购无形资产的成本包括(　　)。

A. 购买价款   B. 进口关税   C. 其他相关税费   D. 领用原材料费用

E. 形成商誉的费用

三、判断题

1. 某项无形资产的预计使用年限没有超过相关合同规定的受益年限或法律规定的有效年限的,该无形资产应当在其预计使用年限内分期摊销。 (　　)

2. 不再能够为企业带来经济利益的无形资产,其摊余价值应当全部转入当期损益。 (　　)

3. 非专利技术不属于无形资产,而专利技术属于无形资产。 (　　)

4. 无形资产都应当摊销,以便正确确定当期损益。 (　　)

5. 计提无形资产减值准备不影响无形资产的摊销。 (　　)

6. 研发支出都应该资本化,计入无形资产的价值。 (　　)

7. 摊销无形资产时,直接冲减无形资产账面价值。 (　　)

8. 商誉也是企业的无形资产。 (　　)

9. 自行研究开发形成无形资产的成本不仅包括开发阶段的支出,也包括研究阶段的支出。 (　　)

10. 无形资产都有确定的使用年限。 (　　)

四、计算题

1. 甲公司有关无形资产的业务如下。

2×24 年 1 月 1 日,甲公司从外单位购得一项新专利技术用于产品生产,支付价款 75 000 000 元,增值税额 4 500 000,款项已支付,该项专利技术法律保护期间为 15 年,公司预计运用该专利生产的产品在未来 10 年内会为公司带来经济利益,假定这项无形资产的净残值均为零,并按年采用直线法摊销。

要求:计算无形资产每年的摊销额并作出 2×24 年摊销的会计分录。

2. 某上市公司自行研究开发一项专利技术,与该项专利技术有关的资料如下。

(1) 2×24 年 1 月,该项研发活动进入开发阶段,用银行存款支付开发费用 280 万元,其中满足资本化条件的为 150 万元。2×24 年 7 月 1 日,研发活动结束,并按法律程序申请取得专利权,供企业行政管理部门使用。

(2) 该项专利权法律规定有效期为 5 年,采用直线法按月进行摊销。

(3) 2×24 年 12 月 1 日,将该项专利权转让,实际取得价款为 160 万元,应交增值税 9.6 万元,款项已存入银行。

要求:

(1) 编制上市公司发生开发支出的会计分录。

(2) 编制上市公司转销费用化支出的会计分录。

(3) 编制上市公司形成专利权的会计分录。

(4) 计算上市公司专利权摊销金额,并编制会计分录。

(5) 编制上市公司出售专利权的会计分录。

3. 甲公司以 300 万元的价值对外出售一项专利权。该项专利权系甲公司以 480 万元的价格购入,购入时该专利权预计使用年限为 10 年,出售时该专利权已使用 5 年。假定不考虑其他相关税费,该专利权未计提减值准备。

要求:计算甲公司出售该专利权所获得的利得并作出会计处理。

五、业务题

1. 某公司 2×24 年 12 月份发生有关无形资产的经济业务如下。

(1) 12 月 5 日,公司购入一项专利权,支付专利权转让费及有关手续费共计 158 000 元,按合同规定,公司在合同签订日先行支付 50 000 元,其余款项在产品上市以后再行支付。

(2) 12 月 10 日,公司因生产产品需要,组织研究人员在一项技术研发过程中发生材料费 89 000 元,应付研发人员薪酬 54 000 元,支付租金 5 000 元;上述各项支出中应予资本化的部分是 121 000 元,应予以费用化的部分是 27 000 元。

(3) 12 月 12 日,公司为开发市场的需要,购入某服装公司商标使用权,一次支付款项 1 800 000 元,使用年限 4 年,已办妥各种手续。

(4) 12 月 17 日,公司接受某服装公司以土地使用权作价向本公司进行投资。经专业评估师评估,土地使用权的价值为 8 600 000 元,折换成公司每股面值为 1 元的普通股股票 4 300 000 股。

(5) 12 月 20 日,公司出售一项专利权的所有权,出售价格 130 000 元,出售时无形资产的账面余额 115 000 元,累计摊销 10 000 元,计提减值准备 3 000 元,增值税税率为 6%。

(6) 12 月 31 日,公司按照规定摊销一项专利权,此专利权购买成本为 280 000 元,公司规定的摊销年限为 10 年。

(7) 12 月 31 日,公司的一项专利权无法在未来给企业带来经济利益,公司按规定将其作报废处理,此项专利权账面余额 126 000 元,累计摊销额 115 000 元。

要求:根据上述经济业务,编制会计分录。

2. 甲股份有限公司 2×22 年至 2×24 年与无形资产业务有关的资料如下。

(1) 2×22 年 1 月 1 日,甲股份有限公司以银行存款 600 万元购入一项无形资产(不考虑相关税费),该无形资产的预计使用年限为 10 年。

(2) 2×22 年 12 月 31 日,甲股份有限公司预计该无形资产的可收回金额为 284 万元。该无形资产发生减值准备后,原预计使用年限不变。

(3) 2×23 年 12 月 31 日,甲股份有限公司预计该无形资产的可收回金额为 259.6 万元,调整该无形资产减值准备后,原预计使用年限不变。

(4) 2×24 年 4 月 1 日,甲股份有限公司将该无形资产对外出售,取得价款 290 万元,并收存银行(不考虑相关税费)。

要求:

(1) 编制购入该无形资产的会计分录。

(2) 计算 2×22 年 12 月 31 日该无形资产的账面净值。

(3) 编制 2×22 年 12 月 31 日该无形资产计提减值准备的会计分录。

(4) 计算 2×23 年 12 月 31 日该无形资产的账面净值。

(5) 编制 2×23 年 12 月 31 日调整该无形资产减值准备的会计分录。

(6) 计算 2×24 年 3 月 31 日该无形资产的账面净值。

(7) 计算出售该无形资产形成的净损益。

第七章　投资性房地产

 导入案例

　　三木集团的核心主业是房地产开发,公司成立于 1984 年 10 月。1992 年 12 月,公司成功改制为股份制企业。1996 年 11 月,公司股票在深圳证券交易所成功上市。2010 年,各地限购政策对房地产市场产生了较大的影响。2012 年 12 月 14 日,三木集团发布公告,决定自 2012 年 1 月 1 日起,对投资性房地产采用公允价值模式进行后续计量。变更后,三木集团不再对投资性房地产计提折旧或进行摊销,并以资产负债表日投资性房地产的公允价值为基础调整其账面价值,公允价值与原账面价值之间的差额计入当期损益。并在 2010 年度及 2011 年度可比报表中进行追溯调整。

　　会计政策变更后,三木集团投资性房地产的账面价值较上年增加了 9 倍,其中由于变更投资性房地产后续计量模式影响到的金额为 89 574 万元,占投资性房地产总变动金额的 70%。另外,投资性房地产账面价值的大幅增加,也使得其在总资产中所占比重增长了 25.12%。同时,该集团 2009 年至 2011 年 3 年的利润额连续下降,而 2012 年度的净利润却略有上升。实际上,在变更投资性房地产后续计量模式之前,2012 年度前三个季度的净利润只有 346 万元,而在变更以后,企业通过追溯调整使得前三个季度的利润额上涨了 84.14%,达到了 636 万元,大大增加了 2012 年的净利润。

　　——许晓华.上市公司投资性房地产计量模式的变更——以三木集团为例[J].宜宾学院学报,2014,14(2):65-68.

　　问题

　　(1) 三木集团为什么要变更投资性房地产的后续计量模式?

　　(2) 投资性房地产计量模式变更会对财务报表产生哪些影响?

教学目标

　　通过本章学习,学生应掌握投资性房地产的初始计量和后续计量的核算;掌握投资性房地产后续支出的核算;掌握投资性房地产转换和处置的核算;了解投资性房地产的概念、特征和确认条件;熟悉投资性房地产的核算内容。

第一节　投资性房地产的确认

一、投资性房地产的概念及其特征

（一）投资性房地产的概念

房地产是土地和房屋及其权属的总称。在我国，土地归国家或集体所有，企业只能取得土地使用权。因此，房地产中的土地是指土地所有权。房屋是指土地上的房屋等建筑物及构筑物，包括住宅、厂房、仓库、商业、服务、文化、教育、办公、医疗和体育用房等。房屋和土地是紧密联系、不可分割的，一方面，房屋必须建在土地上；另一方面，地下的各种设施都是为房屋主体服务的，是房屋主体不可缺少的组成部分。因此，人们习惯上将其称为房地产。随着经济的发展和投资观念的改变，对有关投资性房地产或物业项目进行投资，逐渐成为一种时尚。但是由于投资性房地产在经过数年之后，其市场价值往往超过其账面价值，同时，房地产的投资一般金额大，周期长、流动性和变现能力较差，通常具有高风险、高收益的特点。为了规范投资性房地产的确认、计量和相关信息的披露，我国财政部于 2006 年 2 月 15 日发布了《企业会计准则第 3 号——投资性房地产》。该准则将投资性房地产定义为："是指为赚取租金或资本增值，或两者兼有而持有的房地产。"投资性房地产应当能够单独计量和出售。

（二）投资性房地产的特征

投资性房地产主要有以下特征。

（1）投资性房地产是一种经营活动。投资性房地产的主要形式是出租建筑物、出租土地使用权，这实质上属于一种让渡资产使用权行为。房地产租金就是让渡资产使用权取得的使用费收入，是企业为完成其经营目标所从事的经营活动以及与之相关的其他活动形成的经济利益总流入。投资性房地产的另一种形式是持有并准备增值后转让的土地使用权，尽管其增值收益通常与市场供求、经济发展等因素相关，但目的是为了增值后转让以赚取增值收益，也是企业为了完成其经营目标所从事的经营性活动以及与之相关的其他经济活动形成经济利益的总流入。

（2）投资性房地产是一种特殊的资产。企业持有的房地产除了用作自身管理、生产经营活动场所和对外销售之外，还出现了将房地产用于赚取租金或增值收益的活动，甚至是个别企业的主管业务，这就需要将投资性房地产单独作为一项资产进行核算和反映。

（3）投资性房地产有两种后续计量模式。企业的投资性房地产后续计量通常有两种计量模式，即成本模式和公允价值计量模式，采用公允价值模式后续计量时要满足特定条件的情况下，即有确凿证据表明其所有投资性房地产的公允价值能够持续可靠取得的，才可以采用公允价值模式进行后续计量。但是，同一企业只能采用一种模式对所有投资性房地产进行后续计量，不得同时采用两种计量模式进行后续计量。

二、投资性房地产的范围

投资性房地产主要包括以下内容。

（一）已出租的土地使用权

已出租的土地使用权是指企业通过出让或转让方式取得的，以经营租赁方式出租的土地使用权。企业取得的土地使用权通常包括在一级市场上以交纳土地出让金的方式取得的土地使用权，也包括在二级市场上接受其他单位转让的土地使用权。对于以经营租赁方式租入土地使用权再转租给其他单位的，不能确认为投资性房地产。

（二）已出租的建筑物

已出租的建筑物是指企业拥有产权的，以经营租赁方式出租的建筑物，包括自行建造或开发完成后用于出租的建筑物。企业在判断和确认已出租的建筑物时，应当把握以下要点。

（1）用于出租的建筑物是指企业拥有产权的建筑物。企业以经营租赁方式租入再转租的建筑物不属于投资性房地产。

（2）出租的建筑物是企业已经与其他方签订了租赁协议，约定以经营租赁方式出租的建筑物。

（3）企业将建筑物出租，按照租赁协议向承租人提供的相关辅助服务在整个协议中不重大的，应当将建筑物确认为投资性房地产。企业将其办公楼出租，同时向承租人提供维护、保安等日常辅助服务，企业应当将其确认为投资性房地产。

（三）持有并准备增值后转让的土地使用权

持有并准备增值后转让的土地使用权是指企业取得的、准备增值后转让的土地使用权。这类土地使用权很可能给企业带来资本增值收益，符合投资性房地产。

企业自用的房地产和作为存货的房地产不属于投资性房地产核算的范畴。

按照国家有关规定认定的闲置土地不属于持有并准备增值后转让的土地使用权，也就不属于投资性房地产。

三、投资性房地产的确认条件

满足投资性房地产定义，且同时符合以下两个条件的房地产，确认为投资性房地产。

（一）与投资性房地产有关的经济利益很可能流入企业

投资性房地产的确认应当与经济利益能否流入不确定程度的判断结合起来。如果投资性房地产有关的经济利益很可能流入企业，就应将其作为投资性房地产予以确认；反之，其不能确认为投资性房地产。

（二）该投资性房地产的成本能够可靠地计量

企业要确认投资性房地产，应该确定该投资性房地产所发生的成本必须能够可靠地计量。作为投资性房地产的确认时点一般为租赁期开始日，即土地使用权、建筑物进入出租状态、开始赚取租金的日期。但是对企业持有以备经营出租的空置建筑物，董事会或类似机构作出书面决议，明确表明将其用于经营出租且持有意图短期内不再发生变化的，即使尚未签订租赁协议，也应视为投资性房地产。对持有并准备增值后转让的土地使用权，其作为投资性房地产的确认时点为企业将自用土地使用权停止自用，准备增值后转让的日期。

投资性房地产的计量

一、投资性房地产的初始计量

投资性房地产应当按照取得时的实际成本进行初始计量。投资性房地产的成本一般包括取得该项投资性房地产直至使其达到预定可使用状态前所实际发生的一切合理的、必要的支出,如购买价款、相关税费等。

由于投资性房地产的取得渠道不同,相应的实际成本的构成也有所不同。一般投资性房地产取得的方式有外购、自行建造、非投资性房地产转换为投资性房地产等方式、接受投资者投入、进行债务重组取得、非货币性资产交换取得等。

为了核算投资性房地产的增减变化,设置"投资性房地产"账户。该账户为资产类,借方登记投资性房地产的增加,贷方登记投资性房地产的减少,期末余额一般在借方,反映投资性房地产的成本或账面价值。企业对投资性房地产采用成本模式计量的,应按投资性房地产的类别设置明细账户进行明细分类核算。企业对投资性房地产采用公允价值模式计量的,应在"投资性房地产"账户下设置"成本"和"公允价值变动"两个明细账户,分别核算其取得成本和持有期间的累计公允价值变动金额。

(一)外购的投资性房地产的初始计量

外购的投资性房地产,按购买价款、相关税费和直接归属于该资产的其他支出,作为入账价值。

【例 7-1】 甲公司为了开展业务,于 2×24 年 5 月初购入一层楼房,并进行出租,租期 5 年。该层楼房的买价是 8 000 000 元,相关税费 400 000 元,以上款项均通过银行存款支付。该公司的会计处理如下。

借:投资性房地产	8 400 000
贷:银行存款	8 400 000

企业购入的投资性房地产,部分用于出租(或资本增值)、部分自用,用于出租(或资本增值)的部分应当予以单独确认,应按照不同部分的公允价值占公允价值总额的比例将成本在不同部分之间进行分配。

(二)自行建造的投资性房地产的初始计量

自行建造的投资性房地产,其成本由建造该项资产达到可使用状态前所发生的必要支出,包括土地开发费、建安成本、应予以资本化的借款费用、支付的其他费用和分摊的间接费用等。在建造过程中发生的非正常性损失,直接计入当期损益,不计入投资性房地产建造成本。

【例 7-2】 甲公司是一家建筑公司,于 2×24 年 1 月 1 日开始在企业拥有的一块土地上自行建造一栋房屋,拟用于出租。工程期为 1 年,于当年的 12 月 31 日达到预定可使用状态。工程期间,甲公司投入工程物资 90 000 000 元,人工费用 5 000 000 元,假定没有发生其他费用。工程开工时,房屋所占土地的账面价值为 60 000 000 元,在"无形资产"科目中核算。

甲公司根据以上经济业务作会计处理如下。

（1）投入工程物资时。

借：在建工程　　　　　　　　　　　　　　　　　　　　　　　　90 000 000
　　贷：工程物资　　　　　　　　　　　　　　　　　　　　　　　　90 000 000

（2）发生人工费用时。

借：在建工程　　　　　　　　　　　　　　　　　　　　　　　　5 000 000
　　贷：应付职工薪酬　　　　　　　　　　　　　　　　　　　　　　5 000 000

（3）将土地使用权的账面价值计入工程成本时。

借：在建工程　　　　　　　　　　　　　　　　　　　　　　　　60 000 000
　　贷：无形资产——土地使用权　　　　　　　　　　　　　　　　　60 000 000

（4）工程完工时，计算并结转该房屋的成本。

该房屋的实际成本＝90 000 000＋5 000 000＋60 000 000＝155 000 000（元）

借：投资性房地产　　　　　　　　　　　　　　　　　　　　　　155 000 000
　　贷：在建工程　　　　　　　　　　　　　　　　　　　　　　　155 000 000

（三）其他方式取得的投资性房地产的初始计量

以其他方式取得投资性房地产，包括债务重组方式取得、非货币性资产交换取得、非投资性房地产转换为投资性房地产的，原则上也是按照取得时的实际成本作为入账价值。在符合其他相关准则规定时按照相应的准则予以确定，例如，债务重组方式转入的投资性房地产，就按照债务重组准则的规定进行处理；投资性房地产转换的计量将在本章第三节"投资性房地产的转换和处置"中进行核算。

二、投资性房地产的后续计量

投资性房地产的后续计量方式有成本模式计量和公允价值模式计量。我国《企业会计准则》规定投资性房地产后续计量优选模式是成本模式，如果采用公允价值模式计量必须要满足规定的条件。但是，同一企业只能采用一种模式对所有投资性房地产进行后续计量，不得同时采用两种计量模式。后续计量的会计核算中包括：采用成本计量模式中的计提折旧和摊销；采用公允价值模式计量中的公允价值变动损益的核算；投资性房地产的后续支出等。

（一）采用成本模式计量的投资性房地产

投资性房地产采用成本模式进行后续计量核算的主要内容包括：投资性房地产计提折旧或摊销，进行减值损失的测试和核算，发生的后续支出的核算等。

1. 投资性房地产计提折旧或摊销、取得租金收入的核算

采用成本模式进行后续计量的投资性房地产，应当按照固定资产或无形资产的有关规定，按期（月）计提折旧或摊销，借记"其他业务支出"等科目，贷记"投资性房地产累计折旧（摊销）"科目；取得租金收入时，借记"银行存款"等科目，贷记"其他业务收入"等科目。投资性房地产存在减值迹象的，还应当适用《企业会计准则第 8 号——资产减值》的有关

规定,经减值测试后确认发生减值的,应当计提减值准备。

【例 7-3】 甲企业将一栋办公楼出租给乙企业使用,采用成本模式进行后续计量。假设该栋办公楼的成本是 75 000 000 元,按照直线法计提折旧,使用年限为 25 年,预计净残值为零。按照经营租赁合同约定,乙企业每月支付给甲企业租金 100 000 元,甲企业通过银行存款收取。甲企业根据以上经济业务编制如下会计分录。

(1)计提折旧时,计算每月计提的折旧额。

$$75\,000\,000 \div 25 \div 12 = 250\,000(元)$$

借:其他业务成本　　　　　　　　　　　　　　　　　　　　　250 000
　　贷:投资性房地产累计折旧　　　　　　　　　　　　　　　　　　　250 000

(2)收取租金时。

借:银行存款　　　　　　　　　　　　　　　　　　　　　　　100 000
　　贷:其他业务收入　　　　　　　　　　　　　　　　　　　　　　　100 000

2. 成本模式下,投资性房地产后续支出的核算

(1)资本化的后续支出。与投资性房地产有关的后续支出,满足投资性房地产确认条件的,应当计入投资性房地产成本。

【例 7-4】 甲企业 2×24 年 5 月与乙公司的一项房屋经营租赁合同到期,该房屋按照成本模式进行后续计量,该房屋的原价为 5 000 000 元,已提折旧 3 000 000 元。为了提高房屋的租金,该企业将决定对房屋进行装修,并与乙公司继续签订经营租赁合同,约定装修完毕,将房屋继续出租给乙公司。5 月 20 日,甲企业与乙公司的租赁合同到期,房屋随即进入装修阶段。8 月 20 日,房屋装修完工,共发生支出 500 000 元,通过银行存款支付,即日按照租赁合同出租给乙公司。该企业装修发生的费用属于资本化支出,应当计入投资性房地产的成本。

① 2×24 年 5 月 20 日,房屋转入装修阶段时。

借:投资性房地产——房屋(在建)　　　　　　　　　　　　　2 000 000
　　投资性房地产累计折旧　　　　　　　　　　　　　　　　　3 000 000
　　贷:投资性房地产——房屋　　　　　　　　　　　　　　　　　　5 000 000

② 2×24 年 5 月 20 日至 2×24 年 8 月 20 日,装修发生支出期间。

借:投资性房地产——房屋(在建)　　　　　　　　　　　　　　500 000
　　贷:银行存款　　　　　　　　　　　　　　　　　　　　　　　　500 000

③ 2×24 年 8 月 20 日,装修工程结束时。

借:投资性房地产——房屋　　　　　　　　　　　　　　　　　2 500 000
　　贷:投资性房地产——房屋(在建)　　　　　　　　　　　　　　2 500 000

(2)费用化的后续支出。与投资性房地产有关的后续支出,不满足投资性房地产确认的条件应当在发生时计入当期损益。

【例 7-5】 某企业对其某项投资性房地产进行日常维护,发生的维护费用是 30 000 元,用银行存款支付。该项日常维护费用不符合资本化的条件,应当计入当期损益。

借：其他业务成本　　　　　　　　　　　　　　　　　　　　　　　　30 000
　　贷：银行存款　　　　　　　　　　　　　　　　　　　　　　　　　　30 000

（二）采用公允价值模式计量的投资性房地产

企业只有存在确凿证据表明其公允价值能够持续可靠取得的，才允许采用公允价值模式计量。企业一旦选择公允价值模式计量，就应当对其所有投资性房地产采用公允价值模式进行后续计量，不得对一部分投资性房地产采用成本模式进行后续计量，对另一部分投资性房地产采用公允价值模式进行后续计量。

1. 公允价值模式计量的确认条件

采用公允价值模式计量的投资性房地产，应当同时满足以下两个条件。

（1）投资性房地产所在地有活跃的房地产交易市场。所在地通常指投资性房地产所在城市。对于大中型城市来说，所在地应当为投资性房地产所在的城区。

（2）企业能够从房地产交易市场上取得同类或类似房地产的市场价格及其他相关信息，从而对投资性房地产的公允价值作出科学合理的估计。

2. 公允价值模式计量的会计核算

1）采用公允价值模式进行后续计量的会计核算

企业采用公允价值模式计量的投资性房地产，不对投资性房地产计提折旧或进行摊销，应当以资产负债表日投资性房地产的公允价值为基础调整其账面价值，公允价值与原账面价值之间的差额计入当期损益。为了核算公允价值与账面价值变动损益，企业需要设置"公允价值变动损益"科目进行核算。该科目属于损益类，贷方登记公允价值大于账面价值产生的差额；借方登记公允价值小于账面价值产生的差额；期末，将公允价值变动净损益结转到"本年利润"科目，结转后该科目没有余额。在投资性房地产总分类科目下设置"成本"和"公允价值变动"明细科目。

【例7-6】　甲企业于2×24年3月3日与乙企业签订一项租赁协议，约定将甲企业的一幢建造成本为70 000 000元的房屋出租给乙企业，租赁期为10年。2×24年5月1日开始起租。该类资产在当地有活跃的交易市场，且公允价值能够可靠取得。2×24年12月31日，该房屋的公允价值为85 000 000元。假设甲企业采用公允价值计量模式。

2×24年12月31日，按照公允价值调整账面价值，公允价值与原账面价值之间的差额计入当期损益。

借：投资性房地产——公允价值变动　　　　　　　　　　　　　　　　15 000 000
　　贷：公允价值变动损益　　　　　　　　　　　　　　　　　　　　　15 000 000

2）采用公允价值模式进行后续支出的会计核算

（1）资本化的后续支出。与投资性房地产有关的后续支出，满足投资性房地产确认条件的应当计入投资性房地产成本。

【例7-7】　2×24年5月，甲公司与乙公司的一项房屋租赁合同到期，为了提高房屋的租金收入，甲公司决定在租赁期满后对房屋进行装修，并与A企业签订租赁合同，约定自装修完工后，将房屋出租给A企业。5月20日，甲公司与乙公司的租赁合同到期，房屋也转入装修工程。8月5日，房屋装修工程完工，装修过程共发生支出500 000元，用银行存款支付,随即按照租赁合同出租给 A 公司。5 月 20 日,房屋的账面余额为 15 000 000 元,其中成本为 10 000 000 元。累计公允价值变动 5 000 000 元。假设甲公司对投资性房地产采用公允价值模式计量。

甲公司根据以上发生的经济业务作会计处理如下。

① 2×24 年 5 月 20 日,投资性房地产转入装修工程。

借:投资性房地产——房屋(在建)　　　　　　　　　　　　　　　　15 000 000

　　贷:投资性房地产——成本　　　　　　　　　　　　　　　　　　10 000 000

　　　　　　　　　　——公允价值变动　　　　　　　　　　　　　　5 000 000

② 2×24 年 5 月 20 日至 2×24 年 8 月 5 日,发生装修费用。

借:投资性房地产——房屋(在建)　　　　　　　　　　　　　　　　500 000

　　贷:银行存款　　　　　　　　　　　　　　　　　　　　　　　　500 000

③ 2×24 年 8 月 5 日,装修工程完工,计算投资性房地产成本。

投资性房地产成本=15 000 000+500 000=15 500 000(元)

借:投资性房地产——成本　　　　　　　　　　　　　　　　　　　15 500 000

　　贷:投资性房地产——房屋(在建)　　　　　　　　　　　　　　15 500 000

(2)费用化的后续支出。与投资性房地产有关的后续支出,如果不满足资本化确认条件的,应当在发生时计入当期损益。

(三)投资性房地产后续计量模式的变更

为了保证会计信息的可比性,企业对投资性房地产的计量模式一经确定,不得随意变更。只有在房地产市场比较成熟、能够满足公允价值计量模式条件的情况下,才允许企业从成本模式计量变更为公允价值模式计量。

成本模式计量改为公允价值模式计量的,应当作为会计政策变更处理,并按照计量模式变更时公允价值与账面价值的差额调整期初留存收益。已采用公允价值模式计量的投资性房地产,不得从公允价值模式改为成本模式。

【例 7-8】 甲企业于 2×20 年 1 月 3 日,以银行存款 50 000 000 元购买取得一栋房屋并准备对外出租。2×20 年 5 月 15 日将其对外出租。每年收取租金 100 000 元,并存入银行,甲企业对该投资性房地产采用成本模式进行计量,该房屋预计使用 10 年,预计净残值为零。2×23 年 12 月 31 日,该房屋的账面价值为 30 000 000 元,计提投资性房地产减值准备为 600 000 元。2×24 年 1 月 1 日,甲企业将其成本模式计量改为公允价值模式计量,经测算,该房屋的公允价值为 65 000 000 元。甲企业按照净利润的 10% 计提法定盈余公积。

甲企业作出的会计处理如下。

(1)2×20 年 1 月 3 日,购买房屋时。

借:投资性房地产——成本　　　　　　　　　　　　　　　　　　　50 000 000

　　贷:银行存款　　　　　　　　　　　　　　　　　　　　　　　　50 000 000

（2）每年收取租金收入时。

借：银行存款 100 000
　　贷：其他业务收入——租金收入 100 000

（3）每年摊销投资性房地产账面价值时。

$$每年的折旧额＝50\ 000\ 000÷10＝5\ 000\ 000（元）$$

借：其他业务成本 5 000 000
　　贷：投资性房地产累计折旧 5 000 000

（4）提取减值准备时。

借：资产减值损失 600 000
　　贷：投资性房地产减值准备 600 000

（5）2×24 年 1 月 1 日，该房屋由成本模式计量改为公允价值模式计量时。

借：投资性房地产——成本 65 000 000
　　投资性房地产累计折旧 20 000 000
　　投资性房地产减值准备 600 000
　　贷：投资性房地产——房屋 50 000 000
　　　　利润分配——未分配利润 32 040 000
　　　　盈余公积——法定盈余公积 3 560 000

投资性房地产的转换和处置

一、投资性房地产的转换

（一）房地产的转换形式

房地产的转换是因为房地产用途发生改变而对房地产进行重新分类。企业必须有确凿证据表明房地产用途发生改变，才能将投资性房地产转换为非投资性房地产或者将非投资性房地产转换为投资性房地产，如自用的办公楼改为出租，或者出租的房屋改为自用等。这里的确凿证据包括两个方面：一是企业董事会或类似机构应当就改变房地产用途形成正式的书面决议；二是房地产因用途改变而发生实际状态上的改变，如从自用改为出租等。房地产的转换形式主要包括以下几种。

（1）投资性房地产开始自用，相应地由投资性房地产转换为固定资产或者无形资产。

（2）房地产企业将用于经营出租的房地产重新开发用于对外销售，从投资性房地产转为存货。

（3）作为存货的房地产，改为出租，通常指房地产开发企业将其持有的开发产品以经营租赁方式出租，相应地由存货转换为投资性房地产。

（4）自用土地使用权停止自用，用于赚取租金或资本增值，相应地由无形资产转换为投资性房地产。

（5）自用建筑物停止自用，改为出租，相应地由固定资产转换为投资性房地产。

（二）非投资性房地产转换为投资性房地产

投资性房地产转换的核算包括投资性房地产转换为非投资性房地产的核算和非投资性房地产转换为投资性房地产的核算。在计量方式上即涉及按成本计量模式转换的核算和按公允价值计量模式转换的核算。

1. 采用成本模式对非投资性房地产转换为投资性房地产的后续计量

（1）作为存货的房地产转换为投资性房地产。这通常是指房地产开发企业将其持有的开发产品以经营租赁的方式出租，存货相应地转换为投资性房地产。

企业将作为存货的房地产转换为采用成本模式计量的投资性房地产，应当按该项存货在转换日的账面价值，借记"投资性房地产"科目，原已计提存货跌价准备的，借记"存货跌价准备"科目，按其账面余额，贷记"开发产品"等科目。

【例 7-9】 甲企业是从事房地产开发的企业，2×24 年 3 月 5 日，甲企业与乙企业签订了一项租赁协议，将其开发的一栋写字楼出租给 B 企业使用，租赁期开始日为 2×24 年 3 月 5 日。该写字楼的账面余额为 500 000 000 元，已计提存货跌价准备为 3 000 000 元。假设甲企业采用成本模式对其投资性房地产进行后续计量。

借：投资性房地产——写字楼		497 000 000
存货跌价准备		3 000 000
贷：开发产品		500 000 000

（2）自用房地产或土地使用权转换为投资性房地产。企业将原本用于日常生产商品、提供劳务或者经营管理的房地产改为出租，通常应于租赁期开始日，按照固定资产或无形资产的账面价值，将固定资产或无形资产相应地转换为投资性房地产。对不再用于日常生产经营活动且经整理后达到可经营出租的房地产，如果董事会或类似机构正式作出书面决议，明确表明其自用房地产或土地使用权用于经营出租且持有意图短期内不再发生变化的，应视为自用房地产或土地使用权转换为投资性房地产。企业将自用房地产或土地使用权的账面价值作为投资性房地产的入账价值。

【例 7-10】 甲公司拥有一部分厂房，用于公司生产活动，2×24 年 6 月 5 日改为出租。该厂房账面价值为 50 000 000 元，已提折旧 10 000 000 元。甲公司对该出租的厂房采用成本模式计量。甲公司编制会计分录如下。

借：投资性房地产		50 000 000
累计折旧		10 000 000
贷：固定资产——厂房		50 000 000
投资性房地产累计折旧		10 000 000

2. 采用公允价值模式对非投资性房地产转换为投资性房地产的后续计量

（1）作为存货的房地产转换为投资性房地产。企业将作为存货的房地产转换为采用公允价值模式计量的投资性房地产，应当按该项房地产在转换日的公允价值入账，转换日的公允价值小于账面价值的,按其差额,记入"公允价值变动损益"科目的借方;转换日的公允价值大于账面价值的,按其差额记入"其他综合收益"科目的贷方。

(2)自用房地产转换为投资性房地产。企业将自用房地产转换为采用公允价值模式计量的投资性房地产,应当按该项自用房地产在转换日的公允价值,记入"投资性房地产"科目的借方。转换日的公允价值小于账面价值的,按其差额,记入"公允价值变动损益"科目的借方;转换日的公允价值大于账面价值的,按其差额记入"其他综合收益"科目的贷方。

【例 7-11】　甲企业拥有一栋办公楼,由于企业暂时闲置则打算出租,以赚取租金收入。2×24 年 1 月 6 日,甲企业与乙企业签订租赁协议,将办公楼租赁给乙企业使用。租赁期开始日为 2×24 年 3 月 1 日,租赁期为 2 年。租赁期开始日,该办公楼的原价为460 000 000 元,已计提折旧 370 000 000 元,公允价值为 210 000 000 元。假设甲企业对投资性房地产采用公允价值模式计量。

借:投资性房地产——成本　　　　　　　　　　　　　　　　210 000 000
　　累计折旧　　　　　　　　　　　　　　　　　　　　　　370 000 000
　　贷:固定资产　　　　　　　　　　　　　　　　　　　　　　460 000 000
　　　　其他综合收益　　　　　　　　　　　　　　　　　　　120 000 000

(三)投资性房地产转换为非投资性房地产

1. 采用成本模式进行后续计量的投资性房地产转换为自用房地产

企业由原来用于资本增值或者赚取租金的房地产改为用于生产商品、提供劳务或者经营管理,投资性房地产相应转换为固定资产或者无形资产。企业应当按照该项投资性房地产在转换日的账面余额、累计折旧或摊销、减值准备等,分别转入"固定资产""累计折旧""无形资产"等科目,贷记"投资性房地产"科目;按已提的折旧或摊销,借记"投资性房地产累计折旧(摊销)"科目,贷记"累计折旧"或"累计摊销"科目;原已计提减值准备的,借记"投资性房地产减值准备"科目,贷记"固定资产减值准备"或"无形资产减值准备"科目。

【例 7-12】　甲企业将原出租的办公楼收回,开始自用。该办公楼的账面价值为39 000 000 元,其中:办公楼的原价为 45 000 000 元,已计提折旧为 6 000 000 元。假设甲企业采用成本模式计量。

借:固定资产——办公楼　　　　　　　　　　　　　　　　　45 000 000
　　投资性房地产累计折旧　　　　　　　　　　　　　　　　　6 000 000
　　贷:投资性房地产　　　　　　　　　　　　　　　　　　　　45 000 000
　　　　累计折旧　　　　　　　　　　　　　　　　　　　　　　6 000 000

2. 采用成本模式进行后续计量的投资性房地产转换为存货

房地产开发企业将用于经营出租的房地产重新开发用于对外销售的,从投资性房地产转换为存货。在这种情况下,转换日为租赁期届满、企业董事会或类似机构作出书面决议明确表明将其重新开发用于对外销售的日期。

企业将投资性房地产转换为存货时,应当按照该项房地产在转换日的账面价值,借记

"开发产品"科目,按照已计提的折旧或摊销,借记"投资性房地产累计折旧(摊销)"科目,原已计提减值准备的,借记"投资性房地产减值准备"科目,按其账面余额,贷记"投资性房地产"科目。

3. 采用公允价值计量模式进行后续计量的投资性房地产转换为自用房地产

企业将采用公允价值模式计量的投资性房地产转换为自用房地产时,应当以其转换当日的公允价值作为自用房地产的账面价值,公允价值与账面价值的差额计入当期损益。

【例 7-13】 2×24 年 1 月 3 日,甲企业因租赁期满,将出租的写字楼收回,开始用于本企业办公,该写字楼转换前按照公允价值计量模式。2×24 年 1 月 3 日,该写字楼的公允价值为 400 000 000 元,原账面价值为 358 000 000 元,其中:成本为 350 000 000 元,公允价值变动为增值 8 000 000 元。

借:固定资产	400 000 000
贷:投资性房地产——成本	350 000 000
——公允价值变动	8 000 000
公允价值变动损益	42 000 000

4. 采用公允价值模式进行后续计量的投资性房地产转换为存货

企业采用公允价值模式进行后续计量的投资性房地产转换为存货时,应当以其转换当日的公允价值作为存货的账面价值,公允价值与原账面价值的差额计入当期损益。

【例 7-14】 某企业将已开发的写字楼用于对外经营租赁。因租赁期满,企业将出租的写字楼收回,并决定进行对外出售。出售时该写字楼的公允价值为 67 000 000 元。该写字楼在转换前采用公允价值模式计量,原账面价值为 60 000 000 元,其中:成本为 58 000 000 元,公允价值变动为 7 000 000 元。

借:开发产品	67 000 000
贷:投资性房地产——成本	58 000 000
——公允价值变动	7 000 000
公允价值变动损益	2 000 000

二、投资性房地产的处置

当投资性房地产被处置,或者永久退出使用且预计不能从其处置中取得经济利益时,其应当终止确认该项投资性房地产。

企业可以通过对外出售或转让的方式处置投资性房地产取得收益。对于那些由于使用而不断磨损直到最终报废,或者由于遭受自然灾害等非正常原因发生毁损的投资性房地产应当及时进行清理。此外,企业因其他原因,如非货币性资产交换等而减少投资性房地产,也属于投资性房地产的处置。企业出售、转让、报废投资性房地产或者发生投资性房地产毁损,应当将处置收入扣除其账面价值和相关税费后的金额计入当期损益。

(一)处置以成本模式计量的投资性房地产

采用成本模式计量处置投资性房地产时,企业应当按照实际收到的金额,借记"银行存款"等科目,贷记"其他业务收入"科目;按照该项投资性房地产的账面价值,借记"其他业务成本"科目;按照其账面余额,贷记"投资性房地产"科目;按照已计提的折旧或摊销,借记"投资性房地产累计折旧(摊销)"科目;原已计提减值准备的,借记"投资性房地产减值准备"科目。

【例 7-15】　甲公司将其出租的一栋办公楼采用成本模式计量。在租赁期满后,甲公司与乙公司签订一项出售合同准备对外出售。合同价款为 500 000 000 元,乙公司已通过银行全部付清。出售时,该办公楼的成本为 450 000 000 元,已计提折旧 150 000 000 元,假设不考虑相关税费。

借:银行存款	500 000 000
贷:其他业务收入	500 000 000
借:其他业务成本	300 000 000
投资性房地产累计折旧	150 000 000
贷:投资性房地产——办公楼	450 000 000

(二)处置以公允价值模式计量的投资性房地产

处置投资性房地产采用公允价值模式计量时,公司应当按照实际收到的金额,借记"银行存款"等科目,贷记"其他业务收入"科目;按照该项投资性房地产的账面余额,借记"其他业务成本"科目;按照其成本,贷记"投资性房地产——成本"科目;按其累计公允价值变动,贷记或借记"投资性房地产——公允价值变动"科目。同时结转投资性房地产累计公允价值变动。若存在原转换日计入其他综合收益的金额,也一并结转。

【例 7-16】　承[例 7-11],2×22 年 12 月 31 日,甲企业拥有该项投资性房地产公允价值为 230 000 000 元。2×24 年 2 月 28 日,甲企业出租办公楼租赁期满,收回该项投资性房地产,并以 500 000 000 元出售,出售款项收到并存入银行。甲企业采用公允价值模式计量,不考虑相关税费。甲企业编制的会计分录如下。

(1) 2×22 年 12 月 31 日,确认公允价值变动。

借:投资性房地产——公允价值变动	20 000 000
贷:公允价值变动损益	20 000 000

(2) 2×24 年 2 月 28 日,收回并出售投资性房地产。

借:银行存款	500 000 000
贷:其他业务收入	500 000 000
借:其他业务成本	230 000 000
贷:投资性房地产——成本	210 000 000
——公允价值变动	20 000 000

(3) 同时,结转原确认的公允价值变动和其他综合收益。

借:公允价值变动损益	20 000 000
贷:其他业务成本	20 000 000
借:其他综合收益	120 000 000
贷:其他业务收入	120 000 000

 **课程思政案例**

成本模式还是公允价值模式

金地集团股份有限公司（以下简称金地集团）始创于 1988 年，于 2001 年在上海证券交易所上市。上市以后，金地集团对于集团内的投资性房地产采用的后续计量方式一直是成本模式，持续了十多年。但在 2013 年 11 月 30 日，金地集团对外发布公告，宣布自 2013 年 12 月 1 日起，集团将对其所有投资性房地产的计量方式进行改变，由原来的成本模式调整为公允价值模式，并会对 2012 年 12 月 31 日的财务报表进行追溯调整。

在计量方式变更以前，金地集团的财报显示，投资性房地产的账面价值为 3.09 亿元，而在改变了计量方式之后，金地集团的投资性房地产的公允价值为 7.59 亿元，相比原来的账面价值高出了 145.85%。并且此次会计政策变更使公司 2012 年年初所有者权益增加了约 21 亿元，2012 年净利润增加约 4 亿元，2013 年至 2014 年利润总额也是增长了 8 亿元。但同时，公允价值变动损益也超过了非经常性损益，在 2013 年达到了总利润的 32.18%。且投资性房地产的后续计量由成本模式变更为公允价值模式以后，将不再进行折旧与减值，公司无法再利用折旧来抵税，税盾功能失去作用。

金地集团投资性房地产计量模式的变更，一方面是受到了 2006 年颁布的会计准则的导向影响；另一方面是公司统一管理的需求，在当时的形势下十分符合会计发展的要求，但对于公司的长远影响还需要进一步研究。

思考题：你认为金地集团的后续计量方式变更对企业长远发展来说是否有利？你认为当前市场环境下，企业选择哪种后续计量方式更好？

小提示：像金地集团一样变更了投资性房地产的后续计量方式的企业还有很多，在当下的市场环境中，管理层需要慎重考虑是否持有和继续持有投资性房地产，而作为财会人员就需要协助管理层通过财务数据来作出决策。近年来，国家宏观调控房地产市场，提倡住房不炒，房地产市场增幅有所下滑，按照公允价值计量可以更加及时地反映出企业投资性房地产的盈亏情况。作为财会人员，在做好本职工作的时候也要关注宏观政策和市场变化，灵活地思考，帮助企业更好地管理与决策。

 本章小结

本章主要内容包括投资性房地产的概念、特征和范围，投资性房地产的确认、计量、转换和处置及相关的会计处理。

投资性房地产是指为赚取租金或资本增值，或两者兼有而持有的房地产。其包括已出租的建筑物、已出租的土地使用权及持有并准备增值后转让的土地使用权。

投资性房地产的确认和初始计量,与固定资产、无形资产基本一致。企业应当采用成本模式对投资性房地产进行后续计量,在满足特定条件时可以选择采用公允价值模式计量,不同的计量模式要求的会计处理方法也有所不同。

投资性房地产的转换是指企业房地产用途的变更。企业应区别两种计量模式,对投资性房地产转换的不同类别分别进行相应的会计处理。企业在对投资性房地产处置时,需要正确计算处置损益并进行相关的会计处理。

思考题

(1) 什么是投资性房地产,投资性房地产的核算范围有哪些?

(2) 投资性房地产的后续计量有几种模式,各自的核算特点是什么?

(3) 如何确定投资性房地产的取得成本?

(4) 如何对投资性房地产的后续支出进行会计处理?

(5) 采用公允价值模式对投资性房地产进行后续计量需要满足哪些条件?

(6) 如何进行投资性房地产后续计量模式的变更?

(7) 在不同后续计量模式下,投资性房地产转换的会计处理有何不同?

(8) 在不同后续计量模式下,投资性房地产处置的会计处理有何不同?

练习题

一、单项选择题

1. 投资性房地产的后续计量从成本模式转为公允价值模式的,转换日投资性房地产的公允价值高于其账面价值的差额会对下列财务报表项目产生影响的是(　　)。

　　A. 其他综合收益　　B. 营业外收入　　C. 未分配利润　　D. 投资收益

2. 投资性房地产进行初始计量时,其不正确的处理方法是(　　)。

　　A. 无论采用公允价值模式还是成本模式进行后续计量投资性房地产,均应按照成本进行初始计量

　　B. 采用公允价值模式进行后续计量投资性房地产,自行建造取得时按照公允价值进行初始计量

　　C. 自行建造投资性房地产的成本,由建造该项资产达到预定可使用状态前所发生的必要支出构成

　　D. 外购投资性房地产的成本,包括购买价款、相关税费和可直接归属于该资产的其他支出

3. A 房地产开发商于 2×22 年 1 月初,将作为存货的商品房转换为采用公允价值模式计量的投资性房地产,转换日商品房的账面价值为 10 000 万元,该项房产在转换日的公允价值为 9 000 万元,2×22 年和 2×23 年年末公允价值分别为 11 000 万元、13 000 万元,2×24 年年末,租赁期届满转为开发产品,当日公允价值为 15 000 万元。则不正确的会计处理是(　　)。

　　A. 转换日借记"投资性房地产——成本"科目 9 000 万元

B. 转换日借记"公允价值变动损益"科目 1 000 万元

C. 2×24 年年末,租赁期届满转为开发产品借记"开发产品"科目 15 000 万元

D. 持有投资性房地产期间,累计确认公允价值变动损益 4 000 万元

4. 2×22 年年初,A 公司将一幢办公楼转换为采用公允价值模式计量的投资性房地产,该办公楼的账面原值为 5 300 万元,已计提的累计折旧为 100 万元,已计提的固定资产减值准备为 200 万元,转换日的公允价值为 6 000 万元,2×24 年年末,租赁期届满,将其出售,售价为 10 000 万元,出售时,累计公允价值上升 2 000 万元。则该业务正确的会计处理为( )。

A. 2×22 年年初,转换为投资性房地产,借记"投资性房地产——成本"科目 6 000 万元

B. 2×22 年年初,转换为投资性房地产,贷记"公允价值变动损益"科目 1 000 万元

C. 2×24 年年末,租赁期届满出售时,将累计公允价值变动损益 2 000 万元转入"其他业务收入"科目

D. 2×24 年年末,租赁期届满出售时,将其他综合收益 1 000 万元转入"其他业务收入"科目

5. 甲公司对投资性房地产采用公允价值模式计量。2×22 年,将自用办公楼转换为投资性房地产,转换日的公允价值为 2 000 万元,固定资产原值为 1 500 万元,已计提折旧为 500 万元。2×24 年,租赁期届满转为自用固定资产,转换日该投资性房地产的公允价值为 2 300 万元,转换日之前"投资性房地产——公允价值变动"科目借方余额为 200 万元,则 2×24 年转换日该业务正确的会计处理为( )。

A. 2×24 年转换日借记"固定资产"科目 2 300 万元

B. 2×24 年转换日贷记"其他综合收益"科目 2 300 万元

C. 2×24 年转换日将累计公允价值变动损益 200 万元转入当期损益

D. 2×24 年转换日将 2×22 年产生的其他综合收益 1 000 万元转入当期损益

6. 甲公司 2×24 年 12 月将采用成本模式计量的投资性房地产转为自用固定资产,转换日该固定资产的公允价值为 30 000 万元,转换日之前"投资性房地产"科目余额为 22 000 万元,"投资性房地产累计折旧"科目金额为 2 000 万元,则转换日该业务正确的会计处理为( )。

A. "固定资产"科目的入账金额为 23 000 万元

B. "固定资产"科目的入账金额为 22 000 万元

C. 将投资性房地产累计折旧 2 000 万元转入固定资产

D. 确认转换损益为 3 000 万元

7. 下列有关投资性房地产的会计处理方法中,不正确的是( )。

A. 企业通常应当采用成本模式对投资性房地产进行后续计量,但满足一定条件时也可采用公允价值模式对投资性房地产进行后续计量

B. 同时采用成本模式和公允价值模式两种计量模式对投资性房地产进行后续计量

C. 只有存在确凿证据表明其公允价值能够持续可靠取得的,才允许采用公允价值计量模式

D. 投资性房地产满足一定条件时,可将成本模式变更为公允价值模式,并且进行追

溯调整

8. 企业生产经营用的土地使用权属于(　　)。

    A. 作为存货的房地产　　　　　　　　B. 经营性房地产

    C. 自用房地产　　　　　　　　　　　D. 投资性房地产

9. 房地产开发企业在正常经营过程中销售的或为销售而正在开发的商品房和土地属于(　　)。

    A. 作为存货的房地产　　　　　　　　B. 投资性房地产

    C. 经营性房地产　　　　　　　　　　D. 自用房地产

10. 采用公允价值模式进行后续计量的投资性房地产,正确的会计处理方法是(　　)。

    A. 应计提折旧或摊销

    B. 不计提折旧,但应进行摊销

    C. 不计提折旧或摊销,但应进行减值测试并计提减值准备

    D. 不计提折旧或摊销,应当以资产负债表日的公允价值计量

二、多项选择题

1. 下列各项中,属于投资性房地产的有(　　)。

    A. 已出租的建筑物

    B. 待出租的建筑物

    C. 已出租的土地使用权

    D. 以经营租赁方式租入后再转租的建筑物

    E. 持有并准备增值后转让的土地使用权

2. 按照《企业会计准则第3号——投资性房地产》的规定,下列不属于投资性房地产的有(　　)。

    A. 已出租的土地使用权

    B. 融资出租的建筑物

    C. 出租拥有产权的建筑物

    D. 出租拥有使用权的建筑物

    E. 出租的投资性房地产租赁期满,因暂时空置但继续用于出租

3. 下列关于投资性房地产的后续计量的表述中正确的有(　　)。

    A. 投资性房地产采用公允价值模式进行后续计量的,资产负债表日,投资性房地产的公允价值高于其账面余额的差额计入公允价值变动损益

    B. 母公司以经营租赁出租给子公司的房地产,应当作为母公司的投资性房地产,但在编制合并报表时,作为企业集团的自用房地产

    C. 与投资性房地产有关的后续支出,满足投资性房地产准则规定的确认条件的,应当计入投资性房地产成本;不满足准则规定的确认条件的,应当在发生时计入当期损益

    D. 采用公允价值对投资性房地产进行后续计量的企业,有证据表明,当企业首次取得某项投资性房地产(或某项现有房地产在完成建造或开发活动或改变用途后首次称为投资性房地产)时,该投资性房地产公允价值不能够持续可靠取得的,应当对该投资性房地产采用成本模式计量至处置,并假设无残值

E. 如果已经计提减值准备的投资性房地产的价值又得以恢复,应当转回

4. A 房地产开发商于 2×22 年 6 月,将作为存货的商品房转换为采用成本模式计量的投资性房地产,转换日的商品房账面余额为 1 000 万元,已计提跌价准备 200 万元。2×24 年 6 月,企业董事会或类似机构作出书面决议明确表明将其重新开发用于对外销售。至 2×24 年 6 月已计提折旧 80 万元,未计提减值准备。则转换日不正确的会计处理有(　　)。

A. 2×22 年 6 月转换日,借记"投资性房地产"科目 800 万元

B. 2×22 年 6 月转换日,借记"投资性房地产"科目 1 000 万元

C. 2×24 年 6 月转换日,借记"开发产品"科目 720 万元

D. 2×24 年 6 月转换日,借记"开发产品"科目 800 万元

E. 2×22 年 6 月转换日和 2×24 年 6 月转换日,均不确认损益

5. 下列各项中,应该记入一般企业"其他业务收入"科目的有(　　)。

A. 出售投资性房地产的收入

B. 出租建筑物的租金收入

C. 出售自用房屋的收入

D. 将持有并准备增值后转让的土地使用权予以转让所取得的收入

E. 出售经营性房地产的收入

6. 下列各项中,属于投资性房地产的有(　　)。

A. 企业拥有并出租给员工居住的宿舍

B. 企业以经营租赁方式租出的写字楼

C. 房地产开发企业持有并准备增值后出售的房屋

D. 企业持有拟增值后转让的土地使用权

E. 持有且拟用于建造职工宿舍的土地使用权

7. 下列关于采用成本模式计量的投资性房地产的会计处理中,表述正确的有(　　)。

A. 收取的租金计入其他业务收入

B. 计提的折旧或摊销计入其他业务成本

C. 不需要计提减值准备

D. 不能转为公允价值模式计量

E. 不计提折旧或摊销

三、判断题

1. 企业将自行建造的房地产达到预定可使用状态时开始自用,之后改为对外出租,应当在该房地产达到预定可使用状态时确认为投资性房地产。　　　　　　　　　　(　　)

2. 企业采用公允价值模式对投资性房地产进行后续计量的,有证据表明,当企业首次取得某项投资性房地产时,该投资性房地产的公允价值无法持续可靠取得的,应当对该投资性房地产单独采用成本模式计量直至处置,并假设无残值。　　　　(　　)

3. 企业对投资性房地产的后续计量,可以根据需要将成本模式转为公允价值模式,也可以将公允价值模式转为成本模式。　　　　　　　　　　　　　　　(　　)

4. 企业出售、转让、报废投资性房地产或者发生投资性房地产毁损时,应当将处置收入扣除其账面价值和相关税费后的金额计入当期损益即投资收益。　　　　(　　)

5. 企业出售投资性房地产产生的净损益,属于直接计入利润的利得和损失。　　　　（　　）

6. 自用房地产或存货转换为采用公允价值模式计量的投资性房地产时,投资性房地产应当按照转换当日的公允价值计量,公允价值与原账面价值的差额计入所有者权益。

　　　　　　（　　）

7. 已采用成本模式计量的投资性房地产,不得从成本模式转为公允价值模式。　（　　）

8. 非投资性房地产转换为采用成本模式计量的投资性房地产的相关会计处理,不影响当期损益。　　　　　　　　　　　　　　　　　　（　　）

9. 与投资性房地产有关的后续支出,应当中发生时计入当期损益。　　　　（　　）

10. 投资性房地产由成本模式转为公允价值模式的,应当将计量模式变更时公允价值大于账面价值的差额,计入其他综合收益。　　　　　　　　　　　　　（　　）

四、业务题

1. 甲公司2×23年6月30日购入一幢商务楼,当天即用于对外出租。该资产的买价为3 000万元,相关税费20万元,预计使用寿命为40年,预计残值为21万元,预计清理费用1万元,甲公司采用直线法提取折旧。该办公楼的年租金为400万元,于年末一次结清。甲公司对此房产采用成本模式后续计量。2×24年年末,商务楼的可收回价值为2 330万元,假定净残值一直未发生变化。

要求:根据上述资料,编制甲公司投资性房地产2×23年至2×24年的会计分录。

2. 甲公司2×23年1月1日将2×21年12月31日开始使用的一幢办公楼用于对外出租。该办公楼的买价为3 000万元,相关税费20万元,预计使用寿命为40年,预计净残值为20万元,甲公司采用直线法提取折旧。该办公楼的年租金为400万元,于年末一次结清,租赁开始日为2×23年1月1日。2×23年年末,该办公楼的可收回价值为2 560万元,预计净残值为14万元。2×24年12月31日以2 800万元的价格对外转让该房产,假设公允价值不能可靠估计,且不考虑相关税费。

要求:对该办公楼转换为投资性房地产以及处置投资性房地产的账务进行处理。

3. 甲公司采用公允价值模式计量投资性房地产。假设不考虑相关税费。有关资料如下。

(1) 2×21年12月1日,甲公司与A公司签订协议,将自用的办公楼出租给A公司,租期为3年,每年租金为1 000万元,于年初收取,2×22年1月1日为租赁期开始日,2×24年12月31日到期。转换日的公允价值为30 000万元,该固定资产账面原值为20 000万元,已计提的累计折旧为10 000万元,未计提减值准备。每年1月1日均收到租金。

(2) 2×22年12月31日,该投资性房地产的公允价值为30 500万元。

(3) 2×23年12月31日,该投资性房地产的公允价值为30 800万元。

(4) 2×24年12月31日,租赁协议到期,甲公司收回办公楼作为自有办公楼,该办公楼的公允价值为30 700万元。

要求:

(1) 编制2×22年1月1日转换日转换房地产的有关会计分录。

(2) 编制收到租金的相关会计分录。

(3) 编制2×22年12月31日调整投资性房地产的会计分录。

（4）编制 2×23 年 12 月 31 日调整投资性房地产的会计分录。

（5）编制 2×24 年 12 月 31 日租赁协议到期的相关会计分录。

4. 2×24 年 6 月 1 日，甲公司将出租在外的厂房收回，开始用其为本企业生产商品。该项房地产账面价值为 3 200 万元，其中，原价为 6 000 万元，累计已提折旧 2 800 万元。甲公司采用成本计量模式。（假设不考虑相关税费）

要求：编制 2×24 年甲公司的相关会计分录。

5. 2×24 年 8 月 15 日，甲公司因租赁期满，收回出租的写字楼，开始将其作为办公楼用于本企业的行政管理。2×24 年 8 月 15 日，该写字楼的公允价值为 5 800 万元。该项房地产在转换前采用公允价值模式计量，原账面价值为 5 750 万元，其中，成本为 5 600 万元，公允价值变动为增值 150 万元。

要求：编制 2×24 年甲公司的相关会计分录。

6. 2×24 年 3 月 10 日，甲房地产开发企业与乙企业签订了租赁协议，将其开发的一栋写字楼出租给乙企业。租赁期开始日为 2×24 年 4 月 15 日。2×24 年 4 月 15 日，该写字楼的账面余额为 45 000 万元，公允价值为 47 000 万元。2×24 年 12 月 31 日，该项投资性房地产的公允价值为 48 000 万元。

要求：编制甲企业的相关会计分录。

第八章 | 流 动 负 债

导入案例

  李敏是刚毕业进入佳华公司的应届会计专业毕业生,持有会计从业资格证书,她所在的佳华公司是一家空调生产企业,有职工1 100名,其中生产工人1 000名、管理人员100名。2×24年2月,公司决定以其生产的空调作为员工福利发给职工,该空调单位成本1 500元,单位计税价格为2 000元,适用的增值税税率为13%,那么如果你作为佳华公司的会计李敏,如何进行此项业务的账务处理。

  问题

  (1) 你认为该公司可否以其生产的空调作为福利发放给职工?

  (2) 李敏应该如何对该公司的此项业务进行账务处理呢?

教学目标

  通过本章学习,学生应了解流动负债的概念及其特征与分类;掌握短期借款、应付票据、应付账款、预收账款的核算;掌握应付职工薪酬的核算;掌握应交税费的核算;熟悉应付职工薪酬的核算内容、应交税费的核算。

第一节　流动负债概述

一、流动负债的概念及内容

  流动负债是指预计在一个正常营业周期中清偿,或者主要为交易目的而持有,或者自资产负债表日起1年内(含1年)到期应予以清偿,或者企业无权自主地将清偿推迟至资产负债表日后1年以上的负债。流动负债主要包括短期借款、应付票据、应付账款、预收账款、应付职工薪酬、应交税费、应付利息、应付股利、其他应付款等。

二、流动负债形成的原因

  流动负债是在企业经营过程中形成的,是不可避免的,其形成的具体原因是不同的,具体包括：①筹集资金过程中形成的负债，如短期借款；②结算过程中形成的负债，如应付账款、应付票据、预收账款等；③权责发生制下调整费用形成的负债，如应付利息；④利润分配过程中形成的负债，如应付利润。

三、流动负债的计价

各项流动负债应当按实际发生数额记账，其余额应当在财务报表中分项列示。从理论上说，流动负债应按未来偿付金额的现值入账，因为流动负债的偿还意味着未来的现金流出。但是由于流动负债在企业的存续时间较短，其到期值与现值的差别不大，所以在实务中按到期值入账。

在确定入账金额时，有三种不同的情况：一是按合同、协议上规定的金额入账，如应付账款；二是期末按经营情况确定的金额入账，如应交税费；三是需运用职业判断估计的金额入账，如预计负债。

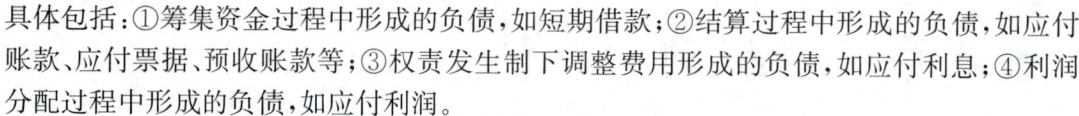

第二节 短期借款的核算

一、短期借款的概念

短期借款是指企业向银行或其他金融机构等借入的期限在 1 年以下（含 1 年）的各种借款，通常是为了满足正常生产经营的需要。无论借入款项的来源如何，企业均需要向债权人按期偿还借款的本金及利息。在会计核算上，企业要及时、如实地反映短期借款的借入、利息的发生和本金及利息的偿还情况。

二、短期借款项目核算

企业应通过"短期借款"科目，核算短期借款的取得及偿还情况。该科目贷方登记取得借款的本金数额，借方登记偿还借款的本金数额，余额在贷方，表示尚未偿还的短期借款。本科目可按借款种类、贷款人和币种进行明细核算。

（一）借入短期借款

企业从银行或其他金融机构取得短期借款时，借记"银行存款"科目，贷记"短期借款"科目。

【例 8-1】 A 股份有限公司于 2×24 年 1 月 1 日向银行借入一笔生产经营用短期借款，共计 120 000 元，期限为 9 个月，年利率为 8%。根据与银行签署的借款协议，该项借款的本金到期后一次归还；利息分月预提，按季支付。

1 月 1 日，借入短期借款时。

借：银行存款   120 000
  贷：短期借款   120 000

（二）月末计提利息费用

在实际工作中，银行一般于每季度末收取短期借款利息，为此，企业的短期借款利息一般采用月末预提的方式进行核算。短期借款利息属于筹资费用，应记入"财务费用"科目。企业应当在资产负债表日按照计算确定的短期借款利息费用,借记"财务费用"科目,贷记"应付利息"科目。

接[例 8-1],1 月末,计提 1 月份应计利息时:

$$本月应计提的利息金额＝120\,000\times8\%\div12＝800(元)$$

本例中,短期借款利息 800 元属于企业的筹资费用,应记入"财务费用"科目。

借:财务费用	800
贷:应付利息	800

2 月末,计提 2 月份利息费用的处理与 1 月份相同。

(三)支付利息

实际支付利息时,根据已预提的利息,借记"应付利息"科目,根据应计利息,借记"财务费用"科目,根据应付利息总额,贷记"银行存款"科目。

接[例 8-1],3 月末,支付第一季度银行借款利息时:

本例中,1 至 2 月已经计提的利息为 1 600 元,应借记"应付利息"科目,3 月份应当计提的利息为 800 元,应借记"财务费用"科目;实际支付利息 2 400 元,贷记"银行存款"科目。

借:财务费用	800
应付利息	1 600
贷:银行存款	2 400

第二、第三季度的会计处理同上。

(四)到期偿还短期借款本金

企业短期借款到期偿还本金时,根据本金的金额,借记"短期借款"科目,贷记"银行存款"科目。

接[例 8-1],10 月 1 日,偿还银行借款本金时。

借:短期借款	120 000
贷:银行存款	120 000

如果上述借款期限是 8 个月,则到期日为 9 月 1 日,8 月末之前的会计处理与上述相同。9 月 1 日偿还银行借款本金,同时支付 7 月和 8 月已提未付利息:

借:短期借款	120 000
应付利息	1 600
贷:银行存款	121 600

第三节　应付票据的核算

一、应付票据的概念

应付票据是指企业购买材料、商品和接受劳务供应等而开出、承兑的商业汇票,其包括商业承兑汇票和银行承兑汇票。企业应当设置"应付票据备查簿",详细登记商业汇票的种类、号数和出票日期、到期日、票面金额、交易合同号和收款人姓名或单位名称以及付款日期和金额等资料。应付票据到期结清时,应当在备查簿内予以注销。

二、应付票据项目核算

企业应通过"应付票据"科目,核算应付票据的发生、偿付等情况。该科目贷方登记开出、承兑汇票的面值及带息票据的预提利息,借方登记支付票据的金额,余额在贷方,表示企业尚未到期的商业汇票的票面金额。

(一)发生应付票据

通常而言,商业汇票的付款期限不超过 6 个月,因此在会计上应作为流动负债管理和核算。同时,由于应付票据的偿付时间较短,在会计实务中,一般均按照开出、承兑的应付票据的面值入账。

企业因购买材料、商品和接受劳务供应等而开出、承兑的商业汇票,应当按其票面金额作为应付票据的入账金额,借记"在途物资"(假设采用实际成本计价)"库存商品""应付账款""应交税费——应交增值税(进项税额)"等科目,贷记"应付票据"科目。

企业支付的银行承兑汇票手续费应当计入当期财务费用,借记"财务费用"科目,贷记"银行存款"科目。

【例 8-2】 甲企业为增值税一般纳税人。该企业于 2×24 年 2 月 6 日开出一张面值为 56 500 元、期限为 5 个月的不带息商业汇票,用来采购一批材料。增值税专用发票上注明的材料价款为 50 000 元,增值税额为 6 500 元。假设该企业采用实际成本计价。则该企业的有关会计分录如下:

借:在途物资 50 000
　　应交税费——应交增值税(进项税额) 6 500
　　贷:应付票据 56 500

企业因购买材料、商品和接受劳务供应等而开出、承兑商业汇票时,所支付的银行承兑汇票手续费应当计入财务费用。

【例 8-3】 承[例 8-2],假设本例中的商业汇票为银行承兑汇票,甲企业已缴纳承兑手续费 29.25 元。该企业的有关会计分录如下:

借:财务费用 29.25
　　贷:银行存款 29.25

(二)偿还应付票据

应付票据到期支付票款时,应按账面余额予以结转,借记"应付票据"科目,贷记"银行存款"科目。

【例 8-4】 承[例 8-2],2×24 年 7 月 6 日,甲企业于 2 月 6 日开出的商业汇票到期。甲企业通知其开户银行以银行存款支付票款。该企业的有关会计分录如下:

借:应付票据 56 500
　　贷:银行存款 56 500

(三)转销应付票据

应付银行承兑汇票到期,如企业无力支付票款,应将应付票据的账面余额转作短期借款,借记"应付票据"科目,贷记"短期借款"科目。

【例8-5】　承[例8-2],假设上述商业汇票为银行承兑汇票,该汇票到期时甲企业无力支付票款。该企业的有关会计分录如下:

借:应付票据　　　　　　　　　　　　　　　　　　　　　　　　56 500
　贷:短期借款　　　　　　　　　　　　　　　　　　　　　　　　　56 500

第四节　应付账款的核算

一、应付账款的概念

应付账款是指企业因购买材料、商品或接受劳务供应等经营活动应支付的款项。

应付账款,一般应与所购买物资所有权相关的主要风险和报酬已经转移,或者所购买的劳务已经接受时确认。在实务工作中,为了使所购入物资的金额、品种、数量和质量等与合同规定的条款相符,避免因验收时发现所购物资存在数量或质量问题而对入账的物资或应付账款金额进行改动,在物资和发票账单同时到达的情况下,一般在所购物资验收入库后,再根据发票账单登记入账,确认应付账款。在所购物资已经验收入库,但是发票账单未能同时到达的情况下,企业应付物资供应单位的债务已经成立,在会计期末,为了反映企业的负债情况,企业需要将所购物资和相关的应付账款暂估入账,待下月初编制相反分录予以冲回。

二、应付账款项目核算

企业应通过"应付账款"科目,核算应付账款的发生、偿还、转销等情况。该科目贷方登记企业购买材料、商品和接受劳务等而发生的应付账款;借方登记偿还的应付账款,或开出商业汇票抵付应付账款的款项,或已冲销的无法支付的应付账款;余额一般在贷方,表示企业尚未支付的应付账款余额。本科目一般应按照债权人设置明细科目进行明细核算。

(一)发生应付账款

企业购入材料、商品等或接受劳务所产生的应付账款,应按应付金额入账。购入材料、商品等验收入库,但货款尚未支付,根据有关凭证(发票账单、随货同行发票上记载的实际价款或暂估价值),借记"材料采购""在途物资"等科目,按可抵扣的增值税额,借记"应交税费——应交增值税(进项税额)"科目,按应付的价款,贷记"应付账款"科目。企业接受供应单位提供劳务而发生的应付未付款项,根据供应单位的发票账单,借记"生产成本""管理费用"等科目,贷记"应付账款"科目。

应付账款附有现金折扣的,应按照扣除现金折扣前的应付款总额入账。因在折扣期限内付款而获得的现金折扣,应在偿付应付账款时冲减财务费用。

【例8-6】　甲企业为增值税一般纳税人。2×24年3月1日,甲企业从A公司购入一批材料,货款为100 000元,增值税额为13 000元,对方代垫运杂费为1 000元。材料已运

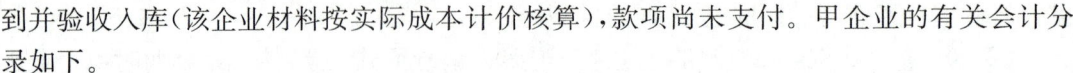

到并验收入库(该企业材料按实际成本计价核算),款项尚未支付。甲企业的有关会计分录如下。

借:原材料   101 000
  应交税费——应交增值税(进项税额)   13 000
   贷:应付账款——A公司   114 000

【例 8-7】 乙百货商场于 2×24 年 4 月 2 日,从 A 公司购入一批家电产品并已验收入库。增值税专用发票上列明,该批家电的价款为 100 万元,增值税额为 13 万元。按照购货协议的规定,乙百货商场如在 15 天内付清货款,将获得 1% 的现金折扣(假定计算现金折扣时需考虑增值税)。乙百货商场的有关会计分录如下。

借:库存商品   1 000 000
  应交税费——应交增值税(进项税额)   130 000
   贷:应付账款——A公司   1 130 000

本例中,乙百货商场对 A 公司的应付账款附有现金折扣,应按照扣除现金折扣前的应付款总额 1 130 000 元记入"应付账款"科目。

【例 8-8】 根据供电部门通知,丙企业本月应支付电费为 48 000 元。其中,生产车间电费为 32 000 元、企业行政管理部门电费为 16 000 元,款项尚未支付。不考虑相关税费。丙企业的有关会计分录如下:

借:制造费用   32 000
  管理费用   16 000
   贷:应付账款——××电力公司   48 000

(二)偿还应付账款

企业偿还应付账款或开出商业汇票抵付应付账款时,借记"应付账款"科目,贷记"银行存款""应付票据"等科目。

【例 8-9】 承[例 8-6],3 月 31 日,甲企业用银行存款支付上述应付账款。该企业的有关会计分录如下:

借:应付账款——A公司   114 000
   贷:银行存款   114 000

【例 8-10】 承[例 8-7],乙百货商场于 2×24 年 4 月 10 日,按照扣除现金折扣后的金额,用银行存款付清了所欠 A 公司货款。乙百货商场的有关会计分录如下:

借:应付账款——A公司   1 130 000
   贷:银行存款   1 118 700
     财务费用   11 300

本例中,乙百货商场在 4 月 10 日(即购货后的第 8 天)付清所欠 A 公司的货款,按照购货协议可以获得现金折扣。乙百货商场获得的现金折扣为 11 300 元(1 130 000×1%),实际支付的货款为 1 118 700 元(1 130 000－1 130 000×1%)。

因此,乙百货商场应付账款总额为 1 130 000 元,应借记"应付账款"科目;获得的现金折扣为 11 300 元,应冲减财务费用,贷记"财务费用"科目;实际支付的货款为 1 118 700 元,应贷记"银行存款"科目。

(三)转销应付账款

企业转销确实无法支付的应付账款(如因债权人撤销等原因而产生无法支付的应付账款),应按其账面余额计入营业外收入,即借记"应付账款"科目,贷记"营业外收入"科目。

【例8-11】　2×24年12月31日,丁企业确定一笔应付账款4 000元为无法支付的款项,应予转销。该企业的有关会计分录如下:

借:应付账款　　　　　　　　　　　　　　　　　　　　　　　　　　4 000
　　贷:营业外收入——其他　　　　　　　　　　　　　　　　　　　　　　4 000

本例中,丁企业转销确实无法支付的应付账款4 000元,应按其账面余额记入"营业外收入——其他"科目。

第五节　合同负债、预收账款、其他应付款和应付股利的核算

一、合同负债的核算

合同负债是指企业已收或应收客户对价而应向客户转让商品的义务。在企业向客户转让商品之前,客户已经支付了合同对价或企业已经取得了无条件收取合同对价权利的,企业应当在客户实际支付款项与到期应支付款项孰早时点,按照该已收或应收的金额,借记"银行存款""应收账款""应收票据"等科目,贷记"合同负债"科目;企业向客户转让相关商品时,借记"合同负债"科目,贷记"主营业务收入""其他业务收入"等科目。涉及增值税的,企业还应进行相应的处理。具体会计处理见第十一章第一节。

二、预收账款的核算

预收账款主要反映企业除销售商品、提供劳务外按照规定向客户预先收取的款项,如预收经营租赁款。企业在预收款项时,借记"银行存款"科目,贷记"预收账款"科目。企业因转让商品、提供劳务收到的预收款适用收入准则进行会计处理时,使用"合同负债"科目,不再使用"预收账款"科目。

【例8-12】　D公司为增值税一般纳税人。2×24年6月3日,D公司与甲企业签订供货合同,向其出售一批设备,货款金额共计100 000元,应交纳增值税13 000元。根据购货合同规定,甲企业在购货合同签订一周内,应当向D公司预付货款60 000元,剩余货款在交货后付清。2×24年6月8日,D公司收到甲企业交来的预付款60 000元,并存入银行,6月18日D公司将货物发到甲企业并开出增值税发票,甲企业验收合格后付清了剩余货款。D公司的有关会计处理如下。

(1)6月8日收到甲企业交来的预付款60 000元:

借:银行存款　　　　　　　　　　　　　　　　　　　　　　　　　　60 000
　　贷:合同负债　　　　　　　　　　　　　　　　　　　　　　　　　　60 000

（2）6月18日D公司发货后收到甲企业剩余货款：

借：合同负债 113 000
　贷：主营业务收入 100 000
　　应交税费——应交增值税（销项税额） 13 000
借：银行存款 53 000
　贷：合同负债 53 000

甲企业补付的货款＝113 000－60 000＝53 000（元）

此外，在预收账款核算中值得注意的是，企业预收账款情况不多的，也可不设"预收账款"科目，将预收的款项直接记入"应收账款"科目的贷方。

【例 8-13】 以［例 8-12］的资料为例，假设 D 公司不设置"预收账款"科目，通过"应收账款"科目核算有关业务。D 公司的有关会计处理如下。

（1）6月8日收到甲企业交来预付款 60 000 元：

借：银行存款 60 000
　贷：应收账款——甲企业 60 000

（2）6月18日D公司发货后收到甲企业剩余货款：

借：应收账款——甲企业 113 000
　贷：主营业务收入 100 000
　　应交税费——应交增值税（销项税额） 13 000
借：银行存款 53 000
　贷：应收账款——甲企业 53 000

三、其他应付款的核算

其他应付款是指企业除应付票据、应付账款、预收账款、应付职工薪酬、应交税费、应付利息、应付股利等经营活动以外的其他各项应付、暂收的款项，如应付租入包装租金、存入保证金等。企业应通过"其他应付款"科目，核算其他应付款的增减变动及其结存情况，并按照其他应付款的项目和对方单位（或个人）设置明细科目进行明细核算。该科目贷方登记发生的各种应付、暂收款项，借方登记偿还或转销的各种应付、暂收款项；该科目期末贷方余额，反映企业应付未付的其他应付款项。

企业发生其他各种应付、暂收款项时，借记"管理费用"等科目，贷记"其他应付款"科目；支付或退回其他各种应付、暂收款项时，借记"其他应付款"科目，贷记"银行存款"等科目。

【例 8-14】 甲公司从 2×24 年 1 月 1 日起，以经营租赁方式租入管理用办公设备一批，每月租金 5000 元，按季支付。3 月 31 日，甲公司以银行存款支付应付租金。甲公司的有关会计处理如下。

（1）1 月 31 日计提应付经营租入固定资产租金：

借：管理费用 5 000
　贷：其他应付款 5 000

2 月底计提应付经营租入固定资产租金的会计处理同上。

（2）3 月 31 日支付租金时：

借：其他应付款   10 000

    管理费用   5 000

    贷：银行存款   15 000

四、应付股利的核算

应付股利是指企业根据股东大会或类似机构审议批准的利润分配方案确定分配给投资者的现金股利或利润。企业通过"应付股利"科目，核算企业确定或宣告支付但尚未实际支付的现金股利或利润。该科目贷方登记应支付的现金股利或利润，借方登记实际支付的现金股利或利润，期末贷方余额反映企业应付未付的现金股利或利润。该科目应按照投资者设置明细科目进行明细核算。

企业根据股东大会或类似机构审议批准的利润分配方案，确认应付给投资者的现金股利或利润时，借记"利润分配——应付现金股利或利润"科目，贷记"应付股利"科目；向投资者实际支付现金股利或利润时，借记"应付股利"科目，贷记"银行存款"等科目。

【例 8-15】 A 有限责任公司 2×24 年度实现净利润 8 000 000 元，经过董事会批准，决定 2×24 年度分配现金股利 5 000 000 元。股利已经用银行存款支付。A 有限责任公司的有关会计处理如下。

借：利润分配——应付现金股利或利润   5 000 000

    贷：应付股利   5 000 000

借：应付股利   5 000 000

    贷：银行存款   5 000 000

此外，需要说明的是，企业董事会或类似机构通过的利润分配方案中拟分配的现金股利或利润，不作账务处理，不作应付股利核算，但应在附注中披露。企业分配的股票股利不通过"应付股利"科目核算。

第六节 应付职工薪酬的核算

一、职工薪酬的概念

职工薪酬是指企业为获得职工提供的服务或终止劳动合同关系而给予的各种形式的报酬。企业提供给职工配偶、子女、受赡养人、已故员工遗属及其他受益人等的福利，也属于职工薪酬。

二、职工薪酬的内容

职工薪酬主要包括短期薪酬、离职后福利、辞退福利和其他长期职工福利。

（一）短期薪酬

短期薪酬是指企业预期在职工提供相关服务的年度报告期间结束后 12 个月内将全部予以支付的职工薪酬，因解除与职工的劳动关系给予的补偿除外。因解除与职工的劳动关系给予的补偿属于辞退福利的范畴。短期薪酬主要包括：

（1）职工工资、奖金、津贴和补贴，是指按照构成工资总额的计时工资、计件工资、支付给职工的超额劳动报酬等的劳动报酬、为了补偿职工特殊或额外的劳动消耗和因其他特殊原因支付给职工的津贴，以及为了保证职工工资水平不受物价影响支付给职工的物价补贴等。企业的短期资金计划属于短期薪酬，长期资金计划属于其他长期职工福利。

（2）职工福利费，是指企业为职工提供的除职工工资、奖金、津贴和补贴、职工教育经费、社会保险费及住房公积金等以外的福利待遇支出，包括发放给职工或为职工支付的以下各项现金补贴和非货币性集体福利：①为职工卫生保健、生活等发放或支付的各项现金补贴和非货币性福利，包括职工因公外地就医费用、职工疗养费用、防暑降温费等；②企业尚未分离的内设集体福利部门所发生的设备、设施和人员费用；③发放给在职职工的生活困难补助以及按规定的其他职工福利支出，如丧葬补助费、抚恤费、职工异地安家费、独生子女费等。

（3）医疗保险费、工伤保险费和生育保险费等社会保险费，是指企业按照国家规定的基准和比例计算，向社会保险经办机构缴纳的医疗保险费、工伤保险费和生育保险费。

（4）住房公积金，是指企业按照国家规定的基准和比例计算，向住房公积金管理机构缴存的住房公积金。

（5）工会经费和职工教育经费，是指企业为了改善职工文化生活、为职工学习先进技术和提高文化水平和业务素质，用于开展工会活动和职工教育及职业技能培训等相关支出。

（6）短期带薪制缺勤，是指企业支付工资或提供补偿的职工缺勤，包括年休假、病假、短期伤残、婚假、产假、丧假、探亲假等。

（7）短期利润分享计划，是指因职工提供服务而与职工达成的基于利润或其他经营成本提供薪酬的协议。长期利润分享计划属于其他长期职工福利。

（8）非货币性福利，是指企业以自己的产品或外购商品发放给职工作为福利，企业提供给职工无偿使用自己拥有的资产或租赁资产供职工无偿使用等。

（9）其他短期薪酬，是指除上述薪酬以外的其他为获得职工提供的服务而给予的短期薪酬。

（二）离职后福利

离职后福利是指企业为获得职工提供的服务而在职工退休或与企业解除劳动关系后，提供的各种形式的报酬和福利，属于短期薪酬和辞退福利的除外。

离职后福利计划是指企业与职工就离职后福利达成的协议，或者企业为向职工提供离职后福利制定的规章或办法等。离职后福利计划按其特征可以分为设定提存计划和设定受益计划。其中，设定提存计划是指向独立的基金缴存固定费用后，企业不再承担进一步支付义务的离职后福利计划。设定受益计划是指除设定提存计划以外的离职后福利计划。

（三）辞退福利

辞退福利是指企业在职工劳动合同到期之前解除与职工的劳动合同关系，或者为鼓励职工自愿接受裁减而给予职工的补偿。辞退福利主要包括：

（1）在职工劳动合同尚未到期前，不论职工本人是否愿意，企业都决定解除与职工的劳动关系而给予的补偿。

（2）在职工劳动合同尚未到期前，为鼓励职工自愿接受裁减而给予的补偿，职工有权利选择继续在职或接受补偿离职。

辞退福利通常采取解除劳动关系时一次性支付补偿的方式，也有通过提高退休后养老金或其他离职后福利的标准，或者在职工不能为企业带来经济利益后，将职工工资支付到辞退后未来某一期间的方式。

根据辞退福利的定义和包括的内容，企业应当区分辞退福利与正常退休养老金。辞退福利是在职工与企业签订的劳动合同到期前，企业根据法律与职工本人或职工代表（工会）签订的协议，或者基于商业惯例，承诺当其提前终止对职工的雇佣关系时支付的补偿，引发补偿的事项是辞退，因此，企业应当在辞退时进行确认和计量；职工在正常退休时获得的养老金，是其与企业签订的劳动合同到期时，或者职工达到了国家规定的退休年龄时获得的退休后生活补偿金额，此种情况下给予补偿的事项是职工在职时提供的服务而不是退休本身，因此，企业应当在职工提供服务的会计期间确认和计量。

另外，职工虽然没有与企业解除劳动合同，但未来不再为企业提供服务，不能为企业带来经济利益，企业承诺提供实质上具有辞退福利性质的经济补偿的，发生"内退"的情况，在其正式退休日期之前应当比照辞退福利处理，在其正式退休日期之后，应当按照离职后福利处理。

（四）其他长期职工福利

其他长期职工福利是指除短期薪酬、离职后福利、辞退福利外所有的职工薪酬，包括长期带薪缺勤、长期残疾福利、长期利润分享计划等。

三、短期薪酬的确认与计量

企业应当在职工为其提供服务的会计期间，将实际发生的短期薪酬确认为负债，并计入当期损益，其他会计准则要求或允许计入资产成本的除外。

（一）货币性短期薪酬

职工的工资、奖金、津贴和补贴，大部分的职工福利费、医疗保险费、工伤保险费和生育保险费等社会保险费，住房公积金、工会经费和职工教育经费一般属于货币性短期薪酬。

企业应当根据职工提供服务情况和工资标准计算应计入职工薪酬的工资总额，按照受益对象计入当期损益或相关资产成本，借记"生产成本""制造费用""管理费用"等科目，贷记"应付职工薪酬"科目。发放时，借记"应付职工薪酬"科目，贷记"银行存款"等科目。企业发生的职工福利费，应当在实际发生时根据实际发生额计入当期损益或相关资产成本。

企业为职工缴纳的医疗保险费、工伤保险费、生育保险费等社会保险费和住房公积金，以及按规定提取的工会经费和职工教育经费，应当在职工为其提供服务的会计期间，根据规定的计提基础和计提比例计算确定相应的职工薪酬金额，并确认相关负债，按照受益对象计入当期损益或相关资产成本。其中：①医疗保险费、工伤保险费、生育保险费和住房公积金。企业应当按照国务院、所在地政府或企业年金计划规定的标准，计量应付职工薪酬义务和应相应计入成本费用的薪酬金额。②工会经费和职工教育经费。企业应当分别按照职工工资总额的2%和1.5%的计提标准，计量应付职工薪酬（工会经费、职工教育经费）义务金额和应相应计入成本费用的薪酬金额；从业人员技术要求高、培训任务重、经济效益好的企业，可根据国家相关规定，按照职工工资总额的2.5%计量应计入成本费用的职工教育经费。按照明确标准计算确定应承担的职工薪酬义务后，再根据受益对象计入当期损益或相关资产成本。

　　【例8-16】 2×24年7月，甲公司当月应发工资1 560万元，其中：生产部门直接生产人员工资1 000万元；生产部门管理人员工资200万元；公司管理部门人员工资360万元。

　　根据所在地政府规定，甲公司分别按照职工工资总额的10%和8%计提医疗保险费和住房公积金，缴纳给当地社会保险经办机构和住房公积金管理机构。甲公司分别按照职工工资总额的2%和1.5%计提工会经费和职工教育经费。假定不考虑所得税影响。

$$应计入生产成本的职工薪酬金额＝1\,000＋1\,000×（10\%＋8\%＋2\%＋1.5\%）$$
$$＝1\,215（万元）$$
$$应计入制造费用的职工薪酬金额＝200＋200×（10\%＋8\%＋2\%＋1.5\%）$$
$$＝243（万元）$$
$$应计入管理费用的职工薪酬金额＝360＋360×（10\%＋8\%＋2\%＋1.5\%）$$
$$＝437.4（万元）$$

　　甲公司应根据上述业务，作账务处理如下：

借：生产成本	12 150 000
制造费用	2 430 000
管理费用	4 374 000
贷：应付职工薪酬——工资	15 600 000
——医疗保险费	1 560 000
——住房公积金	1 248 000
——工会经费	312 000
——职工教育经费	234 000

（二）带薪缺勤

　　企业对各种原因产生的缺勤进行补偿，如年休假、病假、短期伤残假、婚假、产假、丧假、探亲假等。带薪缺勤应当分为累积带薪缺勤和非累积带薪缺勤两类。

1. 累积带薪缺勤

　　累积带薪缺勤是指带薪权利可以结转下期的带薪缺勤，本期尚未用完的带薪缺勤权利可以在未来期间使用。企业应当在职工提供了服务从而增加了其未来享有的带薪缺勤权利时,确认与累积带薪缺勤相关的职工薪酬,并以累积未行使权利而增加的预期支付金额计量。

有些累积带薪缺勤在职工离开企业时,对未行使的权利职工有权获得现金支付。如果职工在离开企业时能够获得现金支付,企业就应当确认企业必须支付的、职工全部累积未使用权利的金额。如果职工在离开企业时不能获得现金支付,则企业应当根据资产负债表日因累积未使用权利而导致的预期支付的追加金额,作为累积带薪缺勤费用进行预计。

【例 8-17】 乙公司共有 1 000 名职工,从 2×24 年 1 月 1 日起,该公司实行累积带薪缺勤制度,该制度规定,每个职工每年可享受 5 个工作日带薪年休假,未使用的年休假只能向后结转一个日历年度,超过 1 年未使用的权利作废,不能在职工离开公司时获得现金支付;职工休年假是以后进先出为基础,即首先从当年可享受的权利中扣除,再从上年结转的带薪年休假余额中扣除;职工离开公司时,公司对职工未使用的累积带薪年休假不支付现金。

2×24 年 12 月 31 日,每个职工当年平均未使用带薪年休假为 2 天。根据过去的经验,并预期该经验将继续适用,乙公司预计 2×25 年有 950 名职工将享受不超过 5 天的带薪年休假,剩余 50 名职工每人将平均享受 6 天半年休假,假定这 50 名职工全部为总部各部门经理,该公司平均每名职工每个工作日工资为 300 元。

乙公司在 2×24 年 12 月 31 日应当预计由于职工累积未使用的带薪休假权利而导致预期将支付的工资负债,即相当于 75 天(50×1.5)的年休假工资 22 500 元(75×300),并作账务处理如下:

借:管理费用   22 500
　　贷:应付职工薪酬——累积带薪缺勤   22 500

2. 非累积带薪缺勤

非累积带薪缺勤是指带薪权利不能结转下期的带薪缺勤,本期尚未用完的带薪缺勤权利将予以取消,并且职工离开企业时也无权获得现金支付。我国企业职工休婚假、产假、丧假、探亲假、病假期间的工资通常属于非累积带薪缺勤。由于职工提供服务本身不能增加其能够享受的福利金额,企业在职工未缺勤时不应当计提相关费用和负债;企业应在职工缺勤时确认职工享有的带薪权利,即视同职工出勤确认的相关资产成本或当期费用。企业应当在缺勤期间计提应付职工薪酬时一并处理。

企业应当在职工实际发生缺勤的会计期间确认与非累积带薪缺勤相关的职工薪酬。

(三)短期利润分享计划

企业制定有利润分享计划的,如规定当职工在企业工作了特定期限后,能够享有按照企业净利润的一定比例计算的薪酬,即如果职工在企业工作到特定期限,其提供的服务就会增加企业应付职工薪酬金额,或者尽管企业没有支付这类薪酬的法定义务,但是有支付此类薪酬的惯例,或者说企业除了支付此类薪酬外没有其他现实的选择,企业应当及时按照准则的规定,进行有关会计处理。

利润分享计划同时满足下列条件的,企业应当确认相关的应付职工薪酬,并计入当期损益或者相关资产成本:企业因过去事项导致现在具有支付职工薪酬的法定义务;因利润分享计划所产生的应付职工薪酬义务能够可靠估计。

属于以下三种情形之一的,视为义务金额能够可靠估计:

(1) 在财务报告批准报出之前,企业已确定应支付的薪酬金额。

(2) 该利润分享计划的正式条款中包括确定薪酬金额的方式。

(3) 过去的惯例为企业确定推定义务金额提供了明显证据。

企业根据企业经济效益增长的实际情况提取的资金,属于资金计划,应当比照利润分享计划进行处理。

职工只有在企业工作一段特定期间才能分享利润的,企业在计量利润分享计划产生的应付职工薪酬时,应当反映职工因离职而没有得到利润分享计划支付的可能性。

如果企业在职工为其提供相关服务的年度报告期间结束后 12 个月内,不需要全部支付利润分享计划产生的应付职工薪酬,该利润分享计划应当适用准则其他长期职工福利的有关规定。

【例 8-18】 丙公司有一项利润分享计划,要求丙公司将其至 2×24 年 12 月 31 日止会计年度的税前利润的指定比例支付给在 2×24 年 7 月 1 日至 2×25 年 6 月 30 日为丙公司提供服务的职工。该奖金于 2×25 年 6 月 30 日支付。2×24 年 12 月 31 日止会计年度的税前利润为 1 000 万元。如果丙公司在 2×24 年 7 月 1 日至 2×25 年 6 月 30 日期间没有职工离职,则当年的利润分享支付总额为税前利润的 3%。丙公司估计职工离职使支付额降低至税前利润的 2.5%(其中,直接参加生产的职工享有 1%,总部管理人员享有 1.5%),不考虑个人所得税影响。

尽管支付额是按照截至 2×24 年 12 月 31 日会计年度的税前利润的 3% 计量,但是业绩却是基于职工在 2×24 年 7 月 1 日至 2×25 年 6 月 30 日期间提供的服务。因此,丙公司在 2×24 年 12 月 31 日应按照税前利润 50% 的 2.5% 确认负债、成本及费用,金额为 125 000 元(10 000 000×50%×2.5%)。余下的利润分享金额,连同针对估计金额与实际支付金额之间差额作出的调整额,在 2×25 年予以确认。

2×24 年 12 月 31 日的账务处理如下:

借:生产成本   50 000
　　管理费用   75 000
　　贷:应付职工薪酬——利润分享计划   125 000

2×25 年 6 月 30 日,丙公司的职工离职使其支付的利润分享金额为 2×24 年度税前利润的 2.8%(直接参加生产的职工享有 1.1%,总部管理人员享有 1.7%),在 2×25 年确认余下的利润分享金额,连同针对估计金额与实际支付金额之间的差额作出的调整额合计为 155 000 元(10 000 000×2.8%-125 000)。其中:计入生产成本的利润分享计划金额 60 000 元(10 000 000×1.1%-50 000);计入管理费用的利润分享计划金额 95 000 元(10 000 000×1.7%-75 000)。

2×25 年 6 月 30 日的账务处理如下:

借:生产成本   60 000
　　管理费用   95 000
　　贷:应付职工薪酬——利润分享计划   155 000

（四）非货币性福利

企业向职工提供非货币性福利的,应当按照公允价值计量。公允价值不能可靠取得的,可以采用成本计量。

企业向职工提供的非货币性福利,应当分以下情况处理。

1. 以自产产品或外购商品发放给职工作为福利

企业以其生产的产品作为非货币性福利提供给职工的,应当按照该产品的公允价值和相关税费计量应计入成本费用的职工薪酬金额,相关收入的确认、销售成本的结转和相关税费的处理,与正常商品销售相同。以外购商品作为非货币福利提供给职工的,应当按照该商品的公允价值和相关税费计入成本费用。

需要注意的是,在以自产产品或外购商品发放给职工作为福利的情况下,企业在进行账务处理时,应当先通过"应付职工薪酬"科目归集当期应计入成本费用的非货币性薪酬金额。

【例8-19】 甲公司为一家生产笔记本电脑的企业,共有职工200名,2×24年2月,甲公司以其生产的成本为10 000元的高级笔记本电脑和外购的每部不含税价格为1 000元的手机作为春节福利发放给公司每名职工。该型号笔记本电脑的售价为每台14 000元,甲公司适用的增值税税率为13％,已开具了增值税专用发票;甲公司以银行存款支付了购买手机的价款和增值税进项税额,已取得增值税专用发票,适用的增值税税率为13％。假定200名职工中有170名为直接参加生产的职工,剩余30名为总部管理人员。

甲公司以自己生产的产品作为福利发放给职工,应计入成本费用的职工薪酬金额以公允价值计量,计入主营业务收入,产品按照成本结转,但要根据相关税收规定,视同销售计算增值税销项税额。外购商品发放给职工作为福利,应当将缴纳的增值税进项税额计入成本费用。

$$笔记本电脑的售价总额=14\ 000×170+14\ 000×30$$
$$=2\ 380\ 000+420\ 000=2\ 800\ 000(元)$$
$$笔记本电脑的增值税销项税额=170×14\ 000×13％+30×14\ 000×13％$$
$$=309\ 400+54\ 600=364\ 000(元)$$

甲公司决定发放非货币性福利时,应作账务处理如下:

借：生产成本	2 689 400
管理费用	474 600
贷：应付职工薪酬——非货币性福利	3 164 000

实际发放笔记本电脑时,甲公司应作账务处理如下:

借：应付职工薪酬——非货币性福利	3 164 000
贷：主营业务收入	2 800 000
应交税费——应交增值税(销项税额)	364 000
借：主营业务成本	2 000 000
贷：库存商品	2 000 000

$$手机的售价总额=170×1\ 000+30×1\ 000=170\ 000+30\ 000=200\ 000(元)$$
$$手机的进项税额=170×1\ 000×13％+30×1\ 000×13％=22\ 100+3\ 900=26\ 000(元)$$

甲公司决定发放非货币性福利时,应作账务处理如下:

借:生产成本	192 100
管理费用	33 900
贷:应付职工薪酬——非货币性福利	226 000

购买手机时,甲公司应作账务处理如下:

借:库存商品	200 000
应交税费——应交增值税(进项税额)	26 000
贷:银行存款	226 000
借:应付职工薪酬——非货币性福利	226 000
贷:库存商品	200 000
应交税费——应交增值税(进项税额转出)	26 000

2. 将拥有的房屋等资产或租赁住房等资产供职工无偿使用

企业将拥有的房屋等资产无偿提供给职工使用的,应当根据受益对象,将住房每期的公允价值计入当期损益或相关资产成本,同时确认应付职工薪酬。公允价值无法可靠取得的,可以按照成本计量。

企业将租赁住房等资产供职工无偿使用的,应当根据受益对象,将每期应付的租金计入相关资产成本或当期损益,并确认应付职工薪酬。

【例8-20】 2×24年,丁公司为总部各部门经理级别以上职工提供自建单位宿舍免费使用,同时为副总裁以上高级管理人员每人租赁一套住房。该公司总部共有部门经理以上职工60名,每人提供一间单位宿舍免费使用,假定每间单位宿舍每月计提折旧1 000元;该公司共有副总裁以上高级管理人员10名,公司为其每人租赁一套月租金为10 000元的公寓。该公司每月应作账务处理如下:

借:管理费用	60 000
贷:应付职工薪酬——非货币性福利	60 000
借:应付职工薪酬——非货币性福利	60 000
贷:累计折旧	60 000
借:管理费用	100 000
贷:应付职工薪酬——非货币性福利	100 000
借:应付职工薪酬——非货币性福利	100 000
贷:其他应付款	100 000

3. 向职工提供企业支付了补贴的商品或服务

企业有时以低于企业取得资产或服务成本的价格向职工提供资产或服务,如以低于成本的价格向职工出售住房、以低于企业支付的价格向职工提供医疗保健服务。以提供包含补贴的住房为例,企业在出售住房等资产时,应当将此类资产的公允价值与其内部售价之间的差额(即相当于企业补贴的金额)分以下情况处理:

(1)如果出售住房的合同或协议中规定了职工在购得住房后至少应当提供服务的年限,且如果职工提前离开则应退回部分差价,企业应当将该差额作为长期待摊费用处理,并在合同或协议规定的服务年限内平均摊销,根据受益对象分别计入相关资产成本或当期损益。

（2）如果出售住房的合同或协议中未规定职工在购得住房后必须服务的年限,企业应当将该项差额直接计入出售住房当期相关资产成本或当期损益。

【例8-21】　2×24年5月,甲公司购买了100套全新的公寓拟以优惠价格向职工出售,该公司共有100名职工,其中80名为直接生产人员,20名为公司总部管理人员。甲公司拟向直接生产人员出售住房的价格为平均每套购买价100万元,向职工出售的价格为每套80万元;拟向管理人员出售的住房平均每套购买价为180万元,向职工出售的每套价格为150万元。假定该100名职工均在2×24年度购买了公司出售的住房,住房协议规定,职工在取得住房后必须在公司服务15年。不考虑相关税费。

甲公司出售住房时应作账务处理如下:

借:银行存款　　　　　　　　　　　　　　　　　　　　　　　　　94 000 000
　　长期待摊费用　　　　　　　　　　　　　　　　　　　　　　　22 000 000
　　贷:固定资产　　　　　　　　　　　　　　　　　　　　　　　116 000 000

出售住房后的每年,甲公司应该按照直线法在15年内摊销长期待摊费用,并作账务处理如下:

借:生产成本　　　　　　　　　　　　　　　　　　　　　　　　　1 066 667
　　管理费用　　　　　　　　　　　　　　　　　　　　　　　　　　400 000
　　贷:应付职工薪酬——非货币性福利　　　　　　　　　　　　　　1 466 667
借:应付职工薪酬——非货币性福利　　　　　　　　　　　　　　　1 466 667
　　贷:长期待摊费用　　　　　　　　　　　　　　　　　　　　　1 466 667

第七节　应交税费的核算

一、应交税费概述

企业根据税法规定应缴纳的各种税费包括增值税、消费税、城市维护建设税、资源税、所得税、土地增值税、房产税、车船税、城镇土地使用税、教育费附加、印花税、耕地占用税等。

二、应交税费项目核算

企业应通过"应交税费"科目,总括反映各种税费的缴纳情况,并按照应交税费项目进行明细核算。该科目贷方登记应缴纳的各种税费等,借方登记实际缴纳的税费;期末余额一般在贷方,反映企业尚未缴纳的税费,期末余额如在借方,反映企业多交或尚未抵扣的税费。企业缴纳的印花税、耕地占用税等不需要预计应交数的税金,不通过"应交税费"科目核算。

(一)应交增值税

1. 增值税概述

增值税是以(含货物、加工修理修配劳务、服务、无形资产或不动产,以下统称商品)在流转过程中产生的增值额作为计税依据而征收的一种流转税。按照增值税的有关规定,企业购入商品支付的增值税（即进项税额），可以从销售商品按规定收取的增值税（即销项税额）中抵扣。增值税纳税人分为一般纳税人和小规模纳税人。一般纳税人应纳增值税额，根据当期销项税额减去当期进项税额计算确定；小规模纳税人应纳增值税额，按照销售额和规定的征收率计算确定。

一般纳税人为了核算企业应交增值税的发生、抵扣、缴纳、退税及转出等情况，应在"应交税费"科目下设置"应交增值税""未交增值税""预缴增值税""待抵扣进项税额""待认证进项税额"等明细科目。并在"应交增值税"明细账内设置"进项税额""已交税金""转出未交增值税""减免税款""销项税额""出口退税""进项税额转出""转出多交增值税"等专栏。

增值税一般纳税人常用明细账户列示如下。

"进项税额"账户，核算企业购入货物或接受劳务而支付的、准予从销项税额中抵扣的增值税额。对于企业购入货物或接受应税劳务支付的进项税额，用蓝色登记；对于退回所购货物应冲销的进项税额，用红字登记。

"已交税金"账户，核算企业当月上缴本月增值税额。

"转出未交增值税"账户，核算企业月末转出应缴未缴的增值税。月末企业"应交税费——应交增值税"明细账出现贷方余额时，根据余额借记本账户，贷记"应交增值税——未交增值税"账户。

"销项税额"账户，核算企业销售货物或提供应税劳务应收取的增值税额。对于企业销售货物或提供应税劳务应收取销项税额，用蓝字登记；对于退回销售货物应冲销销项税额，用红字登记。

"进项税额转出"账户，核算企业的购进货物因管理不善造成的被盗、丢失、霉烂变质等情况不应从销项税额中抵扣，按规定转出的进项税额。

"转出多交增值税"账户，核算一般纳税人月末转出多缴的增值税。月末企业"应交税费——应交增值税"明细账出现借方余额时，把当前预缴税款与余额进行比较，按照较小金额借记"应交税费——未交增值税"账户，贷记本账户。

（1）采购物资和接受应税劳务。企业从国内采购物资或接受应税劳务等，根据增值税专用发票上记载的应计入采购成本或应计入加工、修理修配等物资成本的金额，借记"材料采购""在途物资""原材料""库存商品"或"生产成本""制造费用""委托加工物资""管理费用"等科目，根据增值税专用发票上注明的可抵扣的增值税税额，借记"应交税费——应交增值税（进项税额）"科目，按照应付或实际支付的总额，贷记"应付账款""应付票据""银行存款"等科目。购入货物发生的退货，编制相反的会计分录。

【例 8-22】 甲企业购入原材料一批，增值税专用发票上注明货款 60 000 元，增值税额 7 800 元，货物尚未到达，货款和进项税款已用银行存款支付。该企业采用计划成本对原材料进行核算。甲企业的有关会计分录如下：

借：材料采购   60 000

    应交税费——应交增值税（进项税额）   7 800

     贷：银行存款   67 800

按照增值税暂行条例，企业购入免征增值税货物，一般不能够抵扣增值税销项税额。

但是对于购入的免税农产品,可以按照买价和规定的扣除率计算进项税额,并准予从企业的销项税额中抵扣。企业购入免税农产品,按照买价和规定的扣除率计算进项税额,借记"应交税费——应交增值税(进项税额)"科目,按买价扣除按规定计算的进项税额后的差额,借记"在途物资"(按实际成本核算)、"原材料""库存商品"等科目,按照应付或实际支付的价款,贷记"应付账款""银行存款"等科目。

【例8-23】 A商场购入免税农产品一批,价款100 000元,规定的扣除率为9%,货物尚未到达,货款已用银行存款支付。A商场的有关会计分录如下:

借:在途物资 91 000
　　应交税费——应交增值税(进项税额) 9 000
　　贷:银行存款 100 000

进项税额=购买价款×扣除率=100 000×9%=9 000(元)

企业购进的货物用于非应税项目,其所支付的增值税额应计入购入货物的成本。

【例8-24】 B企业购入一台生产经营用的且不需要安装的设备,价款及运输保险等费用合计300 000元,增值税专用发票上注明的增值税额为39 000元,款项尚未支付。企业的有关会计分录如下:

借:固定资产 300 000
　　应交税费——应交增值税(进项税额) 39 000
　　贷:应付账款 339 000

【例8-25】 C企业从房地产公司购入办公楼,价款及运输保险等费用合计1 000 000元,增值税专用发票上注明的增值税额为130 000元,物资已验收入库,款项尚未支付。C企业的有关会计分录如下:

借:固定资产 1 000 000
　　应交税费——应交增值税(进项税额) 130 000
　　贷:应付账款 1 130 000

【例8-26】 D企业生产车间委托外单位修理机器设备,对方开来的专用发票上注明修理费用10 000元,增值税额1 300元,款项已用银行存款支付。D企业的有关会计分录如下:

借:管理费用 10 000
　　应交税费——应交增值税(进项税额) 1 300
　　贷:银行存款 11 300

(2)进项税额转出。企业购进的货物发生非常损失,以及将购进货物改变用途(如用于非应税项目、集体福利或个人消费等),其进项税额应通过"应交税费——应交增值税(进项税额转出)"科目转入有关科目,借记"待处理财产损溢""在建工程""应付职工薪酬"等科目,贷记"应交税费——应交增值税(进项税额转出)"科目;属于转作待处理财产损失的进项税额,应与遭受非常损失的购进货物、在产品或库存商品的成本一并处理。

购进货物改变用途通常是指购进的货物在没有经过任何加工的情况下,对内改变用途的行为,如企业下属医务室等福利部门领用原材料等。

【例8-27】 E企业库存材料因意外火灾毁损一批,有关增值税专用发票确认的成本为10 000元,增值税额为1 300元。E企业的有关会计分录如下。

借:待处理财产损溢——待处理流动资产损溢　　　　　　　　　　　　11 300
　　贷:原材料　　　　　　　　　　　　　　　　　　　　　　　　　　10 000
　　　　应交税费——应交增值税(进项税额转出)　　　　　　　　　　　1 300

【例8-28】 F企业因火灾毁损库存商品一批,其实际成本为80 000元,经确认损失外购材料的增值税额为10 400元。F企业的有关会计分录如下。

借:待处理财产损溢——待处理流动资产损溢　　　　　　　　　　　　90 400
　　贷:库存商品　　　　　　　　　　　　　　　　　　　　　　　　　80 000
　　　　应交税费——应交增值税(进项税额转出)　　　　　　　　　　10 400

【例8-29】 G企业建造职工福利设施领用生产用原材料50 000元,原材料购入时支付的增值税额为6 500元。G企业的有关会计分录如下。

借:在建工程　　　　　　　　　　　　　　　　　　　　　　　　　　56 500
　　贷:原材料　　　　　　　　　　　　　　　　　　　　　　　　　　50 000
　　　　应交税费——应交增值税(进项税额转出)　　　　　　　　　　　6 500

【例8-30】 H企业所属的职工医院维修领用原材料5 000元,其购入时支付的增值税额为650元。H企业的有关会计分录如下。

借:应付职工薪酬——职工福利　　　　　　　　　　　　　　　　　　5 650
　　贷:原材料　　　　　　　　　　　　　　　　　　　　　　　　　　5 000
　　　　应交税费——应交增值税(进项税额转出)　　　　　　　　　　　650

(3)销售物资或者提供应税劳务。企业销售货物或者提供应税劳务,按照营业收入和应收取的增值税税额,借记"应收账款""应收票据""银行存款"等科目,按专用发票上注明的增值税税额,贷记"应交税费——应交增值税(销项税额)"科目,按照实现的营业收入,贷记"主营业务收入""其他业务收入"等科目。发生的销售退回,编制相反的会计分录。

【例8-31】 K企业销售产品一批,价款500 000元,按规定应收取增值税额65 000元,提货单和增值税专用发票已交给买方,款项尚未收到。K企业的有关会计分录如下。

借:应收账款　　　　　　　　　　　　　　　　　　　　　　　　　565 000
　　贷:主营业务收入　　　　　　　　　　　　　　　　　　　　　　500 000
　　　　应交税费——应交增值税(销项税额)　　　　　　　　　　　　65 000

【例8-32】 M企业为外单位代加工电脑桌400个,每个收取加工费100元,适用的增值税税率为13%,加工完成,款项已收到并存入银行。M企业的有关会计分录如下。

借:银行存款　　　　　　　　　　　　　　　　　　　　　　　　　　45 200
　　贷:主营业务收入　　　　　　　　　　　　　　　　　　　　　　40 000
　　　　应交税费——应交增值税(销项税额)　　　　　　　　　　　　5 200

此外,企业将自产、委托加工或购买的货物分配给股东,应当参照企业销售物资或者提供应税劳务进行会计处理。

(4) 视同销售行为。企业的有些交易和事项从会计角度看不属于销售行为,不能确认销售收入,但是按照税法规定,应视同对外销售处理,计算应交增值税。视同销售需要交纳增值税的事项如企业将自产或委托加工的货物用于非应税项目、集体福利或个人消费,将自产、委托加工或购买的货物作为投资、分配给股东或投资者、无偿赠送他人等。在这些情况下,企业应当借记"在建工程""长期股权投资""营业外支出"等科目,贷记"应交税费——应交增值税(销项税额)"科目等。

【例 8-33】 N 企业将自己生产的产品用于自行建造职工俱乐部。该批产品的成本为200 000 元,计税价格为 300 000 元。增值税税率为 13%。N 企业的有关会计分录如下。

借:在建工程 239 000
  贷:库存商品 200 000
    应交税费——应交增值税(销项税额) 39 000

企业在建工程领用自己生产的产品的销项税额＝300 000×13%＝39 000(元)

(5) 出口退税。企业出口产品按规定退税的,按应收的出口退税额,借记"应收出口退税款"科目,贷记"应交税费——应交增值税(出口退税)"科目。收到出口退税时,借记银行存款,贷记应收出口退税款。

(6) 交纳增值税。企业交纳的增值税,借记"应交税费——应交增值税(已交税金)"科目,贷记"银行存款"科目。"应交税费——应交增值税"科目的贷方余额,表示企业应交纳的增值税。

【例 8-34】 某企业以银行存款交纳本月增值税 100 000 元。该企业的有关会计分录如下。

借:应交税费——应交增值税(已交税金) 100 000
  贷:银行存款 100 000

【例 8-35】 某企业本月发生的销项税额合计 84 770 元,进项税额转出 24 578 元,进项税额 20 440 元,已交增值税 60 000 元。

该企业本月"应交税费——应交增值税"科目的余额为 28 908 元(84 770＋24 578－20 440－60 000),该金额在贷方,表示企业尚未交纳的增值税有 28 908 元。

月末结转未交增值税。

借:应交税费——应交增值税(转出未交增值税) 28 908
  贷:应交税费——未交增值税 28 908

2. 小规模纳税人的核算

小规模纳税人应当按照不含税销售额和规定的增值税征收率计算交纳增值税,销售货物或提供应税劳务时只能开具普通发票,不能开具增值税专用发票。小规模纳税人不享有进项税额的抵扣权,其购进货物或接受应税劳务支付的增值税直接计入有关货物或劳务的成本。因此,小规模纳税人只需在"应交税费"科目下设置"应交增值税"明细科目,不需要在"应交增值税"明细科目中设置专栏,"应交税费——应交增值税"科目贷方登记应交纳的增值税,借方登记已交纳的增值税;期末贷方余额为尚未交纳的增值税,借方余额为多交纳的增值税。

小规模纳税人购进货物和接受应税劳务时支付的增值税,直接计入有关货物和劳务的成本,借记"材料采购""在途物资"等科目,贷记"银行存款"等科目。

【例 8-36】 某小规模纳税人购入材料一批,取得的专用发票中注明货款 20 000 元,增值税 600 元,款项以银行存款支付,材料已验收入库(该企业按实际成本计价核算)。该企业的有关会计分录如下。

> 借:原材料 20 600
> 　贷:银行存款 20 600

本例中,小规模纳税人购进货物时支付的增值税 600 元,直接计入有关货物和劳务的成本。

【例 8-37】 某小规模纳税人销售产品一批,所开出的普通发票中注明的货款(含税)为 51 500 元,增值税征收率为 3%,款项已存入银行。该企业的有关会计分录如下。

> 借:银行存款 51 500
> 　贷:主营业务收入 50 000
> 　　应交税费——应交增值税 1 500
>
> 　　不含税销售额=含税销售额÷(1+征收率)=51 500÷(1+3%)=50 000(元)
> 　　应纳增值税=不含税销售额×征收率=50 000×3%=1 500(元)

【例 8-38】 承[例 8-37],该小规模纳税企业月末以银行存款上交增值税 1 200 元。有关会计处理如下。

> 借:应交税费——应交增值税 1 200
> 　贷:银行存款 1 200

此外,企业购入材料不能取得增值税专用发票的,比照小规模纳税企业进行处理,一发生的增值税计入材料采购成本,借记"材料采购""在途物资"等科目,贷记"银行存款"等科目。

(二)应交消费税

消费税是指在我国境内生产、委托加工和进口应税消费品的单位和个人,按其流转额缴纳的一种税。消费税有从价定率和从量定额两种征收方法。采取从价定率方法征收的消费税,以不含增值税的销售额为税基,按照税法规定的税率计算。企业的销售收入包含增值税的,应将其换算为不含增值税的销售额。采取从量定额计征的消费税,要根据按税法确定的企业应税消费品的数量和单位应税消费品应缴纳的消费税计算确定。企业应在"应交税费"科目下设置"应交消费税"明细科目,核算应交消费税的发生、缴纳情况。该科目的贷方登记应缴纳的消费税,借方登记已缴纳的消费税。期末贷方余额为尚未缴纳的消费税,借方余额为多缴纳的消费税。

1. 销售应税消费品

企业销售应税消费品应交的消费说,应借记"税金及附加"科目,贷记"应交税费——应交消费税"科目。

【例 8-39】 某企业销售所生产的化妆品,价款 2 000 000 元(不含增值税),适用的消费税税率为 30％。该企业有关的会计分录如下。

借:税金及附加　　　　　　　　　　　　　　　　　　　　　　　　600 000
　　贷:应交税费——应交消费税　　　　　　　　　　　　　　　　　　　600 000

应交消费税额＝2 000 000×30％＝600 000(元)

2. 自产自销应税消费品

企业将生产的应税消费品用于在建工程等非生产机构时,按规定应缴纳的消费税,借记"在建工程"等科目,贷记"应交税费——应交消费税"科目。

【例 8-40】 某企业在建工程领用自产柴油 50 000 元,应缴纳消费税 6 000 元,该企业的有关会计分录如下。

借:在建工程　　　　　　　　　　　　　　　　　　　　　　　　　56 000
　　贷:库存商品　　　　　　　　　　　　　　　　　　　　　　　　　50 000
　　　　应交税费——应交消费税　　　　　　　　　　　　　　　　　　　6 000

本例中,企业将生产的应税消费品用于在建工程等非生产机构时,按规定应缴纳的消费税 6 000 元应记入"在建工程"科目。

【例 8-41】 某企业下设的职工食堂享受企业提供的补贴,本月领用自产产品一批,该产品的账面价值 40 000 元,市场价格 60 000 元(不含增值税),适用的消费税税率为 10％、增值税税率为 13％。该企业的有关会计分录如下。

借:管理费用　　　　　　　　　　　　　　　　　　　　　　　　　73 800
　　贷:应付职工薪酬——非货币性福利　　　　　　　　　　　　　　　73 800

应记入"应付职工薪酬——非货币性福利"科目的金额
＝60 000＋60 000×13％＋60 000×10％＝73 800(元)

同时,

借:应付职工薪酬——非货币性福利　　　　　　　　　　　　　　　73 800
　　贷:主营业务收入　　　　　　　　　　　　　　　　　　　　　　　60 000
　　　　应交税费——应交增值税(销项税额)　　　　　　　　　　　　　7 800
　　　　　　　——应交消费税　　　　　　　　　　　　　　　　　　　6 000
借:主营业务成本　　　　　　　　　　　　　　　　　　　　　　　40 000
　　贷:库存商品　　　　　　　　　　　　　　　　　　　　　　　　　40 000

3. 委托加工应税消费品

企业如有应交消费税的委托加工物资,一般应由受托方代收代缴税款,受托方按照应交税款金额,借记"应收账款""银行存款"等科目,贷记"应交税费——应交消费税"科目。受托加工或翻新改制金银首饰按照规定由受托方缴纳消费税。

委托加工物资收回后,直接用于销售的,应将受托方代收代缴的消费税计入委托加工物资的成本,借记"委托加工物资"等科目,贷记"应付账款""银行存款"等科目;委托加工物资收回后用于连续生产应税消费品的,按规定准予抵扣的,应按已由受托方代收代缴的消费税,借记"应交税费——应交消费税"科目,贷记"应付账款""银行存款"等科目。(相

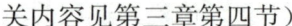

关内容见第三章第四节）

4. 进口应税消费品

企业进口应税物资在进口环节应交的消费税,计入该项物资的成本,借记"材料采购""固定资产"等科目,贷记"银行存款"科目。

【例8-42】 甲企业从国外进口一批需要缴纳消费税的商品,商品价值2 000 000元,进口环节需要缴纳的消费税为400 000元(不考虑增值税),采购的商品已经验收入库,货款尚未支付,税款已经用银行存款支付。甲企业的有关会计分录如下。

```
借:库存商品                                                    2 400 000
  贷:应付账款                                                  2 000 000
     银行存款                                                    400 000
```

本例中,甲企业进口应税物资在进口环节应交的消费税400 000元,应计入该项物资的成本。

(三)其他应交税费

其他应交税费是指除上述应交税费以外的应交税费,包括应交资源税、应交城市维护建设税、应交土地增值税、应交所得税、应交房产税、应交土地使用税、应交车船税、应交教育费附加、应交矿产资源补偿费、应交个人所得税等。企业应当在"应交税费"科目下设置相应的明细科目进行核算,贷方登记应缴纳的有关税费,借方登记已缴纳的有关税费,期末贷方余额表示尚未缴纳的有关税费。

1. 应交资源税

资源税是对在我国境内开采矿产品或者生产盐的单位和个人征收的税。资源税按照应税产品的课税数量和规定的单位税额计算。开采或生产应税产品对外销售的,以销售数量为课税数量;开采或生产应税产品自用的,以自用数量为课税数量。

对外销售应税产品应交纳的资源税应记入"税金及附加"科目,借记"税金及附加"科目,贷记"应交税费——应交资源税"科目;自产自用应税产品应缴纳的资源税应记入"生产成本""制造费用"等科目,借记"生产成本""制造费用"等科目,贷记"应交税费——应交资源税"科目。

【例8-43】 某企业对外销售某种资源税应税矿产品2 000吨,每吨应交资源税5元。该企业的有关会计分录如下。

```
借:税金及附加                                                     10 000
  贷:应交税费——应交资源税                                        10 000
```

企业对外销售应税产品应交的资源税＝2 000×5＝10 000(元)

【例8-44】 某企业将自产的资源税应税矿产品500吨用于企业的产品生产,每吨应交资源税5元。该企业的有关会计分录如下。

```
借:生产成本                                                        2 500
  贷:应交税费——应交资源税                                          2 500
```

企业自产自用应税矿产品应缴纳的资源税＝500×5＝2 500(元)

2. 应交城市维护建设税

城市维护建设税是以增值税、消费税为计税依据征收的一种税。其纳税人为缴纳增值税、消费税的单位和个人,税率因纳税人所在地不同从 1‰～7‰ 不等。计算公式如下:

$$应纳税额＝(应交增值税＋应交消费税)×适用税率$$

企业应交的城市维护建设税,应借记"税金及附加"等科目,贷记"应交税费——应交城市维护建设税"科目。

【例 8-45】 某企业本期实际应交城市维护建设税为 56 000 元。该企业的有关会计处理如下。

借:税金及附加 56 000
　贷:应交税费——应交城市维护建设税 56 000

用银行存款上交城市维护建设税时:

借:应交税费——应交城市维护建设税 56 000
　贷:银行存款 56 000

3. 应交教育费附加

教育费附加是为了发展教育事业而向企业征收的附加费用,企业按应交流转税的一定比例计算缴纳。企业应交的教育费附加,应借记"税金及附加"等科目,贷记"应交税费——应交教育费附加"科目。

【例 8-46】 某企业按税法规定计算,2×23 年度第四季度应缴纳教育费附加 300 000 元。款项已经用银行存款支付。该企业的有关会计处理如下。

借:税金及附加 300 000
　贷:应交税费——应交教育费附加 300 000
借:应交税费——应交教育费附加 300 000
　贷:银行存款 300 000

4. 应交土地增值税

土地增值税是指在我国境内有偿转让土地使用权及地上建筑物和其他附着物产权的单位和个人,就其土地增值额征收的一种税。土地增值额是指转让收入减去规定扣除项目金额后的余额。转让收入包括货币收入、实物收入和其他收入。扣除项目主要包括取得土地使用权所支付的金额、开发土地的费用、新建及配套设施的成本、旧房及建筑物的评估价格等。

企业应交的土地增值税,视情况记入不同科目:企业转让的土地使用权连同地上建筑物及其附着物一并在"固定资产"等科目核算的,转让时应交的土地增值税,借记"固定资产清理"科目,贷记"应交税费——应交土地增值税"科目;土地使用权在"无形资产"科目核算的,按实际收到的金额,借记"银行存款"科目,按应交的土地增值税,贷记"应交税费——应交土地增值税"科目,同时冲销土地使用权的账面价值,贷记"无形资产"科目,按其差额,借记或贷记"资产处置损益"科目。

【例 8-47】 某企业对外转让一栋厂房,根据税法规定计算的应交土地增值税为 27 000 元。有关会计处理如下。

（1）计算应缴纳的土地增值税：

借：固定资产清理   27 000

    贷：应交税费——应交土地增值税   27 000

（2）用银行存款缴纳应交土地增值税税款：

借：应交税费——应交土地增值税   27 000

    贷：银行存款   27 000

5. 应交房产税、城镇土地使用税、车船税

房产税是国家对在城市、县城、建制县和工矿区征收的由产权所有人缴纳的一种税。房产税依照房产原值一次减除 10%～30% 后的余额计算缴纳。没有房产原值作为依据的，由房产所在地税务机关参考同类房产核定；房产出租的，以房产租金收入为房产税的计税依据。

城镇土地使用税是国家为了合理利用城镇土地，调节土地级差收入，提高土地使用效益，加强土地管理而开征的一种税，以纳税人实际占用的土地面积为计税依据，依照规定税额计算征收。

车船税由拥有并且使用车船的单位和个人缴纳。车船税按照适用税额计算缴纳。

企业应交的房产税、城镇土地使用税、车船税，记入"税金及附加"科目，借记"税金及附加"科目，贷记"应交税费——应交房产税（或应交城镇土地使用税、应交车船税）"科目。

6. 应交个人所得税

企业按规定计算的代扣代缴的职工个人所得税，借记"应付职工薪酬"科目，贷记"应交税费——应交个人所得税"科目；企业缴纳个人所得税时，借记"应交税费——应交个人所得税"科目，贷记"银行存款"等科目。

【例 8-48】 某企业结算本月应付职工工资总额 200 000 元，代扣职工个人所得税共计 2 000 元，实发工资 198 000 元。该企业与应交个人所得税有关的会计分录如下。

借：应付职工薪酬——工资   2 000

    贷：应交税费——应交个人所得税   2 000

本例中，企业按规定计算的代扣代缴的职工个人所得税 2 000 元，应记入"应付职工薪酬"科目。

 课程思政案例

举新债还旧债可不可行

2010 年，华侨城的年中报显示其短期借款为 78.72 亿元，远超过 45.08 亿元的货币资金结余。同时，经营活动现金流入为 62.7 亿元，现金流出为 121.3 亿元，经营活动产生的现金流量净额为 −58.6 亿元，经营现金流量明显紧张，流动负债占总负债的 71.84%。有证券分析师指出，因为华侨城的开发重点是高端房产，更易受到政府紧缩政策的冲击。

在项目销售吃紧的情况下,华侨城资金捉襟见肘,公司日常经营所需流动资金不得不依赖银行借款和资金周转中形成的应付账款等短期负债,"举新债还旧债"成为华侨城一项重要的财务举措。2010 年 8 月 3 日,华侨城发行了 20 亿元 3 年期中期票据,募集的资金用于补充营运资金和置换银行贷款。根据中期票据募集说明书,华侨城待偿还债务融资工具余额共计 50 亿元,分别是 2011 年 3 月 29 日到期的 20 亿元短期融资券,及 2012 年 9 月 1 日到期的 30 亿元中期票据。截至 2010 年 6 月末,华侨城短期借款为 78.72 亿元,长期借款为 74.34 亿元,合计 153.06 亿元,较 2009 年同期增幅达到了 135.08%。

为了改变捉襟见肘的资金困境,华侨城开始加快销售速度以求变现。2009 年下半年公司推盘量约占全年的七成。而根据华侨城 2009 年业绩说明会的信息,2010 年华侨城可售资源有 80 多万平方米,如果全部销售完毕,则相当于前 3 年结算面积的总和,所以短期借款的压力在下半年得到了缓解。但若是掌握不好,资金链就很容易断裂引起一系列问题,所以流动负债的安排还需谨慎。

思考题:站在财会人员的角度,结合华侨城的行业特点,你将给管理层对流动负债的谨慎管理提出哪些建议?

小提示:流动负债在企业的运营中是不可避免的一个部分,但如果企业对现金流量的预判有所失误,很容易让流动负债越滚越大,最后造成巨大的资金压力。又或者企业不能及时偿还流动负债,会导致企业信用下降,后续融资变得艰难。我们财会人员,出于谨慎性原则需要对流动负债的期限安排也做好规划,未雨绸缪,预防流动负债出现滚雪球的情况。

本章小结

本章应掌握以下重点内容。
(1) 短期借款取得、偿还和利息的会计处理。
(2) 应付票据的会计处理。
(3) 应付账款、预收账款的会计处理。
(4) 应付股利、其他应付款的会计处理。
(5) 应付职工薪酬的内容及各项职工薪酬的会计处理。
(6) 应交税费(增值税、消费税及其他应交税费)的核算。

思考题

(1) 什么是流动负债,流动负债具有哪些特点?
(2) 简述应付账款与应付票据在会计核算上的区别与联系。
(3) 应付职工薪酬的核算都包括哪些内容?

(4) 一般纳税人与小规模纳税人在增值税业务处理上的区别。

(5) 简述视同销售行为与购进货物改变用途时的会计处理。

(6) 简述增值税、营业税、消费税等几个主要税种的核算内容。

(7) 简述委托加工应税消费品的会计处理的两种情形。

 练习题

一、单项选择题

1. 下列各项中,不属于职工薪酬核算内容的是( )。

    A. 养老保险金

    B. 工会经费和职工教育经费

    C. 职工因工出差的差旅费、业务招待费

    D. 因解除与职工的劳动关系给予的补偿

2. 从职工工资中代扣职工房租,应借记的会计科目是( )。

    A. "应付职工薪酬" B. "银行存款" C. "管理费用" D. "应付账款"

3. 企业为建造工程项目(假设该项目为非应税项目)而购进物资负担的增值税额应当计入( )。

    A. 应交税费——应交增值税(进项税额)

    B. 工程物资

    C. 固定资产

    D. 营业外支出

4. 企业出售固定资产应交的消费税,应借记的会计科目是( )。

    A. "税金及附加"   B. "固定资产清理"

    C. "销售费用"   D. "其他业务成本"

5. 甲公司开具的不带息的银行承兑汇票,2×24 年 11 月 30 日到期时甲公司无力支付票款,则应将该应付票据的票面金额转作( )。

    A. 营业外收入   B. 应付账款   C. 其他应付款   D. 短期借款

6. 企业收取包装物押金及其他各种暂收款项时,应贷记( )科目。

    A. "营业外收入"   B. "其他业务收入"

    C. "其他应付款"   D. "其他应收款"

7. 增值税小规模纳税人在月份终了缴纳本月应交未交的增值税的会计处理方法是( )。

    A. 借记"应交增值税"明细科目

    B. 贷记"应交增值税"明细科目

    C. 冲减"应交税费——应交增值税(销项税额)"明细科目

    D. 作"应交税费——应交增值税(进项税额转出)"明细科目增加处理

8. 预收账款情况不多的企业,可以不设"预收账款"科目,而将预收的款项直接记入的科目是( )。

    A. "应收账款"   B. "预付账款"   C. "其他应收款"   D. "应付账款"

9. 企业缴纳当期的增值税时,应借记的会计科目是(　　)。

    A. "应交税费——应交增值税(进项税额)"

    B. "应交税费——应交增值税(进项税额转出)"

    C. "应交税费——应交增值税(出口退税)"

    D. "应交税费——应交增值税(已交税金)"

    E. 进项税额

10. 企业发生的下列税金中,应计入相关资产价值的是(　　)。

    A. 印花税　　　　　　　　　　　　B. 车船税

    C. 城镇土地使用税　　　　　　　　D. 购买固定资产发生的关税

11. 如果企业的长期借款属于筹建期间的,且不符合资本化条件,则其利息费用应记入的科目是(　　)。

    A. "管理费用"　　　　　　　　　　B. "长期待摊费用"

    C. "财务费用"　　　　　　　　　　D. "在建工程"

12. 企业对应付的商业承兑汇票,如果到期不能足额付款,在会计处理上应将其转作(　　)。

    A. 应付账款　　　　B. 其他应付款　　　　C. 预付账款　　　　D. 短期借款

13. 下列各项中,不可能记入"税金及附加"科目的是(　　)。

    A. 消费税　　　　　　　　　　　　B. 资源税

    C. 城市维护建设税　　　　　　　　D. 增值税的销项税额

14. 一般纳税人销售商品时发生的下列各项税金中,不影响企业损益的是(　　)。

    A. 消费税　　　　　　　　　　　　B. 城市维护建设税

    C. 增值税销项税额　　　　　　　　D. 所得税

15. 企业的应付账款确实无法支付,经确认后转作(　　)。

    A. 营业外收入　　　B. 投资收益　　　C. 其他业务收入　　　D. 资本公积

16. 短期借款在核算时,不会涉及的科目是(　　)。

    A. "短期借款"　　　B. "应付利息"　　　C. "财务费用"　　　D. "在建工程"

17. 委托加工应纳消费税产品收回后用于连续加工应税消费品的,其由受托方代扣代缴的消费税,应计入(　　)。

    A. 管理费用　　　　　　　　　　　B. "应交税费——应交消费税"账户的借方

    C. 委托加工产品的成本　　　　　　D. 主营业务成本

18. 委托加工的应税消费品收回后直接出售的,由受托方代扣代缴的消费税,委托方应借记的会计科目是(　　)。

    A. "在途物资"　　　　　　　　　　B. "委托加工物资"

    C. "应交税费——应交消费税"　　　D. "营业税金及附加"

二、多项选择题

1. 企业设置的"应交税费——应交增值税"多栏式明细账设置的栏目有(　　)。

    A. 销项税额　　　B. 进项税额转出　　　C. 出口退税　　　D. 已交税金

    E. 进项税额

2. 下列各项中,属于企业应付职工薪酬的有(　　)。

A. 工会经费   B. 企业医务人员的工资

C. 住房公积金   D. 辞退福利

E. 离职后福利

3. 企业不应记入"税金及附加"科目的税金有(　　　)。

    A. 增值税   B. 印花税   C. 房产税   D. 所得税

    E. 关税

4. 企业缴纳的下列税费中,不通过"应交税费"科目核算的有(　　　)。

    A. 教育费附加   B. 印花税   C. 耕地占用税   D. 契税

    E. 关税

5. 下列各项开支中,不通过"应付职工薪酬"科目反映的有(　　　)。

    A. 诉讼费   B. 职工生活困难补助

    C. 职工食堂补助费用   D. 业务招待费

    E. 差旅费

6. 下列各项中,能作为当期进项税额的有(　　　)。

    A. 从销售方取得的增值税专用发票上注明的增值税额

    B. 从海关取得的完税凭证上注明的增值税额

    C. 购进免税农产品准予抵扣的进项税额

    D. 企业外购货物时取得的有效运输凭证上注明的增值税

    E. 购买非应税项目的进项税额

7. 下列各项职工薪酬中,不能直接在"管理费用"科目中列支的有(　　　)。

    A. 生产人员的薪酬   B. 行政人员的薪酬

    C. 车间管理人员的薪酬   D. 研发人员的薪酬

    E. 在建工程人员的薪酬

8. 下列各项中,属于一般纳税人在购入资产时即可确认为不能抵扣的进项税额的有(　　　)。

    A. 购入生产用设备一台   B. 购入非应税项目的工程物资

    C. 购入物资用于集体福利   D. 购入生产用原材料

    E. 进口生产用原材料

9. 企业缴纳的下列税金中,应通过"应交税费"科目核算的有(　　　)。

    A. 消费税   B. 增值税   C. 印花税   D. 所得税

    E. 资源税

10. 对小规模纳税人,下列说法中,正确的有(　　　)。

    A. 小规模纳税人销售货物或者提供应税劳务,一般情况下,只能开具普通发票,不能开具增值税专用发票

    B. 小规模纳税人销售货物或提供应税劳务,实行简易办法计算应纳税额,按照销售额的一定比例计算征收

    C. 小规模纳税人的销售收入不包括其应纳增值税额

    D. 小规模纳税人购入货物取得增值税专用发票,其支付的增值税额可计入进项税额,并由销项税额抵扣,而不计入购入货物的成本

    E. 小规模纳税人的销售收入包括其应纳增值税额

11. 企业缴纳的下列税金中,应计入企业固定资产价值的有(　　)。

    A. 房产税   B. 车船税

    C. 车辆购置税   D. 购入固定资产缴纳的契税

    E. 增值税

12. 下列对长期借款利息费用的会计处理中,正确的有(　　)。

    A. 筹建期间的借款利息一般应计入管理费用

    B. 筹建期间的借款利息符合资本化条件时计入相关资产的成本

    C. 日常生产经营活动的借款利息计入财务费用

    D. 符合资本化条件的借款利息计入相关资产成本

    E. 计提长期借款利息应贷记"长期借款——应计利息"科目

三、判断题

1. "短期借款"科目的期末账面余额,反映企业尚未偿还的各种长期借款的本金。

                                                                   (　)

2. 企业对外销售应税产品应该缴纳的资源税应记入"生产成本"科目。 (　)

3. 短期借款利息在预提或实际支付时均应通过"短期借款"科目核算。 (　)

4. 企业缴纳的印花税一般直接记入"税金及附加"科目核算。 (　)

5. 企业缴纳的房产税不通过"应交税费"科目核算。 (　)

6. 企业在职工离职后提供给职工的全部非货币性福利和企业应付给因解除与职工的劳务关系给予的补偿不应通过"应付职工薪酬"科目核算。 (　)

7. 负债是指由过去的交易或事项形成的现时义务,履行该义务预期会导致经济利益流出企业。 (　)

8. 企业向股东宣告的现金股利,在尚未支付给股东之前,是企业股东权益的一个组成部分。 (　)

9. 将于1年内到期的长期负债,按照规定,应在资产负债表中作为流动负债反映。(　)

10. 企业只有在对外销售消费税应税产品时才应缴纳消费税。 (　)

11. 一般纳税人购入货物支付的增值税,均应通过"应交税费——应交增值税"科目进行核算。 (　)

四、计算题

1. 某大型企业为增值税一般纳税人,该企业2×24年6月初"应交税费"账户余额为零,存货采用实际成本法核算,当月发生下列相关业务。

    (1) 购入库存商品,价款300 000元,增值税额39 000元,款项以银行存款支付,商品已验收入库。

    (2) 销售应税消费品,价款600 000元,增值税额78 000元,收款存入银行,消费税适用税率10%。

    (3) 月末按照当月应该缴纳的增值税和消费税的一定比例计提城建税和教育费附加,计提比例分别为7%和3%。

    要求:编制以上业务的会计分录,并列示业务(3)的计算过程。

    2. 大海公司委托外单位加工材料一批,原材料价款60万元,加工费用16万元(假设不考虑增值税),由受托方代扣代缴的消费税6万元,材料已经加工完毕并验收入库,加工费用已经支付。假定该公司材料采用实际成本法核算。

(1) 假设委托方收回加工材料后用于继续生产应税消费品。

(2) 假设委托方收回加工后的材料直接用于销售。

要求:编制这两种情况下的会计分录。(单位采用万元表示)

五、业务题

1. 资料:

(1) 华联实业股份有限公司因生产经营的临时需要,2×24 年 12 月 1 日向银行借入 500 000 元,期限为 3 个月,年利率为 9%。到期一次还本付息。

(2) 华联实业股份有限公司 3 月 5 日向红光公司购进材料一批,价款为 20 000 元,材料已验收入库,款项尚未支付。4 月 10 日以银行存款偿还该款项。假设不考虑增值税且购货合同条款不包括现金折扣。

(3) 华联实业股份有限公司于 2×24 年 2 月 6 日开出一张面值为 113 000 元、期限 3 个月的不带息商业汇票,用来采购一批材料。增值税专用发票上注明的材料价款为 100 000 元,增值税额为 13 000 元。

(4) 华联实业股份有限公司于 2×24 年 1 月 1 日销售价值 900 000 元的商品给星海公司,并与其签订合同,按照合同规定在提供商品前星海公司应预付货款 500 000 元,收到商品后再结清全部货款。增值税税率为 13%。

(5) 华联实业股份有限公司购入材料一批,增值税专用发票上注明价款为 30 000 元,增值税额为 3 900 元,货款以银行存款支付,材料已验收入库。

(6) 华联实业股份有限公司销售商品一批,增值税专用发票上注明价款为 1 000 000 元,增值税额为 130 000 元,货款已收到并存入银行。

(7) 华联实业股份有限公司用本企业生产的产品对红星公司进行投资,双方协商按成本作价。该产品的成本为 450 000 元,计税价格为 500 000 元,增值税税率为 13%。

(8) 华联实业股份有限公司 5 月 10 日销售一批应税消费品,增值税专用发票注明价格为 60 000 元,增值税额为 7 800 元;消费税税率为 10%,款项已收到并存入银行。

要求:根据以上资料,编制该公司的会计分录。

2. 华联实业股份有限公司委托外单位加工应税消费品,材料成本为 50 000 元,加工费为 10 000 元(不含增值税),增值税额为 1 300 元,代收消费税为 1 000 元。

要求:分别按收回后继续加工和收回后直接出售两种情况编制相关的会计分录。

3. 资料:华联实业股份有限公司发生下列经济业务。

(1) 用银行存款支付上月职工工资 2 000 000 元。

(2) 企业把自产产品作为薪酬发放给职工,每位职工发放一件产品,每件产品售价 5 000 元,增值税 650 元,每件产品成本 3 000 元,发放产品的职工为:生产工人 200 人,公司管理人员 20 人。

(3) 计算本月应付职工工资,生产工人工资 1 200 000 元,车间管理人员工资 200 000 元,公司管理人员工资 300 000 元。

要求:编制上述业务的会计分录。

第九章 ｜ 长 期 负 债

导入案例

　　某市重型机床厂建造一幢新办公楼,2×22 年 7 月 1 日从中国建设银行取得专门借款 20 000 000 元,期限为 3 年,利率为 6.5%。新办公楼的建设从 2×22 年 8 月 1 日开工并陆续发生各项支出。2×23 年 3 月 10 日,因款项迟迟不能到位,施工方停止了施工,直到 2×24 年 5 月 13 日才恢复施工。新办公楼于 2×24 年 10 月 16 日完工,达到使用状态。双方于 2×24 年 12 月 31 日办完竣工决算手续。2×25 年 4 月 1 日,新办公楼投入使用。重型机床厂对这笔专门借款的利息全部计入了工程造价成本,形成了固定资产的价值。

　　问题:

　　1. 你认为重型机床厂对这笔专门借款利息的会计处理是否正确?

　　2. 如何划分利息费用资本化和费用化的界限?

教学目标

　　通过本章学习,学生应了解长期负债的概念、特点及分类;了解预计负债的概念及其核算内容;了解长期应付款的核算内容;掌握长期借款、应付债券的核算。

 第一节
长期负债概述

一、长期负债的概念

　　长期负债是指偿还期在一年或者超过一年的一个营业周期以上的债务。长期负债也称为非流动负债。

　　长期负债的形成是企业筹资决策的结果,其主要是为了满足企业资本性资产的需要而发生的,如企业购买大型设备、建造房屋等金额较大的支出,一般需要通过长期负债方式来筹措资金。

二、长期负债的特点

长期负债除了具有负债的共同特征,还具有如下特征。

(1) 债务偿还的期限长,一般超过1年或者一个营业周期。

(2) 债务的金额较大。

(3) 可以采取分期偿还方式。

三、长期负债的内容

企业发生的长期负债主要包括以下几种。

(1) 长期借款,是指企业从银行或其他金融机构借入的期限在1年以上(不含1年)的借款。

(2) 应付债券,是指由企业向投资者发行的期限在1年以上的公司债券而形成的长期负债。

(3) 长期应付款,是指企业除长期借款和应付债券以外的其他各种长期应付款项,包括应付融资租入固定资产的租赁费、具有融资性质的延期付款购买资产发生的应付款项等。

(4) 预计负债,是指企业因或有负债发生的一项现时义务而形成的非流动负债。比如,企业因未决诉讼而确认的未来期间应赔偿金额就形成了企业的预计负债。

(5) 递延所得税负债,是指由于资产或负债的账面价值和计税基础不同造成的应纳税暂时性差异形成的一项长期负债。关于递延所得税负债的内容,将在所得税会计中详细介绍。

四、长期负债的计量

长期负债大多数属于金融负债,并采用摊余成本进行后续计量。因而,长期负债的计量金额并不是按照未来债务到期时实际支付的金额计价,而是考虑货币的时间价值,按照长期负债在未来期间发生现金流量的现值计量。即其价值应是根据合同或契约在未来必须支付的本金和所有利息之和按适当的贴现率计算的折现值之和。一般来说,长期负债未来现金流量包括以下两种。

(1) 长期负债的本金。一般情况下,长期负债的本金于债务到期时一次性支付。

(2) 长期负债的利息。一般情况下,长期负债的利息按照事先约定分期支付。

第二节 长期借款的核算

一、长期借款概述

长期借款是指企业向银行或其他金融机构借入的期限在1年以上(不含1年)的各种借款,一般用于固定资产的购建、改扩建工程、大修理工程、对外投资以及为了保持长期经营能力等方面。它是企业长期负债的重要组成部分,必须加强管理与核算。

由于长期借款的使用关系到企业的生产经营规模和效益,企业除了要遵守有关的贷款规定、编制借款计划并要有不同形式的担保外,还应监督借款的使用、按期支付长期借款的利息以及按规定的期限归还借款本金等。因此,长期借款会计处理的基本要求是反映和监督企业长期借款的借入、借款利息的结算和借款本息的归还情况,促使企业遵守信贷纪律、提高信用等级,同时也要确保长期借款发挥效益。

二、长期借款的核算

企业应通过"长期借款"科目,核算长期借款的借入、归还等情况。该科目可按照贷款单位和贷款种类设置明细账,分"本金""利息调整"等进行明细核算。该科目的贷方登记长期借款本息的增加额,借方登记本息的减少额,贷方余额表示企业尚未偿还的长期借款。

1. 取得长期借款

企业借入长期借款,应按实际收到的金额,借记"银行存款"科目,贷记"长期借款——本金"科目;如存在差额,还应借记"长期借款——利息调整"科目。

【例 9-1】　A 企业于 2×24 年 11 月 30 日从银行借入资金 5 000 000 元,借款期限为 3 年,年利率为 8.4%(分期计息、到期还本付息,不计复利),所借款项已存入银行。A 企业用该借款于当日购买不需安装的设备一台,价款 4 000 000 元,增值税额 520 000 元,另支付运杂费及保险等费用 100 000 元(不考虑相关税费),设备已于当日投入使用,A 企业的有关会计处理如下。

(1)取得借款时。

借:银行存款	5 000 000
贷:长期借款——本金	5 000 000

(2)支付设备款和运杂费、保险费时。

借:固定资产	4 100 000
应交税费——应交增值税(进项税额)	520 000
贷:银行存款	4 620 000

2. 长期借款的利息

长期借款的利息费用应当在资产负债表日按照实际利率法计算确定,实际利率与合同利率差异较小的,也可以采用合同利率计算确定利息费用。长期借款计算确定的利息费用,应当按以下原则计入有关成本、费用:①属于筹建期间的,计入管理费用;②属于生产经营期间的,计入财务费用;③如果长期借款用于购建固定资产的,在固定资产尚未达到预定可使用状态前,所发生的应当资本化的利息支出,计入在建工程成本;④固定资产达到预定可使用状态后发生的利息支出,以及按规定不予资本化的利息支出,计入财务费用。长期借款按合同利率计算确定的应付未付利息,记入"应付利息"科目,即借记"在建工程""制造费用""财务费用""研发支出"等科目,按借款本金和合同利率计算确定的应付未付利息,贷记"应付利息"科目(对于一次还本付息的长期借款,贷记"长期借款——应计利息"科目),按其差额,贷记"长期借款——利息调整"科目。

【例 9-2】　承[例 9-1],A 企业于 2×24 年 12 月 31 日计提长期借款利息。

A 企业的有关会计分录如下。

借：财务费用   35 000
  贷：长期借款——应计利息   35 000

$2×24$ 年 12 月 31 日计提的长期借款利息＝$5 000 000×8.4\%÷12＝35 000$（元）

$2×25$ 年 1 月至 $2×27$ 年 11 月，每月月末预提利息的会计分录同上。

3. 归还长期借款

企业归还长期借款的本金时，应按归还的金额，借记"长期借款——本金"科目，贷记"银行存款"科目；按归还的利息，借记"应付利息"或"长期借款——应计利息"科目，贷记"银行存款"科目。

【例 9-3】 承[例 9-1]，$2×27$ 年 11 月 30 日，A 企业偿还该笔银行借款本息。A 企业的有关会计分录如下。

借：财务费用   35 000
  长期借款——本金   5 000 000
       ——应计利息   1 225 000
  贷：银行存款   6 260 000

本例中，$2×24$ 年 12 月 31 日至 $2×27$ 年 10 月 30 日已经计提的利息为 1 225 000 元，应借记"长期借款——应计利息"科目，$2×27$ 年 11 月应当计提的利息为 35 000 元，应借记"财务费用"科目，长期借款本金 5 000 000 元，应借记"长期借款——本金"科目；实际支付的长期借款本金和利息 6 260 000 元，贷记"银行存款"科目。

【例 9-4】 $2×24$ 年 1 月 1 日，甲企业向银行借入 3 年期的长期借款 2 000 000 元，用于企业的经营周转，年利率 9%，按照复利计算，每年计息一次，到期一次还本付息，借入款项存入银行。甲企业作出下列会计分录。

（1）$2×24$ 年 1 月 1 日，取得借款时。

借：银行存款   2 000 000
  贷：长期借款——本金   2 000 000

（2）$2×24$ 年 12 月 31 日计息时。

第一年的利息＝$2 000 000×9\%＝180 000$（元）

借：财务费用   180 000
  贷：长期借款——应计利息   180 000

（3）$2×25$ 年 12 月 31 日计息时。

第二年的利息＝$(2 000 000＋180 000)×9\%＝196 200$（元）

借：财务费用   196 200
  贷：长期借款——应计利息   196 200

（4）$2×26$ 年 12 月 31 日到期还本付息时。

第三年的利息＝$(2 000 000＋180 000＋196 200)×9\%＝213 858$（元）
三年累计的利息＝$180 000＋196 200＋213 858＝590 058$（元）
应归还的本利和＝$2 000 000＋590 058＝2 590 058$（元）

借：长期借款——本金　　　　　　　　　　　　　　　　2 000 000
　　长期借款——应计利息　　　　　　　　　　　　　　　376 200
　　财务费用　　　　　　　　　　　　　　　　　　　　213 858
　　贷：银行存款　　　　　　　　　　　　　　　　　　　　2 590 058

第三节　应付债券的核算

一、应付债券概述

应付债券是指企业为筹集（长期）资金而发行的债券。企业发行的一年期以上的债券，构成了企业的长期负债。债券是企业为筹集长期使用资金而发行的一种书面凭证，企业通过发行债券取得资金是以将来履行归还购买债券者的本金和利息的义务作为保证的。企业应当设置"企业债券备查簿"，在该账簿中详细登记每一企业债券的票面金额、债券票面利率、还本付息期限与方式、发行总额、发行日期和编号、委托代销单位、转换股份等资料。企业债券到期清算时，应当在备查簿内逐笔注销。

债券票面上应载明的主要内容包括以下几种。

（1）债券面值。其即债券到期应偿还的本金。其面值大小不等，企业可以根据需要设定，它包括票面的币种和票面金额两个方面。票面的币种体现以何种货币作为债券价值的计量标准，取决于发行对象和需要，票面金额是指票面所标明的金额。

（2）债券利率。其也称名义利率或票面利率，它是相对于债券发行时的市场利率而言的，它表示债券发行人承诺每年根据该利率支付的利息。债券票面利率一般用年利率表示，它可以高于、等于或低于市场利率。其高低主要受银行利率、发行者的资信、偿还期限、利息计算方式以及资本市场上资金供求关系的影响。

（3）到期日。其也就是偿还债券本金的日期，取决于债券的偿还期限。发行人在确定债券的偿还期限时，要考虑债券筹集资金的周转期、未来市场利率的发展趋势以及投资者的投资意向等。

（4）利息支付方式。债券利息通常每半年支付一次，支付的利息额等于债券面值乘以票面利率的一半。债券的发行者应在票面上注明债券的付息日期。若在两个付息日之间编制财务报表时，应计提上一付息日至编表日的利息费用和相应的应计利息。

公司债券的发行方式有三种，即面值发行、溢价发行和折价发行。假设不考虑其他条件，债券的票面利率高于市场利率时，可按超过债券票面价值的价格发行，其称为溢价发行，溢价是企业以后各期多付利息而事先得到的补偿；如果债券的票面利率低于市场利率，可按低于债券票面价值的价格发行，称为折价发行，折价是企业以后各期少付利息而预先给投资者的补偿；如果债券的票面利率与市场利率相同，可按票面价值的价格发行，称为面值发行。溢价或折价实质上是发行债券企业在债券存续期内对利息费用的一种调整。本教材主要介绍面值发行与溢价发行债券的核算。

二、应付债券的核算

企业应设置"应付债券"科目,并在该科目下设置"面值""利息调整""应计利息"等明细科目,核算应付债券发行、计提利息、还本付息等情况。该科目贷方登记应付债券的本金和利息,借方登记归还的债券本金和利息,期末贷方余额表示企业尚未偿还的长期债券。无论是按面值发行,还是溢价发行或折价发行,企业均应按债券面值记入"应付债券——面值"科目,实际收到的款项与面值的差额记入"应付债券——利息调整"科目。企业发行债券时,按实际收到的款项,借记"银行存款"等科目,按债券票面价值,贷记"应付债券——面值"科目,按实际收到的款项与票面价值之间的差额,贷记或借记"应付债券——利息调整"科目。

(一)债券面值发行的核算

1.债券按面值发行

企业按面值发行债券时,应按实际收到的金额,借记"银行存款"等科目,按债券票面利息,贷记"应付利息——面值"科目;存在差额的,还应借记或贷记"应付债券——利息调整"科目。

【例9-5】 甲企业于2×24年7月1日发行三年期、到期时一次还本付息、年利率为8%(不计复利)、发行面值总额为80 000 000元的债券。该债券按面值发行。

甲企业的有关会计分录如下。

借:银行存款   80 000 000
 贷:应付债券——面值   80 000 000

2.债券的利息

利息调整应在债券存续期间内采用实际利率法进行摊销。

企业发行的债券通常分为到期一次还本付息和分期付息、一次还本两种。在资产负债表日,对于分期付息、一次还本的债券,企业应按应付债券的摊余成本和实际利率计算确定的债券利息费用,借记"在建工程""制造费用""财务费用"等科目,按票面利率计算确定的应付未付利息,贷记"应付利息"科目,按其差额,借记或贷记"应付债券——利息调整"科目。

对于一次还本付息的债券,企业应于资产负债表日按摊余成本和实际利率计算确定的债券利息费用,借记"在建工程""制造费用""财务费用"等科目,按票面利率计算确定的应付未付利息,贷记"应付债券——应计利息"科目,按其差额,借记或贷记"应付债券——利息调整"科目。

【例9-6】 承[例9-5],甲企业发行债券所筹资金用于建造固定资产,至2×24年12月31日时工程尚未完工,计提本年长期债券利息。企业按照《企业会计准则第17号——借款费用》的规定计算,该期债券产生的实际利息费用应全部资本化,作为在建工程成本。甲企业的有关会计分录如下。

借:在建工程   3 200 000
 贷:应付债券——应计利息   3 200 000

本例中,至2×24年12月31日,企业债券发行在外的时间为6个月,该年应计的债券利息为 3 200 000 元(80 000 000×8‰÷12×6)。由于该长期债券为到期时一次还本付息,因此利息 3 200 000 元应记入"应付债券——应计利息"科目。

3. 债券还本付息

采用一次还本付息方式的,企业应于债券到期支付债券本息时,借记"应付债券——面值""应付债券——应计利息"科目,贷记"银行存款"科目。采用一次还本、分期付息方式的,在每期支付利息时,借记"应付利息"科目,贷记"银行存款"科目;债券到期偿还本金并支付最后一期利息时,借记"应付债券——面值""在建工程""财务费用""制造费用"等科目,贷记"银行存款"科目,按其差额,借记或贷记"应付债券——利息调整"科目。

【例 9-7】　承[例 9-5]和[例 9-6],2×27 年 6 月 30 日,甲企业偿还债券本金和利息。甲企业的有关会计分录如下。

借:应付债券——面值　　　　　　　　　　　　　　　　　　　　80 000 000
　　　　　　——应计利息　　　　　　　　　　　　　　　　　　19 200 000
　贷:银行存款　　　　　　　　　　　　　　　　　　　　　　　　　　99 200 000

本例中,2×24 年 7 月 1 日至 2×27 年 6 月 30 日,甲企业长期债券的应计利息为19 200 000 元(80 000 000×8‰×3)。

(二)债券溢价发行及其摊销的核算

1. 企业发行债券

借:银行存款
　贷:应付债券——面值
　　　　　　——利息调整

注:相关费用计入应付债券的初始确认金额中,反映在利息调整明细科目中,发行债券时的溢价或折价也在利息调整明细科目中反映。

【例 9-8】　A 公司 2×24 年 1 月 1 日发行 3 年期面值为 7 500 万元的债券,票面利率为 6%,A 公司按 8 000 万元的价格发行,另支付给券商佣金手续费 84 万元,实际收到款项 7 916 万元。实际利率为 4%,该债券为分期付息,其利息费用不满足资本化条件。

(1)2×24 年 1 月 1 日发行时的账务处理如下。

借:银行存款　　　　　　　　　　　　　　　　　　　　7 916(8 000－84)
　贷:应付债券——面值　　　　　　　　　　　　　　　　　　　7 500
　　　　　　——利息调整　　　　　　　　　　　　　　　　　　　416

(2)资产负债表日。

借:在建工程、制造费用、研发支出、财务费用【期初摊余成本×实际利率】
　　应付债券——利息调整(差额倒挤,或贷记)
　贷:应付利息【面值×票面利率】

对于一次还本付息的债券,按票面利率计算确定的应付未付利息,应通过"应付债券——应计利息"科目核算。

【例9-9】 承［例9-8］,2×24年12月31日至2×25年12月31日,需要确认财务费用及应付利息。

(1) 2×24年12月31日,确认本年的实际利息费用及应付利息。

$$实际利息费用=7\,916×4\%=316.64(万元)$$
$$应付利息=7\,500×6\%=450(万元)$$
$$溢价摊销额=450-316.64=133.36(万元)$$

借:财务费用　　　　　　　　　　　　　　　316.64
　　应付债券——利息调整　　　　　　　　　133.36
　　贷:应付利息　　　　　　　　　　　　　　　　450

2×24年应付债券的账面价值为:

$$账面价值=摊余成本(实际成本)-“利息调整”(实际利息-名义利息)$$
$$=7\,916-133.36=7\,782.64(万元)$$

(2) 2×25年12月31日,确认本年的实际利息费用及应付利息。

$$实际利息费用=7\,782.64×4\%=311.31(万元)$$
$$应付利息=7\,500×6\%=450(万元)$$
$$溢价摊销额=450-311.31=138.69(万元)$$

借:财务费用　　　　　　　　　　　　　　　311.31
　　应付债券——利息调整　　　　　　　　　138.69
　　贷:应付利息　　　　　　　　　　　　　　　　450

2. 长期债券到期,支付债券本息

借记“应付债券——面值、应计利息”“应付利息”等科目,贷记“银行存款”等科目。同时,存在利息调整余额的,借记或贷记“应付债券——利息调整”科目,按其差额,借记“在建工程”“制造费用”“财务费用”“研发支出”等科目。

【例9-10】 承［例9-9］,2×26年12月31日,确认本年的财务费用及应付利息并偿还本息。

$$实际利息费用=(7\,500+450)-(7\,782.64-138.69)$$
$$=306.05(万元)(倒挤法)$$
$$应付利息=7\,500×6\%=450(万元)$$
$$溢价摊销额=416-133.36-138.69=143.95(万元)$$

借:财务费用　　　　　　　　　　　　　　　306.05
　　应付债券——利息调整　　　　　　　　　143.95
　　贷:应付利息　　　　　　　　　　　　　　　　450

偿还本息:

借:应付债券——面值　　　　　　　　　　　7\,500
　　应付利息　　　　　　　　　　　　　　　1\,350
　　贷:银行存款　　　　　　　　　　　　　　　8\,850

第四节 预计负债的核算

一、或有事项的概念及其特征

或有事项是指过去的交易或者事项形成的，其结果须由某些未来事项的发生或不发生才能决定的不确定事项。常见的或有事项包括：未决诉讼或未决仲裁、债务担保、产品质量保证（含产品安全保证）、亏损合同、重组义务、承诺、环境污染整治等。

或有事项具有以下特征。

（一）或有事项是由过去的交易或者事项形成的

或有事项作为一种不确定事项，是由企业过去的交易或者事项形成的。由过去的交易或者事项形成，是指或有事项的现存状况是过去交易或者事项引起的客观存在。例如，未决诉讼是企业过去的经济行为导致企业起诉其他单位或被其他单位起诉，是现存的一种状况，而不是未来将要发生的事项。又如，产品质量保证是企业对已售出商品或已提供劳务的质量提供的保证，不是为尚未出售商品或尚未提供劳务的质量提供的保证。基于这一特征，未来可能发生的自然灾害、交通事故、经营亏损等事项，都不属于或有事项。

（二）或有事项的结果具有不确定性

或有事项的结果具有不确定性，是指或有事项的结果是否发生具有不确定性或者或有事项的结果预计将会发生，但发生的具体时间或金额具有不确定性。

一方面，或有事项的结果是否发生具有不确定性。例如，债务的担保方在债务到期时是否承担和履行连带责任，需要根据被担保方能否按时还款决定，其结果在担保协议达成时具有不确定性。又如，有些未决诉讼，被起诉的一方是否会败诉，在案件审理过程中是难以确定的，需要根据人民法院的判决情况加以确定。

另一方面，或有事项的结果预计将会发生，但发生的具体时间或金额具有不确定性。例如，某企业因生产过程中排污治理不力并对周围环境造成污染而被起诉，如无特殊情况，该企业很可能败诉。但是，在诉讼成立时，该企业因败诉将支出多少金额，或者何时将发生这些支出，可能是难以确定的。

（三）或有事项的结果须由未来事项决定

由未来事项决定，是指或有事项的结果只能由未来不确定事项的发生或不发生决定。

或有事项发生时，将会对企业产生有利影响还是不利影响，或虽已知是有利影响或不利影响，但影响有多大，在或有事项发生时是难以确定的。这种不确定性的消失，只能由未来不确定事项的发生或不发生证实。例如，企业为其他单位提供债务担保，该担保事项最终是否会要求企业履行偿还债务的连带责任，要看被担保方的未来经营情况和偿债能力。如果被担保方经营情况和财务状况良好且有较好的信用，那么企业将不需要履行该连带责任。只有在被担保方到期无力还款时，担保方才承担偿还债务的连带责任。又如，未决诉讼只能等到人民法院判决才能决定其结果。

（四）或有负债和或有资产

或有负债和或有资产与或有事项密切相关。

1. 或有负债

或有负债是指过去的交易或事项形成的潜在义务，其存在须通过未来不确定事项的发生或不发生予以证实；或过去的交易或事项形成的现时义务，履行该义务不是很可能导致经济利益流出企业或该义务的金额不能可靠计量。

或有负债涉及两类义务：一类是潜在义务，另一类是现时义务。

（1）潜在义务是指结果取决于未来不确定事项的可能义务。也就是说，潜在义务最终是否转变为现时义务，由某些未来不确定事项的发生或不发生才能决定。

（2）现时义务是指企业在现行条件下已承担的义务，该现时义务的履行不是很可能导致经济利益流出企业，或者该现时义务的金额不能可靠地计量。或有负债无论是潜在义务还是现时义务，均不符合负债的确认条件，因而不能在财务报表中予以确认，但应当按照相关规定在财务报表附注中披露有关信息，包括或有负债的种类及其形成原因、经济利益流出不确定性的说明、预计产生的财务影响以及获得补偿的可能性等。

2. 或有资产

或有资产是指过去的交易或者事项形成的潜在资产，其存在须通过未来不确定事项的发生或不发生予以证实。

或有资产作为一种潜在资产，其结果具有较大的不确定性，只有随着经济情况的变化，通过某些未来不确定事项的发生或不发生才能证实其是否会形成企业真正的资产。

3. 或有负债和或有资产转化为预计负债（负债）和资产

需要指出的是，影响或有负债和或有资产的多种因素处于不断变化之中，企业应当持续地对这些因素予以关注。随着时间的推移和事态的进展，或有负债对应的潜在义务可能转化为现时义务，原来不是很可能导致经济利益流出的现时义务也可能被证实将很可能导致经济利益流出企业，并且现时义务的金额也能够可靠计量。企业应当对或有负债相关义务进行评估、分析判断其是否符合预计负债确认条件。如符合预计负债确认条件，应将其确认为负债。

二、预计负债的确认

根据《企业会计准则第 13 号——或有事项》的规定，与或有事项有关的义务在同时符合以下三个条件时，应当确认为预计负债。

（一）该义务是企业承担的现时义务

该义务是企业承担的现时义务，是指与或有事项相关的义务是在企业当前条件下已承担的义务，企业没有其他现实的选择，只能履行该现时义务。通常情况下，过去的事项是否导致现时义务是比较明确的，但也存在极少数情况，特定事项是否已发生或这些事项是否已产生了一项现时义务可能难以确定，企业应当考虑包括资产负债表日后所有可获得的证据、专家意见等，以此确定资产负债表日是否存在现时义务。如果据此判断，资产负债表日很可能存在现时义务，且符合预计负债确认条件的，应当确认一项预计负债；如果资产负债表日现时义务不是很可能存在的，企业应披露一项或有负债，除非含经济利益的资源流出企业的可能性极小。这里所指的义务包括法定义务和推定义务。

（二）履行该义务很可能导致经济利益流出企业

履行该义务很可能导致经济利益流出企业，是指履行与或有事项相关的现时义务时，导致经济利益流出企业的可能性超过 50％，但尚未达到基本确定的程度。

履行或有事项相关义务导致经济利益流出企业的可能性，通常按照一定的概率区间加以判断。

例如，2×24 年 5 月 1 日，甲企业与乙企业签订协议，承诺为乙企业的 2 年期银行借款提供全额担保。对于甲企业而言，由于该担保事项而承担了一项现时义务，但这项义务的履行是否很可能导致经济利益流出企业，需依据乙企业的经营情况和财务状况等因素加以确定。假定 2×24 年年末，乙企业的财务状况恶化，且没有迹象表明可能发生好转。此种情况出现，表明乙企业很可能违约，从而甲企业履行承担的现时义务将很可能导致经济利益流出企业。反之，如果乙企业财务状况良好，一般可以认定乙企业不会违约，从而甲企业履行承担的现时义务不是很可能导致经济利益流出。

（三）该义务的金额能够可靠地计量

该义务的金额能够可靠地计量，是指与或有事项相关的现时义务的金额能够合理地估计。

由于或有事项具有不确定性，因或有事项产生的现时义务的金额也具有不确定性，需要估计。要对或有事项确认一项预计负债，相关现时义务的金额应当能够可靠估计。只有在其金额能够可靠地估计，并同时满足其他两个条件时，企业才能加以确认。

例如，乙公司涉及一起诉讼案。根据以往的审判结果判断，公司很可能败诉，相关的赔偿金额也可以估算出一个区间。在这种情况下，就可以认为该公司因未决诉讼承担的现时义务的金额能够可靠地估计，从而对未决诉讼确认一项因或有事项形成的预计负债。但是如果没有以往的审判结果作为比照，而相关的法律条文又没有明确解释，那么即使该公司预计可能败诉，在判决以前也很可能无法合理估计其须承担的现时义务的金额，这种情况下不应确认为预计负债。

三、预计负债的计量

或有事项的计量通常是指与或有事项相关的义务形成的预计负债的计量。当与或有事项有关的义务符合确认为负债的条件时应当将其确认为预计负债，预计负债应当按照履行相关现时义务所需支付的最佳估计数进初始计量。此外，企业清偿预计负债所需支出还可能从第三方或其他方获得补偿。因此，预计负债的计量主要涉及两个方面：一是最佳估计数的确定，二是预期可获得补偿的处理。

（一）最佳估计数的确定

预计负债应当按照履行相关现时义务所需支出的最佳估计数进行初始计量。最佳估计数的确定应当分别两种情况处理。

（1）所需支出存在一个连续范围，且该范围内各种结果发生的可能性相同，则最佳估计数应当按照该范围内的中间值，即上下限金额的平均数确定。

【例 9-11】 2×24 年 12 月 1 日，A 公司因合同违约而被乙公司起诉。2×24 年 12 月 31 日，A 公司尚未接到人民法院的判决。A 公司预计，最终的法律判决很可能对公司不利。假定预计将要支付的赔偿金额为 1 000 000～1 600 000 元的某一金额，而且这个区间内每个金额的可能性都大致相同。

在这种情况下,A公司应在2×24年12月31日的资产负债表中确认一项预计负债。

$$预计负债金额＝(1\,000\,000＋1\,600\,000)÷2＝1\,300\,000(元)$$

会计处理如下:

借:营业外支出——赔偿支出——乙公司   1 300 000

  贷:预计负债——未决诉讼——乙公司   1 300 000

(2)所需支出不存在一个连续范围,或者虽然存在一个连续范围,但该范围内各种结果发生的可能性不相同。在这种情况下,最佳估计数按照如下方法确定:

第一,如果或有事项涉及单个项目,最佳估计数按照最可能发生金额确定。"涉及单个项目"指或有事项涉及的项目只有一个,如一项未决诉讼、一项未决仲裁或一项债务担保等。

【例9-12】 2×24年10月2日,B公司涉及一起诉讼案。2×24年12月31日,B公司尚未接到人民法院的判决。在咨询了公司的法律顾问后,B公司认为:胜诉的可能性为30%,败诉的可能性为70%;如果败诉,需要赔偿1 000 000元。

在这种情况下,B公司在2×24年12月31日资产负债表中应确认的预计负债金额应为最可能发生的金额,即1 000 000元。

会计处理如下:

借:营业外支出—赔偿支出   1 000 000

  贷:预计负债——未决诉讼   1 000 000

第二,如果或有事项涉及多个项目,最佳估计数按照各种可能结果及相关概率加权计算确定。"涉及多个项目"指或有事项涉及的项目不止一个,如产品质量保证。在产品质量保证中,提出产品保修要求的可能有许多客户,相应地,企业对这些产品负有保修义务。

【例9-13】 C公司是生产并销售A产品的企业,2×24年度第一季度共销售A产品30 000件,销售收入为180 000 000元。根据公司的产品质量保证条款,该产品售出后一年内,如发生正常质量问题,公司将负责免费维修。根据以前年度的维修记录,如未发生较小的质量问题,发生的维修费用为销售收入的1%;如果发生较大的质量问题,发生的维修费用为销售收入的2%。根据公司质量部门的预测,本季度销售的产品中,80%的产品不会发生质量问题;15%的产品可能发生较小质量问题;5%的产品可能发生较大质量问题。

根据上述资料,2×24年第一季度末C公司应确认的预计负债金额为:

$$180\,000\,000×(0×80\%＋1\%×15\%＋2\%×5\%)＝450\,000(元)$$

有关账务处理如下:

借:销售费用——产品质量保证——A产品   450 000

  贷:预计负债——产品质量保证——A产品   450 000

(二)预期可获得补偿的处理

如果企业清偿或有事项而确认的负债所需支出全部或部分预期由第三方或其他方补偿,则此补偿金额只有在基本确定能收到时,才能作为资产单独确认,确认的补偿金额不能超过所确认负债的账面价值。

预期可能获得补偿的情况通常有:发生交通事故等情况时,企业通常可从保险公司获得合理的赔偿;在某些索赔诉讼中,企业可对索赔人或第三方另行提出赔偿要求;在债务担保业务中,企业在履行担保义务的同时,通常可向被担保企业提出追偿要求。

企业预期从第三方获得的补偿是一种潜在资产,其最终是否会转化为企业真正的资产(即企业是否能够收到这项补偿)具有较大的不确定性,企业只有在基本确定能够收到补偿时才能对其进行确认。根据资产和负债不能随意抵销的原则,预期可获得的补偿在基本确定能够收到时应当确认为一项资产,而不能作为预计负债金额的扣减。

补偿金额的确认涉及两个方面问题:一是确认时间,补偿只有在"基本确定"能够收到时才予以确认;二是确认金额,确认的金额是基本确定能够收到的金额,而且不能 超过相关预计负债的账面价值。

【例9-14】 2×24年12月31日,D公司因或有事项而确认了一笔金额为500 000元的预计负债;同时,D公司因该或有事项基本确定可从甲保险公司获得200 000元的赔偿。

本例中,D公司应分别确认一项金额为500 000元的预计负债和一项金额为200 000元的资产,而不能只确认一项金额为300 000元(500 000-200 000)的预计负债。同时,乙公司所确认的补偿金额200 000元未超过所确认的负债的账面价值500 000元。

(三)预计负债的计量需要考虑的其他因素

企业在确定最佳估计数时应当综合考虑与或有事项有关的风险、不确定性、货币时间价值和未来事项等因素。

1. 风险和不确定性

风险是对交易或事项结果的变化可能性的一种描述。风险的变动可能增加负债计量的金额。企业在不确定的情况下进行判断需要谨慎,使得收入或资产不会被高估,费用或负债不会被低估。但是,不确定性并不说明应当确认过多的预计负债和故意夸大支出或费用。

企业应当充分考虑与或有事项有关的风险和不确定性,既不能忽略风险和不确定性对或有事项计量的影响,也要避免对风险和不确定性进行重复调整,从而在低估和高估预计负债金额之间寻找平衡点。

2. 货币时间价值

预计负债的金额通常应当等于未来应支付的金额。但是,因货币时间价值的影响,资产负债表日后不久发生的现金流出,要比一段时间之后发生的同样金额的现金流出负有更大的义务。所以,如果预计负债的确认时点距离实际清偿有较长的时间跨度,货币时间价值的影响重大,那么在确定预计负债的确认金额时,应考虑采用现值计量,即通过对相关未来现金流出进行折现后确认最佳估计数。例如,油气井或核电站的弃置费用等,应按照未来应支付金额的现值确定。确定预计负债的金额不应考虑预期处置相关资产形成的利得。

将未来现金流出折算为现值时,需要注意以下三点:①用来计算现值的折现率应当是反映货币时间价值的当前市场估计和相关负债特有风险的税前利率;②风险和不确定性既可以在计量未来现金流出时作为调整因素,也可以在确定折现率时予以考虑,但不能重复反映;③随着时间的推移,即使在未来现金流出和折现率均不改变的情况下,预计负债的现值将逐渐增长。企业应当在资产负债表日对预计负债的现值进行重新计量。

3. 未来事项

企业应当考虑可能影响履行现时义务所需金额的相关未来事项。也就是说，对于这些未来事项，如果有足够的客观证据表明它们将发生，如未来技术进步、相关法规出台等，则应当在预计负债计量中予以考虑，但不应考虑预期处置相资产形成的利得。

预期的未来事项可能对预计负债的计量较为重要。例如，某核电企业预计在生产结束时处理核废料的费用将因未来技术的变化而显著降低，那么，该企业因此确认的预计负债金额应当反映有关专家对技术发展以及处理费用减少作出的合理预测。但是，这种预计需要取得确凿的客观证据予以支持。

（四）资产负债表日对预计负债账面价值的复核

企业应当在资产负债表日对预计负债的账面价值进行复核。有确凿证据表明该账面价值不能真实反映当前最佳估计数的，应当按照当前最佳估计数对该账面价值进行调整。例如，某化工企业对环境造成了污染，按照当时的法律规定，只需要对污染进行清理。随着国家对环境保护越来越重视，按照现在的法律规定，该企业不但需要对污染进行清理，还很可能要对居民进行赔偿。这种法律要求的变化，会对企业预计负债的计量产生影响。企业应当在资产负债表日对为此确认的预计负债金额进行复核，相关因素发生变化表明预计负债金额不再能反映真实情况时，需要按照当前情况下企业清理和赔偿支出的最佳估计数对预计负债的账面价值进行相应的调整。又如，企业对固定资产弃置费用形成的预计负债进行确认后，由于技术进步、法律要求或市场环境变化等原因，履行弃置义务可能发生支出金额、预计弃置时点、折现率等变动的，需要对预计负债的账面价值进行调整。

企业对已经确认的预计负债在实际支出发生时，应当仅限于最初为之确定该预计负债的支出。也就是说，只有与该预计负债有关的支出才能冲减预计负债，否则将会混淆不同预计负债确认事项的影响。

第五节　长期应付款的核算

长期应付款是指企业除长期借款和应付债券以外的其他各种长期应付款项，其包括以分期付款方式购入固定资产等发生的应付款项等。

为核算长期应付款项，需设置"长期应付款"会计科目。该科目用来核算企业除长期借款和应付债券以外的其他各种长期应付款项。长期应付款的发生额记入贷方，按期支付的金额记入借方。本科目期末余额在贷方，反映企业应付未付的长期应付款项。本科目可按长期应付款的种类和债权人进行明细核算。

长期应付款的主要账务处理如下：

购入有关资产超过正常信用条件延期支付价款、实质上具有融资性质的，应按购买价款的现值，借记"固定资产""在建工程"等科目，按应支付的金额，贷记本科目，按其差额，借记"未确认融资费用"科目。按期支付的价款，借记本科目，贷记"银行存款"科目。本部分详细内容见第五章固定资产的相关讲解。

课程思政案例

"互帮互助"的担保

2006 年 10 月,以宝硕股份、ST 沧化等为代表的河北公司的担保案件震惊资本市场。

2006 年 10 月 18 日,宝硕股份因涉嫌虚假陈述,被证监会立案调查。随后,公司此前从未披露的 20 亿元对外担保震撼了市场。由宝硕股份提供担保的主要上市公司已披露的有 4 家,分别是 ST 沧化、东盛科技、ST 宣工和天威保变。其中,宝硕股份为 ST 沧化、东盛科技及其关联企业提供的担保分别高达 8 亿余元和 6 亿余元。据查,一些担保已经引发担保责任,共计 12 家银行及 4 家企业起诉宝硕股份,标的合计达 9.55 亿元。ST 沧化涉及诉讼的担保总额也高达 6.35 亿元,部分诉讼案已判决,法院查封冻结了公司部分资产。

2007 年 1 月 12 日,宝硕股份公告,其母公司宝硕集团已接到保定市中级人民法院的受理案件通知书,债权人向法院申请宝硕集团破产,法院已正式受理此案。

天威保变发布公告称,公司根据互保合同代宝硕股份(600155)归还银行贷款后,多次向宝硕股份追偿未果,遂于 2007 年 1 月 22 日向保定市中级人民法院提交了申请宝硕股份破产的《企业法人破产还债申请书》,1 月 25 日接到保定市中级人民法院的《受理案件通知书》,经法院审查,公司提出的宝硕股份破产还债申请起诉,符合法定受理条件,法院决定立案审理。

思考题：(1) 请就上市公司担保不规范产生的成因及影响进行分析。

(2) 上市公司对外担保案,涉及哪些法律方面的相关规定?

小提示：上市公司担保乱象源于公司内部治理结构存在缺陷、银行贷款机制不够健全、社会信用体系建设不够完善、相关政府部门监管不够到位,针对担保乱象,必须针对上述问题进行根本性改进与全面性完善。会计人员必须熟读相关担保法律法规,用法律武装头脑,避免踏入担保漩涡。

详细阅读中国人大网《中华人民共和国担保法》(参考链接：http://www.npc.gov.cn/wxzl/gongbao/1995-06/30/content_1480123.htm)。

推荐阅读中国证券监督管理委员会《关于规范上市公司对外担保行为的通知》(证监发〔2005〕120 号)(参考链接：http://www.csrc.gov.cn/pub/newsite/flb/flfg/bmgf/ssgs/gljy/201012/t20101231_189873.html)。

 本章小结

本章应掌握以下重点内容。

(1) 长期负债的概念、特点及其分类与计价。

(2) 长期借款本金的借入、归还及利息的账务处理。

　　（3）应付债券的面值与利息的账务处理。
　　（4）预计负债的确认与计量的核算。
　　（5）长期应付款核算的确认与计量的核算。

思考题

（1）简述长期负债的概念、特点和内容。
（2）简述长期借款的概念及其所核算的内容。
（3）简述应付债券的概念及其所核算的内容。
（4）简述预计负债的确认条件。
（5）简述预计负债常用的计量方法。
（6）简述长期应付款一般核算的内容。

练习题

一、单项选择题

1. 甲公司于 2×24 年 1 月 1 日向 B 银行借款 1 000 000 元，为期 3 年，一次还本付息，合同利率为 3%，实际利率为 4%，为取得借款发生手续费 27 747 元，2×24 年年末的"长期借款"科目余额为（　　）元。
　　A. 1 011 143.12　　B. 1 002 253　　　C. 981 143.12　　D. 972 253

2. A 公司于 2×24 年 1 月 1 日发行面值总额为 2 000 万元，期限为 5 年的债券，该债券票面利率为 6%，每年年初付息、到期一次还本，发行价格总额为 2 053.27 万元，利息调整采用实际利率法摊销，实际利率为 5%。2×24 年 12 月 31 日，该应付债券的账面余额为（　　）万元。
　　A. 2 000　　　　　B. 2 120　　　　　C. 2 035.93　　　D. 2 190.86

3. 某股份有限公司于 2×24 年 1 月 1 日折价发行 4 年期、到期一次还本付息的公司债券，债券面值为 500 万元，票面年利率为 10%，发行价格为 480 万元。债券折价采用实际利率法摊销，假定实际利率是 12%。该债券 2×24 年 12 月 31 日发生的利息费用为（　　）万元。
　　A. 7.6　　　　　　B. 20　　　　　　C. 57.6　　　　　D. 50

4. 2×24 年 7 月 1 日，甲公司为扩大生产按面值发行 3 年期、到期一次还本付息、票面利率为 5%（不计复利）的债券，该债券已于当日全部售出，其面值为 1 000 万元，票面利率等于实际利率，2×24 年 12 月 31 日应付债券的账面余额为（　　）万元。
　　A. 1 000　　　　　B. 975　　　　　　C. 1 050　　　　　D. 1 025

5. 甲公司因或有事项确认了一项负债 60 万元；同时，因该或有事项，甲公司还可以从乙公司获得赔偿 50 万元，且这项赔偿金额基本确定收到。在这种情况下，甲公司应（　　）。
　　A. 确认一项 60 万元的负债和一项 50 万元的资产
　　B. 确认一项 60 万元的负债

C. 确认一项 10 万元的负债

D. 确认一项 50 万元的负债

6. 甲公司因或有事项而确认的预计负债 80 万元,估计有 90% 的可能性由 C 公司补偿 60 万元。则 A 公司应确认资产的金额为(   )万元。

A. 80   B. 60   C. 0   D. 90

7. "长期借款"总账科目的明细科目不包括(   )科目。

A. "本金"   B. "利息调整"   C. "应计利息"   D. "应收利息"

8. 长期借款的利息费用一般不会记入(   )科目。

A. "在建工程"   B. "财务费用"   C. "研发支出"   D. "材料采购"

9. 在未决诉讼中,对被告方来说,可能会形成一项(   )。

A. 或有负债   B. 预计负债

C. 或有负债或者预计负债   D. 或有资产

10. (   )是发行债券企业在债券存续期间内对债券利息费用的一种调整。

A. 债券溢价   B. 债券折价

C. 债券溢价和债券折价   D. 债券面值

二、多项选择题

1. 长期借款所发生的利息支出、汇兑损失等借款费用,可能记入的科目有(   )。

A. "在建工程"   B. "管理费用"

C. "财务费用"   D. "营业外支出"

E. "制造费用"

2. 非流动负债按照债务资金来源渠道的不同方式可包括(   )种类。

A. 短期借款   B. 长期借款   C. 应付票据   D. 应付债券

E. 长期应付款

3. 需要按照未来偿还金额的现值计价入账的负债有(   )。

A. 应付账款   B. 长期应付款   C. 应付票据   D. 应付债券

E. 短期借款

4. 债券发行时确认的利息调整金额,在债券存续期间摊销时可能记入的科目有(   )。

A. "财务费用"   B. "在建工程"   C. "制造费用"   D. "管理费用"

E. "营业外支出"

5. 企业的下列筹资方式中,属于长期负债的包括(   )。

A. 发行 3 年期公司债券   B. 发行 9 个月的公司债券

C. 向银行借入 2 年期的借款   D. 预计负债

E. 发行普通股票

6. "长期借款"科目的借方反映的内容有(   )。

A. 借入的长期借款本金   B. 应计的长期借款利息

C. 偿还的长期借款本金   D. 偿还的长期借款利息

E. 偿还的应付债券利息

7. 企业发行长期债券,应在"应付债券"总账科目下设置以下明细科目进行核算的有(   )。

A. "面值"   B. "债券溢价"   C. "债券折价"   D. "应计利息"

E. "利息调整"

8. 下列关于长期借款的利息说法正确的有(　　)。

A. 购建固定资产符合条件的利息计入在建工程

B. 生产经营用借款利息计入制造费用

C. 自行开发无形资产符合资本化条件的计入研发支出

D. 筹建期不符合资本化条件的计入管理费用

E. 生产经营用借款利息计入财务费用

9. 或有事项的基本特征有(　　)。

A. 或有事项具有不确定性

B. 或有事项是过去的交易或事项形成的一种状况

C. 或有事项的结果只能由未来发生的事项确定

D. 影响或有事项的结果的不确定因素基本上可由企业控制

E. 或有事项是未来的交易或事项形成的一种状况

10. 企业借入的长期借款,一般用于(　　)。

A. 购买原材料   B. 构建固定资产

C. 固定资产的改建或大修理   D. 无形资产的取得或研发

E. 职工薪酬的支付

三、判断题

1. 企业借入的分期付息、到期还本的长期借款,对于核算的应支付利息,增加长期借款的账面价值。　　　　　　　　　　　　　　　　　　　　　　　( )

2. 企业发行债券的票面利率低于同期银行存款利率时,可按超过债券面值的价格发行,称为溢价发行。　　　　　　　　　　　　　　　　　　　　　　　( )

3. 企业发行的公司债券所形成的利息调整数应当在债券存续期间采用直线法进行摊销。　　　　　　　　　　　　　　　　　　　　　　　　　　　　　( )

4. 购买固定资产的价款超过正常信用条件延期支付,实质上具有融资性质的,固定资产的成本应当以支付的总的价款为入账价值。　　　　　　　　　　　( )

5. 企业在筹建期间,不符合资本化条件的利息计入财务费用。　　　　( )

6. 或有负债在任何情况下都应当予以确认。　　　　　　　　　　　　( )

7. 对产品质量保证费用,如果企业针对特定批次产品确认预计负债,则在保修期结束时,应将"预计负债——产品质量保证"余额冲销,不留余额。　　　( )

8. 企业的或有负债和或有资产在满足一定条件时可以转化为负债或资产。( )

9. 或有负债应当在会计报表中确认,不应当在会计报表附注中披露。　( )

10. 企业计划本月购入原材料,需承担支付货款的义务属于预计负债。　( )

四、计算题

1. 某企业是增值税一般纳税人,2×24年12月31日从A银行借入资金5 000 000元,借款期限为3年,年利率为5.4%(到期一次还本付息,不计复利),所借款项已存入银行。该企业用该借款于当日购买不需安装的设备一台,价款4 900 000元,增值税税率为13%,另支付运杂费及保险等费用100 000元(不考虑增值税),设备已于当日投入使用。

要求:为该企业编制相关会计分录。

2. 2×24 年 1 月 1 日,乙公司为建造厂房从某银行借入期限为 4 年期的专门借款 20 000 000 元,款项已经存入银行,不考虑借款发生的手续费。该借款合同利率为 7%,借款利息于每年 12 月 31 日支付,借款本金于借款到期时一次性支付。乙公司借款时的市场利率为 7%。乙公司建造的厂房于 2×25 年 7 月 1 日完工并达到预定可使用状态。所有款项均通过银行存款收付。

要求:

(1) 计算并编制乙公司 2×24 年 1 月 1 日借款时的会计分录

(2) 计算并编制乙公司 2×24 年 12 月 31 日与该借款有关的利息费用及支付的会计分录。

(3) 计算并编制乙公司 2×25 年 1 月 1 日、7 月 1 日及 12 月 31 日乙公司计息及支付借款利息的会计分录。

(4) 计算并编制乙公司 2×27 年 12 月 31 日支付借款本金和利息的会计分录。

3. 2×24 年 1 月 1 日,A 公司经批准发行 5 年期一次还本、分期付息的公司债券 60 000 000 元,债券利息在每年 12 月 31 日支付,票面利率为年利率 6%(不计复利),该债券属于面值发行。

要求:编制 A 公司的相关会计分录。

五、业务题

1. 甲企业经批准于 2×24 年 1 月 1 日起发行两年期每张面值为 100 元的债券 200 000 张,债券年利率为 3%,每年 6 月 30 日和 12 月 31 日计提债券利息并于 1 月 1 日和 7 月 1 日付息,到期时归还本金和最后一期利息。该债券发行价款为 1 961.92 万元,债券年实际利率为 4%。所筹资金全部用于新生产线的建设,该生产线于 2×24 年 12 月底完工并交付使用。且该债券采用实际利率法摊销,每年 6 月 30 日和 12 月 31 日计提债券利息。

要求:编制该企业从债券发行到债券到期的全部会计分录。(金额单位用万元表示)

2. 甲公司于 2×24 年 10 月 1 日有一笔已经到期的银行借款本金有 1 000 000 元及其相应的借款利息 18 000 元。该日,甲公司具有偿付该笔借款本息的能力。甲公司与贷款银行存在其他经济纠纷,因此,甲公司尚未偿付该笔借款的本息。2×24 年 12 月 10 日贷款银行向法院提出诉讼,要求甲公司偿付该笔贷款的本息。截止到 2×24 年 12 月 31 日,法院尚未作出判决,案件正在审理中。甲公司的法律顾问认为,甲公司在该起诉讼案件中很可能败诉,预计将要支付的罚息和诉讼费在 3 000 元到 4 000 元之间,其中,诉讼费为 300 元。2×25 年 1 月 8 日,法院作出判决,要求甲公司向贷款银行偿付借款本息,同时支付罚息 2 800 元和诉讼费 300 元,有关款项通过银行办理支付。

要求:根据上述资料,为甲公司编制相关的会计分录。

第十章 所有者权益

导入案例

　　2×24 年 3 月,赵某与某市建筑装饰公司(以下简称装饰公司)作为共同出资人,筹办某房地产经营有限公司(以下简称房地产公司)并设立登记,赵某任房地产公司法定代表人。3 月 30 日,房地产公司与某城市信用社签订借款合同,取得 150 万元贷款(用途:临时周转,贷款种类:流动资金)此贷款直接划入房地产公司在该信用社开立的账户。4 月 2 日,该市审计师事务所出具房地产公司验资报告,载明:装饰公司出资货币资金115 万元,赵某出资货币资金 35 万元,另赵某的房地产价值 70 万元,共计核实注册资金总额 220 万元。其中,对于验资报告认定的 150 万元货币资金,根据信用社出具给事务所的证明、审计工作底稿和验证审计情况表反映,系指房地产公司通过借款合同取得的150 万元贷款。同日,房地产公司偿还信用社 150 万元贷款。4 月 6 日,房地产公司取得企业法人营业执照。装饰公司实际未出资。公诉机关以赵某涉嫌犯虚报注册资本罪向法院提起公诉。

问题

　　你认为赵某涉嫌虚报注册资本罪是否成立?

教学目标

　　通过本章的学习,学生应了解所有者权益的构成和分类;掌握实收资本、资本公积、其他综合收益和留存收益的会计核算;了解股利分配的种类,掌握股利分派几种方式的会计核算;了解股票分割的意义和内容。

第一节　所有者权益概述

一、所有者权益的概念

　　所有者权益是指企业权益中归属于投资者的部分,即资产扣除负债后,由所有者享有的剩余权益。公司的所有者权益又称为股东权益。所有者权益是所有者对企业资产的剩余索取权。

二、所有者权益的来源构成

所有者权益按其来源主要包括所有者投入的资本(实收资本和资本公积)、直接计入所有者权益的利得和损失(其他综合收益)以及留存收益等。

所有者投入的资本,是指所有者投入企业的资本部分。它既包括构成企业注册资本或者股本部分的金额,也包括投入资本超过注册资本或者股本部分的金额,即资本溢价或者股本溢价。

直接计入所有者权益的利得和损失(其他综合收益),是指不应计入当期损益、会导致所有者权益发生增减变动的、与所有者投入资本或者向所有者分配利润无关的利得或者损失。其中,利得是指由企业非日常活动所形成的、会导致所有者权益增加的、与所有者投入资本无关的经济利益的流入。损失是指由企业非日常活动所发生的、会导致所有者权益减少的、与向所有者分配利润无关的经济利益的流出。

留存收益是指企业历年实现的净利润留存于企业的部分,主要包括计提的盈余公积和未分配利润。

所有者权益反映的是企业所有者对企业资产的索取权,负债反映的是企业债权人对企业资产的索取权,两者在性质上有本质区别,因此企业在会计确认、计量和报告中应当严格区分负债和所有者权益,以如实反映企业的财务状况,尤其是企业的偿债能力和产权比率等。

所有者权益与债权人权益比较,一般具有以下四个基本特征。

(1) 所有者权益在企业经营期内可供企业长期、持续地使用,企业不必向投资人返还资本金,而负债则须按期返还给债权人,成为企业的负担。

(2) 企业所有者凭其对企业投入的资本,享受税后分配利润的权利。所有者权益是企业分配税后净利润的主要依据,而债权人除按规定取得利息外,无权分配企业的盈利。

(3) 企业所有者有权行使企业的经营管理权,或者授权管理人员行使经营管理权。但债权人并没有经营管理权。

(4) 企业的所有者对企业的债务和亏损负有无限的责任或有限的责任,而债权人对企业的其他债务不发生关系,一般也不承担企业的亏损。

第二节 实收资本的核算

一、实收资本概述

实收资本是企业按照《公司法》、内部章程规定或合同、协议约定,接受投资者投入企业的各类资本。实收资本的构成比例或股东的股权比例,是确定投资者在企业所有者权益中份额的基础,也是企业进行利润或股利分配的主要依据。企业(中外合作经营)在合作期间归还投资者的投资,应在"实收资本"科目下设置"已归还投资"进行会计核算;因购股票在冲减实收资本的同时,增加"库存股"。

我国新《公司法》规定,股东可以用货币出资,也可以用实物、知识产权、土地使用权、股权、债权等用货币估价并可以依法转让的非货币财产作价出资;但是,法律、行政法规规定不得作为出资的财产除外。企业应当对作为出资的非货币财产评估作价,核实财产,不得高估或低估作价。法律、行政法规对评估作价有规定的,从其规定。全体股东的货币出资金额不得低于有限责任公司注册资本的30%。不论以何种方式出资,投资者如在投资过程中违反投资合约或协议约定,不按规定如期缴足出资额,企业可以依法追究投资者的违约责任。

二、实收资本的账务处理

(一)接受现金资产投资

企业接受现金资产投资时,应以实际收到的金额或存入企业开户银行的金额,借记"银行存款"等科目,按投资合同或协议约定的投资者在企业注册资本中所占份额的部分,贷记"实收资本"科目,企业实际收到或存入开户银行的金额超过投资者在企业注册资本中所占份额的部分,贷记"资本公积——资本溢价"科目。

股份有限公司发行股票收到现金资产时,借记"银行存款"等科目,按每股股票面值和发行股份总额的乘积计算的金额,贷记"股本"科目,实际收到的金额与该股本之间的差额应贷记"资本公积——股本溢价"科目。

股份有限公司发行股票发生的手续费、佣金等交易费用,应从溢价中抵扣,冲减资本公积(股本溢价)。

(二)接受非现金资产投资

1.接受投入固定资产

企业接受投资者作价投入的房屋、建筑物、机器设备等固定资产,应按投资合同或协议约定价值确定固定资产价值(但投资合同或协议约定价值不公允的除外)和在注册资本中应享有的份额。

2.接受投入材料物资

企业接受投资者作价投入的材料物资,应按投资合同或协议约定价值确定材料物资价值(投资合同或协议约定价值不公允的除外)和在注册资本中应享有的份额。

3.接受投入无形资产

企业收到以无形资产方式投入的资本,应按投资合同或协议约定价值确定无形资产价值(但投资合同或协议约定价值不公允的除外)和在注册资本中应享有的份额。

(三)实收资本(或股本)的增减变动

我国企业法人登记管理条例中规定,除国家另有规定外,企业的注册资金应当与实收资本相一致,当实收资本比原注册资金增加或减少的幅度超过20%时,应持资金使用证明或者验资证明,向原登记主管机关申请变更登记。

1.实收资本(股本)的增加

一般企业增加资本主要有三个途径:接受投资者追加投资、资本公积转增资本和盈余公积转增资本。

2.实收资本(股本)的减少

企业减少实收资本应按法定程序报经批准,股份有限公司采用收购本公司股票方式减资的,按股票面值和注销股数计算的股票面值总额冲减股本,按注销库存股的账面余额与所冲减股本的差额冲减股本溢价,股本溢价不足冲减的,应依次冲减"盈余公积""利润分配——未分配利润"等科目。

如果购回股票支付的价款低于面值总额的,所注销库存股的账面余额与所冲减股本的差额作为增加资本或股本溢价处理。

第三节 资本公积的核算

一、资本公积的含义

资本公积是企业收到的投资者超出其在注册资本(或股本)中所占份额的投资,以及直接计入所有者权益的利得和损失。

我国《企业会计准则》规定,企业形成的资本公积在"资本公积"科目核算。该科目按"资本(或股本)溢价"和"其他资本公积"两个明细科目进行会计核算。其贷方登记企业资本公积的增加数,借方登记资本公积的减少数,期末余额在贷方,反映企业资本公积实有数。

(一)资本(或股本)溢价

资本溢价是指有限责任公司投资者交付的出资额大于按合同、协议所规定的出资比例计算的部分。有限责任公司创立时,投资者认缴的出资额,都作为资本金记入"实收资本"科目,实际收到或者存入企业开户银行的金额超过其在该企业注册资本中所占份额的部分,计入资本公积。以后有新的投资者加入时,为了维护原有投资者的权益,新加入的投资者的出资额,并不一定全部作为资本金记入"实收资本"科目。这是因为企业初创时,要经过筹建、开拓市场等过程,从投入资金到取得投资回报,需要较长时间。在这个过程中,资本利润率较低,具有一定投资风险,经过正常生产经营以后,资本利润率要高于初创时期,同时企业也提留了一定的盈余公积金,使原有投资在质量上和数量上都发生了变化。所以新加入的投资者要付出大于原有投资者的出资额,才能取得与原有投资者相同的投资比例。投资者的出资额等于按其投资比例计算的部分,作为资本金记入"实收资本"科目;大于按其投资比例计算的部分,作为资本公积金记入"资本公积"科目。

股本溢价主要是指股份有限公司溢价发行股票而产生的,股票发行收入超过所发股票面值的部分扣除发行费后的余额。股份有限公司是以发行股票的方式筹集资本。根据《中华人民共和国公司法》(以下简称《公司法》)第131条的规定,股票发行价格可以按票面金额,也可以超过票面金额,但不得低于票面金额。也就是说,发行股票只能平价或溢价发行,我国不存在股票折价发行的问题,不会出现股本折价。

(二)其他资本公积

其他资本公积是指除资本溢价(股本溢价)以外其他来源或原因形成的资本公积。

1. 以权益结算的股份支付

以权益结算的股份支付换取职工或其他主体提供服务的,应按照合同确定的金额,借记"管理费用"科目,贷记"资本公积——其他资本公积"科目。在行权日,根据实际行权的权益工具数量重新计算并确定金额,借记"资本公积——其他资本公积"科目,按应计入实收资本或股本的金额,贷记"实收资本"或"股本"科目,差额贷记"资本公积——资本溢价"或"资本公积——股本溢价"科目。

2. 以权益法核算的长期股权投资

在权益法下,被投资单位除净损益、其他综合收益和利润分配以外的所有者权益的变动,投资企业按照持股比例,借记或贷记"长期股权投资——其他权益变动"科目,同时,借记或贷记"资本公积——其他资本公积"科目。当终止确认该项投资时,则将原计入资本公积(其他资本公积)的金额转入投资收益(参照其他准则规定不能转入损益的项目除外)。

二、资本公积转增资本(弥补亏损)

转增资本是资本公积的重要用途。《公司法》规定,资本公积和法定盈余公积转增资本时,所留存的该项公积金不得低于转增前公司注册资本的 25%,在此范围内,经股东大会或类似权力机构批准,可实施资本公积转增资本。借记"资本公积"科目,贷记"实收资本"或"股本"科目,并根据转增前的资本结构(各类股东性质及其持股比例),设置明细科目。

同时,新《公司法》第 214 条规定,公积金可用于弥补公司的亏损,当公积金弥补公司亏损时,应当先使用任意公积金和法定公积金,仍不能弥补的,可以按照规定使用资本公积金。

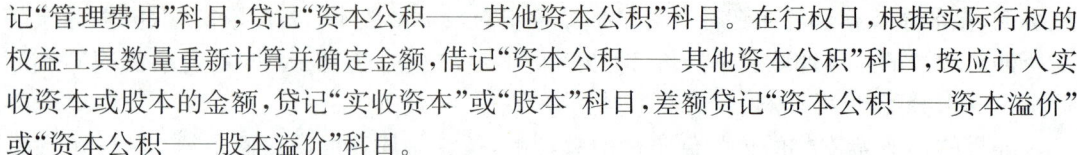

第四节　其他综合收益的核算

一、其他综合收益的含义

根据新修订的《企业会计准则第 30 号——财务报表列报》的规定,其他综合收益应与资本公积(其他资本公积)相区别,不再通过"资本公积——其他资本公积"核算。其他综合收益是企业根据其他会计准则规定,未在当期损益中加以确认的各项利得和损失。就性质和内容而言,其主要包括以后会计期间不能重分类进损益的其他综合收益和以后会计期间满足规定条件时将重分类进损益的其他综合收益两大类。

二、其他综合收益的构成及其内容

1. 以后会计期间不能重分类进损益的其他综合收益

该项其他综合收益主要包括重新计量设定受益计划净负债或净资产导致的变动、按照权益法核算因被投资单位重新计量设定受益计划净负债或净资产变动导致的权益变动,投资企业按持股比例计算确认的该部分其他综合收益项目,以及在初始确认时,企业可以将非交易性权益工具指定为以公允价值计量且其变动计入其他综合收益的金融资产,指定后不得撤销,即当该类非交易性权益工具终止确认时原计入其他综合收益的公允价值变动损益不得重分类进损益。

2. 以后会计期间满足规定条件时将重分类进损益的其他综合收益

（1）符合金融工具准则规定,同时符合两个条件的金融资产应当分类为以公允价值计量且其变动计入其他综合收益:①企业管理该金融资产的业务模式既以收取合同现金流量为目标,又以出售该金融资产为目标;②该金融资产的合同条款规定,在特定日期产生的现金流量,仅为对本金和以未偿付本金金额为基础的利息的支付。当该类金融资产终止确认时,之前计入其他综合收益的累计利得或损失应当从其他综合收益中转出,并计入当期损益。

（2）按照金融工具准则的规定,对金融资产重分类按规定可以将原计入其他综合收益的利得或损失转入当期损益的部分。

（3）采用权益法核算的长期股权投资。符合权益法核算的长期股权投资,按照被投资单位实现其他综合收益以及持股比例,计算应享有或分担的金额,调整长期股权投资的账面价值,同时,增加或减少其他综合收益,其会计处理为:借记或贷记"长期股权投资——其他综合收益"科目,贷记或借记"其他综合收益"科目,待终止确认该项长期股权投资时,将其他综合收益的余额转入当期损益。

（4）存货或自用房地产转换为投资性房地产。企业将作为存货的房地产,转换为以公允价值计量的投资性房地产时,应当按照该项房地产在转换日的公允价值,借记"投资性房地产——成本"科目,按原已计提的跌价准备,借记"存货跌价准备"科目,按其账面余额,贷记"开发产品"科目。同时,按照转换日公允价值与账面价值的差额,借(小于)记"公允价值变动损益"科目或贷(大于)记"其他综合收益"科目。

企业将自用的房地产转换为采用公允价值模式计量的投资性房地产时,基于转换日的公允价值,借记"投资性房地产——成本"科目,冲减以前期间已计提的折旧和减值准备,借记"累计折旧"和"固定资产减值准备"科目,根据固定资产原入账价值,终止确认该项固定资产,贷记"固定资产"科目。同时,按照转换日公允价值与账面价值的差额,借(小于)记"公允价值变动损益"科目或贷(大于)记"其他综合收益"科目。

当对该项投资性房地产进行处理(终止确认时),应将原计入其他综合收益的部分转入当期损益。

（5）现金流量套期工具产生的利得或损失中属于有效套期的部分。现金流量套期工具,如果有充分证据证明该套期有效的,则归属于该套期的利得和损失也应该计入其他综合收益。

（6）外币财务报表折算差额。根据《企业会计准则第19号——外币折算》规定,企业在处置境外经营的当期,将已列入合并财务报表所有者权益的外币报表折算差额中与该境外经营相关的部分,根据处置比例,部分或全部自其他综合收益转入处置当期损益。

第五节　留存收益的核算

一、留存收益的含义

留存收益是公司在经营过程中所创造的,但由于公司经营发展的需要或法定的原因

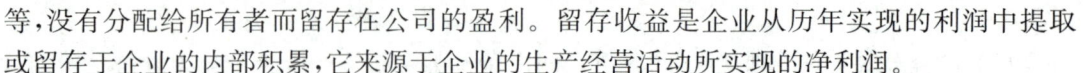

等,没有分配给所有者而留存在公司的盈利。留存收益是企业从历年实现的利润中提取或留存于企业的内部积累,它来源于企业的生产经营活动所实现的净利润。

二、留存收益的构成

留存收益包括企业的盈余公积和未分配利润两个部分,其中盈余公积是有特定用途的累积盈余,未分配利润是没有指定用途的累积盈余。

1. 盈余公积

盈余公积是指企业按照规定从净利润中提取的积累资金,其包括法定盈余公积、任意盈余公积等。法定盈余公积按照净利润(减弥补以前年度亏损)的10%提取(非公司制企业也可按照超过10%的比例提取),法定公积金累计额已达注册资本的50%时可以不再提取。任意盈余公积主要是公司制企业按照股东会的决议提取,其他企业也可根据需要提取任意盈余公积。

盈余公积用于弥补公司的亏损、扩大公司生产经营或者转为增加公司资本。法定盈余公积转为资本时,所留存的该项盈余公积不得少于转增前公司注册资本的25%。

2. 未分配利润

未分配利润是指企业实现的净利润经过弥补亏损、提取盈余公积和向投资者分配利润后留存在企业的、历年结存的利润,是企业所有者权益的组成部分。从数量上来看,未分配利润是期初未分配利润加上本期实现的净利润,减去提取的各种盈余公积和分出的利润后的余额。未分配利润有两层含义:一是留待以后年度处理的利润;二是未指明特定用途的利润。相对于所有者权益的其他部分来说,企业对于未分配利润的使用有较大的自主权。企业当年实现的利润总额在交完所得税后,其净利润可按以下顺序进行分配。

(1)弥补以前年度亏损。(用利润弥补亏损无须专门编制会计分录)

(2)提取法定盈余公积。(盈余公积用于弥补亏损或转增资本)

(3)提取任意盈余公积。

(4)分配优先股股利。

(5)分配普通股股利。

最后剩下的就是年终未分配利润。

三、留存收益的会计核算

1. 盈余公积的核算

企业应设置"盈余公积"科目,核算盈余公积的提取和使用等增减变动情况,并在"盈余公积"科目下设置"法定盈余公积"和"任意盈余公积"两个明细科目,分别核算企业从净利润中提取的各项盈余公积及其使用情况。

企业按规定提取的盈余公积,借记"利润分配——提取法定盈余公积、提取任意盈余公积"科目,贷记本科目(法定盈余公积、任意盈余公积)。

企业经股东大会或类似机构决议,用盈余公积弥补亏损或转增资本,借记本科目,贷记"利润分配——盈余公积补亏""实收资本"或"股本"科目。

本科目期末贷方余额,反映企业的盈余公积。

中外合作经营根据合同(协议)规定,在合作期间归还投资者的投资,应按实际归还投资的金额,贷记本科目(利润归还投资)。

【例10-1】　天方食品股份公司于2×24年成立,当年就实现税后利润96 000 000元,按10％的比例提取法定盈余公积金,股东大会决议按20％提取任意盈余公积金。其会计分录如下。

借:利润分配——提取法定盈余公积　　　　　　　　　　　　　　9 600 000
　　　　　　——提取任意盈余公积　　　　　　　　　　　　　 19 200 000
　　贷:盈余公积——法定盈余公积　　　　　　　　　　　　　　　9 600 000
　　　　　　　　——任意盈余公积　　　　　　　　　　　　　　19 200 000

2. 未分配利润的核算

未分配利润是通过“利润分配”科目进行核算的,“利润分配”科目应当分别以“提取法定盈余公积”“提取任意盈余公积”“应付现金股利或利润”“转作股本的股利”“盈余公积补亏”和“未分配利润”等进行明细核算。

(1)分配股利或利润的会计处理。经股东大会或类似机构决议,分配给股东或投资者的现金股利或利润,应借记“利润分配——应付现金股利或利润”科目,贷记“应付股利”科目。

经股东大会或类似机构决议,分配给股东的股票股利,应在办理增资手续后,借记“利润分配——转作股本的股利”科目,贷记“股本”科目。

(2)期末结转的会计处理。企业期末结转利润时,应将各损益类科目的余额转入“本年利润”科目,结平各损益类科目。结转后,“本年利润”的贷方余额为当期实现的净利润,借方余额为当期发生的净亏损。年度终了,应将本年收入和支出相抵后结出的本年实现的净利润或净亏损,转入“利润分配——未分配利润”科目。同时,将“利润分配”科目所属的其他明细科目的余额,转入“未分配利润”明细科目。结转后,“未分配利润”明细科目的贷方余额,就是未分配利润的金额;如出现借方余额,则表示未弥补亏损的金额。“利润分配”科目所属的其他明细科目应无余额。

(3)弥补亏损的会计处理。企业在生产经营过程中既有可能发生盈利,也有可能出现亏损。企业在当年发生亏损的情况下,与实现利润的情况相同,应当将本年发生的亏损自“本年利润”科目转入“利润分配——未分配利润”科目,借记“利润分配——未分配利润”科目,贷记“本年利润”科目。

以当年实现的利润弥补以前年度结转的未弥补亏损,不需要进行专门的账务处理。企业应将当年实现的利润自“本年利润”科目转入“利润分配——未分配利润”科目的贷方,其贷方发生额与“利润分配——未分配利润”科目的借方余额自然抵补。

【例10-2】　某工业股份有限公司年初未分配利润为300 000元,本年实现净利润1 100 000元,本年提取法定盈余公积110 000元,宣告发放现金股利120 000元。假定不考虑其他因素,该股份有限公司应进行账务处理如下。

(1)结转本年利润,编制会计分录如下。

借:本年利润　　　　　　　　　　　　　　　　　　　　　　　　1 100 000
　　贷:利润分配——未分配利润　　　　　　　　　　　　　　　　1 100 000

(2)提取法定盈余公积、宣告发放现金股利,编制会计分录如下。

借：利润分配——提取法定盈余公积	110 000	
——应付现金股利	120 000	
贷：盈余公积——法定盈余公积		110 000
应付股利		120 000

同时：

借：利润分配——未分配利润	230 000	
贷：利润分配——提取法定盈余公积		110 000
——应付现金股利		120 000

四、股利分派

股利指股份公司按发行的股份分配给股东的利润。股息、红利亦合称为股利。股份公司通常在年终结算后，将盈利的一部分作为股息按股额分配给股东。股息是指公司根据股东出资比例或持有的股份，按照事先确定的固定比例向股东分配的公司盈余；而红利是公司除股息之外根据公司盈利的多少向股东分配的公司盈余。显然，股息率是固定的，而红利率是不固定的，由股东会根据股息以外盈利的多少而作出决议。发放股利的日期有宣派日、登记日、除息日和支付日。

（1）宣派日：公司董事会正式宣布向某一特定日期在册的股东支付股利的日期。股利宣派日后，公司承担了向股东支付的法定义务，在此之前，股东无权要求支付股利。由于公司因宣派股利而承担了债务，应当在会计上减少留存利润并确认负债。宣派日后，公司在市场上流通的股票可以带利销售，即包含股利的较高的价格。

（2）登记日：登记可参与当年股利分配的股东的日期。只有于登记日在册的股东可以参与当年股利分配。登记日可在备查簿中编制会计分录，反映支付日将要分配的股利。

（3）除息日：于登记日前更新股东名册的日期。除息日后，股票将停止带利销售，股票的购买者将无法获得当年的股利。除息日无须编制会计分录。

（4）支付日：实际向股东发放股利的日期。

【例 10-3】 A 公司董事会于某年 12 月 1 日宣布发放股利，优先股 1 000 股，每股 2 元，普通股 10 000 股，每股 1 元。过户截止日为该年度 12 月 20 日，股利开始发放日期为次年 1 月 5 日。会计处理如下。

（1）宣布发放股利时。

借：利润分配	12 000	
贷：应付股利——应付优先股股利		2 000
——应付普通股股利		10 000

（2）派发现金股利时。

借：应付股利——应付优先股股利	2 000	
——应付普通股股利	10 000	
贷：银行存款		12 000

课程思政案例

埋伏的"盈余公积"

A公司在多年前实行了股份制改制（股东全部为个人股东），为了快速扩张，在无资金投入的情况下，A公司股东大会决定，以公司结余的资本公积转增股本并分配到各股东名下。2012年11月，A公司做了"借：资本公积2 620万元；贷：实收资本2 620万元"的会计处理，想通过此方法来逃避缴纳个人所得税。

《国家税务总局关于股份制企业转增股本和派发红股征免个人所得税的通知》（国税发〔1997〕198号）中所表述的"资本公积金"指股份制企业股票溢价发行收入所形成的资本公积金，将此转增股本后由个人取得的数额，不作为应税所得征收个人所得税。而与此不相符合的其他资本公积金分配中由个人所得部分，应当依法征收个人所得税。当检查人员打开A公司资本公积明细账户后，看到账页上偏偏写的就是"股票溢价"，但A公司并没有发行过股票，不存在股票溢价。

在整理并分析获取的A公司转增股本事项的复印件时，检查人员看到A公司会计报表上被检查年度年初的资本公积数近3 000万元，而盈余公积只有20多万元。往前追溯，在被检查年度前一年的10月，A公司做了"借：盈余公积2 350万元；贷：资本公积——股票溢价2 350万元"的会计处理。A公司的盈余公积余额很大，而资本公积余额很小，为了逃避用盈余公积转增股本带来的大额个人所得税，便在前一年的10月将结余盈余公积中的2 350万元预先"埋伏"到"资本公积——股票溢价"，一年后见无人关注时又自作聪明将其转入了实收资本。结果是偷鸡不成蚀把米，A公司不仅需继续代扣代缴应缴纳的个人所得税，而且受到了应代扣代缴税款一倍的罚款。

思考题：(1) 公司增加资本的途径主要有哪些？

(2) 所有者权益由哪些项目构成，这些项目涉及哪些法律方面的相关规定？

小提示：根据会计恒等式可以知道，所有者权益就是资产和负债的差额，而在企业的所有者权益数据里，实收资本、资本公积、盈余公积和未分配利润都可以帮助投资者了解企业历年的经营情况以及预测企业未来的情况。不论是企业管理层还是财务人员，都应保持客观公正、诚实谨慎，不然真要"偷鸡不成反蚀把米"了！

 本章小结

本章应掌握以下重点内容。

(1) 所有者权益包括的内容（即实收资本、资本公积、其他综合收益、盈余公积和未分配利润）。

(2) 资本公积（资本溢价和其他资本公积）的核算。

(3) 其他综合收益的核算。

(4) 留存收益（盈余公积和未分配利润）的核算。

 **思考题**

(1) 所有者权益与债权人权益的联系与区别是什么?

(2) 试述留存收益的构成内容。

(3) 何谓资本公积,其构成内容如何?

 **练习题**

一、单项选择题

1. 企业增资扩股时,投资者实际缴纳的出资额大于其按约定比例计算的其在注册资本中所占的份额部分,应作为(   )。

   A. 资本溢价   B. 实收资本   C. 盈余公积   D. 营业外收入

2. 下列各项中,不属于所有者权益的是(   )。

   A. 递延收益   B. 盈余公积   C. 未分配利润   D. 资本公积

3. 某企业 2×24 年年初未分配利润为借方余额 12 000 元(该亏损为超过 5 年的未弥补亏损),当年净利润为 210 000 元,按 10% 的比例提取盈余公积。不考虑其他事项,该企业 2×24 年年末未分配利润为(   )元。

   A. 178 200   B. 198 000   C. 209 100   D. 201 000

4. 某公司"盈余公积"科目的年初余额为 900 万元,本期提取盈余公积 1 112.5 万元,用盈余公积转增资本 500 万元。该公司"盈余公积"科目的年末余额为(   )万元。

   A. 712.5   B. 1 512.5   C. 1 312.5   D. 1 762.5

5. 某企业 2×24 年年初未分配利润的贷方余额为 300 万元,本年度实现的净利润为 100 万元,分别按 10% 和 5% 提取法定盈余公积和任意盈余公积。假定不考虑其他因素,该企业 2×24 年度可供分配利润为(   )万元。

   A. 285   B. 290   C. 300   D. 400

6. 2×24 年 1 月 1 日,某企业所有者权益情况如下:实收资本 200 万元,资本公积 26 万元,盈余公积 28 万元,其他综合收益 20 万元,未分配利润 59 万元。则该企业 2×24 年 1 月 1 日留存收益为(   )万元。

   A. 32   B. 38   C. 70   D. 87

7. 下列各项中,能够导致企业留存收益减少的是(   )。

   A. 股东大会宣告派发现金股利

   B. 以资本公积转增资本

   C. 提取盈余公积

   D. 以盈余公积弥补亏损

8. 下列各项中,影响所有者权益总额的是(   )。

   A. 用盈余公积弥补亏损

   B. 用盈余公积转增资本

   C. 股东大会宣告分配现金股利

D. 实际分配股票股利

9. A企业2×24年增加实收资本60万元,其中:盈余公积转增资本45万元;2×24年12月1日接受固定资产投资6万元(使用年限5年,采用年限平均法计提折旧,不考虑残值,自接受之日起投入使用);货币投资9万元,不考虑其他事项,该企业在年末所有者权益增加金额为(　　)万元。

    A. 15　　　　　　　　B. 40　　　　　　　　C. 9　　　　　　　　D. 6

10. 下列各项中,能够引起所有者权益总额发生变动的是(　　)。

    A. 用盈余公积弥补亏损

    B. 股东大会宣告分配现金股利

    C. 用银行存款购买固定资产

    D. 提取任意盈余公积

11. 某企业年初所有者权益160万元,本年度实现净利润300万元,以资本公积转增资本50万元,提取盈余公积30万元,向投资者分配现金股利20万元。假设不考虑其他因素,该企业年末所有者权益为(　　)万元。

    A. 360　　　　　　　B. 410　　　　　　　C. 440　　　　　　　D. 460

12. 某企业2×24年年初未分配利润的贷方余额为400万元,本年度实现的净利润为200万元,分别按10%和5%提取法定盈余公积和任意盈余公积。假定不考虑其他因素,该企业2×24年年末未分配利润的贷方余额应为(　　)万元。

    A. 410　　　　　　　B. 510　　　　　　　C. 540　　　　　　　D. 570

二、多项选择题

1. 下列各项中,不增加企业资本公积的有(　　)。

    A. 划转无法支付的应付账款　　　　　　B. 接受捐赠的固定资产

    C. 股本溢价　　　　　　　　　　　　　D. 盘盈的固定资产

    E. 盘亏的固定资产

2. 股份有限公司委托其他单位发行股票支付的手续费或佣金等相关费用的金额,如果发行股票的溢价中不够冲减的,或者无溢价的,其差额不应记入的科目有(　　)。

    A. "长期待摊费用"　　　　　　　　　　B. "资本公积"

    C. "管理费用"　　　　　　　　　　　　D. "财务费用"

    E. "销售费用"

3. 企业吸收投资者出资时,下列会计科目的余额不会发生变化的有(　　)。

    A. "营业外收入"　　B. "实收资本"　　C. "递延收益"　　D. "资本公积"

    E. "盈余公积"

4. 下列各项中,能够引起企业留存收益总额发生变动的有(　　)。

    A. 本年度实现的净利润　　　　　　　　B. 提取法定盈余公积

    C. 向投资者宣告分配现金股利　　　　　D. 用盈余公积转增资本

    E. 提取任意盈余公积

5. 下列各项中,不会引起留存收益变动的有(　　)。

    A. 盈余公积弥补亏损　　　　　　　　　B. 计提法定盈余公积

    C. 盈余公积转增资本　　　　　　　　　D. 计提任意盈余公积

E. 向投资者宣告分配现金股利

6. 企业发生亏损时,下列各项中,( )是弥补亏损的渠道。
   A. 以盈余公积弥补亏损　　　　　B. 以资本公积弥补亏损
   C. 用以后 5 年税前利润弥补　　　D. 用 5 年后的税后利润弥补
   E. 用盈余公积转增资本

7. 下列各项中,不会引起所有者权益总额发生增减变动的有( )。
   A. 宣告发放股票股利　　　　　　B. 资本公积转增资本
   C. 盈余公积转增资本　　　　　　D. 接受投资者追加投资
   E. 计提法定盈余公积

8. 关于企业所有者权益,下列说法中,正确的有( )。
   A. 资本公积可以弥补企业亏损
   B. 盈余公积可以按照规定转增资本
   C. 未分配利润可以弥补亏损
   D. 资本公积可以按照规定转增资本
   E. 宣告发放股票股利时要做账务处理

三、判断题

1. 年度终了,除了"未分配利润"明细科目,"利润分配"科目下的其他明细科目应当无余额。　　　　　　　　　　　　　　　　　　　　　　　( )
2. 支付已宣告的现金股利时所有者权益减少。　　　　　　　　　( )
3. 企业计提法定盈余公积的基数是当年实现的净利润和企业年初未分配利润之和。　　　　　　　　　　　　　　　　　　　　　　　　( )
4. 企业增资扩股时,投资者实际缴纳的出资额大于其按约定比例计算的其在注册资本中所占的份额部分,也应该记入"实收资本"科目。　　　　( )
5. 企业接受投资者以非现金资产投资时,应按该资产的账面价值入账。　( )
6. 企业用当年实现的利润弥补亏损时,应单独作出相应的会计处理。　( )

四、业务题

1. 甲、乙两个投资者向某有限责任公司投资,甲投资者投入自产产品一批,双方确认价值为 180 万元(假设是公允的),税务部门认定增值税为 23.4 万元,并开具了增值税专用发票。乙投资者投入货币资金 9 万元和一项专利技术,货币资金已经存入开户银行,该专利技术原账面价值为 128 万元,预计使用寿命为 16 年,已摊销 40 万元,计提减值准备 10 万元,双方确认的价值为 80 万元(假设是公允的)。假定甲、乙两位投资者投资时均不产生资本公积。2 年后,丙投资者向该公司追加投资,其缴付该公司的出资额为人民币 176 万元,协议约定丙投资者享有的注册资本金额为 130 万元。(假设甲、乙两个投资者出资额与其在注册资本中所享有的份额相等,不产生资本公积)

要求:根据上述资料,分别编制被投资公司接受甲、乙、丙投资的有关会计分录。(分录中的金额单位为万元)

2. 大兴公司 2×24 年发生有关经济业务如下。

(1) 按照规定办理增资手续后,将资本公积 45 万元转增注册资本,其中 A、B、C 三家公司各占 1/3。

（2）用盈余公积 37.5 万元弥补以前年度亏损。

（3）从税后利润中提取法定盈余公积 19 万元。

（4）接受 D 公司加入联营，经投资各方协议，D 公司实际出资额中 500 万元作为新增注册资本，使投资各方在注册资本总额中均占 1/4。D 公司以银行存款 550 万元缴付出资额。

要求：根据上述经济业务，编制大兴公司的相关会计分录。（不要求编制将利润分配各明细科目余额结转到"利润分配——未分配利润"科目中的分录，分录中的金额单位为万元）

第十一章 | 收入、费用及利润

 导入案例

　　云南绿大地生物科技股份有限公司(以下简称绿大地)于2001年3月28日注册成立,注册资本3 196万元,主营业务为绿化工程设计及施工、绿化苗木种植及销售。2007年12月21日,绿大地成功地在中小板块挂牌上市,成为国内绿化行业第一家上市公司。然而,该公司是通过虚增资产、虚增收入、虚增利润和更换事务所等手段进行财务造假,才获得上市资格,其真实资产与业绩并不能达到上市标准。2010年3月,受到证监会查处,其在A股市场造成巨大动荡。由此可见,正确的收入确认与利润核算,是企业健康发展和资本市场稳健运行的基础。

　　问题

　　绿大地为什么能通过收入造假获得上市资格?

 教学目标

　　通过本章学习,学生应了解收入、费用、利润、所得税的概念;掌握收入的确认、计量及核算;掌握各项期间费用的会计处理;掌握所得税的核算;掌握利润的构成及会计处理。

第一节　收入的核算

一、收入概述

(一) 收入的概念

　　收入是指企业在日常活动中形成的、会导致所有者权益增加的、与所有者投入资本无关的经济利益的总流入。

　　企业向客户转让商品或提供服务的模式,对确认收入具有重大影响,其金额必须反映企业因转让该类商品或服务而预期有权并且能够收取的对价金额。

（二）收入的特点

1. 收入来源于企业日常经营活动，而非偶发交易或事项

日常活动是指企业为完成其经营目标所从事的经常性活动以及与之相关的其他活动。例如，工业企业制造并销售产品、商品流通企业销售商品、保险企业签发保单、咨询企业提供咨询服务、软件企业为客户开发软件、安装企业提供安装服务、商业银行对外贷款、租赁企业出租资产等，均属于企业为完成其经营目标所从事的经常性活动，由此产生的经济利益的总流入构成收入。工业企业转让无形资产使用权、出租房产等，属于与经常性活动相关的活动，由此产生的经济利益的总流入也构成收入。

企业收益的形成可能源于企业日常活动，也可能源于日常活动以外的活动。企业日常活动形成的收入才符合收入的定义，并计入企业的营业收入。而日常活动以外形成的收入不符合收入的定义，属于利得的范畴，通常计入企业的营业外收入，如企业收到政府补贴等活动，不是企业为完成其经营目标所从事的经常性活动，也不属于与经常性活动相关的活动，由此产生的经济利益的总流入不构成收入，属于利得的范畴，应当确认为营业外收入。

2. 收入是与所有者投入资本无关的经济利益的总流入

收入会形成企业经济利益的流入，可能表现为企业资产的增加，也可能表现为企业负债的减少，或者两者兼而有之，如销售商品收到货款将会增加银行存款，或取得相关债权权利。但是，经济利益的流入有时候是所有者投入资本形成的，所有者投入资本的增加不应当确认为收入，而应直接确认为所有者权益，如所有者以现金方式新增注册资本，应直接通过"实收资本"账户核算。

3. 收入会导致所有者权益的增加

收入的实质是企业资产的增加，也可能表现为企业负债的减少，或者两者兼而有之，企业取得收入必然会增加所有者权益。而不会导致所有者权益增加的经济利益流入不符合收入的定义，不应确认为收入。例如，企业预收货款，尽管也导致了企业经济利益的流入，但该流入并不会直接导致所有者权益的增加，而是承担了一项需交付相应货物的现时义务，应确认为负债，而不应确认为收入。

（三）收入的分类

由于新《企业会计准则第14号——收入》不再强调收入的来源，企业一般根据经营业务的主次将收入分为主营业务收入和其他业务收入。在实际工作中，一般可以按工商营业执照上列示的主营业务和兼营业务来确定，主营业务所取得的收入作为主营业务收入，兼营业务所取得的收入作为其他业务收入。不同的企业，其主营业务与其他业务的业务类别会不一样，随着企业经营变更或业务范围的扩展，严格将各类业务按主营业务还是其他业务分类较为困难，企业可以根据实际需要，调整主营业务及其他业务的业务分类，主营业务收入和其他业务收入均计入利润表的营业收入栏目。

二、收入的确认和计量

基于合同权利和义务的规范，企业应当基于合同义务的履行来确认收入，即向客户出售商品（或提供劳务），在客户取得了相关商品的控制权时确认收入。取得相关商品控制权，是指能够主导该商品的使用并从中获得几乎全部的经济利益。

合同是指由双方或多方经济主体所订立的、具有法律约束力,主要用于明确权利义务关系的协议。合同根据形式可分为书面合同、口头合同以及其他可验证的合同(如隐藏于商业习惯中所签订的各种协议等)。

基于新收入准则的规定,如果企业与客户所签订的合同同时满足以下条件的,企业应当在客户取得相关商品控制权时确认收入:①签订合同的各方主体已批准该合同并承诺将履行各自义务;②该合同明确了合同各方与所转让商品或提供劳务(以下简称转让商品)相关的权利和义务;③该合同有明确的与所转让商品相关的支付条款或约定;④该合同具有商业实质,即履行该合同将在金额、风险和时间方面显著改变企业未来现金流量;⑤企业基于商品转让所取得的对价很可能收回。

如果合同不能同时满足上述收入确认条件,企业只能在确保不再负有向客户转让商品的剩余义务,且已向客户收取的对价无须退回的条件下,才能将已收取的对价确认为收入;否则,应当将已向客户收取的对价作为一项预收款进行会计处理。

基于新修订《企业会计准则第 14 号——收入》的规定,收入确认和计量基本可以分为以下五个步骤。

(一)从整体层面识别与客户所订立的合同

针对企业与客户所签订合同的处理,可以是单一合同的处理,也可以是多份合同合并处理,且所签订的合同符合《合同法》变更规定的,需进行合同变更处理。

1. 多份合同合并的处理

如果企业与同一客户(或该客户的关联方)同时订立或在相近时间内先后订立两份及两份以上合同,在满足下列条件之一时,应当合并为一份合同进行会计处理:①该两份或两份以上的合同是基于同一商业目的而订立,且该交易可视同一揽子交易;②该两份或两份以上的合同中的一份合同的对价金额取决于其他合同的定价或履行情况;③该两份或两份以上的合同中所承诺的商品(或每份合同中所承诺的部分商品)构成本节后文所述的单项履约义务。

2. 合同变更的会计处理

合同变更,是指经合同各方主体协商同意对原合同范围或价格作出的变更。企业应当区分下列三种情形对合同变更分别进行会计处理:①合同变更增加了可明确区分的商品及合同价款,且新增合同价款反映了新增商品单独售价的,应当将该合同变更部分作为一份单独的合同进行会计处理;②合同变更不属于上述①的情形,且在合同变更日已转让的商品或已提供的服务(以下简称"已转让的商品")与未转让的商品或未提供的服务(以下简称"未转让的商品")之间可明确区分的,应当视为原合同终止,同时,将原合同未履约部分与合同变更部分合并为新合同进行会计处理;③合同变更不属于上述①的情形,且在合同变更日已转让的商品与未转让的商品之间不可明确区分的,应当将该合同变更部分作为原合同的组成部分进行会计处理,由此产生的对已确认收入的影响,应当在合同变更日调整当期收入。

(二)识别并明确合同中的单项履约义务

在合同开始日,企业应当对合同进行科学评估,识别该合同所包含的各单项履约义务,并确定各单项履约义务的履约时间要求及其特征,然后,在履行了各单项履约义务时分别确认收入。履约义务,是指合同中企业向客户转让可明确区分商品的承诺。针对商

品是否可明确区分,分别以下两种情况处理:

1. 可明确区分商品的确认条件

企业向客户承诺的商品,如果能够同时满足下列条件,应当作为可明确区分商品:①客户能够从该商品本身或从该商品与其他易于获得资源一起使用中受益;②企业向客户转让该商品的承诺与合同中其他承诺可单独区分。

2. 不可明确区分商品的情形

如果存在下列情形,通常表明企业向客户转让该商品的承诺与合同中其他承诺不可单独区分:①企业需提供重大的服务以将该商品与合同中承诺的其他商品整合成合同约定的组合产出转让给客户;②该商品将对合同中承诺的其他商品予以重大修改或定制;③该商品与合同中承诺的其他商品具有高度关联性。

企业向客户转让一系列承诺,如果上述承诺属于实质相同且转让模式相同、可明确区分商品的承诺时,则该系列承诺应当作为单项履约义务。

(三)确定有合同所规定的商品交易价格

交易价格,是指企业因向客户转让商品而预期有权收取的对价金额。企业代第三方收取的款项以及企业预期将退还给客户的款项,应当作为负债进行会计处理,不计入交易价格。

1. 可变对价

合同中存在可变对价的,企业应当按照期望值或最可能发生金额确定可变对价的最佳估计数,但包含可变对价的交易价格,应当不超过在相关不确定性消除时累计已确认收入极可能不会发生重大转回的金额。企业在评估累计已确认收入是否极可能不会发生重大转回时,应当同时考虑收入转回的可能性及其比重。

每一资产负债表日,企业应当重新估计应计入交易价格的可变对价金额,其包括重新评估将估计的可变对价计入交易价格是否受到限制,以如实反映报告期末存在的情况以及报告期内发生的情况变化。

2. 合同中存在的重大融资成分

合同中存在重大融资成分的,企业应当按照假定客户在取得商品控制权时即以现金支付的应付金额确定交易价格。该交易价格与合同对价之间的差额,应当在合同期间内采用实际利率法摊销。

合同开始日,企业预计客户取得商品控制权与客户支付价款间隔不超过一年的,可以不考虑合同中存在的重大融资成分。

【例 11-1】　2×24 年 1 月 1 日,甲公司与乙公司签订合同,向其销售一批产品。合同约定,该批产品将于 2 年后交货。合同中包含两种付款方式,乙公司可以选择在 2 年后交付产品时支出 449.44 万元,或者可以选择在签订合同时支付 400 万元。乙公司选择在合同签订时付款。假定该批产品的控制权在交货时转移,根据两种付款方式确定的内含利率为 6%,不考虑增值税因素。

甲公司的相关会计分录如下。

(1) 2×24 年 1 月 1 日,收到货款时。

借:银行存款　　　　　　　　　　　　　　　　　　　　　　4 000 000

　　未确认融资费用　　　　　　　　　　　　　　　　　　　　494 400

贷：合同负债	4 494 400

（2）2×24 年 12 月 31 日，确认融资成分的影响。

借：财务费用	240 000（4 000 000×6%）
贷：未确认融资费用	240 000

（3）2×25 年 12 月 31 日，交付产品时。

借：财务费用	254 400（4 240 000×6%）
贷：未确认融资费用	254 400
借：合同负债	4 494 400
贷：主营业务收入	4 494 400

3. 非现金对价

非现金对价包括实物资产、无形资产、股权、客户提供的广告服务等。客户支付非现金对价的，企业应当按照非现金对价的公允价值确定交易价格。非现金对价的公允价值不能合理估计的，企业应当参照其承诺向客户转让商品的单独售价间接确定交易价格。

4. 应付客户对价

企业应付客户对价的，应当将该应付对价冲减交易价格，并在确认相关收入与支付（或承诺支付）客户对价两者孰晚的时点冲减当期收入，但应付客户对价是为了向客户取得其他可明确区分商品的除外。

企业应付客户对价是为了向客户取得其他可明确区分商品的，应当采用与本企业其他采购相一致的方式确认所购买的商品。企业应付客户对价超过向客户取得可明确区分商品公允价值的，超过金额应当冲减交易价格。向客户取得的可明确区分商品公允价值不能合理估计的，企业应当将应付客户对价全额冲减交易价格。

（四）将确定的商品交易价格分摊至各单项履约义务

合同中包含两项或多项履约义务的，为了使企业分摊至每一单项履约义务的交易价格能够反映其因向客户转让已承诺的相关商品（或提供已承诺的相关服务）而预期有权收取的对价金额，企业应当在合同开始日，按照各单项履约义务所承诺商品的单独售价的相对比例，将交易价格分摊至各单项履约义务。

单独售价，是指企业向客户单独销售商品的价格。单独售价无法直接观察的，企业应当综合考虑其能够合理取得的全部相关信息，采用市场调整法、成本加成法、余值法等方法合理估计单独售价。在估计单独售价时，企业应当最大限度地采用可观察的输入值，并对类似的情况采用一致的估计方法。市场调整法，是指企业根据某商品或类似商品的市场售价考虑本企业的成本和毛利等进行适当调整后，确定其单独售价的方法。成本加成法，是指企业根据某商品的预计成本加上其合理毛利后的价格，确定其单独售价的方法。余值法，是指企业根据合同交易价格减去合同中其他商品可观察的单独售价后的余值，确定某商品单独售价的方法。

合同资产，是指企业已向客户转让商品而有权收取对价的权利，且该权利取决于时间流逝之外的其他因素。

企业在商品近期售价波动幅度巨大，或者因未定价且未曾单独销售而使售价无法可靠确定时,可采用余值法估计其单独售价。

1. 分摊合同折扣

合同折扣,是指合同中各单项履约义务所承诺商品的单独售价之和高于合同交易价格的金额。对于合同折扣,企业应当在各单项履约义务之间按比例分摊。有确凿证据表明合同折扣仅与合同中一项或多项(而非全部)履约义务相关的,企业应当将该合同折扣分摊至相关一项或多项履约义务。合同折扣仅与合同中一项或多项(而非全部)履约义务相关,且企业采用余值法估计单独售价的,应当首先按照前款规定在该一项或多项(而非全部)履约义务之间分摊合同折扣,然后采用余值法估计单独售价。

【例 11-2】 2×24 年 3 月 1 日,甲公司与客户签订合同,向其销售 A、B 两项商品,A 商品的单独售价为 6 000 元,B 商品的单独售价为 24 000 元,合同价款为 25 000 元。合同约定,A 商品于合同开始日交付,B 商品在一个月之后交付,只有当两项商品全部交付之后,甲公司才有权收取 25 000 元的合同对价。假定 A 商品和 B 商品分别构成两项履约义务,其控制权在交付时转移给客户。上述价格均不包含增值税,且假定不考虑相关税费影响。

甲公司的账务处理如下。

分摊至 A 商品的合同价款＝25 000×6 000÷(6 000＋24 000)＝5 000(元)

分摊至 B 商品的合同价款＝25 000×24 000÷(6 000＋24 000)＝20 000(元)

会计分录如下。

(1) 交付 A 商品时。

借:合同资产		5 000
贷:主营业务收入		5 000

(2) 交付 B 商品时。

借:应收账款		25 000
贷:合同资产		5 000
主营业务收入		20 000

2. 分摊可变对价

合同中包含可变对价的,该可变对价可能与整个合同相关,也可能仅与合同中的某一特定组成部分有关。同时满足下列条件的,企业应当将可变对价及可变对价的后续变动额全部分摊至与之相关的某项履约义务,或者构成单项履约义务的一系列可明确区分商品中的某项商品:①可变对价的条款专门针对企业为履行该项履约义务或转让该项可明确区分商品作的努力(或者是履行该项履约义务或转让该项可明确区分商品所导致的特定结果);②企业在考虑了合同中的全部履约义务及支付条款后,将合同对价中的可变金额全部分摊至该项履约义务或该项可明确区分商品符合分摊交易价格的目标。

(五)按合同规定履行各单项履约义务,并同时确认收入

1. 在某一时段内履约的履约义务的收入确认条件

满足下列条件之一的,属于在某一时段内履行履约义务,相关收入应当在履约义务履行的期间内确认:①客户在企业履约的同时即取得并消耗企业履约所带来的经济利益;

②客户能够控制企业履约过程中在建的商品；③企业履约过程中所产出的商品具有不可替代用途，且该企业在整个合同期间内有权就累计至今已完成的履约部分收取款项。具有不可替代用途，是指因合同限制或实际可行性限制，企业不能轻易地将商品用于其他用途。

2. 在某一时段内履约的履约义务的收入确认方法

（1）产出法。其主要是根据已转移给客户的商品对于客户的价值确定履约进度，主要包括按照实际测量的完工进度、评估已实现的结果、已达到的里程碑、时间进度、已完工或交付的产品等确定履约进度的方法。

（2）投入法。其主要是根据企业履行履约义务的投入确定履约进度，主要包括以投入的材料数量、花费的人工工时或机器工时、发生的成本和时间进度等投入指标确定履约进度。

3. 在某一时点履行的履约义务

对于在某一时点履行的履约义务，企业应当在客户取得相关商品控制权时点确认收入。在判断客户是否已取得商品控制权时，企业应当考虑下列迹象：①企业就该商品享有现时收款权利，即客户就该商品负有现时付款义务；②企业已将该商品的法定所有权转移给客户，即客户已拥有该商品的法定所有权；③企业已将该商品实物转移给客户，即客户已实质上占有该商品；④企业已将该商品所有权上的主要风险和报酬转移给客户，即客户已取得该商品所有权上的主要风险和报酬；⑤客户已接受该商品；⑥其他表明客户已取得商品控制权的迹象。

基于《企业会计准则第7号——非货币性资产交换》的规定，对于没有商业实质的非货币性资产交换，不能确认收入。

三、合同成本

合同成本包括合同履约成本、合同取得成本、与合同履约成本和合同取得成本有关的资产的摊销和减值。

（一）合同履约成本

企业为保证合同履行而发生的各项直接、相关、必需的成本，如果不属于其他企业会计准则规范范围且同时满足下列条件的，应当作为合同履约成本确认为一项资产。

（1）该成本与一份当前或预期取得的合同直接相关，包括直接人工、直接材料、制造费用（或类似费用）、明确由客户承担的成本以及仅因该合同而发生的其他成本。

（2）该成本增加了企业未来用于履行履约义务的资源。

（3）该成本预期能够收回。

（4）合同取得成本。

与此同时，企业应当将下列支出计入当期损益。

（1）管理费用。

（2）非正常消耗的直接材料、直接人工和制造费用（或类似费用），这些支出为履行合同发生，但未反映在合同价格中。

（3）与履约义务中已履行部分相关的支出。

（4）无法在尚未履行的与已履行的履约义务之间区分的相关支出。

（二）合同取得成本

企业为取得合同发生的增量成本预期能够收回的，应当作为合同取得成本确认为一项资产。该资产摊销期限不超过一年的，可以在发生时计入当期损益。增量成本，是指企业不取得合同就不会发生的成本（如销售佣金等）。

企业为取得合同发生的、除预期能够收回的增量成本之外的其他支出（如无论是否取得合同均会发生的差旅费等），应当在发生时计入当期损益，但是，明确由客户承担的除外。

（三）与合同履约成本和合同取得成本有关的资产的摊销和减值

1. 摊销

确认为资产的合同履约成本和合同取得成本，应当采用与该资产相关的商品收入确认相同的基础进行摊销，计入当期损益。

2. 减值

与合同成本有关的资产，其账面价值高于下列两项的差额的，超出部分应当计提减值准备，并确认为资产减值损失：①企业因转让与该资产相关的商品预期能够取得的剩余对价；②为转让该相关商品估计将要发生的成本。以前期间减值的因素之后发生变化，使得前款①减②的差额高于该资产账面价值的，应当转回原已计提的资产减值准备，并计入当期损益，但转回后的资产账面价值不应超过假定不计提减值准备情况下该资产在转回日的账面价值。

四、关于特定交易的会计处理

企业通过附有销售退回条款、附有质量保证条款、附有客户额外购买选择权、授予知识产权许可和售后回购等特殊方式进行的交易，其会计处理依照本准则规定。

【例 11-3】　鼎兴电力设备有限公司（以下简称鼎兴公司）专门销售各类型电力设备，并提供安装、维修、保养等。2×21 年 12 月 25 日，鼎兴公司与甲公司签订 A 型电力设备销售、安装合同，并经过双方董事会或类似权力机构认可。合同总价款为 95 万元（不含税），该合同有如下约定：①销售标的物为 A 型电力设备，数量 1 台；②鼎兴公司同时提供标准安装服务；③24 个月的售后维修服务。甲公司需于 2×21 年 12 月 31 日、2×22 年 12 月 31 日和 2×23 年 12 月 31 日，分别向鼎兴公司支付合同价款 60 万元、20 万元和 15 万元，均不含税。鼎兴公司于 2×22 年 1 月 1 日将 A 型电力设备运抵甲公司完成货物交付，进而提供安装服务。鼎兴公司 A 型电力设备销售既可单独完成，也可以一揽子交易的形式完成设备销售、安装、维修和保养。A 型电力设备单独售价为 85 万元，标准安装服务的单独售价为 5 万元，24 个月的售后维修服务的单独售价为 10 万元，上述价格均不含税。甲企业社会信誉良好、资金充足，预期不存在违约。

基于新收入准则的规定，鼎兴公司通过以下五个步骤确认本次合同收入。

第一步：识别与甲企业（客户）之间的合同。

该合同已经鼎兴公司和甲公司董事会（类似权力机构）批准，并承诺将履行各自义务；该合同明确了鼎兴公司、甲公司与所转让商品或提供劳务相关的权利和义务；该合同有明确的与所转让商品（服务）相关的支付条款；该合同具有商业实质，即履行该合同将改变企业未来现金流量的风险、时间分布或金额；鼎兴公司因向甲公司转让商品（服务）而有权取得的对价很可能收回。

第二步：识别合同中的单项履约义务。

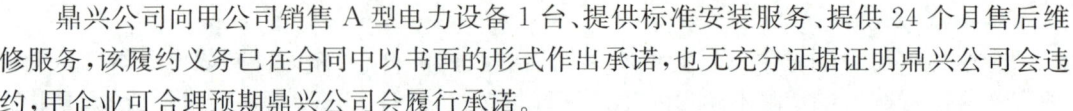

鼎兴公司向甲公司销售 A 型电力设备 1 台、提供标准安装服务、提供 24 个月售后维修服务,该履约义务已在合同中以书面的形式作出承诺,也无充分证据证明鼎兴公司会违约,甲企业可合理预期鼎兴公司会履行承诺。

第三步:确认交易价格。

鼎兴公司与甲公司签订了一揽子交易,双方已协商确定交易总价款为 95 万元(不含税),且无证据证明会发生调整。

第四步:将交易价格分配至单项履约义务。

根据单项资产销售经验数据,A 型电力设备单独售价为 85 万元,标准安装服务单独售价为 5 万元,24 个月的售后维修服务单独售价为 10 万元。该合同存在三项履约义务,鼎兴公司在合同开始日,按照各单项履约义务所承诺商品的单独售价的相对比例,将交易价格分摊至单项履约义务:A 型电力设备单独售价 85 万元,分摊率 85%,分摊价格 80.75 万元;标准安装服务单独售价 5 万元,分摊率 5%,分摊价格 4.75 万元;24 个月的售后维修服务单独售价 10 万元,分摊率 10%,分摊价格 9.5 万元。

第五步:履行履约义务时确认收入。

按合同约定,鼎兴公司于 2×22 年 1 月 1 日将 A 型电力设备运抵甲公司完成货物交付,该时点鼎兴公司确认销售 A 型电力设备收入 80.75 万元;标准安装服务本质上属于时段履约义务,需于 2×22 年 12 月 31 日确认安装服务收入 4.75 万元;24 个月的售后维修服务属于时段履约,可简化于 2×22 年 12 月 31 日和 2×23 年 12 月 31 日分别确认 4.75 万元收入。

基于上述分析,鼎兴公司收入确认的会计分录如下。

(1) 2×21 年 12 月 31 日,收到甲公司支付的合同价款 60 万元。

借:银行存款	67.8
贷:合同负债	60
应交税费——应交增值税(销项税额)	7.8

(2) 2×22 年 12 月 31 日,收到甲公司 20 万元合同款,并确认销售 A 型电力设备、安装服务和售后维修服务收入。

借:银行存款	22.6
合同负债	60
合同资产	10.25
贷:主营业务收入——销售设备	80.75
——安装服务	4.75
——售后服务	4.75
应交税费——应交增值税(销项税额)	2.6

(3) 2×23 年 12 月 31 日,收到甲公司 15 万元合同款,并确认售后维修服务收入。

借:银行存款	16.95
贷:主营业务收入——售后服务	4.75
应交税费——应交增值税(销项税额)	1.95
合同资产	10.75

一、费用概述

(一) 费用的概念

费用是指企业在日常活动中发生的、会导致所有者权益减少的、与向所有者分配利润无关的经济利益的总流出。

(二) 费用的特征

1. 费用是企业在日常活动中形成的

费用必须是企业在日常活动中所形成的,这些日常活动的界定与收入定义中涉及的日常活动的界定相一致。日常活动所产生的费用通常包括销售成本(营业成本)、职工薪酬、折旧费、无形资产摊销等。将费用界定为日常活动所形成的,目的是为了将其与损失相区分,企业非日常活动所形成的经济利益的流出不能确认为费用,而应当计入损失,一般计入营业外支出。例如,企业缴纳税务罚款,对外捐赠,因自然灾害等非常原因造成财产损失等,这些活动或事项形成的经济利益的总流出属于企业的损失,计入营业外支出,而不是费用。

2. 费用会导致企业所有者权益的减少

费用的发生会导致经济利益流出企业,可能表现为资产的减少,如减少银行存款、库存商品等;也可能表现为负债的增加,如增加应付职工薪酬、应交税费等。企业经营管理中的某些支出并不会减少企业的所有者权益,也就不构成费用。

3. 费用与所有者分配利润无关

向所有者分配利润或股利属于企业利润分配的内容,不构成企业的费用。

(三) 费用的主要内容

企业的费用主要包括主营业务成本、其他业务成本、税金及附加、销售费用、管理费用和财务费用等。

二、费用的核算

(一) 主营业务成本

主营业务成本是指企业确认销售商品、提供劳务等主营业务收入时应结转的成本。企业一般在确认销售商品、提供劳务等主营业务收入时,或在期末,将已销售商品、已提供劳务的成本结转入主营业务成本。

企业应通过"主营业务成本"账户核算主营业务成本的确认和结转情况。企业结转主营业务成本时,借记"主营业务成本"科目,贷记"库存商品""劳务成本"科目。期末,企业应将"主营业务成本"账户余额结转入"本年利润"账户,借记"本年利润"科目,贷记"主营业务成本"科目。

(二) 其他业务成本

其他业务成本是指企业确认的除主营业务活动以外的其他经营活动所发生的成本,

其包括销售材料的成本、出租固定资产的折旧额、出租无形资产的摊销额、出租包装物的成本或摊销额等。

企业应通过"其他业务成本"账户核算其他业务成本的确认和结转情况。企业发生或结转的其他业务成本，借记"其他业务成本"科目，贷记"原材料""周转材料""累计折旧""累计摊销""银行存款"等科目。期末，应将"其他业务成本"账户余额结转入"本年利润"账户，借记"本年利润"科目，贷记"其他业务成本"科目。

（三）税金及附加

税金及附加是指企业经营活动应负担的相关税费，其包括消费税、城市维护建设税、资源税和教育费附加等。

企业应通过"税金及附加"账户核算企业经营活动相关税费的发生和结转情况。

企业按规定计算确定的消费税、城市维护建设税、资源税和教育费附加等税费，借记"税金及附加"科目，贷记"应交税费"等科目。期末，应将"税金及附加"账户余额结转入"本年利润"账户，借记"本年利润"科目，贷记"税金及附加"科目。

（四）销售费用

销售费用是指企业在销售商品和材料、提供劳务过程中发生的各项费用，其包括企业在销售商品过程中发生的保险费、包装费、展览费和广告费、商品维修费、预计产品质量保证损失、运输费、装卸费等，以及为销售本企业商品而专设的销售机构（含销售网点、售后服务网点等）的职工薪酬、业务费、折旧费、固定资产修理费等费用。企业发生的与专设销售机构相关的固定资产修理费用等后续支出，应在发生时计入销售费用。

企业应通过"销售费用"账户核算销售费用的发生和结转情况。

企业在销售商品过程中发生的包装费、保险费、展览费和广告费、运输费、装卸费等费用，借记"销售费用"科目，贷记"库存现金""银行存款"等科目；企业发生的为销售本企业商品而专设的销售机构的职工薪酬、业务费、折旧费、修理费等经营费用，借记"销售费用"科目，贷记"应付职工薪酬""银行存款""累计折旧"等科目。期末，应将"销售费用"账户余额转入"本年利润"账户，借记"本年利润"科目，贷记"销售费用"科目。

（五）管理费用

管理费用是指企业为组织和管理生产经营活动而发生的各种管理费用，其包括企业在筹建期间发生的开办费、董事会和行政管理部门在企业的经营管理中发生的或者应由企业统一负担的企业经费（包括行政管理部门职工薪酬、物料消耗、低值易耗品摊销、折旧费、办公费和差旅费等）、工会经费、董事会费、聘请中介机构费、咨询费（含顾问费）、诉讼费、业务招待费、技术转让费、矿产资源补偿费、研究费用、排污费等。企业生产车间（部门）和行政管理部门等发生的固定资产修理费用等后续支出，也在发生时计入管理费用。

企业应通过"管理费用"账户核算费用的发生和结转情况。

企业在筹建期间内发生的开办费，包括人员工资、办公费、培训费、差旅费、印刷费、注册登录费等，借记"管理费用"科目，贷记"银行存款"等科目；企业行政管理部门人员的职工薪酬，借记"管理费用"科目，贷记"应付职工薪酬"科目；企业行政管理部门计提的固定资产折旧，借记"管理费用"科目，贷记"累计折旧"科目；企业按规定计算确定的应交房产税、车船税、城镇土地使用税、矿产资源补偿费，借记"管理费用"科目，贷记"应交税费""银行存款"等科目；企业行政管理部门发生的办公费、水电费、差旅费等以及企业发生的业务招待费、咨询费、研究费用等其他费用,借记"管理费用"科目,贷记"银行存款""研发支出"等科目。期末,应将"管理费用"账户余额转入"本年利润"账户,借记"本年利润"科目,贷记"管理费用"科目。

(六)财务费用

财务费用是指企业为筹集生产经营所需资金等而发生的筹资费用,其包括利息支出、利息收入(冲减财务费用)、汇兑差额以及相关的银行手续费、企业发生或收到的现金折扣等。

企业应通过"财务费用"账户核算财务费用的发生和结转情况。

企业发生的各项财务费用,借记"财务费用"科目,贷记"银行存款""应收账款"等科目;企业发生的应冲减财务费用的利息收入、汇兑差额、现金折扣,借记"银行存款""应付账款"等科目,贷记"财务费用"科目。期末,应将"财务费用"账户余额转入"本年利润"账户,借记"本年利润"科目,贷记"财务费用"科目。

【例 11-4】 某企业 2×24 年 12 月发生下列期间费用。

(1)12 月 12 日,结转管理人员工资 50 000 元、福利费 4 000 元,支付管理人员差旅费 3 000 元;

(2)12 月 15 日,计提土地使用税 1 000 元,计提印花税 200 元;

(3)12 月 16 日,支付广告费 10 000 元,结转销售部门人员工资 20 000 元,计提相应的福利费用 2 000 元;

(4)12 月 17 日,销售产品支付运输费用 3 000 元;

(5)12 月 18 日,销售产品领用包装物价值 1 000 元,不单独计价;

(6)12 月 20 日,预提银行短期借款利息 10 000 元,支付网银手续费 100 元;

(7)12 月 31 日,根据当天汇率牌价及外汇存款余额,计算得出形成汇兑收益 5 000 元。

根据以上资料,企业的账务处理如下。

(1)借:管理费用		57 000
贷:应付职工薪酬——工资		50 000
——福利费		4 000
银行存款		3 000
(2)借:税金及附加		1 200
贷:应交税费——应交土地使用税		1 000
——应交印花税		200
(3)借:销售费用		32 000
贷:银行存款		10 000
应付职工薪酬——工资		20 000
——福利费		2 000
(4)借:销售费用		3 000
贷:银行存款		3 000
(5)借:销售费用		1 000
贷:周转材料		1 000

（6）借：财务费用　　　　　　　　　　　　　　　　　　　　　　10 100

　　　贷：应付利息　　　　　　　　　　　　　　　　　　　　　　　10 000

　　　　　银行存款　　　　　　　　　　　　　　　　　　　　　　　　　100

（7）借：银行存款　　　　　　　　　　　　　　　　　　　　　　　5 000

　　　贷：财务费用　　　　　　　　　　　　　　　　　　　　　　　5 000

第三节　利润的核算

一、利润的构成

利润是指企业在一定会计期间的经营成果。利润包括收入减去费用后的净额、直接计入当期利润的利得和损失等。

直接计入当期利润的利得和损失是指应当计入当期损益、会导致所有者权益发生增减变动的、与所有者投入资本或者向所有者分配利润无关的利得或损失。

（一）营业利润

营业利润的计算公式如下：

营业利润 ＝ 营业收入 － 营业成本 － 税金及附加 － 销售费用 － 管理费用 － 财务费用
　　　　　 － 资产减值损失 － 信用减值损失 ＋ 公允价值变动收益（－ 公允价值变动损失）
　　　　　 ＋ 投资收益（－ 投资损失）

营业利润不包括营业外收支，营业收入是指企业经营业务所实现的收入总额，包括主营业务收入和其他业务收入；营业成本是指企业经营业务所发生的实际成本总额，包括主营业务成本和其他业务成本；资产减值损失是指企业计提各项资产减值准备所形成的损失；信用减值损失是指企业因无法收回销货款而遭受的损失；公允价值变动收益（或损失）是指由企业交易性金融资产等公允价值变动形成的应计入当期损益的利得（或损失）；投资收益（或损失）是指企业以各种方式对外投资所取得的收益（或发生的损失）。

（二）利润总额

利润总额的计算公式如下：

利润总额 ＝ 营业利润 ＋ 营业外收入 － 营业外支出

其中，营业外收入是指企业发生的由非日常活动形成的各项利得；营业外支出是指企业发生的由非日常活动形成的各项损失。

（三）净利润

净利润的计算公式如下：

净利润 ＝ 利润总额 － 所得税费用

其中，所得税费用是指企业确认的应当从当期利润总额中扣除的所得税费用。

二、营业外收入和营业外支出的核算

(一)营业外收入

营业外收入是指企业日常活动所产生的营业利润以外的其他各种收益,其主要包括非流动资产毁损报废利得、债务重组利得、与企业日常活动无关的政府补助、盘盈利得、捐赠利得。

企业应通过"营业外收入"账户核算营业外收入的确认及结转。企业确认营业外收入时,借记"固定资产清理""银行存款"等科目,贷记"营业外收入"科目。期末,企业应将"营业外收入"账户余额转入"本年利润"账户,借记"营业外收入"科目,贷记"本年利润"科目。

(二)营业外支出

营业外支出是指企业日常活动所产生的营业利润以外的各种支出,其主要包括非流动资产处置损失、非货币性资产交换损失、债务重组损失、非常损失、盘亏损失、公益性捐赠支出等。

三、本年利润的核算

(一)结转本年利润的方法

会计期末,结转本年利润的方法有表结法和账结法两种。

1. 表结法

表结法下,各损益类账户每月月末只需结计出本月发生额和月末累计余额,不结转到"本年利润"账户,只有在年末时才将全年累计余额结转入"本年利润"账户。但每月月末要将损益类账户的本月发生额合计数填入利润表的本月数栏,同时将本月累计余额填入利润表的本年累计数栏,通过利润表计算反映各期的利润(或亏损)。表结法下,年中损益类账户无须结转入"本年利润"账户,从而减少了转账环节和工作量,同时并不影响利润表的编制及有关损益指标的利用。

2. 账结法

账结法下,每月月末均需编制转账凭证,将在账上结计出的各损益类账户的余额结转入"本年利润"账户。结转后"本年利润"账户的本月合计数反映当月实现的利润或发生的亏损,"本年利润"账户的本年累计数反映本年累计实现的利润或发生的亏损。账结法下,各月均可通过"本年利润"账户提供当月及本年累计的利润(或亏损)额,但增加了转账环节和工作量。

(二)结转本年利润的会计处理

企业应设置"本年利润"账户,核算企业本年度实现的净利润(或发生的净亏损)。

会计期末,企业应将"主营业务收入""其他业务收入""营业外收入"等账户的余额分别转入"本年利润"账户的贷方,将"主营业务成本""其他业务成本""税金及附加""销售费用""管理费用""财务费用""资产减值损失""营业外支出""所得税费用"等账户的余额分别转入"本年利润"账户的借方。企业还应将"公允价值变动损益""投资收益"账户的净收益转入"本年利润"账户的贷方,将"公允价值变动损益""投资收益"账户的净损失转入"本年利润"账户的借方。结转后"本年利润"账户如为贷方余额,表示当年实现的净利润;如

为借方余额,表示当年发生的净亏损。

年度终了,企业还应将"本年利润"账户的本年累积余额转入"利润分配——未分配利润"账户。如"本年利润"为贷方余额,则借记"本年利润"科目,贷记"利润分配——未分配利润"科目;如为借方余额,编制相反的会计分录。结转后"本年利润"账户应无余额。

【例11-5】 甲企业 2×24 年 12 月月末各损益类账户结转前余额如表 11-1 所示。

表 11-1

甲企业 2×24 年 12 月月末各损益类账户结转前余额   单位:元

账户名称	借方	贷方
主营业务收入		5 000 000
主营业务成本	3 000 000	
其他业务收入		400 000
其他业务成本	250 000	
税金及附加	150 000	
销售费用	200 000	
管理费用	300 000	
财务费用	50 000	
资产减值损失	30 000	
公允价值变动损益		120 000
投资收益		600 000
营业外收入		30 000
营业外支出	10 000	
所得税费用	500 000	

根据以上资料,企业作账务处理如下。

(1)结转各收入、收益类账户余额时。

借:主营业务收入 5 000 000
　　其他业务收入 400 000
　　公允价值变动损益 120 000
　　投资收益 600 000
　　营业外收入 30 000
　　贷:本年利润 6 150 000

(2)结转各成本费用类或支出类账户余额时。

借:本年利润 4 490 000
　　贷:主营业务成本 3 000 000
　　　　其他业务成本 250 000
　　　　税金及附加 150 000
　　　　销售费用 200 000
　　　　管理费用 300 000

财务费用	50 000
资产减值损失	30 000
营业外支出	10 000
所得税费用	500 000

该企业 2×24 年 12 月实现净利润：6 150 000－4 490 000＝1 660 000(元)。

第四节　所得税的核算

一般情况下，企业的所得税费用等于当期所得税以及递延所得税费用之和。当期所得税是指企业根据税法规定计算确定的当期应交所得税。递延所得税费用是由资产与负债的会计确认金额与税法不一致而形成的。

一、应交所得税

所得税是就企业的应税所得而征收的一种税，其包含境内所得税和境外所得税。应交所得税是根据税法规定的企业应纳税所得额乘以所得税税率得出的应交税金。应纳税所得额是在企业税前会计利润(即利润表利润总额)的基础上，因会计处理与税收处理不同的，按照税法规定进行调整得出的，计算公式如下：

$$应纳税所得额 ＝ 税前会计利润＋纳税调增项目－纳税调减项目$$

二、调整项目

应交所得税纳税调整包括纳税调增项目与纳税调减项目两类：

(一)纳税调增项目

纳税调增项目主要源于以下几个方面。

(1)企业会计账簿计入的成本费用等超过税法规定允许扣除的标准，如超过税法规定标准的业务招待费支出、工会经费、福利费、折旧费等。

(2)企业已计入当期损失但税法规定不允扣除项目的金额，如税收滞纳金、罚款、罚金等。

(3)企业预提的未实际支出的费用，根据税法规定，不能税前扣除的项目金额。

(4)企业未确认收入但税法规定需视同销售的项目金额。

(二)纳税调减项目

纳税调减项目则与调增项目相反，源于企业成本费用少于税法标准、税法规定的不征税收入等因素。

所以，企业应交所得税的计算公式如下：

$$应交所得税 ＝ 应纳税所得额×所得税税率$$

三、纳税法

所得税核算的方法包括应付税款法和资产负债表债务法两类。

（一）应付税款法

应付税款法是将本期税前会计利润与应税所得之间的差异均在当期确认所得税费用，金额直接计入当期损益，不递延到以后期间。

应付税款法的特点：本期所得税费用按照本期应税所得与适用的所得税税率计算缴纳，即本期从净利润中扣除的所得税费用等于本期应交的所得税。时间性差异产生的影响所得税金额均在本期确认所得税费用，或在本期抵减所得税费用，时间性差异产生的影响所得税的金额在财务报表上不反映为一项负债或资产。

采用应付税款法核算时，一般需要设置"所得税费用""应交税费——应交所得税"两个科目，分别核算计入本期损益的所得税和本期应交的所得税。

（二）资产负债表债务法

资产负债表债务法是从资产负债表出发，基于暂时性差异产生的本质，比较资产负债表上所列示资产、负债按照会计准则规定确定的账面价值与按照税法规定确定的计税基础的差异，区分应纳税暂时性差异和可抵扣暂时性差异，确认相关的递延所得税负债和递延所得税资产，分析暂时性差异产生的原因、会计处理及对期末资产负债表的影响。

资产负债表债务法的特点：当税率或税基变动时，必须按预期税率对"递延所得税资产"或"递延所得税负债"账户余额进行调整，即先确定资产负债表上期末递延所得税资产（负债），然后倒推利润表中的当期所得税费用。采用资产负债表债务法核算时，一般需要设置"所得税费用""应交税费——应交所得税""递延所得税资产"和"递延所得税负债"四个科目，分别核算计入本期损益的所得税、本期应交的所得税、可抵扣暂时性差异和应纳税暂时性差异。

企业采用资产负债表债务法进行所得税核算时，一般应遵循以下程序。

（1）按照会计准则的规定，确定资产和负债的账面价值。

（2）按照会计准则中对于资产和负债计税基础的确定方法，计算每项资产和负债的计税基础。

（3）比较资产、负债的账面价值与其计税基础，分析两者间存在的差异，确定暂时性差异。

（4）按照适用的税法规定计算确定当期的应交所得税。

（5）根据当期所得税和递延所得税，确定当期所得税费用。

四、递延所得税费用

递延所得税费用（或收益）是指按照会计准则规定应予确认的递延所得税资产和递延所得税负债在会计期末应有的金额相对于原已确认金额之间的差额，即递延所得税资产和递延所得税负债的当期发生额，但不包括计入所有者权益的交易或事项的所得税影响。用公式表示为：

递延所得税费用（或收益）＝当期递延所得税负债的增加＋当期递延所得税资产的减少
－当期递延所得税负债的减少－当期递延所得税资产的增加

要确认递延所得税费用，必须先确定资产和负债的计税基础。当会计准则的处理与税法规定一致时，资产和负债的计税基础与会计确认不存在差异，当两者的规定不一致时,则需要对差异进行处理,应当确认所产生的递延所得税资产或递延所得税负债。

(一)资产的计税基础

资产的计税基础是指企业收回资产账面价值过程中,计算应纳税所得额时按照税法规定可以自应税经济利益中抵扣的金额,即资产在未来期间给企业带来经济利益时,对应的资产消耗在计税时可以税前扣除的金额。

资产在取得时,税法认定其计税基础一般为取得资产实际付出的成本。在资产的后续持有过程中,当期资产的计税金额是指资产的取得成本减去以前期间按税法规定已经税前扣除的金额后的余额,如固定资产,在资产负债表日的计税基础等于取得成本扣除按照税法规定已在以前期间税前扣除的累计折旧额后的金额。

(二)负债的计税基础

负债的计税基础是指负债的账面价值减去未来期间计算应纳税所得额时按照税法规定可予抵扣的金额。即企业按照税法规定进行核算确定的资产负债表上有关负债的应有金额。

负债的确认与偿还一般不会影响企业未来期间的损益,也不会影响其未来期间的应纳税所得额,因此未来期间计算应纳税所得额时按照税法规定可予抵扣的金额为0,计税基础即为账面价值。例如,企业的短期借款、应付账款等。但是,某些情况下,负债的确认可能会影响企业的损益,进而影响不同期间的应纳税所得额,使其计税基础与账面价值之间产生差额,如按照会计规定确认的某些预计负债等。

(三)暂时性差异

1. 基本确定

暂时性差异是指资产、负债的账面价值与其计税基础不同产生的差额。其中账面价值,是指按照会计准则规定确定的有关资产、负债在资产负债表中应列示的金额。由于资产、负债的账面价值与其计税基础不同,产生了在未来收回资产或清偿负债的期间内,应纳税所得额增加或减少并导致未来期间应交所得税增加或减少的情况,在这些暂时性差异发生的当期,一般应当确认相应的递延所得税负债或递延所得税资产。

2. 暂时性差异的分类

1)应纳税暂时性差异

应纳税暂时性差异在未来期间转回时,会增加转回期间的应纳税所得额,即在未来期间不考虑该事项影响的应纳税所得额的基础上,由于该暂时性差异的转回,会进一步增加转回期间的应纳税所得额和应交所得税金额。在应纳税暂时性差异产生当期,应当确认相关的递延所得税负债。

应纳税暂时性差异通常产生于以下情况。

(1)资产的账面价值大于其计税基础。一项资产的账面价值代表的是企业在持续使用或最终出售该项资产时会取得的经济利益的总额,而计税基础代表的是一项资产在未来期间可予税前扣除的总金额。资产的账面价值大于其计税基础,该项资产未来期间产生的经济利益不能全部税前抵扣,两者之间的差额需要交所得税,产生应纳税暂时性差异。

(2)负债的账面价值小于其计税基础。一项负债的账面价值为企业预计在未来期间清偿该项负债时的经济利益流出,而其计税基础代表的是账面价值在扣除税法规定未来

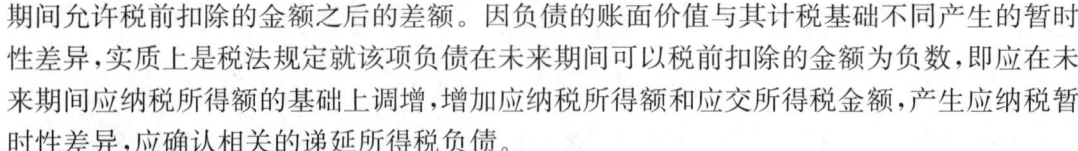

期间允许税前扣除的金额之后的差额。因负债的账面价值与其计税基础不同产生的暂时性差异,实质上是税法规定就该项负债在未来期间可以税前扣除的金额为负数,即应在未来期间应纳税所得额的基础上调增,增加应纳税所得额和应交所得税金额,产生应纳税暂时性差异,应确认相关的递延所得税负债。

2)可抵扣暂时性差异

可抵扣暂时性差异在未来期间转回时会减少转回期间的应纳税所得额,减少未来期间的应交所得税。在可抵扣暂时性差异产生当期,符合确认条件的情况下,应当确认相关的递延所得税资产。

可抵扣暂时性差异一般产生于以下情况。

(1)资产的账面价值小于其计税基础。从经济含义来看,资产在未来期间产生的经济利益少,按照税法规定允许税前扣除的金额多,则企业在未来期间可以减少应纳税所得额并减少应交所得税。

(2)负债的账面价值大于其计税基础。负债产生的暂时性差异实质上是税法规定就该项负债可以在未来期间税前扣除的金额。一项负债的账面价值大于其计税基础,意味着未来期间按照税法规定构成负债的全部或部分金额可以自未来应税经济利益中扣除,减少未来期间的应纳税所得额和应交所得税。

值得关注的是,对于按照税法规定可以结转以后年度的未弥补亏损及税款抵减,虽不是因资产、负债的账面价值与计税基础不同产生的,但本质上,可抵扣亏损和税款抵减与可抵扣暂时性差异具有同样的作用,均能够减少未来期间的应纳税所得额,进而减少未来期间的应交所得税,在会计处理上,视同可抵扣暂时性差异,符合条件的情况下,应确认相关的递延所得税资产。

(四)递延所得税资产的确认与计量

1. 递延所得税资产的确认

资产、负债的账面价值与其计税基础不同产生可抵扣暂时性差异的,估计在未来期间能够取得足够的应纳税所得额用以利用该可抵扣暂时性差异的,应当以很可能取得用来抵扣可抵扣暂时性差异的应纳税所得额为限,确认相关的递延所得税资产。同递延所得税负债的确认相同,有关交易或事项发生时,对会计利润或是应纳税所得额产生影响的,所确认的递延所得税资产应作为利润表中所得税费用的调整;有关的可抵扣暂时性差异产生于直接计入所有者权益的交易或事项,则确认的递延所得税资产也应计入所有者权益;企业合并时产生的可抵扣暂时性差异的所得税影响,应相应调整企业合并中确认的商誉或是应计入当期损益的金额。

2. 递延所得税资产的计量

(1)适用税率的确定。同递延所得税负债的计量相一致,确认递延所得税资产时,应估计相关可抵扣暂时性差异的转回时间,采用转回期间适用的所得税税率为基础计算确定。另外,无论相关的可抵扣暂时性差异转回期间如何,递延所得税资产均不予折现。

(2)递延所得税资产的减值。与其他资产相一致,资产负债表日,企业应当对递延所得税资产的账面价值进行复核。如果未来期间很可能无法取得足够的应纳税所得额用以利用递延所得税资产的利益,应当减记递延所得税资产的账面价值。对于预期无法实现的部分,一般应确认为当期所得税费用,同时减少递延所得税资产的账面价值;对于原确认时计入所有者权益的递延所得税资产,其减记金额亦应计入所有者权益,不影响当期所得税费用。

（3）适用所得税税率变化对已确认递延所得税资产和递延所得税负债的影响。因适用税收法规的变化,导致企业在某一会计期间适用的所得税税率发生变化的,企业应对已确认的递延所得税资产和递延所得税负债进行重新计量。递延所得税资产和递延所得税负债的金额代表的是有关可抵扣暂时性差异或应纳税暂时性差异于未来期间转回时,导致应交所得税金额的减少或增加的情况。适用所得税税率的变化必然导致应纳税暂时性差异或可抵扣暂时性差异在未来期间转回时产生增加或减少应交所得税金额的变化,应对原已确认的递延所得税资产和递延所得税负债的金额进行调整,反映所得税税率变化带来的影响。

除直接计入所有者权益的交易或事项产生的递延所得税资产和递延所得税负债,相关的调整金额应计入所有者权益以外,其他情况下产生的调整金额应确认为当期所得税费用（或收益）。

（五）递延所得税负债的确认与计量

1. 递延所得税负债的确认

应纳税暂时性差异在转回期间将增加未来期间的应纳税所得额和应交所得税,导致企业经济利益的流出,从其发生当期看,构成企业应支付税金的义务,应作为负债确认。

确认应纳税暂时性差异产生的递延所得税负债时,交易或事项发生时影响到会计利润或应纳税所得额的,相关的所得税影响应作为利润表中所得税费用的组成部分;与直接计入所有者权益的交易或事项相关的,其所得税影响应增加或减少所有者权益;企业合并产生的,相关的递延所得税影响应调整购买日应确认的商誉或是计入当期损益的金额。

2. 递延所得税负债的计量

递延所得税负债应以应纳税暂时性差异转回期间适用的所得税税率计量。在我国,除享受优惠政策的情况外,企业适用的所得税税率在不同年度之间一般不会发生变化,在确认递延所得税负债时,企业可以现行适用所得税税率为基础计算确定。享受优惠政策的企业,如国家需要重点扶持有高新技术企业,享受一定时期的税率优惠,则所产生的暂时性差异应以预计其转回期间的适用所得税税率为基础计量。另外,无论应纳税暂时性差异的转回期间如何,递延所得税负债都不要求折现。

（六）所得税费用的会计处理

企业根据会计准则的规定,计算确定的当期所得税和递延所得税费用之和,即为利润表中应予确认的所得税费用。

企业应通过"所得税费用"账户核算企业所得税费用的确认及其结转情况。期末,应将"所得税费用"账户的余额转入"本年利润"账户,借记"本年利润"科目,贷记"所得税费用"科目。结转后"所得税费用"账户应无余额。

【例11-6】　甲公司2×24年度利润表中利润总额为10 000 000元,该公司适用的所得税税率为25%。递延所得税资产及递延所得税负债不存在期初余额。

该公司2×24年发生的交易或事项中,以下业务的会计处理与税收处理存在差异。

（1）2×23 年 12 月 31 日，取得一项固定资产，成本为 3 000 000 元，使用年限为 10 年，预计净残值为 0，会计处理按双倍余额递减法计提折旧，税收处理按直线法计提折旧。假定税法规定的使用年限及预计净残值与会计规定相同。

（2）向学校捐赠现金 200 000 元，税法规定该类捐赠不允许税前扣除。

（3）当年度发生研究开发支出 4 000 000 元，其中 3 000 000 元予以资本化；截至 2×24 年 12 月 31 日，该研发资产仍在开发过程中。税法规定，企业费用化的研究开发支出加计扣除 75%，资本化的研究开发支出按资本化金额的 75% 确定应予摊销的金额。

（4）应付违反税法规定罚款 100 000 元。

（5）期末对持有的存货计提了 200 000 元的存货跌价准备。

分析：

（1）2×24 年度当期应交所得税。

$$应纳税所得额 = 10\ 000\ 000 + 300\ 000 + 200\ 000 - 750\ 000 + 100\ 000 + 200\ 000$$
$$= 10\ 050\ 000（元）$$

$$应交所得税 = 10\ 050\ 000 \times 25\% = 2\ 512\ 500（元）$$

（2）2×24 年度递延所得税。

该公司 2×24 年度资产负债表相关项目金额及其计税基础，如表 11-2 所示。

表 11-2

资产负债表相关项目金额及其计税基础

单位：元

项　　目	账面价值	计税基础	差　　异	
			应纳税暂时性差异	可抵扣暂时性差异
存货	8 000 000	8 200 000		200 000
固定资产：				
固定资产原价	3 000 000	3 000 000		
减：累计折旧	600 000	300 000		
固定资产账面价值	2 400 000	2 700 000		300 000
开发支出	3 000 000	5 2500 000		2 250 000
其他应付款	100 000	100 000		
总　　计				2 750 000

$$递延所得税资产 = 2\ 750\ 000 \times 25\% = 687\ 500（元）$$

（3）利润表中应确认的所得税费用。

$$所得税费用 = 2\ 512\ 500 - 687\ 500 = 1\ 825\ 000（元）$$

借：所得税费用   1 825 000

   递延所得税资产   687 500

   贷：应交税费——应交所得税   2 512 500

利润分配的核算

利润分配是指企业将实现的净利润按照相关法规制度的规定,在企业和投资者之间进行的分配。利润分配的过程与结果,关系到投资者的合法权益能否得到保护,企业能否长期、稳定地发展等重要问题,为此,企业必须加强利润分配的管理和核算。

按照我国公司法的规定,公司利润分配包括以下三个项目。

一、弥补亏损

纳税人发生年度亏损的,可以用下一纳税年度的所得弥补;下一纳税年度的所得不足弥补的,可以逐年延续弥补,但是延续弥补期最长不得超过5年。

(1)对联营企业生产经营取得的所得,一律先就地征收所得税,然后再进行分配。联营企业的亏损,由联营企业就地按规定进行弥补。

(2)投资方从联营企业分回的税后利润按规定应补缴所得税的,如果投资方企业发生亏损,其分回的利润可先用于弥补亏损,弥补亏损后仍有余额的,再按规定补缴企业所得税。

本年利润弥补亏损,不编制会计分录。

二、提取法定公积金及任意公积金

公司法规定企业必须将净利润按照10%的比例提取法定公积金,以用于弥补公司亏损、扩大公司生产经营或者转为增加公司资本。当法定公积金累计额达到公司注册资本的50%时,可不再继续提取。任意公积金的提取目的与法定公积金一致,但是提取标准及金额是根据公司的需要及股东会的决定确定的。

三、向投资者分配利润

公司向投资者分配利润即向投资者支付股利,要在提取公积金之后。股利的分配一般以各股东持有股份的数额为依据,每一股东取得的股利与其持有的股份数呈正比。

1. 利润分配科目设置

"利润分配"科目反映企业对净利润分配或弥补亏损及历年分配(或亏损)后的结存情况,企业需设置"利润分配"科目,该科目为所有者权益类科目,它是"本年利润"科目的调整科目,其贷方反映年末从"本年利润"科目转如得本年净利润以及用盈余公积补亏的数额,借方反映利润分配的情况以及年末从"本年利润"科目转入的本年亏损数额,期末余额如果在贷方,则表示历年结存的未分配利润。期末余额如果在借方,表示历年积存的未弥补亏损。

"利润分配"科目应按利润分配情况设置以下明细科目:①盈余公积补亏;②提取法定盈余公积;③提取储备基金;④提取生产发展基金;⑤提取职工奖励及福利基金;⑥利润归还投资;⑦提取任意盈余公积;⑧应付现金股利或利润;⑨转作股本的股利;⑩未分配利润。

2. 利润分配的账务处理

(1)企业按规定提取的盈余公积,借记本科目(提取法定盈余公积、提取任意盈余公积),贷记"盈余公积——法定盈余公积、任意盈余公积"科目。

外商投资企业按规定提取的储备基金、企业发展基金、职工奖励及福利基金,借记本科目(提取储备基金、提取企业发展基金、提取职工奖励及福利基金),贷记"盈余公积——储备基金、企业发展基金""应付职工薪酬"等科目。

（2）经股东大会或类似机构决议,分配给股东或投资者的现金股利或利润,借记本科目(应付现金股利或利润),贷记"应付股利"科目。

经股东大会或类似机构决议,分配给股东的股票股利,应在办理增资手续后,借记本科目(转作股本的股利),贷记"股本"科目。

（3）用盈余公积弥补亏损,借记"盈余公积——法定盈余公积或任意盈余公积"科目,贷记本科目(盈余公积补亏)。

（4）年度终了,企业应将全年实现的净利润,自"本年利润"科目转入"利润分配——未分配利润"科目,并将"利润分配"科目下的其他有关明细科目的余额,转入"未分配利润"明细科目。结转后,"未分配利润"明细科目的贷方余额,就是累积未分配的利润数额;如为借方余额,则表示累积未弥补的亏损数额。结转后,本科目除"未分配利润"明细科目外,其他明细科目应无余额。

【例11-7】 A公司2×24年实现净利润1 000 000元,按新公司法规定,仍需提取10%的法定公积金,公司股东大会决议,提取任意公积金50 000元,分配现金股利600 000元。要求编制2×24年12月31日利润分配的会计分录。

（1）将净利润结转至"利润分配"科目。

借:本年利润 1 000 000
    贷:利润分配——未分配利润 1 000 000

（2）提取法定盈余公积。

提取法定盈余公积＝1 000 000×10％＝100 000(元)

借:利润分配——提取法定盈余公积 100 000
    贷:盈余公积——法定盈余公积 100 000

（3）提取任意公积金。

借:利润分配——提取任意盈余公积 50 000
    贷:盈余公积——任意公积 50 000

（4）分配股利。

借:利润分配——应付现金股利 600 000
    贷:应付股利 600 000

（5）将"利润分配"科目所属其他明细科目的余额全部转入"利润分配——未分配利润"科目。

借:利润分配——未分配利润 750 000
    贷:利润分配——提取法定盈余公积 100 000
              ——提取任意盈余公积 50 000
              ——应付现金股利或利润 600 000

根据以上账务处理,计算企业当年的未分配利润增加额。

未分配利润增加额＝1 000 000－750 000＝250 000(元)

课程思政案例

长园和鹰,你不能乱确认收入

(1) 2015 年 12 月,长园和鹰向 M. T. SEWING 公司出口 2 048 份吊挂产品,双方约定 M. T. SEWING 将货物卖出以后再付款,未销售的不用付款。2016 年 3 月,长园和鹰就该项业务确认销售收入。

(2) 2016 年 10 月至 12 月,长园和鹰及其子公司与 4 家越南代理商签订销售合同,合同金额共计 438.3 万美元。2017 年 12 月,长园和鹰又与越南代理商 STRENGTH SHARP CORPORATION 签订销售合同,合同金额 97.78 万美元。上述合同均约定,代理商将产品销售出去后才需要对长园和鹰付款。上述 5 家代理商仅于 2017 年销售了 183.44 万美元的吊挂产品,但长园和鹰在合同签订当年却提前全额确认了收入。

(3) 2016 年 12 月 5 日,长园和鹰与安徽红爱公司签订金额为 4 亿元的合同,约定帮助安徽红爱完成智能工厂的建设。2016 年 12 月 26 日,双方又签订了金额为 7 470 万元的销售合同(为了更好地建设智能工厂)。2016 年 12 月 29 日,和鹰设备与安徽红爱签订金额为 3.4 亿元的合同,约定该合同取代以往达成的所有协议。但是长园和鹰依然依据 7 470 万元合同确认 2016 年度销售商品收入;采用完工百分比法确认 2017 年度建造合同收入。

思考题:(1) 长园和鹰在案例(1)(2)中的会计确认是否合理?

(2) 长园和鹰在案例(3)中的会计确认是否合理?

小提示:案例(1)(2)在合同中均强调了只有在代理商将产品销售给终端客户后才会产生对长园和鹰的付款义务,但是长园和鹰在合同约定后马上确认收入,这是明知故犯的错误的会计处理方式。案例(3)中 7 470 万元合同效力实际已于 2016 年 12 月 29 日终止,为 3.4 亿元合同所取代,相关商品应当纳入安徽红爱智能工厂项目整体按照建造合同进行核算。此外,安徽红爱智能工厂项目建造合同的结果不能可靠估计,不应采用完工百分比法确认合同收入。所以,收入没那么好确认,收入确认需谨慎,财务造假酿恶果!

 本章小结

本章应掌握以下重点内容。

(1) 收入的核算。

(2) 费用(包括营业成本和期间费用)的核算。

(3) 所得税(包括所得税汇算的一般程序,资产、负债的计税基础与暂时性差异,递延所得税资产与递延所得税负债,当期所得税费用与应交所得税)的核算。

(4) 利润(包括利润的构成、营业外收支、利润的形成及利润分配等)的内容及核算。

 **思考题**

(1) 销售商品收入确认的条件,以及涉及商业折扣、现金折扣、销售折让的会计处理。

(2) 费用的特征是什么?

(3) 什么是计税基础?

(4) 利润分配的基本程序及其会计处理。

 **练习题**

一、单项选择题

1. 下列各项中,符合收入会计要素定义,可以确认为收入的是( )。
   A. 出售固定资产取得的收入
   B. 出售无形资产取得的收入
   C. 出售产成品取得的收入
   D. 盘盈存货的净收益

2. 下列项目中,属于工业企业其他业务收入的是( )。
   A. 罚款收入
   B. 出售固定资产的收入
   C. 销售多余材料的收入
   D. 出售无形资产的收入

3. 甲公司接受一项设备安装服务,该服务可以一次完成。同行业服务收入标准为 11 万元,但双方合同总价款规定为 10 万元,实际发生安装成本 6 万元。该安装服务属于甲公司的主营业务,假设不考虑相关税费,甲公司应确认的主营业务收入的金额为( )万元。
   A. 11 B. 10 C. 6 D. 7

4. 在视同买断方式下委托代销商品的协议表明,若受托方没有将商品售出时可以将商品退回给委托方,或受托方因代销商品出现亏损时可以要求委托方补偿,那么下列委托方的处理中,正确的是( )。
   A. 在交付商品时不确认收入,委托方收到代销清单时确认收入
   B. 在交付商品时确认收入
   C. 按销售商品进度确认收入
   D. 不作任何处理

5. 在视同买断销售商品的委托代销方式下,且未销售的商品不能退回,委托方确认收入的时点是( )。
   A. 委托方收到代销清单时
   B. 委托方交付商品时
   C. 委托方销售商品时
   D. 委托方收到货款时

6. 某企业 2×24 年 10 月份发生一次火灾,共计损失 50 万元,其中:流动资产损失 15 万元;固定资产损失 35 万元。经查明事故原因是由于雷击所造成的。企业收到保险公司赔款 30 万元。企业由于这次火灾损失而应计入营业外支出的金额为( )万元。
   A. 50 B. 30 C. 20 D. 18

7. 下列项目中,属于其他业务收入的是( )。

A. 捐赠收入   B. 出售无形资产收入

C. 材料销售收入   D. 出售固定资产收入

8. 下列项目中,计入营业外收入的是( )。

  A. 出售固定资产的利得   B. 处置长期股权投资产生的收益

  C. 出租无形资产的收益   D. 接收捐赠的收益

9. 下列各项中,应作为管理费用处理的是( )。

  A. 固定资产折旧费   B. 自然灾害造成的流动资产净损失

  C. 专设销售机构人员的工资   D. 固定资产盘亏净损失

10. 下列项目中,属于在某一时点确认收入的是( )。

  A. 酒店服务管理

  B. 为客户建造办公大楼

  C. 企业履约过程中所产出的商品具有不可替代用途,且该企业在整个合同期间内有权就累计至今已完成的履约部分收取款项

  D. 为客户定制的具有可替代用途的产品

11. 采用预收方式销售商品的,确认商品销售收入的时点是( )。

  A. 首次付款时   B. 发出商品时

  C. 货款全部付清时   D. 开出销售发票账单时

12. 不与递延所得税资产或递延所得税负债对应的科目是( )。

  A. "投资收益" B. "资本公积" C. "商誉"   D. "所得税费用"

13. 企业用盈余公积或资本公积转增资本( )。

  A. 会导致所有者权益的增加

  B. 会导致所有者权益的减少

  C. 不会引起所有者权益总额的变化,但会导致其结构的变动

  D. 不会引起所有者权益总额及其结构的变化

14. "本年利润"账户6月30日的贷方余额表示( )。

  A. 6月实现的利润   B. 6月30日实现的利润

  C. 年初至6月累计实现的利润 D. 年初至6月已分配的利润

15. 2×23年7月20日,甲公司以银行存款1 200万元购入一项非专利技术并立刻投入使用,其使用寿命不确定,企业所得税纳税申报时允许该非专利技术税前扣除的金额为每年240万元。2×24年7月31日,甲公司估计该项无形资产的可收回金额为970万元,不考虑增值税相关税费及其他因素,2×24年7月31日,该项无形资产产生的暂时性差异的余额为( )。

  A. 可抵扣暂时性差异余额30万元 B. 应纳税暂时性差异余额30万元

  C. 可抵扣暂时性差异余额20万元 D. 应纳税暂时性差异余额20万元

二、多项选择题

1. 当企业与客户之间的合同同时满足( )条件时,企业应当在客户取得相关商品控制权时确认收入。

  A. 合同各方已批准该合同并承诺将履行各自的义务

  B. 该合同明确了合同各方与所转让商品或提供劳务相关的权利和义务

C. 该合同有明确的与所转让商品相关的支付条款

D. 该合同具有商业实质,即履行该合同将改变企业未来的现金流量的风险、时间分布或金额

E. 企业因向客户转让商品而有权取得的对价很可能收回

2. 为了反映商品销售收入的确认、成本的结转、相关税金的核算,企业需设置的科目包括(   )。

A. "主营业务收入"   B. "其他业务收入"

C. "主营业务成本"   D. "其他业务成本"

E. "税金及附加"

3. 下列选项中,属于特殊商品销售业务的有(   )。

A. 售后回租   B. 以旧换新

C. 售后回购   D. 分期收款

E. 委托代销

4. 提供劳务的交易结果能够可靠估计,指同时满足(   )。

A. 收入的金额能够可靠地计量

B. 收入已实现

C. 与交易相关的经济利益很可能流入企业

D. 交易的完工进度能够可靠地确定

E. 劳务成本能够可靠地计量

5. 费用的特征包括(   )。

A. 费用是企业在日常活动中形成的

B. 费用会导致企业所有者权益的减少

C. 费用与所有者分配利润无关

D. 费用是实实在在发生的

E. 费用与商品销售无关

6. 费用核算应设置的科目包括(   )。

A. "主营业务成本"   B. "其他业务成本"

C. "税金及附加"   D. "销售费用"

E. "财务费用"

7. 下列税费中,应通过"税金及附加"账户核算的有(   )。

A. 房产税   B. 车船税

C. 城填土地使用税   D. 印花税

E. 企业所得税

8. 下列各项中,制造业企业应确认为其他业务收入的有(   )。

A. 对外销售多余材料的收入   B. 出售专利所有权的收入

C. 销售产品的收入   D. 转让商标使用权的收入

E. 出售固定资产的净收益

9. 下列各项中,不应确认为营业外收入的有(   )。

A. 存货盘盈   B. 固定资产出租的收入

C. 固定资产盘盈　　　　　　　　　D. 无法查明原因的现金溢余

E. 销售多余材料取得的收入

10. 下列应作为"主营业务收入"账户核算的有(　　)。

A. 工业企业销售商品的收入　　　　B. 出租固定资产的租金收入

C. 商品流通企业的销售收入　　　　D. 工业企业销售多余材料的收入

E. 存货盘盈收入

11. 在制造业企业中,通过"税金及附加"账户核算的内容有(　　)。

A. 增值税　　　　　　B. 资源税　　　　　　C. 消费税

D. 城市维护建设税　　　　　　　　　E. 教育费附加

12. 下列属于所得税纳税调增项目的有(　　)。

A. 企业会计账簿计入的成本费用等超过税法规定允许扣除的标准

B. 企业已计入当期损失但税法规定不允许扣除项目的金额

C. 企业预提的未实际支出的费用

D. 企业未确认收入但税法规定需视同销售的项目金额

E. 以上选项都是

13. 下列属于应纳税暂时性差异的有(　　)。

A. 资产的账面价值大于其计税基础

B. 资产的账面价值小于其计税基础

C. 负债的账面价值小于其计税基础

D. 负债的账面价值大于其计税基础

E. 可以结转以后年度的未弥补亏损及税款抵减

14. 影响企业当年可供投资者分配利润的因素包括(　　)。

A. 营业利润　　　　　　　　　　　　B. 利润总额

C. 所得税　　　　　　　　　　　　　D. 可税前弥补的亏损

E. 盈余公积

15. 下列项目中,产生可抵扣暂时性差异的有(　　)。

A. 预提产品售后保修费用　　　　　　B. 计提应收账款坏账准备

C. 计提固定资产减值准备　　　　　　D. 计提无形资产减值准备

E. 采用公允价值模式进行后续计量的投资性房地产期末公允价值小于投资性房地产取得时的成本

三、判断题

1. 对于在某一时段内履行的履约义务,企业应当在该段时间内按照履约进度确认收入,但是,履约进度不能合理确定的除外。　　　　　　　　　　　　　(　　)

2. 材料销售收入属于其他业务收入。　　　　　　　　　　　　　　　　　(　　)

3. 合同变更增加了可明确区分的商品及合同价款,且新增合同价款反映了新增商品单独售价的,应当将该合同变更部分作为一份单独的合同进行会计处理。　　(　　)

4. 采用售后回购方式销售商品的,一般情况下收到的款项应确认为负债;回购价格大于原售价的,差额应在回购期间按期计提利息,计入财务费用。　　　　　(　　)

5. 处置固定资产取得的净收益会影响企业当期利润表中营业利润。　　　　(　　)

6. 商业折扣会影响收入的确认金额。 （ ）

7. 费用是日常活动所形成的，而损失则是非日常活动所形成。 （ ）

8. "税金及附加"主要核算增值税、消费税、城市维护建设税、资源税和教育费附加等税费。 （ ）

9. 利润包括收入减去费用后的净额、计入所有者权益的利得和损失等。 （ ）

10. 纳税人发生年度亏损的，可以用下一纳税年度的所得弥补；下一纳税年度的所得不足弥补的，可以逐年延续弥补，直到亏损弥补完。 （ ）

四、计算题

1. 红河公司作为增值税一般纳税人，其适用的增值税税率为13%，2×24年7月发生如下业务。

（1）7月5日，对甲企业销售商品一批，增值税专用发票注明销售价格100万元，增值税额13万元，款项已收并存入银行；

（2）7月15日，委托乙企业销售商品100件，协议价为100元/件。成本为80元/件；代销协议约定，乙企业在取得代销商品后，无论是否能够卖出、是否获利，均与红河公司无关。这批商品已由红河公司发出，货款尚未收到，红河公司开出的增值税专用发票上注明的增值税额为1 300元；

（3）7月25日，销售A型号电视机10台，每台不含增值税销售价格5 000元，每台销售成本为1 800元；同时回收5台A型号旧电视机，每台回收价格为100元，款项均已收付。

要求：计算红河公司2×24年7月的收入总额。

2. 东方公司于2×24年9月1日接受一项设备安装任务，安装周期为6个月，合同总价收入1 000 000元，至年底已预收安装费600 000元，实际发生安装费300 000元，估计还会发生安装费200 000元，假定东方公司按实际发生的成本占估计总成本的比例确定劳务完工程度。

要求：计算东方公司2×24年12月31日应确认的劳务收入和劳务成本分别是多少。

3. 新丰公司2×24年度会计利润500 000元，本年度会计核算的收支中含企业违法经营的罚款5 000元，国库券的利息收入20 000元，超支的业务招待费30 000元，固定资产折旧费50 000元（税法规定的折旧额为35 000元）。企业所得税税率25%。

要求：计算2×24年度该企业的应纳税所得额、应纳税额及所得税费用。

五、业务题

甲股份有限公司（以下简称甲公司）为增值税一般纳税人，适用的增值税税率为13%。该公司2×24年度发生如下业务，销售价款均不含应向客户收取的增值税额。

（1）甲公司本年度销售给乙企业一台设备，销售价款为100万元，甲公司已开出增值税专用发票，并将提货单交与乙企业，乙企业已开出商业承兑汇票，商业汇票期限为3个月，到期日为当年4月5日。由于乙企业安装该设备的场地尚未确定，经甲公司同意，设备于当年5月20日再予提货，该设备的实际成本为60万元。

（2）甲公司本年度委托丙商店代销商品一批，代销价款为200万元。本年度收到丙商店交来的代销清单，代销清单列明已销售代销商品的60%，丙商店按代销价款的10%收取手续费，该批商品的实际成本为100万元。

（3）甲公司本年度销售给丁企业一台自产的设备，销售价款为50万元，丁企业已支付全部款项,该设备本年 12 月 31 日尚未完工。

(4) 甲公司采用以旧换新方式销售给戊企业产品 5 台,单位售价为 20 万元,单位成本为 10 万元;同时收回 4 台同类旧商品,每台回收价为 1 万元(不考虑增值税)款项已收入银行。

(5) 甲公司于本年 7 月 10 日赊销给已公司产品 100 件,销售价款计 500 万元,实际成本为 300 万元。公司为尽早收回货款而在合同中规定现金折扣条件为:"2/10,1/20,n/30",本年 7 月 18 日已公司付清货款(计算现金折扣时考虑增值税)。

要求:对甲公司上述经济业务编制有关会计分录。

六、案例分析题

金鼎股份有限公司(以下简称金鼎公司)系增值税一般纳税人,适用的增值税税率为 13%,适用的所得税税率为 25%。销售单价除标明为含税价格外,均为不含税增值税价格。其 2×24 年 6 月发生如下业务。

(1) 6 月 1 日,向甲企业赊销 A 产品 100 件,单价为 100 元,单位销售成本为 80 元,约定的付款条件为:"2/10,n/20"。

(2) 6 月 5 日,甲企业收到 A 产品后,发现有少量残次品,经双方协商,甲公司同意折让 10%,余款甲企业于 6 月 15 日偿还,假定计算现金折扣时,不考虑增值税。

(3) 金鼎公司经营以旧换新业务,6 月 10 日向乙公司销售 B 产品 10 件,单价为 1 130 元(含税价格),单位销售成本为 800 元;同时收到 5 件同类旧商品,每件回收价 200 元(不考虑增值税),实际收入现金 10 700 元存入银行。

(4) 6 月 15 日,以分期收款销售方式向丙企业销售 C 产品 10 件,单价为 4 000 元,单位销售成本为 3 000 元。根据分期收款销售合同,该销售总价款分 4 次平均收取,每 3 个月收款一次,第一次应收取的价款已于当日如数收存银行。

(5) 6 月 18 日,向丁企业销售材料一批,价款为 10 000 元,该材料发出成本为 8 000 元,当日收取面值为 11 300 元的银行承兑汇票一张。

(6) 6 月 20 日,戊企业要求退回本年 5 月 10 日购买的 20 件 D 产品。该产品销售单价为 1 000 元,单位销售成本为 800 元,其销售收入 20 000 元已确认入账,价款尚未收取。经查明退货原因系发货错误,同意戊企业退货,并办理退货手续和开具红字增值税专用发票,金鼎公司收到退回的货物。

(7) 6 月 21 日,收到外单位租用本公司办公用房下一年度租金 100 000 元,款项已收存银行。

(8) 金鼎公司委托已企业销售 E 产品 100 件,协议价为每件 1 000 元,该产品每件成本为 800 元,代销手续费为 10%。金鼎公司收到已企业开来的代销清单,代销清单上注明已企业已销售 E 产品 50 件,金鼎公司尚未收到款项。

要求:编制上述业务的会计分录。

第十二章 | 财 务 报 告

导入案例

　　某年,甲公司由于经营管理和市场方面的原因,经营业绩滑坡,需向银行贷款。甲公司的主要负责人便要求财务负责人对本年度财务报表数据进行调整,以增加账面收入和利润,获得贷款资格。财务负责人遂通过虚做营业额、隐瞒费用和成本开支等方法,调整财务数据并报送银行审核。银行基于调整后的财务报告,认为甲公司经营业绩、财务风险等指标,均符合贷款条件,故向甲公司发放贷款。

　　问题

　　虚假的财务报告为什么能使甲公司获得贷款,财务报告具有什么作用?

教学目标

　　通过本章学习,学生应了解财务报告的基本概念、内容及编制要求;掌握资产负债表的结构和编制方法;掌握利润表的概念、结构和编制方法;了解现金流量表的编制方法与程序;了解所有者权益变动表的结构及编制方法;了解财务报表附注的编写。

第一节　财务报告概述

　　财务报告是指企业对外提供的反映企业某一特定日期的财务状况和某一会计期间经营成果、现金流量的文件。财务报告是一个完整的报告体系,包括财务报表、财务报表附注、财务情况说明书。

一、财务报告的目标

　　财务报告的目标是向财务报告使用者提供与企业财务状况、经营成果和现金流量等有关的会计信息,反映企业管理层受托责任履行情况,有助于财务报告使用者作出经济决策。

二、财务报告的组成

　　财务报告包括财务报表、财务报表附注、财务情况说明书。财务报表是财务报告的核心内容,至少应当包括资产负债表、利润表、现金流量表和所有者权益变动表。财务报表附注是为便于会计报表使用者理解财务报表的内容面对财务报表的编制基础、编制依据、编制原则和方法及主要项目等所作的解释。财务报表附注是财务会计报告的一个重要组成部分,它有利于增进会计信息的可理解性,提高会计信息可比性和突出重要的会计信息。

三、财务报表的分类

财务报表按照服务对象、报表的编制时间、编制主体等可分为不同的种类。

财务报表按服务对象的不同,分为外部报表和内部报表两大类。外部报表是企业向外部的会计信息使用者报告经济活动和财务收支情况的财务报表,如资产负债表、利润表、现金流量表和所有者权益变动表,一般有统一的格式和编制要求。内部报表是用来反映经济活动和财务收支的具体情况,为管理者进行决策提供信息的财务报表,无规定的格式和种类。

财务报表按编制时间的不同,可以分为中期财务报表和年度财务报表。中期财务报表是以短于一个完整会计年度的报告期间为基础编制的财务报表,包括月报、季报和半年报等。

财务报表按编报主体的不同,可以分为个别财务报表和合并财务报表。个别财务报表是指企业编制的反映单个企业财务信息的财务报表。合并财务报表是以母公司和子公司组成的企业集团为会计主体,根据母公司和所属子公司的财务报表,由母公司编制的综合反映企业集团财务信息的财务报表。

四、财务报表列报的基本要求

(一)财务报表应当以持续经营为基础

持续经营是会计的基本前提,是会计确认、计量及编制财务报表的基础。企业应当以持续经营为基础,根据实际发生的交易或事项,按照企业会计准则的规定进行确认和计量,在此基础上编制财务报表。

在编制报表的过程中,企业管理层应当评价企业的持续经营能力,对持续经营能力产生重大怀疑的,应当在附注中披露导致对持续经营能力产生重大怀疑的影响因素。

企业正式决定或被迫在当期或将在下一个会计期间进行清算或停止营业的,表明其处于非持续经营状态,应当采用其他基础编制财务报表,并在附注中声明财务报表未以持续经营为基础列报、披露未以持续经营为基础的原因和财务报表的编制基础。

(二)列报的一致性

财务报表项目的列报应当在各个会计期间保持一致,不得随意变更,但下列情况除外。

1. 会计准则的要求

会计准则要求改变财务报表项目的列报时,可以变更。

2. 经营业务的性质发生变化

企业经营业务的性质发生重大变化后,变更财务报表项目的列报能够提供更可靠、更相关的会计信息。

3. 重要性项目单独列报

性质或功能类似的项目,其所属类别具有重要性的,应当按其类别在财务报表中单独列报。性质或功能不同的项目,应当在财务报表中单独列报,但不具有重要性的项目除外。

重要性是指如果项目的省略或误报会单独或共同影响内外部使用者作出的经济决策,则该项目是重要的。重要性应当根据企业所处环境,从项目的性质和金额大小两方面加以判断。其中:项目的性质应当考虑该项目是否属于企业日常活动、是否对企业的财务状况和经营成果具有较大影响等因素;项目金额大小的重要性,应当通过单项金额占资产总额、负债总额、所有者权益总额、营业收入总额、净利润等直接相关项目金额的比重加以确定。

4. 有关抵销的界定,项目金额不得相互抵销

财务报表中的资产项目和负债项目的金额、收入项目和费用项目的金额不得相互抵销,单独列报资产和负债、收益和费用以便使用者更易理解已发生的交易、其他事项的情况,以及评估主体未来的现金流量。

资产项目按扣除减值准备后的净额列示,不属于抵销,如存货跌价准备与存货项目、应收账款计提的坏账准备与应收账款项目按抵减后的余额列报不属于抵销。

非日常活动产生的损益,以收入扣减费用后的净额列示,不属于抵销,如非流动资产处置产生的利得与损失,按处置收入扣除该资产账面金额与相关销售费用后的余额列报不属于抵销。若这些利得与损失是重要的,则应单独列报。

5. 财务报告中应列报所有金额的前期比较信息

当期财务报表的列报,至少应当提供所有列报项目上一可比会计期间的比较数据,以及与理解当期财务报表相关的说明,其他会计准则另有规定的除外。

当财务报表项目的列报发生变更的,应当对上期比较数据按照当期的列报要求进行调整,并在附注中披露调整的原因和性质,以及调整的各项目金额。对上期比较数据进行调整不切实可行的,应当在附注中披露不能调整的原因。

6. 披露要求

企业应当在财务报表的显著位置至少披露下列各项。

(1)编报企业的名称。

(2)资产负债表日或财务报表涵盖的会计期间。

(3)人民币金额单位。

(4)财务报表是合并财务报表的,应当予以标明。

企业至少应当按年编制财务报表。年度财务报表涵盖的期间短于 1 年的,应当披露年度财务报表的涵盖期间,以及短于 1 年的原因。

第二节　资产负债表的编制

资产负债表是指反映企业在某一特定日期财务状况的财务报表。它属于静态财务报

表。例如,每年 12 月 31 日的资产负债表,它反映的就是企业该日的财务状况。

资产负债表反映企业特定日期关于企业资产、负债、所有者权益及其相互关系,它反映了企业特定日期资产、负债、所有者权益的总额及结构,有助于报表使用者了解企业拥有或控制的资源、承担债务的情况及所有者所拥有的权益。

一、资产负债表的结构

在我国会计准则中,资产负债表采用账户式结构,有规范的报表格式,报表分为左右两方,左方列示资产各项目,资产分为流动资产和非流动资产,右方列示负债和所有者权益各项目,期中负债分为流动负债和非流动负债,左方资产总额等于右方负债和所有者权益总额之和,即资产=负债+所有者权益。

为了列示前期的可比较信息,资产负债表各项目分别列示"上年年末余额"和"本期期末余额",具体格式参见表 12-2。

二、资产和负债的流动性划分

根据资产和负债的流动性,资产负债表的资产列报分为流动资产和非流动资产,负债分为流动负债和非流动负债。

1. 资产的流动性划分

资产满足下列条件之一的,应当归类为流动资产:①预计在一个正常营业周期中变现、出售或耗用,其主要包括存货、应收票据及应收账款等资产;②主要为交易目的而持有,如一些根据《企业会计准则第 22 号——金融工具确认和计量》划分的交易性金融资产,但是并非所有交易性金融资产均为流动资产,比如自资产负债表日起超过 12 个月到期且预期持有超过 12 个月的衍生工具应当划分为非流动资产或非流动负债;③预计在资产负债表日起一年内(含一年)变现;④自资产负债表日起一年内,交换其他资产或清偿负债的能力不受限制的现金或现金等价物,同时,流动资产以外的资产应当归类为非流动资产。

2. 负债的流动性划分

流动负债的判断标准与流动资产的判断标准相类似。负债满足下列条件之一的,应当归类为流动负债:①预计在一个正常营业周期中清偿;②主要为交易目的而持有;③自资产负债表日起一年内到期应予以清偿;④企业无权自主地将清偿推迟至资产负债表日后一年以上。但是,企业正常营业周期中的经营性负债项目即使在资产负债表日后超过一年才予清偿的,仍应划分为流动负债,如应付账款、应付职工薪酬等。

三、资产负债表的编制方法

(一)上年年末余额的填列方法

资产负债表"上年年末余额"即上年 12 月 31 日的时点数。一般情况下,可以照搬上年年末资产负债表"本期期末余额"栏内所列数字填列。但是,如果出现资产负债表日后调整事项,或者因新的会计准则要求改变了资产负债表的项目及内容,则应在上年年末资产负债表各项目的基础上进行调整。

(二)本期期末余额的填列方法

资产负债表"本期期末余额"栏内各项数字,应根据会计科目期末余额分析填列。年

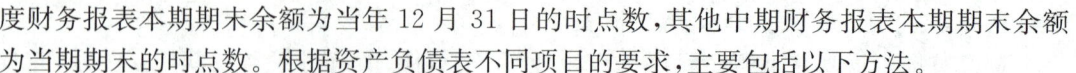

度财务报表本期期末余额为当年 12 月 31 日的时点数,其他中期财务报表本期期末余额为当期期末的时点数。根据资产负债表不同项目的要求,主要包括以下方法。

(1) 根据总账科目的余额或净值填列。资产负债表中的有些项目,可直接根据有关总账科目的余额填列,如"短期借款""应付票据""应付职工薪酬"等项目;有些项目则需要根据几个总账科目的余额计算填列,如"货币资金"项目,需根据"库存现金""银行存款""其他货币资金"三个总账科目余额的合计数填列;有些项目则需根据有关科目余额减去其备抵科目余额后的净额填列,如资产负债表中的"应收账款""长期股权投资"等项目,应根据"应收账款""长期股权投资"等科目的期末余额减去"坏账准备""长期股权投资减值准备"等科目余额后的净额填列;"固定资产"项目,应根据"固定资产"科目的期末余额减去"累计折旧""固定资产减值准备"科目余额后的净额填列。

(2) 根据科目明细账的余额分析填列。财务报表的某些项目数字需要对相关科目的明细账进行重分类予以分析得出。当资产类往来会计科目期末出现贷方余额时,这时不再是债权而是一种债务,应重新分类到负债类科目;反之,当负债类往来科目期末出现借方余额时,这时不再是一种债务而是一种债权,应重新分类到资产类科目中去。比如,应收账款某一明细科目期末出现贷方余额,这时应将它重分类到预收账款当中。同理,应付账款某一明细科目期末出现借方余额,这时应将它重分类到预付账款当中。

(3) 根据总账科目和明细账科目的余额分析填列。例如,"长期借款"项目,需根据"长期借款"总账科目余额扣除"长期借款"科目所属的明细科目中将在资产负债表日起 1 年内到期、且企业不能自主地将清偿义务展期的长期借款后的金额计算填列。

(三)资产负债表各项目的填列说明

1. 资产项目的填列说明

(1) 货币资金。其反映企业库存现金、银行存款、外埠存款、银行汇票存款、银行本票存款、信用卡存款、保证金存款等合计数。

(2) 交易性金融资产。其反映以公允价值计量且其变动计入当期损益的金融资产,以及企业持有的直接指定为以公允价值计量且其变动计入当期损益的金融资产的期末账面价值。该项目应根据"交易性金融资产"科目的相关明细科目期末余额分析填列。自资产负债表日起超过一年到期且预期持有超过一年的以公允价值计量且其变动计入当期损益的非流动金融资产的期末账面价值,在"其他非流动金融资产"行项目反映。

(3) 衍生金融资产。其反映企业期末持有的衍生工具、套期工具、被套期项目公允价值为正数的项目期末数。

(4) 应收票据。其反映以摊余成本计量的企业因销售商品、提供劳务等而收到的商业汇票,包括银行承兑汇票和商业承兑汇票。本项目应根据"应收票据"账户的期末余额,减去"坏账准备"账户中有关应收票据计提的坏账准备期末余额的金额填列。

(5) 应收账款。其反映企业以摊余成本计量的因销售商品、提供劳务等经营活动应收取的款项。本项目应根据"应收账款"和"预收账款"账户所属各明细科目的期末借方余额合计数,减去"坏账准备"账户中有关应收账款计提的坏账准备期末余额后的金额填列。如"应收账款"账户所属明细科目期末有贷方余额的,应在资产负债表"预收款项"项目内填列。

(6) 应收款项融资。其反映资产负债表日以公允价值计量且其变动计入其他综合收益的应收票据和应收账款。

（7）预付款项。其反映企业按照购货合同规定预付给供应单位的款项等。本项目应根据"预付账款"和"应付账款"账户所属明细科目的期末借方余额合计数，减去"坏账准备"账户中有关预付款项计提的坏账准备期末余额后的金额填列。如"预付账款"账户所属各明细科目期末有贷方余额的，应在资产负债表"应付账款"项目内填列。

（8）其他应收款。其反映企业应收利息、应收股利及其他应收款项目的合计数。

应收利息反映企业应收取债券投资等的利息。本项目应根据"应收利息"账户的期末余额，减去"坏账准备"账户中有关应收利息计提的坏账准备期末余额后的金额计算得出。

应收股利反映企业应收取的现金股利和应收取其他单位分配的利润。本项目应根据"应收股利"账户的期末余额，减去"坏账准备"账户中有关应收股利计提的坏账准备期末余额后的金额计算得出。

其他应收款反映企业除应收票据、应收账款、预付账款、应收股利、应收利息等经营活动以外的其他各种应收、暂付的款项。本项目应根据"其他应收款"账户的期末余额，减去"坏账准备"账户中有关其他应收款计提的坏账准备期末余额后的金额计算得出。

（9）存货。其反映企业期末在库、在途和在加工中的各种存货的可变现净值。本项目应根据"材料采购""原材料""低值易耗品""库存商品""周转材料""委托加工物资""委托代销商品""生产成本"等账户的期末余额合计，减去"受托代销品款""存货跌价准备"账户期末余额后的金额填列。

（10）合同资产。其应分别根据"合同资产"科目、"合同负债"科目的相关明细科目期末余额分析填列，同一合同下的合同资产和合同负债应当以净额列示，其中净额为借方余额的，应当根据其流动性在"合同资产"或"其他非流动资产"项目中填列，已计提减值准备的，还应减去"合同资产减值准备"科目中相关的期末余额后的金额填列；其中净额为贷方余额的，应当根据其流动性在"合同负债"或"其他非流动负债"项目中填列。

（11）持有待售资产。其反映企业划分为持有待售资产（含流动资产和非流动资产）的净值。

（12）一年内到期的非流动资产。其反映企业将于一年内到期的非流动资产项目金额。包含一年内到期的债权投资、长期待摊费用和一年内可收回的长期应收款。本项目应根据有关科目的期末余额分析填列。

（13）其他流动资产。其反映企业除货币资金、交易性金融资产、应收票据、应收账款、存货等流动资产外的其他流动资产。本项目应根据有关科目的期末余额分析填列。

（14）债权投资。其反映资产负债表日企业以摊余成本计量的长期债权投资的期末账面价值。该项目应根据"债权投资"科目的相关明细科目期末余额，减去"债权投资减值准备"科目中相关减值准备的期末余额后的金额分析填列。自资产负债表日起一年内到期的长期债权投资的期末账面价值，在"一年内到期的非流动资产"行项目反映。企业购入的以摊余成本计量的一年内到期的债权投资的期末账面价值，在"其他流动资产"行项目反映。

（15）其他债权投资。其反映资产负债表日企业分类为以公允价值计量且其变动计入其他综合收益的长期债权投资的期末账面价值。该项目应根据"其他债权投资"科目的相关明细科目期末余额分析填列。自资产负债表日起一年内到期的长期债权投资的期末账面价值，在"一年内到期的非流动资产"行项目反映。企业购入的以公允价值计量且其变动计入其他综合收益的一年内到期的债权投资的期末账面价值，在"其他流动资产"行项目反映。

（16）长期应收款。其反映企业融资租赁产生的应收款项、采用递延方式具有融资性质的销售商品和提供劳务等产生的长期应收款项等。本项目应根据"长期应收款"账户的期末余额。减去相应的"未实现融资收益"账户的"坏账准备"账户所属相关明细科目期末余额后的金额填列。

（17）长期股权投资。其反映企业持有被投资单位股权，且划分为长期股权投资项目的净值，应根据"长期股权投资"账户的期末余额，减去"长期股权投资减值准备"账户期末余额后的金额填列。

（18）其他权益工具投资。其反映资产负债表日企业指定为以公允价值计量且其变动计入其他综合收益的非交易性权益工具投资的期末账面价值。该项目应根据"其他权益工具投资"科目的期末余额填列。

（19）其他非流动金融资产。其反映自资产负债表日起超过 12 个月到期且预期持有超过 12 个月的金融资产。

（20）投资性房地产。其反映企业持有的投资性房地产。企业采用成本模式计量投资性房地产的，本项目应根据"投资性房地产"账户的期末余额，减去"投资性房地产累计折旧（摊销）"和"投资性房地产减值准备"账户期末余额后的填列；企业采用允价值模式计量投资性房地产的，本项目应根据"投资性房地产"账户的期末余额填列。

（21）固定资产。其反映企业各种固定资产原价减去累计折旧和累计减值准备后的净额。本项目应根据"固定资产"账户的期末余额，减去"累计折旧"和"固定资产减值准备"账户期末余额后的金额填列。

（22）在建工程。其反映资产负债表日企业尚未达到预定可使用状态的在建工程的期末账面价值和企业为在建工程准备的各种物资的期末账面价值。该项目应根据"在建工程"科目的期末余额，减去"在建工程减值准备"科目的期末余额后的金额，以及"工程物资"科目的期末余额，减去"工程物资减值准备"科目的期末余额后的金额填列。

（23）生产性生物资产。其反映企业持有的生产性生物资产。本项目应根据"生产性生物资产"账户的期末余额，减去"生产性生物资产累计折旧"和"生产性生物资产减值准备"账户期末余额后的金额填列。

（24）油气资产。其反映企业持有的矿区权益和油气井及相关实施的原价减去累计折耗和累计减值准备后的净额。本项目应根据"油气资产"账户的期末余额，减去"累计折耗"账户期末余额和相应减值准备后的金额填列。

（25）使用权资产。其反映承租人可在租赁期内使用租赁资产的权利，本项目应根据"使用权资产"账户的期末余额，减去"累计折旧"和"使用权资产减值准备"账户期末余额后的金额填列，如果租赁付款额发生变更，本项目也需适时调整。

（26）无形资产。其反映企业持有的无形资产，包括专利权、非专利技术、商标权、著作权、土地使用权等。本项目应根据"无形资产"账户的期末余额，减去"累计摊销"和"无形资产减值准备"账户期末余额后的金额填列。

（27）开发支出。其反映企业研发无形资产过程中，开发阶段能够资本化形成资产成本的支出部分。本项目应根据"研发支出"账户中所属的"资本化支出"明细科目期末余额填列。

（28）商誉。其反映企业合并中形成的商誉的价值。本项目应根据"商誉"账户的期末余额,减去相应减值准备后的金额填列。

(29)长期待摊费用。其反映企业已经发生但应由本期和以后各期负担的分摊期限在一年以上的各项费用。长期待摊费用中在一年内(含一年)摊销的部分,在资产负债表"一年内到期的非流动资产"项目填列。本项目应根据"长期待摊费用"账户的期末余额减去将于一年内(含一年)摊销的数额后的金额填列。

(30)递延所得税资产。其反映企业确认的可抵扣暂时性差异产生的递延所得税资产。本项目应根据"递延所得税资产"账户的期末余额填列。

(31)其他非流动资产。其反映企业除长期股权投资、固定资产、在建工程、无形资产等资产以外的其他非流动资产。本项目应根据有关科目的期末余额填列。

2. 负债项目的填列说明

(1)短期借款。其反映企业向银行或其他金融机构等借款的期限在一年以下(含一年)的各种借款。本项目应根据"短期借款"账户的期末余额填列。

(2)交易性金融负债。其反映资产负债表日企业承担的交易性金融负债,以及企业持有的直接指定为以公允价值计量且其变动计入当期损益的金融负债的期末账面价值。该项目应根据"交易性金融负债"科目的相关明细科目期末余额填列。

(3)衍生金融负债。其反映企业期末持有的衍生工具、套期工具、被套期项目公允价值为负数的项目期末数。

(4)应付票据。其反映企业以摊余成本计量的因购买材料、商品和接受劳务供应等而开出、承兑的商业汇票,包括银行承兑汇票和商业承兑汇票。本项目应根据"应付票据"账户的期末余额填列。

(5)应付账款。其反映企业以摊余成本计量的因购买材料、商品接受劳务供应等经营活动支付的款项。本项目应根据"应付账款"和"预付账款"账户所属各明细科目的期末贷方余额合计数填列;如"应付账款"账户所属明细账户期末有借方余额的,应在资产负债表"预付款项"项目内填列。

(6)预收款项。其反映企业按照购货合同规定预付给供应单位的款项。本项目应根据"预收账款"和"应收账款"账户所属各明细科目的期末贷方余额合计数填列。如"预收账款"账户所属各明细科目期末借方余额,应在资产负债表"应收账款"项目内填列。

(7)合同负债。其应分别根据"合同资产"科目、"合同负债"科目的相关明细科目期末余额分析填列,同一合同下的合同资产和合同负债应当以净额列示,其中净额为借方余额的,应当根据其流动性在"合同资产"或"其他非流动资产"项目中填列,已计提减值准备的,还应减去"合同资产减值准备"科目中相关的期末余额后的金额填列;其中净额为贷方余额的,应当根据其流动性在"合同负债"或"其他非流动负债"项目中填列。

(8)应付职工薪酬。其反映企业根据有关规定应付给职工的工资、职工福利、社会保险费、住房公积金、工会经费、职工教育经费、非货币性福利、辞退福利等各种薪酬。

(9)应交税费。其反映企业按照税法规定计算应交纳的各种税费,若"应交税费"明细科目期末为借方余额,则应重分类至"其他流动资产"。

(10)其他应付款。其反映企业应付利息、应付股利及其他应付款的合计数。

应付利息反映企业按照规定应当支付的利息,包括分期利息、到期还本的长期借款应支付的利息、企业发行的企业债券应支付的利息等。本项目应当根据"应付利息"账户的期末余额填列。

应付股利反映企业分配的现金股利或利润。企业分配的股票股利,不通过本项目列示。本项目应根据"应付股利"账户的期末余额填列。

其他应付款反映企业除应付票据、应付账款、预收款项、应付职工薪酬、应付股利、应付利息、应交税费等经营活动以外的其他各项应付、暂收的款项。本项目应根据"其他应付款"账户的期末余额填列。

(11)持有待售负债。其反映资产负债表日处置组中与划分为持有待售类别的资产直接相关的负债的期末账面价值。该项目应根据"持有待售负债"科目的期末余额填列。

(12)一年内到期的非流动负债。其反映企业非流动负债中将于资产负债表日后一年内到期部分的金额,如将于一年内偿还的长期借款。本项目应根据有关科目期末余额填列。

(13)其他流动负债。其反映企业除短期借款、交易性金融负债、应付票据、应付账款、应付职工薪酬、应交税费等流动负债以外的其他流动负债。本项目应根据有关科目的期末余额填列。

(14)长期借款。其反映企业向银行或其他金融机构借入的期限在一年以上(不含一年)的各项借款。本项目应根据在"长期借款"账户的期末余额填列。

(15)应付债券。其反映企业为筹集长期资金而发行的债券本金和利息。本项目应根据"应付债券"账户的期末余额填列。

(16)租赁负债。其反映承租人租赁期开始日尚未支付的租赁付款额的现值。本项目应根据"租赁负债"账户的期末余额填列。如果本项目余额发生变更,则需同时调整"使用权资产"期末余额。

(17)长期应付款。其反映资产负债表日企业除长期借款和应付债券以外的其他各种长期应付款项的期末账面价值。该项目应根据"长期应付款"科目的期末余额,减去相关的"未确认融资费用"科目的期末余额后的金额,以及"专项应付款"科目的期末余额填列。

(18)预计负债。其反映企业确认的对外提供担保、未决诉讼、产品质量保证、重组义务、亏损性合同等预计负债。本项目应根据"预计负债"账户的期末余额填列。

(19)递延收益。其反映企业已收到待确认的收入或收益,是权责发生制在收益确认上的运用。递延收益应用的范围非常有限,主要体现在租赁准则和政府补助准则的相关内容中。该项目应根据"递延收益"科目的期末余额分析填列。递延收益中一年内到期的部分列入资产负债表中的"一年内到期的其他非流动负债"项目中,其他部分列入"递延收益"项目中。

(20)递延所得税负债。其反映企业确认的应纳税暂时性差异产生的所得税负债。本项目应根据"递延所得税负债"账户的期末余额填列。

(21)其他非流动负债。其反映企业除长期借款、应付债券等负债以外的其他非流动负债。本项目应根据有关科目的期末余额减去将于一年内(含一年)到期偿还数后的余额填列。非流动负债各项目中将于一年内(含一年)到期的非流动负债,应在"一年内到期的非流动负债"项目内单独反映。

3. 所有者权益项目的填列方法

(1)实收资本(或股本)。其反映企业各投资者实际投入的资本(或股本)总额。本项目应根据"实收资本"(或"股本")账户的期末余额填列。

(2)其他权益工具。其反映企业发行的除普通股(实收资本或股本)以外,按照金融负债和权益工具区分原则分类为权益工具的其他权益工具。

（3）专项储备。其反映高危行业企业按国家规定提取的安全生产费的期末账面价值。本项目应根据"专项储备"科目的期末余额填列。

（4）资本公积。其反映企业资本公积的期末余额。本项目应根据"资本公积"科目的期末余额填列。

（5）库存股。其反映企业持有尚未转让或注销的本公司股份金融。本项目应根据"库存股"账户的期末余额填列。

（6）其他综合收益。其反映企业根据其他会计准则规定未在当期损益中确认的各项利得和损失。

（7）盈余公积。其反映企业盈余公积的期末余额。本项目根据"盈余公积"账户的期末余额填列。

（8）未分配利润。其反映企业尚未分配的利润。本项目应根据"本年利润"账户和"利润分配"账户的余额计算填列。未弥补的亏损在本项目内以"一"号填列。

四、资产负债表编制示例

【例 12-1】 ABC 股份有限公司 2×23 年 12 月 31 日及 2×24 年 12 月 31 日各明细科目期末余额如表 12-1 所示。

表 12-1

单位：元

明细科目	2×23 年 12 月 31 日		2×24 年 12 月 31 日	
	借方余额	贷方余额	借方余额	贷方余额
银行存款	1 200 000		1 150 000	
保证金存款			403 500	
应收账款——蓝天公司	1 500 000		200 000	
应收账款——科力公司		500 000		
应收账款减值准备		7 500		2 000
交易性金融资产	200 000			
应付账款——神华公司		350 000	50 000	
其他应收款——华天公司	50 000			
库存商品	550 000		300000	
原材料	150 000		70000	
长期股权投资	2 000 000		2 000 000	
固定资产	4 000 000		4 000 000	
累计折旧		2 500 000		3 000 000
无形资产	100 000		100 000	
累计摊销		50 000		60 000
递延所得税资产	1 875		500	
短期借款		1 000 000		

（续表）

明细科目	2×23年12月31日 借方余额	2×23年12月31日 贷方余额	2×24年12月31日 借方余额	2×24年12月31日 贷方余额
应付职工薪酬		36 000		22 000
应交税费——增值税	80 000			160 000
应交税费——其他税金		250 000		380 000
长期借款		1 500 000		750 000
其中：将于一年内到期的长期借款		750 000		
股本		3 000 000		3 000 000
盈余公积		338 375		600 000
未分配利润		300 000		300 000

根据上述信息编制2×24年12月31日资产负债表如表12-2所示。

表12-2

资产负债表

编制单位：ABC股份有限公司　　　　　　2×24年12月31日　　　　　　单位：元

项目	2×24年12月31日	2×23年12月31日	项目	2×24年12月31日	2×23年12月31日
流动资产：			**流动负债：**		
货币资金	1 553 500	1 200 000	短期借款		1 000 000
交易性金融资产		200 000	交易性金融负债		
衍生金融资产			衍生金融负债		
应收票据			应付票据		
应收账款	198 000	1 492 500	应付账款		350 000
预付款项	50 000		预收款项		500 000
其他应收款		50 000	合同负债		
存货	370 000	700 000	应付职工薪酬	22 000	36 000
合同资产			应交税费	540 000	250 000
持有待售资产			其他应付款		
一年内到期的非流动资产			持有待售负债		
其他流动资产		80 000	一年内到期的非流动负债		750 000
流动资产合计	2 171 500	3 722 500	其他流动负债		
非流动资产：			流动负债合计	562 000	2 886 000
债权投资			**非流动负债：**		
其他债权投资			长期借款	750 000	750 000
长期应收款			应付债券		
长期股权投资	2 000 000	2 000 000	租赁负债		

（续表）

项目	2×24年12月31日	2×23年12月31日	项目	2×24年12月31日	2×23年12月31日
其他权益工具投资			长期应付款		
其他非流动金融资产			预计负债		
投资性房地产			递延收益		
固定资产	1 000 000	1 500 000	递延所得税负债		
在建工程			其他非流动负债		
生产性生物资产			非流动负债合计	750 000	750 000
油气资产			负债合计	1 312 000	3 636 000
使用权资产			所有者权益(或股东权益)：		
无形资产	40 000	50 000	实收资本(或股本)	3 000 000	3 000 000
开发支出			其他权益工具		
商誉			资本公积		
长期待摊费用			减：库存股		
递延所得税资产	500	1 875	其他综合收益		
其他非流动资产			专项储备		
非流动资产合计	3 040 500	3 551 875	盈余公积	600 000	338 375
			一般风险准备		
			未分配利润	300 000	300 000
			所有者权益(或股东权益)合计	3 900 000	3 638 375
资产总计	5 212 000	7 274 375	负债和所有者权益(或股东权益)总计	5 212 000	7 274 375

第三节　利润表的编制

一、利润表概述

(一)利润表的概念和作用

利润表是反映企业在一定会计期间的经营成果的财务报表。利润表列报必须充分反映企业经营业绩的主要来源和构成，有助于使用者判断净利润的质量及其风险，有助于使用者预测净利润的持续性，从而作出正确的决策。通过利润表，可以反映企业一定会计期间的收入实现情况，如实现的营业收入有多少、实现的投资收益有多少、实现的营业外收入有多少等；可以反映一定会计期间的费用耗费情况，如耗费的营业成本有多少，营业税费有多少，销售费用、管理费用、财务费用各有多少，营业外支出有多少等；可以反映企业生产经营活动的成果，即净利润的实现情况，据以判断资本保值、增值情况，为财务报表使用者判断企业未来的发展趋势，作出经济决策提供重要信息。

（二）利润表的结构

利润表一般有表首、正表两部分。其中，表首列示报表名称编制单位、报表所属期间、货币名称、计量单位等；正表是利润表的主体，应列示本期金额及上期金额，反映形成经营成果的各个项目和计算过程。正表包含七大部分，分别为营业收入、营业利润、利润总额、净利润、其他综合收益的税后净额、综合收益总额、每股收益。企业可以分如下四个步骤编制利润表。

（1）以营业收入为基础，减去营业成本、税金及附加、销售费用、管理费用、研发费用、财务费用、资产减值损失、信用减值损失，加上其他收益、投资收益、净敞口套期收益、公允价值变动收益、资产处置收益，计算出营业利润。

（2）以营业利润为基础，加上营业外收入，减去营业外支出，计算出利润总额，即营业利润＋营业外收入－营业外支出＝利润总额。

（3）以利润总额为基础，减去所得税费用，计算出净利润或净亏损，即利润总额－所得税费用＝净利润（净亏损）。

（4）以净利润为基础，加上其他综合收益的税后净额，计算出综合收益总额，即净利润＋其他综合收益的税后净额＝综合收益总额。

二、利润表的填列方法

（一）上期金额栏的填列方法

利润表"上期金额"栏内各项数字，应根据上年该期利润表"本期金额"栏内所列数字填列。如果发生资产负债表日后调整事项，或者上年该期利润表规定的各个项目的名称和内容同本期不相一致时，则应对上年该期利润表各项目的名称和数字按本期的规定进行调整。填入利润表"上期金额"栏内。

（二）本期金额栏的填列方法

利润表"本期金额"栏内各项数字一般应根据损益类科目的发生额分析填列。

（1）营业收入。其反映企业经营主要业务和其他业务所确认的收入总额。本项目应根据"主营业务收入"和"其他业务收入"账户的发生额分析填列。

（2）营业成本。其反映企业经营主要业务和其他业务所发生的成本总额。本项目应根据"主营业务成本"和"其他业务成本"账户的发生额分析填列。

（3）税金及附加。其反映企业经营业务应负担的消费税、城市建设维护税、资源税、土地增值税和教育费附加等。本项目应根据"税金及附加"账户的发生额分析填列。

（4）销售费用。其反映企业在销售商品过程中发生的包装费、广告费等费用和为销售本企业商品而专设的销售机构的职业薪酬、业务费等经营费用。本项目应根据"销售费用"账户的发生额分析填列。

（5）管理费用。其反映企业为组织和管理生产经营发生的管理费用。本项目应根据"管理费用"账户的发生额分析填列。

（6）研发费用。其反映企业进行研究与开发过程中发生的费用化支出。该项目应根据"管理费用"科目下的"研发费用"明细科目的发生额分析填列。

（7）财务费用。其反映企业筹集生产经营所需资金等而发生的费用，包括利息支出（减利息收入）、汇兑损失（减汇兑收益）以及相关的手续费等。本项目应根据"财务费用"账户的发生额分析填列。

（8）其他收益。其反映计入其他收益的政府补助等。该项目应根据"其他收益"科目的发生额分析填列。

（9）投资收益。其反映企业以各种方式对外投资所取得的收益（所发生的损失为负数）。本项目应根据"投资收益"账户的发生额分析填列，如为投资损失，本项目以"一"号填列。其中，以摊余成本计量的金融资产终止确认收益（亏损以"一"填列），反映企业因转让等情形导致终止确认以摊余成本计量的金融资产而产生的利得或损失，根据"投资收益"相关明细科目的发生额分析填列，如为损失，以"一"号填列。

（10）净敞口套期收益。其反映净敞口套期下被套期项目累计公允价值变动转入当期损益的金额或现金流量套期储备转入当期损益的金额。该项目应根据"净敞口套期损益"科目的发生额分析填列，如为套期损失，以"一"号填列。

（11）公允价值变动收益。其反映企业应当计入当期损益的资产或负债公允价值变动收益。本项目应根据"公允价值变动损益"账户的发生额分析填列，如为净损失，本项目以"一"号填列。

（12）信用减值损失。其反映企业按照《企业会计准则第22号——金融工具确认和计量》（2017年修订）的要求计提的各项金融工具减值准备所形成的预期信用损失。该项目应根据"信用减值损失"科目的发生额分析填列。

（13）资产减值损失。其反映企业各项资产发生的减值损失。本项目应根据"资产减值损失"账户的发生额分析填列。

（14）资产处置收益。其反映企业出售划分为持有待售的非流动资产（金融工具、长期股权投资和投资性房地产除外）或处置组（子公司和业务除外）时确认的处置利得或损失，以及处置未划分为持有待售的固定资产、在建工程、生产性生物资产及无形资产而产生的处置利得或损失。债务重组中因处置非流动资产产生的利得或损失和非货币性资产交换中换出非流动资产产生的利得或损失也包括在本项目内。该项目应根据"资产处置损益"科目的发生额分析填列，如为处置损失，以"一"号填列。

（15）营业利润。其反映企业实现的营业利润，如为亏损，本项目以"一"号填列。营业利润＝营业收入－营业成本－税金及附加－销售费用－管理费用－研发费用－财务费用－资产减值损失－信用减值损失＋其他收益＋投资收益＋净敞口套期收益＋公允价值变动收益＋资产处置收益。

（16）营业外收入。其反映企业发生的除营业利润以外的收益，主要包括债务重组利得、与企业日常活动无关的政府补助、盘盈利得、捐赠利得（企业接受股东或股东的子公司直接或间接的捐赠，经济实质属于股东对企业的资本性投入的除外）等。该项目应根据"营业外收入"科目的发生额分析填列。

（17）营业外支出。其反映企业发生的除营业利润以外的支出，主要包括债务重组损失、公益性捐赠支出、非常损失、盘亏损失、非流动资产毁损报废损失等。该项目应根据"营业外支出"科目的发生额分析填列。

（18）利润总额。其反映企业实现的利润，如为亏损，本项目以"一"号填列。利润总额＝营业利润＋营业外收入－营业外支出。

（19）所得税费用。其反映企业应从当期利润总额中扣除的所得税费用。本项目应根据"所得税费用"账户的发生额分析填列。

（20）净利润。其反映企业实现的税后净利润,如为亏损,本项目以"－"号填列,净利润＝利润总额－所得税费用。

（21）其他综合收益的税后净额。其反映不能重分类进损益的其他综合收益以及将重分类进损益的其他综合收益扣除所得税影响后的税后净额。

（22）综合收益总额。其反映企业净利润与其他综合收益的税后净额合计金额。

（23）每股收益。其包括基本每股收益与稀释每股收益,反映企业普通股或潜在普通股每股收益信息。

三、利润表编制示例

【例12-2】 ABC股份有限公司2×24年度有关损益类科目本年度累计发生净额如表12-3所示。

表12-3

ABC公司损益类账户2×24年度累计发生净额　　　　　　单位:元

项　　目	借方发生额	贷方发生额
主营业务收入		1 250 000
主营业务成本	700 000	
税金及附加	15 000	
销售费用	5 000	
管理费用	100 000	
财务费用	3 000	
资产减值损失	20 000	
营业外收入		1 000
营业外支出	1 800	
所得税费用	100 000	
普通股及稀释股股数	50 000 股	

根据上述资料,编制ABC股份有限公司2×24年度利润表(简表),如表12-4所示。

表12-4

利润表(简表)

编制单位:ABC股份有限公司　　　　　　2×24年度　　　　　　单位:元

项　　目	2×24年度	2×23年度(略)
一、营业收入	1 250 000	
减:营业成本	700 000	
税金及附加	15 000	
销售费用	5 000	
管理费用	100 000	
研发费用		

（续表）

项　目	2×24 年度	2×23 年度（略）
财务费用	3 000	
加：其他收益（亏损以"－"号填列）		
投资收益（亏损以"－"号填列）		
其中：以摊余成本计量的金融资产终止确认收益 　　　（亏损以"－"填列）		
净敞口套期收益（损失以"－"号填列）		
公允价值变动收益（损失以"－"号填列）		
信用减值损失（损失以"－"号填列）		
资产减值损失（损失以"－"号填列）	－20 000	
资产处置收益（损失以"－"号填列）		
二、营业利润（净亏损以"－"号填列）	407 000	
加：营业外收入	1 000	
减：营业外支出	1 800	
三、利润总额（亏损总额以"－"号填列）	406 200	
减：所得税费用	100 000	
四、净利润（亏损总额以"－"号填列）	306 200	
五、其他综合收益的税后净额		
六、综合收益总额	306 200	
七、每股收益：	6.12	
（一）基本每股收益	6.12	
（二）稀释每股收益	6.12	

第四节　现金流量表的编制

一、现金流量表概述

现金流量表是反映企业一定会计期间现金和现金等价物流入和流出的报表。编制现金流量表的主要目的，是为财务报表使用者提供企业一定会计期间内现金和现金等价物流入和流出的信息，以便于报表使用者了解和评价企业获取现金和现金等价物的能力，并据以预测企业未来现金流量。现金流量表的作用主要体现在以下几个方面：一是有助于评价企业支付能力、偿债能力和周转能力；二是有助于预测企业未来现金流量；三是有助于分析企业收益质量及影响现金净流量的因素，掌握企业经营活动、投资活动和筹资活动的现金流量，可以从现金流量的角度了解净利润的质量，为分析和判断企业的财务前景提供信息。

现金流量表一般有表首、正表两部分。其中，表首说明报表名称、编制单位、报表所属期间、货币名称、计量单位等。正表是现金流量表的表体，一般包含本期金额及上期金额，本期现金流量项目分为经营活动产生的现金流量、投资活动产生的现金流量、筹资活动产

生的现金流量、汇率变动对现金及现金等价物的影响、现金及现金等价物净增加额。

二、现金及现金等价物的概念

（一）现金

现金是指企业库存现金以及可以随时用于支付的存款。不能随时用于支付的存款不属于现金。现金主要包括：

（1）库存现金是指企业持有可随时用于支付的现金，与"库存现金"账户的核算内容一致。

（2）银行存款是指企业存入金融机构、可以随时用于支取的存款，与"银行存款"账户核算内容基本一致，但不包括不能随时用于支付的存款。例如，不能随时支取的定期存款等不应作为现金；提前通知金融机构便可支取的定期存款则应包括在现金范围内。

（3）其他货币资金是指存放在金融机构的外埠存款、银行汇票存款、银行本票存款、信用卡存款、信用证保证金存款和存出投资款等，与"其他货币资金"账户核算内容一致。

（二）现金等价物

现金等价物是指企业持有的期限短、流动性强、易于转换为已知金额现金、价值变动风险很小的投资。其中，"期限短"一般是指从购买日起3个月内到期。例如，可在证券市场上流通的3个月内到期的短期债券等。

现金等价物虽然不是现金，但其支付能力与现金的差别不大，可视为现金。例如，企业为保证支付能力，手持必要的现金，为了不使现金闲置，可以购买短期债券，在需要现金时，随时可以变现。

现金等价物的定义本身，包含了判断一项投资是否属于现金等价物的四个条件，即：期限短；流动性强；易于转换为已知金额的现金；价值变动风险很小。其中，期限短、流动性强，强调了变现能力；而易于转换为已知金额的现金、价值变动风险很小，则强调了支付能力的大小。

现金等价物通常包括3个月内到期的短期债券投资。权益性投资变现的金额通常不确定，因而不属于现金等价物。

（三）现金及现金等价物范围的确定和变更

不同企业现金及现金等价物的范围可能不同。企业应当根据经营特点等具体情况，确定现金及现金等价物的范围。商业银行与一般工商企业的现金及现金等价物的范围可能不同。例如，某商业银行的现金及现金等价物包括库存现金、存放中央银行可随时支取的备用金、存放同业款项、拆放同业款项、同业间买入返售证券、短期国债投资等。

根据现金流量表准则及其指南的规定，企业应当根据具体情况，确定现金及现金等价物的范围，一经确定不得随意变更。如果发生变更，应当按照会计政策变更处理。

三、现金流量表的编制方法

现金流量表以现金及现金等价物的流入流出为基础，按照收付实现制原则编制，将权责发生制下的盈利信息调整为收付实现制下的现金流量信息。现金流量表的编制方法可分为直接法及间接法。

直接法直接确定每笔涉及现金收支业务的属性,归入按现金流量属性分类形成经营、投资、筹资、汇率变动四部分的现金收支项目,三者的现金流入流出净额合计就得到一个企业整个期间的现金净流量。对于财务信息化的企业而言,一般可考虑通过辅助核算项目来实现,发生一笔收支业务时,就确定该业务是属于哪个现金流量收支项目。然后,期间结账之后,利用信息系统自动归类加总的优势,将各项目的汇总数直接填入现金流量表。

间接法是指以净利润为起点,调整不涉及现金的收入、费用、营业外收支等有关项目,剔除投资活动、筹资活动、汇率变动对现金流量的影响,据此计算出经营活动产生的现金流量。间接法的本质是剔除影响净利润而不影响现金收支的因素,如减值准备;剔除非经营活动的损益变动因素,如固定资产处置或报废损益;考虑不影响利润但是影响现金收支的经营活动因素,如存货变动、应收和应付变动等;再剔除影响净利润的投资活动、筹资活动、汇率变动产生的现金流量。

按规定,财务报表主表的现金流量表应当采用直接法,列示经营活动产生的现金流量。但财务报表附注中应披露按间接法编制的现金流量表,即现金流量表补充资料。

四、现金流量表的编制说明

在具体编制现金流量表时,可以采用工作底稿法和 T 形账户法,也可以根据有关科目记录分析填列。

1. 工作底稿法

采用工作底稿法编制现金流量表,是指以工作底稿为手段,以资产负债表和利润表数据为基础,对每一项目进行分析并编制调整分录,从而编制现金流量表。工作底稿法的程序是:

(1)将资产负债表的期初数和期末数过入工作底稿的期初数栏和期末数栏。

(2)对当期业务进行分析并编制调整分录。编制调整分录时,要以利润表项目为基础,从"营业收入"开始,结合资产负债表项目逐一进行分析。在调整分录中,有关现金和现金等价物的事项,并不直接借记或贷记现金,而是分别记入"经营活动产生的现金流量""投资活动产生的现金流量""筹资活动产生的现金流量"有关项目;借记表示现金流入,贷记表示现金流出。

(3)将调整分录过入工作底稿中的相应部分。

(4)核对调整分录,借方、贷方合计数均已经相等,资产负债表项目期初数加减调整分录中的借贷金额以后,也等于期末数。

(5)根据工作底稿中的现金流量表项目部分编制正式的现金流量表。

2. T 形账户法

采用 T 形账户法编制现金流量表,是指以 T 形账户为手段,以资产负债表和利润表数据为基础,对每一项目进行分析并编制调整分录,从而编制现金流量表。T 形账户法的程序是:

(1)为所有的非现金项目(包括资产负债表项目和利润表项目)分别开设 T 形账户,并将各自的期末期初变动数过入各相关账户。如果项目的期末数大于期初数,则将差额过入和项目余额相同的方向;反之,过入相反的方向。

（2）开设一个大的"现金及现金等价物"T形账户，每边分为经营活动、投资活动和筹资活动三个部分，左边记现金流入，右边记现金流出。与其他账户一样，过入期末期初变动数。

（3）以利润表项目为基础，结合资产负债表分析每一个非现金项目的增减变动，并据此编制调整分录。

（4）将调整分录过入各T形账户，并进行核对，该账户借贷相抵后的余额与原先过入的期末期初变动数应当一致。

（5）根据大的"现金及现金等价物"T形账户编制正式的现金流量表。

五、现金流量表有关项目编制的说明

现金流量表项目主要有：经营活动产生的现金流量、投资活动产生的现金流量、筹资活动产生的现金流量、汇率变动对现金及现金等价物的影响、现金及现金等价物净增加额、期末现金及现金等价物余额等项目。

（一）经营活动产生的现金流量有关项目的编制

1. 销售商品、提供劳务收到的现金

本项目反映企业销售商品、提供劳务实际收到的现金，包括销售收入和应向购买者收取的增值税额，具体包括：本期销售商品、提供劳务收到的现金，以及前期销售商品、提供劳务本期收到的现金和本期预收的款项、减去本期销售本期退回的商品和前期销售本期退回的商品支付的现金。企业销售材料和代购代销业务收到的现金，也在本项目反映。本项目可以根据"库存现金""银行存款""应收票据""应收账款""预收账款""主营业务收入""其他业务收入"账户的记录分析填列。

2. 收到的税费返还

本项目反映企业收到返还的各种税费，如收到的增值税、所得税、消费税、关税和教育费附加返还款等。本项目可以根据"库存现金""银行存款""税金及附加""营业外收入"等账户的记录分析填列。

3. 收到的其他与经营活动有关的现金

本项目反映企业除上述各项目外，收到的其他与经营活动有关的现金，如罚款收入、经营租赁固定资产收到的现金、流动资产损失中由个人赔偿的现金收入、除税费返还外的其他政府补助收入等。其他与经营活动有关的现金，如果价值较大的，应单列项目反映。本项目可以根据"库存现金""银行存款""管理费用""销售费用"等账户的记录分析填列。

4. 购买商品、接受劳务支付的现金

本项目反映企业购买材料、商品、接受劳务实际支付的现金，包括支付的货款以及与货款一并支付的增值税进项税额，具体包括：本期购买商品、接受劳务支付的现金，以及本期支付前期购买商品、接受劳务的未付款项和本期预付款项，减去本期发生的购货退回收到的现金。为购置存货而发生的借款利息资本化部分，应在"分配股利、利润或偿付利息支付的现金"项目中反映。本项目可以根据"库存现金""银行存款""应付票据""应付账款""预付账款""主营业务收入""其他业务收入"账户的记录分析填列。

5. 支付给职工及为职工支付的现金

本项目反映企业实际支付给职工的现金以及为职工支付的现金,包括企业为获得职工提供的服务,本期实际给予各种形式的报酬以及为职工支付的其他费用,不包括支付给在建工程人员的工资。支付给在建工程人员的工资,在"购建固定资产、无形资产和其他长期资产所支付的现金"项目中反映。

企业为职工支付的医疗、养老、失业、工伤、生育等社会保险基金、补充养老保险、住房公积金,企业为职工缴纳的商业保险金,因解除与职工劳动关系给予的补偿,现金结算的股份支付,以及企业支付给职工或为职工支付的其他福利费用等,应根据职工的工作性质和服务对象分别在"购建固定资产、无形资产和其他长期资产所支付的现金"和"支付给职工以及为职工支付的现金"项目中反映。本项目可以根据"库存现金""银行存款""应付职工薪酬"等账户的记录分析填列。

6. 支付的各项税费

本项目反映企业按规定支付的各项税费,包括本期发生并支付的税费,以及本期支付以前各期发生的税费和预交的税金,如支付的教育费附加、印花税、房产税、土地增值税、车船税、增值税、所得税等;不包括本期退回的增值税、所得税。本期退回的增值税、所得税等,在"收到的税费返还"项目中反映。本项目可以根据"应交税费""库存现金""银行存款"等账户分析填列。

7. 支付其他与经营活动有关的现金

本项目反映企业除上述各项目外,支付的其他与经营活动有关的现金,如罚款支出、支付的差旅费、业务招待费、保险费、经营租赁费支付的现金等。其他与经营活动有关的现金,如果金额较大的,应单列项目反映。本项目可以根据有关账户的记录分析填列。

(二)投资活动产生的现金流量有关项目的编制

1. 收回投资收到的现金

本项目反映企业出售、转让或到期收回除现金等价物以外的交易性金融资产、债权投资、其他债权投资、其他权益工具投资、长期股权投资、投资性房地产而收到的现金,不包括债权性投资收回的利息、收回的非现金资产,以及处置子公司及其他营业单位收到的现金净额。债权性投资收回的本金,在本项目中反映,债权性投资收回的利息,不在本项目中反映,而在"取得投资收益收到的现金"项目中反映。处置子公司及其他营业单位收到的现金净额则单设项目反映。本项目可以根据"交易性金融资产""债权投资""其他债权投资""其他权益工具投资""长期股权投资""投资性房地产""库存现金""银行存款"等账户的记录分析填列。

2. 取得投资收益收到的现金

本项目反映企业因股权性投资而分得的现金股利,从子公司、联营企业或合营企业分回利润而收到的现金,以及因债权性投资而取得的现金利息收入。本项目可以根据"应收股利""应收利息""投资收益""库存现金""银行存款"等账户的记录分析填列。

3. 处置固定资产、无形资产和其他长期资产收回的现金净额

本项目反映企业出售固定资产、无形资产和其他长期资产所取得的现金,减去为处置这些资产而支付的有关费用后的净额。处置固定资产、无形资产和其他长期资产所收到

的现金,与处置活动支付的现金,两者在时间上比较接近,以净额反映更能准确反映处置活动对现金流量的影响。由于自然灾害等原因所造成的固定资产等长期资产报废、毁损而收到的保险赔偿收入,在本项目中反映。如处置固定资产、无形资产和其他长期资产所收回的现金净额为负数,则应作为投资活动产生的现金流量,在"支付其他与投资活动有关的现金"项目中反映。本项目可以根据"固定资产清理""库存现金""银行存款"等账户的记录分析填列。

4. 处置子公司及其他营业单位收到的现金净额

本项目反映企业处置子公司及其他营业单位持有的现金和现金等价物以及相关处置费用后的净额。本项目可以根据有关账户的记录分析填列。

整体处置一个单位,其结算方式是多种多样的。企业处置子公司及其他营业单位是整体交易,子公司和其他营业单位可能持有现金和现金等价物。这样,整体处置子公司或其他营业单位的现金流量,就应以处置价款中收到现金的部分,减去子公司或其他营业单位持有的现金和现金等价物以及相关处置费用后的净额反映。

现金流量表准则要求企业在附注中以总额披露当期取得或处置子公司及其他营业单位的下列信息。

(1)取得或处置价格。

(2)取得或处置价格中以现金支付的部分。

(3)取得或处置子公司及其他营业单位所取得的现金。

(4)取得或处置子公司及其他营业单位按主要类别分类的非现金资产和负债。

处置子公司及其他营业单位收到的现金净额如为负数,则将该金额填列至"支付其他与投资活动有关的现金"项目中。

5. 收到其他与投资活动有关的现金

本项目反映企业除上述各项目外,收到的其他与投资活动有关的现金。其他与投资活动有关的现金,如果价值较大的,应单列项目反映。本项目可以根据有关账户的记录分析填列。

6. 购建固定资产、无形资产和其他长期资产支付的现金

本项目反映企业购买、建造固定资产,取得无形资产和其他长期资产支付的现金,包括购买机器设备所支付的现金及增值税款、建造工程支付的现金、支付在建工程人员的工资等现金支出,不包括为购建固定资产、无形资产和其他长期资产而发生的借款利息资本化部分,以及融资租入固定资产所支付的租赁费。为购建固定资产、无形资产和其他长期资产而发生的借款利息资本化部分,在"分配股利、利润或偿付利息支付的现金"项目中反映;融资租入固定资产所支付的租赁费,在"支付其他与筹资活动有关的现金"项目中反映,不在本项目中反映。本项目可以根据"固定资产""在建工程""工程物资""无形资产""库存现金""银行存款"等账户的记录分析填列。

7. 投资支付的现金

本项目反映企业进行权益性投资和债权性投资所支付的现金,包括企业取得的除现金等价物以外的交易性金融资产、债权投资、其他债权投资、其他权益工具投资而支付的现金,以及支付的佣金、手续费等交易费用。企业购买债券的价款中含有债券利息的,以及溢价或折价购入的,均按实际支付的金额反映。

企业购买股票和债券时,实际支付价款中包含的已宣告但尚未领取的现金股利或已到付息期但尚未领取的债券利息,应在"支付其他与投资活动有关的现金"项目中反映;收回购买股票和债券时支付的已宣告但尚未领取的现金股利或已到付息期但尚未领取的债券利息,应在"收到其他与投资活动有关的现金"项目中反映。

本项目可以根据"交易性金融资产""债权投资""其他债权投资""其他权益工具投资""投资性房地产""长期股权投资""库存现金""银行存款"等账户的记录分析填列。

8. 取得子公司及其他营业单位支付的现金净额

本项目反映企业取得子公司及其他营业单位购买出价中以现金支付的部分,减去子公司或其他营业单位持有的现金和现金等价物后的净额。本项目可以根据有关账户的记录分析填列。

9. 支付其他与投资活动有关的现金

本项目反映企业除上述各项目外,支付的其他与投资活动有关的现金。其他与投资活动有关的现金,如果价值较大的,应单列项目反映。本项目可以根据有关账户的记录分析填列。

(三)筹资活动产生的现金流量有关项目的编制

1. 吸收投资收到的现金

本项目反映企业以发行股票、债券等方式筹集资金实际收到的款项净额(发行收入减去支付的佣金等发行费用后的净额)。以发行股票等方式筹集资金而由企业直接支付的审计、咨询等费用,不在本项目中反映,而在"支付其他与筹资活动有关的现金"项目中反映;由金融企业直接支付的手续费、宣传费、咨询费、印刷费等,从发行股票、债券取得的现金收入中扣除,以净额列示。本项目可以根据"实收资本(或股本)""资本公积""库存现金""银行存款"等账户的记录分析填列。

2. 取得借款收到的现金

本项目反映企业举借各种长期、短期借款收到的现金。本项目可根据"长期借款""短期借款""库存现金""银行存款"等账户的记录分析填列。

3. 收到其他与筹资活动有关的现金

本项目反映企业除上述各项目外,收到的其他与筹资活动有关的现金。其他与筹资活动有关的现金,如果价值较大的,应单列项目反映。本项目可根据有关账户的记录分析填列。

4. 偿还债务支付的现金

本项目反映企业以现金偿还债务的本金,包括:归还金融企业的借款本金、偿付企业到期的债券本金等。企业偿还的借款利息、债券利息,在"分配股利、利润或偿付利息所支付的现金"项目中反映,不在本项目中反映。本项目可以根据"短期借款""长期借款""交易性金融负债""应付债券""库存现金""银行存款"等账户的记录分析填列。

5. 分配股利、利润或偿付利息支付的现金

本项目反映企业实际支付的现金股利、支付给其他投资单位的利润或用现金支付的借款利息、债券利息。不同用途的借款,其利息的开支渠道不一样,如在建工程、财务费用等,均在本项目中反映。本项目可以根据"应付股利""应付利息""利润分配""财务费用""在建工程""制造费用""研发支出""库存现金""银行存款"等账户的记录分析填列。

6. 支付其他与筹资活动有关的现金

本项目反映企业除上述各项目外,支付的其他与筹资活动有关的现金,如以发行股票、债券等方式筹集资金而由企业直接支付的审计、咨询等费用,融资租赁所支付的现金,以分期付款方式购建固定资产以后各期支付的现金等。其他与筹资活动有关的现金,如果价值较大的,应单列项目反映。本项目可以根据有关账户的记录分析填列。

(四)汇率变动对现金的影响

编制现金流量表时,应当将企业外币现金流量以及境外子公司的现金流量折算成记账本位币。现金流量表准则规定,外币现金流量以及境外子公司的现金流量,应当采用现金流量发生日的即期汇率或按照系统合理的方法确定的、与现金流量发生日即期汇率近似的汇率折算。汇率变动对现金的影响额应当作为调节项目,在现金流量表中单独列报。

汇率变动对现金的影响,指企业外币现金流量及境外子公司的现金流量折算成记账本位币时,所采用的是现金流量发生日的汇率或按照系统合理的方法确定的、与现金流量发生日即期汇率近似的汇率,而现金流量表"现金及现金等价物净增加额"项目中外币现金净增加额是按资产负债表日的即期汇率折算。这两者的差额即为汇率变动对现金的影响。

现金流量表中"现金及现金等价物净增加额"项目数额与现金流量表补充资料中"现金及现金等价物净增加额"数额相等,应当核对相符。在编制现金流量表时,对当期发生的外币业务,也可不必逐笔计算汇率变动对现金的影响,可以通过现金流量表补充资料中"现金及现金等价物净增加额"数额与现金流量表中"经营活动产生的现金流量净额""投资活动产生的现金流量净额""筹资活动产生的现金流量净额"三项之和比较,其差额即为"汇率变动对现金及现金等价物的影响"。

六、现金流量表编制示例

【例 12-3】 ABC 股份有限公司 2×24 年度现金收支发生如下业务。

(1)采购原材料支付 500 000 元。

(2)收到销售货款 1 000 000 元。

(3)收到银行借款 2 000 000 元,用于购买生产线,并在 2×24 年支付相关利息 50 000元。

(4)偿还到期贷款 300 000 元。

(5)股票投资获得收益 20 000 元。

(6)支付工资 180 000 元。

(7)支付招待费、办公费 11 000 元。

(8)获得增值税退税款 36 000 元。

(9)支付税费 70 000 元。

(10)向股东支付股利 80 000 元。

(11)处置固定资产获得净收入 2 000 元。

(12)期初现金及现金等价物余额为 330 000 元。

根据上述数据,编制 2×24 年度现金流量表,如表 12-5 所示。

表 12-5

现金流量表(简表)

编制单位:ABC 股份有限公司　　　　　　　　2×24 年度　　　　　　　　单位:元

项　　目	2×24 年度	2×23 年度(略)
一、经营活动产生的现金流量:		
销售商品、提供劳务收到的现金	1 000 000	
收到的税费返还	36 000	
收到其他与经营活动有关的现金		
经营活动现金流入小计	1 036 000	
购买商品、接受劳务支付的现金	500 000	
支付给职工以及为职工支付的现金	180 000	
支付的各项税费	70 000	
支付其他与经营活动有关的现金	11 000	
经营活动现金流出小计	761 000	
经营活动产生的现金流量净额	275 000	
二、投资活动产生的现金流量:		
收回投资收到的现金		
取得投资收益收到的现金	20 000	
处置固定资产、无形资产和其他长期资产收回的现金净额	2 000	
处置子公司及其他营业单位收到的现金净额		
收到其他与投资活动有关的现金		
投资活动现金流入小计	22 000	
购建固定资产、无形资产和其他长期资产支付的现金		
投资支付的现金		
取得子公司及其他营业单位支付的现金净额		
支付其他与投资活动有关的现金		
投资活动现金流出小计		
投资活动产生的现金流量净额	22 000	
三、筹资活动产生的现金流量:		
吸收投资收到的现金		
取得借款收到的现金	2 000 000	
收到其他与筹资活动有关的现金		
筹资活动现金流入小计	2 000 000	
偿还债务支付的现金	300 000	

（续表）

项　　目	2×24 年度	2×23 年度（略）
分配股利、利润或偿付利息支付的现金	130 000	
支付其他与筹资活动有关的现金		
筹资活动现金流出小计	430 000	
筹资活动产生的现金流量净额	1 570 000	
四、汇率变动对现金及现金等价物的影响		
五、现金及现金等价物净增加额	1 867 000	
加：期初现金及现金等价物余额	330 000	
六、期末现金及现金等价物余额	2 197 000	

第五节　所有者权益变动表的编制

一、所有者权益变动表概述

所有者权益变动表又称股东权益变动表，是指反映构成所有者权益的各组成部分当期的增减变动情况的报表。所有者权益变动表应当全面反映一定时期所有者权益变动的情况。

所有者权益变动表解释在某一特定时间内，股东权益如何因企业经营的盈亏及现金股利的发放而发生的变化。它是说明管理阶层是否公平对待股东的最重要的信息。

所有者权益变动表是指反映构成所有者权益各组成部分当期增减变动情况的报表。所有者权益变动表应当全面反映一定时期所有者权益变动的情况，不仅包括所有者权益总量的增减变动，还包括所有者权益增减变动的重要结构性信息，特别是要反映直接计入所有者权益的利得和损失，让报表使用者准确理解所有者权益增减变动的根源。

在所有者权益变动表中，所有者权益变动表至少应当单独列示反映下列信息的项目。

（1）综合收益总额。

（2）会计政策变更和差错更正的累积影响金额。

（3）所有者投入资本和向所有者分配利润等。

（4）按照规定提取的盈余公积。

（5）实收资本（或股本）、资本公积、盈余公积、未分配利润及其他所有者权益项目的上年年末余额和本年年末余额及其调节情况。

二、所有者权益变动表的结构

为了清楚地表明构成所有者权益的各组成部分当期的增减变动情况，所有者权益变动表应当以矩阵的形式列示：一方面，列示导致所有者权益变动的交易或事项，改变了以往仅仅按照所有者权益的各组成部分反映所有者权益变动情况,而是从所有者权益变动的来源对一定时期所有者权益变动情况进行全面反映;另一方面,按照所有者权益各组成部分[包括实收资本、其他权益工具、资本公积、库存股(减项)、其他综合收益、盈余公积和未分配利润]及其总额列示交易或事项对所有者权益的影响。此外,企业还需要提供比较所有者权益变动表,所有者权益变动表还就各项目再分为"本年度金额"和"上年度金额"两栏分别填列。

三、所有者权益变动表的填列方法

(一)上年年末余额

反映资产负债表中其他权益工具、资本公积、库存股(减项)、其他综合收益、盈余公积和未分配利润的上年年末余额。

(二)会计政策变更、前期差错更正

分别反映采用追溯调整法处理的会计政策变更的累积影响金额和采用追溯重述法处理的会计差错更正的累积影响金额。

(三)本年增减变动金额

1. 综合收益总额

反映企业当年实现的综合收益金额。

2. 所有者投入和减少资本

反映企业当年所有者投入的资本和减少的资本,包括所有者投入的普通股、其他权益工具持有者投入的资本、股份支付计入所有者权益的金额等。

3. 利润分配

反映企业当年的利润分配金额。

(1)提取盈余公积,反映企业按照规定提取的盈余公积。

(2)对所有者(或股东)的分配,反映对所有者(或股东)分配的利润(或股利)金额。

(四)本年年末余额

本年年末余额=各项目的本年年初余额+本年增减变动额(减少为负数)

【例12-4】 ABC股份有限公司2×24年度发生与所有者权益相关的如下业务。

(1)实现综合收益300 000元,提取法定公积金30 000元,提取任意公积金20 000元。

(2)股东增加投资1 000 000元,全部计入实收资本。

(3)向股东分配股利200 000元。

(4)因更正前期会计差错,年初增加资本公积25 000元。

(5)2×23年年末所有者权益合计5 740 000元,各项目数字如下:

实收资本,5 000 000元;

资本公积,270 000元;

盈余公积,120 000元;

未分配利润,350 000元。

根据上述数据,编制2×24年度所有者权益变动表(简表)。

表 12-6

编制单位：ABC 股份有限公司

所有者权益变动表（简表）

2×24 年度

单位：元

项目	实收资本	其他权益工具	资本公积	减：库存股	其他综合收益	专项储备	盈余公积	一般风险准备	未分配利润	其他	所有者权益合计
一、上年末余额	5 000 000		270 000				120 000		350 000		5 740 000
加：会计政策变更											
前期差错更正			25 000								25 000
其他											
二、本年初余额	5 000 000		295 000				120 000		350 000		5 765 000
三、本年增减变动金额（减少以"-"号填列）	1 000 000								50 000		1 100 000
（一）综合收益总额									300 000		300 000
（二）所有者投入和减少资本	1 000 000										1 000 000
（三）利润分配									−250 000		
1. 提取盈余公积							50 000		−50 000		
其中：法定公积金							30 000		−30 000		
任意公积金							20 000		−20 000		
2. 对所有者或股东的分配									−200 000		−200 000
3. 其他											
四、本年末余额	6 000 000		295 000				170 000		400 000		6 865 000

第六节 财务报表附注

一、附注概述

(一)附注的概念

附注是财务报表不可或缺的组成部分,是对在资产负债表、利润表、现金流量表和所有者权益变动表等报表中列示项目的文字描述或明细资料,以及对未能在这些报表中列示项目的说明等。

财务报表中的数字是经过分类与汇总后的结果,是对企业发生的经济业务的高度简化和浓缩的数字,如果没有形成这些数字所使用的会计政策、理解这些数字所必需的披露,财务报表就不可能充分发挥效用。因此,附注与资产负债表、利润表、现金流量表、所有者权益变动表等报表具有同等的重要性,是财务报表的重要组成部分。报表使用者了解企业的财务状况、经营成果和现金流量,应当全面阅读附注。

(二)附注披露的基本要求

附注披露的信息应是定量、定性信息的结合,从而能从量和质两个角度对企业经济事项完整地进行反映,也才能满足信息使用者的决策需求。

附注应当按照一定的结构进行系统合理的排列和分类,有顺序地披露信息。由于附注的内容繁多,因此更应按逻辑顺序排列,分类披露,条理清晰,具有一定的组织结构,以便于使用者理解和掌握,也更好地实现财务报表的可比性。

附注相关信息应当与资产负债表、利润表、现金流量表和所有者权益变动表等报表中列示的项目相互参照,以有助于使用者联系相关联的信息,并由此从整体上更好地理解财务报表。

二、附注披露的内容

附注应当按照如下顺序披露有关内容。

1. 企业的基本情况

(1)企业注册地、组织形式和总部地址。

(2)企业的业务性质和主要经营活动,如企业所处的行业、所提供的主要产品或服务、客户的性质、销售策略、监管环境的性质等。

(3)母公司以及集团最终母公司的名称。

(4)财务报告的批准报出者和财务报告批准报出日。

2. 财务报表的编制基础

3. 遵循企业会计准则的声明

企业应当声明编制的财务报表符合企业会计准则的要求,真实、完整地反映了企业的财务状况、经济成果和现金流量等有关信息,以及明确企业编制财务报表所依据的制度基础。如果企业编制的财务报表只是部分地遵循了企业会计准则,附注中不得作出这种表达。

4. 重要会计政策和会计估计

根据财务报表列报准则的规定,企业应当披露采用的重要会计政策和会计估计,不重要的会计政策和会计估计可以不披露。

5. 重要会计政策的说明

由于企业经济业务的复杂性和多样化,某些经济业务可以有多种会计处理方法,也存在不止一种可以供选择的会计政策。例如,存货的计价可以有先进先出法、加权平均法、个别计价法等;固定资产的折旧,可以有平均年限法、工作量法、双倍余额递减法、年数总额法等。企业在发生某项经济业务时,必须从允许的会计处理方法中选择适合本企业特点的会计政策。企业选择不同的会计处理方法,可能极大地影响企业的财务状况和经营结果,进而编制出不同的财务报表。为了有助于报表使用者理解,有必要对这些会计政策加以披露。

需要特别指出的是,说明会计政策时还需要披露下列两项内容。

(1)财务报表项目的计量基础。会计计量属性包括历史成本、重置成本、可变现净值、现值和公允价值,这直接显著影响报表使用者的分析,这项披露要求便于使用者了解企业财务报表中的项目是按何种计量基础予以计量的,如存货是按成本还是按可变现净值计量等。

(2)会计政策的确定依据。其主要是指企业在运用会计政策过程中所作的对报表中确认的项目金额最具影响的判断。例如,企业如何判断持有的金融资产是债权投资而不是交易性投资;又如,对于拥有的持股不足 50% 的关联企业,企业为何判断企业拥有控制权因此将其纳入合并范围;再如,企业如何判断与租赁资产相关的所有风险和报酬已转移给企业,从而符合融资租赁的标准;以及投资性房地产的判断标准是什么等。这些判断对在报表中确认的项目金额具有重要影响。因此,这项披露要求有助于使用者理解企业选择和运用会计政策的背景,增加财务报表的可理解性。

6. 重要会计估计的说明

财务报表列报准则强调了对会计估计不确定因素的披露要求,企业应当披露会计估计中所采用的关键假设和不确定因素的确定依据,这些关键假设和不确定因素在下一会计期间内很可能导致对资产、负债账面价值进行重大调整。

在确定报表中确认的资产和负债的账面金额过程中,企业需要对不确定的未来事项在资产负债表日对这些资产和负债的影响加以估计。例如,固定资产可收回金额的计算需要根据其公允价值减去处置费用后的净额与预计未来现金流量的现值两者之间的较高者确定,在计算资产预计未来现金流量的现值时需要对未来现金流量进行预测,并选择适当的折现率,应当在附注中披露未来现金流量预测所采用的假设及其依据、所选择的折现率为什么是合理的等。又如,为正在进行中的诉讼提取准备时最佳估计数的确定依据等。这些假设的变动对这些资产和负债项目金额的确定影响很大,有可能会在下一会计年度内作出重大调整。因此,强调这一披露要求,有助于提高财务报表的可理解性。

7. 会计政策和会计估计变更以及差错更正的说明

企业应当按照《企业会计准则第 28 号——会计政策、会计估计变更和差错更正》及其应用指南的规定,披露会计政策和会计估计变更以及差错更正的有关情况。

8. 报表重要项目的说明

企业应当以文字和数字描述相结合、尽可能以列表形式披露报表重要项目的构成或当期增减变动情况,并且报表重要项目的明细金额合计,应当与报表项目金额相衔接。在披露顺序上,一般应当按照资产负债表、利润表、现金流量表、所有者权益变动表的顺序及其项目列示的顺序。

9. 其他需要说明的重要事项

其他需要说明的重要事项主要包括或有事项和承诺事项、资产负债表日后非调整事项、关联方关系及其交易等。

 **课程思政案例**

康美并不美

康美药业股份有限公司是一家民营企业,其主要从事医药产品生产、经营和批发销售,主要业务包括生产和销售中药饮片,进行中药贸易等,该公司拥有行业内生产规模最大、品种最多的中药饮片业务。

2018 年 10 月,康美药业被媒体质疑存贷双高、大股东股权质押、存货积压等问题明显,被怀疑财务造假。存贷双高是一种明显不符合商业逻辑的现象,指的是一家公司在拥有足够货币资金的情况下,仍然保持较高的贷款或负债。2018 年 12 月 28 日,康美药业因被指控不按规定完整披露信息,被证监会立案调查。2019 年 5 月 17 日,证监会通报康美药业案调查进展,确定康美药业披露的 2016 至 2018 年度财务报告存在重大造假行为。2019 年 8 月 16 日,证监会发布《证监会对康美药业等作出处罚及禁入告知》,正式通告了康美药业适用虚假银行单据虚增存款、通过伪造业务凭证进行收入造假、将部分资金转入关联方账户买卖本公司股票等三项罪名,属于有预谋、有组织、长期、系统实施的财务造假行为。同日深夜,康美药业发布关于收到中国证监会《行政处罚及市场禁入事先告知书》的公告。康美药业财务造假涉案金额巨大,是我国迄今为止规模最大的财务造假案,对我国上市公司信息披露制度和政府监管、追责体系的强化与完善影响深远。而负责对康美药业年度财务报告进行审计的正中珠江会计师事务所也因出具了不恰当的审计意见,未能客观反映上市公司真实情况而被证监会调查。

思考题:面对严格的外部监管和处罚力度,为何上市公司财务报告造假事件依然频繁发生,屡禁不绝呢?

小提示:财务报告是一家上市公司向外部信息使用者介绍一定时期内公司经营状况的载体,也是公司向市场展示自己、吸引投资的途径之一。很多时候管理者为了能在自己的任期内达到某项业绩指标或向股东彰显自己的能力,会故意授意财务人员捏造、粉饰财务报告以实现自己的短期目标。但诚信乃立足之本,弄虚作假美化自己的行为可能骗得了别人一时,但不可能永远地骗下去。一旦造假行为被揭露,企业面临的将是十分严重的后果。经营企业如此,做人也是如此。在大学的学习和生活中,我们应该先学会做人再学会做事,而做人最基本的原则是诚信,无论发生何事,我们都应该坚守做人的底线,做到诚实守信、爱岗敬业。

 **本章小结**

本章应掌握以下重点内容。

(1) 财务会计报告的内容、目的及作用。

(2) 资产负债表、利润表、现金流量表、所有者权益变动表的内容及编制方法。

(3) 会计报表附注的内容及作用。

 **思考题**

(1) 简述财务报告的构成,并分析其作用。

(2) 编制资产负债表时,为什么某些项目数字需要对相关科目的明细账进行重分类予以分析确定其该填入的项目?

(3) 采用间接法编制现金流量表时,其实质是什么?

(4) 简述财务报表附注包含的内容及其作用。

 **练习题**

一、单项选择题

1. 下列报表中,反映企业在某一特定日期财务状况的财务报表是(　　)。

　　A. 资产负债表　　　　　　　　　　B. 现金流量表

　　C. 利润表　　　　　　　　　　　　D. 所有者权益变动表

2. 下列资产负债表项目中,不是根据科目余额减去其备抵项目后的净额填列的是(　　)。

　　A. 固定资产　　　　　　　　　　　B. 交易性金融资产

　　C. 无形资产　　　　　　　　　　　D. 其他债权投资

3. 资产负债表中的"未分配利润"项目,应根据(　　)填列。

　　A. "利润分配"科目余额

　　B. "本年利润"科目余额

　　C. "盈余公积"科目余额

　　D. "本年利润"和"利润分配"科目的余额计算后

4. 下列交易或事项中,不影响股份有限公司利润表中营业利润金额的是(　　)。

　　A. 计提存货跌价准备

　　B. 出售原材料并结转成本

　　C. 清理管理用固定资产发生的净损失

　　D. 按产品数量支付专利技术转让费

5. 企业将净利润调节为经营活动现金流量时,下列各项中,属于调整减少现金流量项目的是(　　)。

　　A. 固定资产折旧　　　　　　　　　B. 无形资产摊销

C. 公允价值变动收益　　　　　　　　D. 经营性应付项目的增加

6. 下列经济事项中,能使企业投资活动的现金流量发生变化的是(　　)。

　　A. 发行债券　　　　　　　　　　　B. 分配利润

　　C. 购入固定资产　　　　　　　　　D. 归还借款利息

7. 下列各项中,不属于筹资活动产生的现金流量的是(　　)。

　　A. 吸收权益性投资所收到的现金

　　B. 收回债券投资所收到的现金

　　C. 分配现金股利

　　D. 借入资金所收到的现金

8. 企业偿还的长期借款利息,在编制现金流量表时,应作为(　　)项目填列。

　　A. 偿还债务支付的现金

　　B. 分配股利、利润和偿付利息支付的现金

　　C. 支付的其他与筹资活动有关的现金

　　D. 支付的利息费用

9. 甲企业2×24年5月10日购买A股票作为交易性金融资产,支付的全部价款为100万元,其中包括已宣告尚未领取的现金股利2万元。5月20日,收到现金股利,6月2日,将A股票售出,出售价款103万元。如果该企业没有其他有关投资的业务,应记入现金流量表中"收回投资收到的现金"项目的金额为(　　)万元。

　　A. 100　　　　　　B. 98　　　　　　C. 101　　　　　　D. 103

10. 下列经济业务所产生的现金流量中,属于"筹资活动产生的现金流量"的是(　　)。

　　A. 收到的债券利息　　　　　　　　B. 发放股票股利

　　C. 赊购原材料　　　　　　　　　　D. 发行债券所支付的利息

二、多项选择题

1. 企业对外提供的基本财务报表包括(　　)。

　　A. 资产负债表　　　　　　　　　　B. 利润表

　　C. 现金流量表　　　　　　　　　　D. 所有者权益变动表

　　E. 制造费用分配表

2. 资产负债表项目,根据总账余额直接填列的有(　　)。

　　A. 短期借款　　　　　　　　　　　B. 实收资本

　　C. 应付票据及应付账款　　　　　　D. 固定资产

　　E. 应收票据及应收账款

3. 利润表中的"营业收入"项目,包含(　　)账户的金额。

　　A. "营业外收入"　　　　　　　　　B. "投资收益"

　　C. "主营业务收入"　　　　　　　　D. "其他业务收入"

　　E. "公允价值变动损益"

4. 资产负债表中"固定资产"项目填列时应考虑的账户有(　　)。

　　A. "固定资产"　　　　　　　　　　B. "累计折旧"

　　C. "累计摊销"　　　　　　　　　　D. "固定资产减值准备"

　　E. "公允价值变动损益"

5. 下列各项业务中,不会引起现金流量变动的有(　　)。
   A. 无形资产摊销　　　　　　　　B. 出售固定资产取得价款
   C. 赊购商品　　　　　　　　　　D. 用银行存款偿还短期借款
   E. 固定资产折旧

6. 现金流量表中的"支付给职工以及为职工支付的现金"项目包括(　　)。
   A. 支付给职工的奖金
   B. 为生产工人缴纳的商业保险
   C. 支付给职工的津贴
   D. 支付给在建工程人员的工资
   E. 支付给在建工程人员的福利费

7. 下列属于筹资活动产生的现金流量有(　　)。
   A. 融资租赁固定资产支付的租金
   B. 支付购建固定资产而发生的资本化借款利息费用
   C. 经营租赁固定资产收到的租金
   D. 分配股利或利润支付的现金
   E. 利润分配

8. 现金流量表中"支付的各项税费"反映的税费包括(　　)。
   A. 教育费附加　　　B. 房产税　　　　C. 印花税　　　　　D. 增值税
   E. 所得税

9. 在所有者权益变动表中,企业至少应当单独列示反映的信息有(　　)。
   A. 净利润
   B. 直接计入所有者权益的利得和损失
   C. 所得税费用
   D. 提取的盈余公积
   E. 利润分配

10. 下列项目中,属于财务报表附注应披露的信息有(　　)。
    A. 财务报表的编制基础
    B. 遵循会计准则的声明
    C. 重要会计政策和会计估计
    D. 关联方关系及其交易
    E. 企业的基本情况

三、判断题

1. 资产负债表是企业静态财务报表。　　　　　　　　　　　　　　　　(　　)
2. 资产负债表中"短期借款"项目,应根据总账科目余额直接填列。　　　(　　)
3. 利润表是反映企业某一特定日期经营成果的财务报表。　　　　　　　(　　)
4. 半年度、季度和月度财务报表统称为中期财务报告。　　　　　　　　(　　)
5. 现金流量表属于企业静态财务报表,利润表则属于企业动态财务报表。(　　)
6. 我国现金流量表的补充资料中单独按直接法反映经营活动现金流量的情况。(　　)
7. 用银行存款支付经营性租赁设备的租金属于融资活动现金流量。　　　(　　)

8. 根据重要性的判断,对性质和功能不同的项目,应当在财务报表中单独列示;对性质或功能类似的项目,应予以合并列示。 （　　）

9. 收回以前年度核销的坏账会影响当年现金流量。 （　　）

10. 所有者权益变动表是一张反映企业在特定时点构成所有者权益的各组成部分的增减变动情况的报表。 （　　）

四、计算题

1. 甲公司 2×24 年 12 月 31 日结账后有关科目余额如表 12-7 所示。

表 12-7

甲公司 2×24 年 12 月 31 日结账后有关科目余额　　金额单位:元

科 目 名 称	借方余额	贷方余额
应收账款	10 000	500
坏账准备		2 000
应收票据	10 000	1 000
预收账款	1 000	2 000
应付账款	500	10 000
预付账款	800	100

要求:根据上述资料,计算资产负债表中下列项目。

(1) 应收账款。

(2) 预付款项。

(3) 应付款项。

(4) 预收款项。

2. 乙企业为增值税一般纳税人,适用的增值税税率为 13%,所得税税率为 25%。乙企业 2×24 年有关资料如下。

(1) 本年度发出产品 100 000 件,其中:对外销售 80 000 件,在建工程领用 20 000 件,该商品销售价格每件 200 元,销售成本每件 100 元。

(2) 本年度债券投资获得利息收益 50 000 元。

(3) 本年度发生管理费用 100 000 元,其中:管理人员工资费用 80 000 元;业务招待费 20 000 元,按税法规定可在应纳税所得额前扣除的管理人员费用为 60 000 元,业务招待费 15 000 元。

(4) 本年度补贴收入 30 000 元,按税法规定应缴纳所得税。

要求:计算乙企业 2×24 年利润表中有关项目的金额。

(1) 营业利润。

(2) 利润总额。

(3) 本年度应交所得税。

(4) 净利润。

五、综合分析题

红星有限责任公司(简称红星公司)为增值税一般纳税人,适用的增值税税率为 13%;原材料等存货按实际成本进行日常核算。2×24 年 1 月 1 日有关账户余额如表 12-8 所示。

表 12-8

红星公司有关账户余额

单位:万元

科 目 名 称	借方余额	贷方余额
银行存款	500	
应收票据	100	
应收账款	200	
原材料	400	
库存商品	350	
低值易耗品	150	
长期股权投资	600	
坏账准备		100
存货跌价准备		50
长期股权投资减值准备		0

2×24 年红星公司发生的交易或事项如下。

(1) 收到已作为坏账核销的应收甲公司账款 100 万元并存入银行。

(2) 收到乙公司作为资本投入的原材料并验收入库,投资合同约定该批原材料价值 500 万元,乙公司已开具增值税专用发票。假设合同约定的价值与公允价值相等,未发生资本溢价。

(3) 行政管理部门领用低值易耗品一批,实际成本 10 万元,采用一次转销法进行摊销。

(4) 因某公司破产,应收该公司账款 100 万元不能收回,经批准确认为坏账并予以核销。

(5) 因自然灾害毁损原材料一批,其实际成本 200 万元,应负担的增值税进项税额 26 万元。该毁损材料未计提存货跌价准备,尚未经有关部门批准处理。

(6) 红星公司采用权益法核算对丙公司的长期股权投资,其投资占丙公司有表决权股份的 20%。丁公司宣告分派 2×23 年度现金股利 1 000 万元。

(7) 收到丙公司发放的 2×23 年度现金股利并存入银行。

(8) 将持有的面值为 45 万元的未到期、不带息银行承兑汇票背书转让,取得一批材料并验收入库,增值税专用发票上注明的价款为 40 万元,增值税进项税额为 5.2 万元,其余款项以银行存款支付。

(9) 存货期末可变现净值为 1 500 万元。

假定除上述资料外,不考虑其他因素。

要求:

(1) 编制红星公司上述第(1)项至第(8)项交易或事项的会计分录。

(2) 计算红星公司存货应计提或转回的存货跌价准备并编制会计分录。

(3) 计算红星公司应收账款应计提或转回的坏账准备并编制会计分录。

参 考 文 献

1. 刘永泽,陈立军. 中级财务会计[M]. 8 版. 大连:东北财经大学出版社,2024.
2. 财政部会计司编写组. 企业会计准则讲解 2010[M]. 北京:人民出版社,2010.
3. 中国注册会计师协会. 会计[M]. 北京:中国财政经济出版社,2024.
4. 李旭. 中级财务会计[M]. 北京:清华大学出版社,2010.
5. 刘永泽. 中级财务会计[M]. 8 版. 大连:东北财经大学出版社,2019.
6. 中华人民共和国财政部. 企业会计准则. 2006.
7. 中华人民共和国财政部. 企业会计准则第 1 号——存货. 2006.
8. 中华人民共和国财政部. 企业会计准则——应用指南. 2006.
9. 陈信元. 财务会计[M]. 北京:高等教育出版社,2002.
10. 李旭. 中级财务会计[M]. 北京:中国财政经济出版社,2012.
11. 财政部会计资格评价中心. 初级会计实务[M]. 北京:中国财政经济出版社,2024.
12. 中华人民共和国财政部. 企业会计准则第 22 号——金融工具确认和计量. 2017.
13. 中华人民共和国财政部. 企业会计准则第 2 号——长期股权投资. 2014.
14. 财政部会计资格评价中心. 中级会计实务[M]. 北京:经济科学出版社,2024.
15. 王乐绵. 财务会计[M]. 北京:经济科学出版社,2002.
16. 谢明香,刘铮. 中级财务会计[M]. 北京:经济管理出版社,2007.
17. 除光华. 财务会计实务[M]. 北京:高等教育出版社,2004.
18. 陈丽花. 新企业会计准则业务操作手册[M]. 北京:经济科学出版社,2007.
19. 唐丽. 财务会计[M]. 大连:东北财经大学出版社,2008.
20. 陈德萍. 中级财务会计[M]. 大连:东北财经大学出版社,2017.
21. 法律出版社. 中华人民共和国公司法[M]. 北京:法律出版社,2024.
22. 中华人民共和国财政部. 企业会计准则第 14 号——收入. 2017.